El origen de la conciencia en la ruptura de la mente bicameral

EL ORIGEN DE LA CONCIENCIA EN LA RUPTURA DE LA MENTE BICAMERAL

JULIAN JAYNES

Julian Jaynes Society

La edición original se publicó en 1976 con el título
The Origin of Consciousness in the Breakdown of the Bicameral Mind
por Houghton Mifflin Company, Boston

Publishers Cataloging-in-Publication Data
Jaynes, Julian
El origen de la conciencia en la ruptura de la mente bicameral

ISBN: 978-0-9790744-7-9

Julian Jaynes Society
Henderson, NV
julianjaynes.org

JJSKDP012121

PREFACIO

Los conceptos centrales de esta investigación fueron resumidos públicamente por primera vez en una disertación pronunciada ante la American Psychological Association, en la ciudad de Washington, en septiembre de 1969. A partir de entonces he sido una especie de conferenciante viajero, por cuya razón varias partes de esta obra se han dado a conocer en coloquios y conferencias. Los comentarios y observaciones resultantes han sido de gran ayuda.

El Libro Primero presenta estos conceptos según fui llegando a ellos.

El Libro Segundo examina los testimonios históricos.

El Libro Tercero extrae deducciones para explicar algunos fenómenos modernos.

Originalmente planeé escribir un cuarto libro que completaría las posiciones centrales de mi teoría. Con el tiempo se volvió un volumen aparte, el cual será publicado en breve tiempo.

Julian Jaynes,
Universidad de Princeton, 1982

Tabla de contenido

INTRODUCCIÓN

El problema de la conciencia

¡OH, QUÉ MUNDO DE VISIONES no vistas y de silencios oídos es esta insustancial comarca de la mente! ¡Qué esencias inefables las de estas evocaciones incorpóreas y ensueños irrepresentables! ¡Y cuán íntimo todo aquello! Un escenario secreto de un monólogo sin palabras y de deliberación anticipadora, mansión invisible de todos los estados de ánimo, meditaciones y misterios, almacén infinito de frustraciones y descubrimientos. Todo un reino en que cada uno de nosotros es monarca solitario, que pregunta lo que quiere y que manda lo que puede. Una ermita escondida y secreta en donde podemos aislarnos para estudiar el atormentado libro de lo que hemos hecho y de lo que podemos hacer. Un cosmos interno que es más yo mismo que nada que pueda ver en el espejo. Esta conciencia que es mi ego de egos, que es todo, y sin embargo, no es nada, ¿qué es?

¿Y de dónde vino?

¿Y por qué?

Pocos interrogantes han estado en pie más tiempo o tenido una historia más llena de dudas y perplejidades que éste: el problema de la conciencia y el lugar que le corresponde en la naturaleza. A pesar de siglos de reflexiones y experimentos, de esforzarnos por conjuntar dos supuestas entidades que en una edad se llamaron espíritu y materia; sujeto y objeto en otra, o alma y cuerpo en otras más; a pesar de interminables razonamientos sobre las corrientes, estados o contenidos de la conciencia, de distinguir términos tales como intuiciones, datos sensoriales, lo dado, sentimientos en bruto, datos sensibles, presentaciones y representaciones, las sensaciones, imágenes y afectos de introspecciones estructuralistas, los datos evidenciales del positivista científico, los campos fenomenológicos, las apariciones de Hobbes, los fenómenos de Kant, las apariencias del idealista, los elementos de

Mach, los faneros de Peirce, o los errores de categoría de Ryle, a pesar de todo esto, el problema de la conciencia sigue con nosotros. Hay algo en él que lo hace regresar, pero no lo resuelve.

Es la diferencia que no se irá, la diferencia entre lo que otros ven de nosotros y nuestro sentido de nuestros egos internos y los profundos sentimientos que la sostienen. La diferencia entre el tú y el yo del mundo conductual compartido y la imprecisable ubicación de las cosas sobre las que se ha pensado. Nuestras reflexiones y sueños, y las conversaciones imaginarias que tenemos con otros, en las que de un modo que nadie conocerá jamás, excusamos, defendemos y proclamamos nuestras esperanzas y pesares, nuestros futuros y nuestros pasados, toda esta densa urdimbre de fantasía es tan totalmente diferente de realidad manejable, palpable, tangible con sus árboles, yerbas, mesas, océanos, manos, estrellas... ¡hasta cerebros! ¿Cómo es esto posible? ¿Cómo es que estas existencias efímeras de nuestra solitaria experiencia embonan en el ordenado conjunto de la naturaleza, que de algún modo rodea y penetra esta esencia, este núcleo del conocimiento?

La humanidad ha tenido conciencia del problema de la conciencia casi desde el momento en que empezó la conciencia. Y cada edad la ha descrito según sus propios temas e intereses. En la edad de oro de Grecia, cuando los hombres viajaban con libertad mientras los esclavos trabajaban, la conciencia fue tan libre como eso. Heráclito, en particular, la llamó un espacio enorme cuyos límites, aún viajando a lo largo de cada uno de sus senderos, nunca se podrían encontrar.[1] Mil años después San Agustín, que vivió entre las colinas de Cartago, donde abundan las cavernas, se asombraría ante "las montañas y colinas de mis muchas imaginaciones", "las llanuras y grutas y cavernas de mi memoria" con sus nichos de múltiples y espaciosas cámaras, maravillosamente amuebladas con innumerables cortinajes".[2] Obsérvese cómo las metáforas de la mente son el mundo que percibe.

La primera mitad del siglo XIX fue la era de los grandes descubrimientos geológicos en que se vio el registro del pasado, escrito en las capas de la corteza terrestre. Esto llevó a la popularización de la idea de que la conciencia se hallaba dispuesta en capas que registraban el pasado del individuo; las capas se volvían cada vez más profundas hasta que, finalmente, ya no se podían leer los registros. Este énfasis en lo inconsciente siguió en aumento hasta que, hacia 1875, la mayoría de los psicólogos sostuvo que la conciencia no era más que una pequeña parte de la vida mental, y que las sensaciones inconscientes, las ideas inconscientes y los juicios inconscientes constituían la mayor parte de los procesos mentales.[3]

1. Diels, Fragmento, 45.
2. Confesiones, 9:7; 10:26, 65.
3. Una exposición en este sentido se encuentra en G. H. Lewes, *The Physical Basis Mind* (Londres:

Pero a mediados del siglo XIX, la química tomó el lugar de la geología como ciencia de moda, y la conciencia, desde James Mill hasta Wundt y sus discípulos (tales como Titchener), fue la estructura compleja que se podía analizar en el laboratorio y descomponer en elementos precisos de sensaciones y sentimientos.

Y así como las locomotoras de vapor se abrieron paso, resoplando, y penetraron en el interior de la vida diaria de fines del siglo XIX, así también pugnaron por abrirse paso al interior de la conciencia de la conciencia, y entonces el subconsciente se convirtió en una caldera de energía que buscaba salidas y que cuando se le reprimía empujaba hacia arriba y hacia afuera, hacia la conducta neurótica y hacia el torbellino de realizaciones camufladas y de sueños que no llevan a ninguna parte.

No es mucho lo que podemos hacer respecto a estas metáforas, excepto declarar que eso es precisamente lo que son.

Ahora bien, originalmente, esta búsqueda en el interior de la naturaleza de la conciencia, fue conocida como el problema mente-cuerpo, tan lleno de ampulosas soluciones filosóficas. Pero a partir de la teoría de la evolución se ha desnudado y se ha convertido en cuestión más científica; se ha transformado en el problema del origen de la mente, o, más concretamente, en el origen de la conciencia dentro de la evolución. Esta experiencia que analizamos introspectivamente, este compañero constante de enjambres de asociaciones, esperanzas, temores, afectos, conocimientos, colores, olores, dolores de muelas, emociones, cosquilleos, placeres, desgracias y deseos, ¿dónde y cuándo pudo, dentro de la evolución, evolucionar, desarrollar esta maravillosa urdimbre de experiencia interna? ¿Cómo podemos derivar de la simple materia esta interioridad, esta esencia? Y, en todo caso, ¿cuándo?

Este problema ha estado en el centro mismo del pensar del siglo XX: por eso sería bueno echar un vistazo a algunas de las soluciones que se han propuesto. Mencionaré brevemente las ocho que a mi juicio son más importantes.

La conciencia como propiedad de la materia

Esta solución, la más amplia posible, atrae principalmente a los físicos. Dice que la sucesión de estados subjetivos que sentimos durante la introspección tiene una continuidad que se remonta a lo largo de la evolución filogenética y más allá, y que finalmente es una propiedad fundamental de la materia interactuante. La

Trübner, 1877), p. 365.

relación de la conciencia con aquello de que estamos conscientes no difiere fundamentalmente de la relación de un árbol con la tierra en que tiene encajadas sus raíces, o incluso de la relación gravitatoria entre dos cuerpos celestes. Esta opinión tuvo gran relieve en el primer cuarto de nuestro siglo. Lo que Alexander llamó "compresencia" o Whitehead llamó "prehensión" echó las bases de un monismo del cual floreciente escuela llamada neorrealismo. Si un trozo de tiza cae sobre nuestra mesa de trabajo, resulta que la interacción de la tiza y la mesa sólo difiere en complejidad de las percepciones y conocimientos que llenan nuestros cerebros. La tiza conoce o percibe a la mesa tanto como la mesa conoce o percibe a la tiza. Por eso la tiza se detiene en la mesa.

Esto más bien parece una caricatura de una posición muy sutilmente elaborada, pero no lo bastante para no revelar que esta abstrusa teoría está contestando a una pregunta que nadie hizo. No estamos tratando de explicar cómo interactuamos con nuestro medio, sino antes bien la experiencia particular que tenemos en la introspección. El atractivo de este tipo de neorrealismo fue en realidad parte y consecuencia de una época histórica en que se hablaba por doquier del éxito asombroso de la física de las partículas. La solidez de la materia se iba desvaneciendo y convirtiéndose en meras relaciones matemáticas en el espacio, y esto pareció semejante a la misma cualidad no física de la relación de individuos que están conscientes de los demás.

La conciencia como propiedad del protoplasma

La solución siguiente — en cuanto a extensión — sostiene que la conciencia no está en la materia *per se*, sino que es propiedad fundamental de todos los seres vivos. Es nada menos que la irritabilidad de los más pequeños animales unicelulares la que ha experimentado una continua y gloriosa evolución pasando por celenterados, protocordados, peces, anfibios, reptiles y mamíferos, hasta llegar al hombre.

Una amplia diversidad de científicos de los siglos XIX y XX, entre los que figuraron Charles Darwin y E. B. Titchener, pensó que esta tesis era indiscutible, lo cual puso en marcha en la primera parte de este siglo un gran número de observaciones excelentes de los organismos inferiores. Estaba en camino la búsqueda de una conciencia rudimentaria. Se escribían con ansiedad y se leían con avidez obras con títulos tan sugerentes como *The Animal Mind* (La mente animal) o *The Psychic Life of Micro-Organisms* (La vida psíquica de los microorganismos).[4] Y

4. Por Margaret Floy Washburn, titcheneriana, y por Alfred Binet, respectivamente. El verdadero clásico en el campo de los animales que evolucionaron tempranamente es H. S. Jennings, Behavior of the Lower Organisms (Nueva York: Macmillan, 1906).

todo aquel que haya observado a una amiba cazando su comida o respondiendo a diversos estímulos, o a un paramecio evitando obstáculos o apareándose, habrá sentido la tentación casi apasionada de aplicar categorías y valores humanos a esta conducta.

Y esto nos lleva como de la mano a una parte importante del problema: nuestra simpatía e identificación con otros seres vivos. Sean cuales fueren las conclusiones que tengamos al respecto, ciertamente es parte de nuestra conciencia "ver" dentro de la conciencia de otros, identificarnos con nuestros amigos y familiares para imaginar lo que están pensando y sintiendo. Tan acostumbrados estamos a extender nuestras simpatías humanas que cuando los animales se comportan como lo haríamos nosotros en situaciones similares, necesitaremos una gran energía mental para suprimir tales identificaciones cuando no están justificadas. La explicación de que les imputemos conciencia a los protozoarios no es otra cosa sino que tendemos a hacer esta común y errónea identificación. Lo cierto es que la explicación de su conducta reside por completo en la fisicoquímica, no en la psicología introspectiva.

Aun en los animales con sistemas nerviosos sinápticos, la tendencia a hallar conciencia en su conducta proviene más de nosotros que de nuestras observaciones. Casi toda la gente se identificará con una lombriz que lucha, pero como bien lo saben todos los muchachos que han cebado un anzuelo, si a una lombriz la cortamos en dos, a la mitad delantera, con su cerebro primitivo, no parece importarle nada el destino de la otra mitad que se retuerce en su "agonía".[5] Pero, evidentemente, si la lombriz sintió dolor como nosotros, fue la parte con el cerebro la que debió haber "agonizado". En realidad, la agonía de la cola es nuestra agonía, no la de la lombriz; su retorcimiento es un fenómeno mecánico de liberación debido a que los nervios motores de la cola disparan andanadas al quedar desconectados de la inhibición normal que sobre ellos ejerce el ganglio cefálico.

La conciencia como aprendizaje

Hacer de la conciencia algo coextensivo con el protoplasma nos lleva, por supuesto, a estudiar las normas por las cuales puede inferirse la conciencia. De aquí se saca una tercera solución según la cual la conciencia empezó, no con la materia, ni al principio de la vida animal, sino en cierto momento posterior a la evolución de

5. Como las lombrices "se enroscan" al sólo tocarlas o moverlas, el experimento se realiza mejor con una hoja de rasurar a la vez que la lombriz se arrastra sobre una superficie dura o sobre un cartón o tablero. Los no creyentes y los delicados pueden perder su angustia al saber que está aumentando la población de lombrices (y consecuentemente la de petirrojos) porque ambos extremos se regeneran.

la vida. A casi todos los investigadores dedicados al estudio de este tema les pareció obvio que el criterio para determinar cuándo y dónde empezó la conciencia en la evolución fue cuando apareció la memoria asociativa o aprendizaje. Si algún animal podía modificar su conducta con base en su experiencia, debía estar teniendo alguna experiencia; debía estar consciente. Por lo tanto, si se quería estudiar la evolución de la conciencia, bastaría con estudiar la evolución del aprendizaje.

Así fue, ciertamente, como empecé mi búsqueda del origen de la conciencia. [Mi primer trabajo experimental fue un esfuerzo juvenil tendente a producir aprendizaje de señal (o una respuesta condicionada) en una mimosa especialmente resistente. La señal era una luz intensa; la respuesta era la inclinación de una hoja ante un estímulo táctil cuidadosamente calibrado en el sitio en que se unía al tallo. Después de más de mil pares de estímulos de luz y táctiles, mi paciente planta estaba tan verde como siempre. Nunca fue consciente.]

Llevando a cuestas este fracaso ya esperado, empecé mis estudios del aprendizaje utilizando los protozoarios, haciendo correr paramecios aislados en un laberinto en forma de T realzado en cera sobre baquelita negra, usando descargas eléctricas de corriente directa para castigar al animal y obligarlo a dar vuelta cuando tomaba el lado incorrecto. Pensaba que si los paramecios podían aprender, debían ser conscientes. Por otra parte, me interesaba muchísimo saber qué ocurriría con el aprendizaje (y la conciencia) cuando el animal se dividiera. Un primer indicio de resultados positivos no fue confirmado en posteriores repeticiones del experimento. Después de no encontrar aprendizaje en el filuum inferior, avancé hacia especies con sistemas nerviosos sinápticos, como platelmintos, lombrices de tierra, peces y reptiles, que sin duda sí podrían aprender, todo ello partiendo del candoroso supuesto de que estaba haciendo la crónica de la gran evolución de la conciencia.[6]

¡Ridículo! Reconozco que pasaron varios años antes de que me diera cuenta de que este supuesto no tiene el menor sentido. Cuando hacemos introspección, no tenemos a la vista ningún conjunto de procesos de aprendizaje, y mucho menos, ninguno de los tipos denotados por el condicionamiento y los laberintos T. ¿Cómo era, pues, posible que tantos científicos destacados equipararan la conciencia con el aprendizaje? ¿Y por qué razón había sido yo tan falto de criterio como para seguir ciegamente sus pasos?

La razón de ello fue la presencia de una especie de neurosis histórica, de proporciones gigantescas. En la psicología hay varias de ellas. Y una de las razones

6. El estudio más reciente sobre este problema importante pero metodológicamente difícil del aprendizaje, es el de M. E. Bitterman. Discurso del Centenario de Thorndike, "The Comparative Analysis of Learning", *Science*, 1975, 188:699-709. Se hallarán otras referencias en *Animal Behavior* de R. A. Hinde, 2a. ed. (Nueva York: McGraw-Hill, 1970), en particular pp. 658-663.

de que la historia de la ciencia sea esencial al estudio de la psicología es que es el único modo de superar tales desórdenes intelectuales. La escuela de psicología conocida con el nombre de asociacionismo, que tanto medró en los siglos XVIII y XIX, fue presentada en forma tan atractiva y tuvo entre sus filas campeones de tanto prestigio que su error básico quedó incrustado en el pensamiento y en el lenguaje común de la gente. El error consistió y sigue consistiendo en decir que la conciencia es un espacio real poblado por elementos llamados sensaciones e ideas, y que la asociación de estos elementos, como son similares entre sí o porque en el mundo exterior se presentan juntos, es sin duda alguna lo que es el conocimiento y el campo o materia de la mente. De este modo, aprendizaje y conciencia se confunden y revuelven en el seno de una palabra muy vaga, la experiencia.

Fue esta confusión la que perduró, oculta tras mis primeras luchas con el problema, así como el acento desmesurado que se puso en la primera mitad de nuestro siglo en el aprendizaje animal. Lo cierto es que hoy día se ve ya con toda claridad que en la evolución son dos problemas completamente separados el origen del aprendizaje y el origen de la conciencia. En el capítulo siguiente nos ocuparemos de demostrar este aserto aportando más pruebas.

La conciencia como imposición metafísica

Todas las teorías que he mencionado hasta aquí parten del supuesto de que la conciencia evolucionó biológicamente por simple selección natural. Sin embargo, hay otra tesis que niega incluso la posibilidad de tal supuesto.

¿Es esta conciencia, pregunta, este enorme influjo de ideas, principios, creencias sobre nuestras vidas y acciones, derivable realmente de la conducta animal? ¡De todas las especies, sí, de todas ellas!, solamente nosotros tratamos de entendernos a nosotros mismos y al mundo. Debido a las ideas nos volvemos rebeldes, patriotas o mártires. Construimos catedrales y computadoras, escribimos poemas y ecuaciones tensoras, jugamos al ajedrez y tocamos cuartetos, mandamos naves a otros planetas y escuchamos sonidos venidos de otras galaxias; ¿qué relación tiene todo esto con las ratas en laberintos o con los ademanes de amenaza de los mandriles? La hipótesis de continuidad de Darwin sobre la evolución de la mente es un tótem muy sospechoso de la mitología evolucionista.[7] El anhelo de certeza que encanta al científico, la dolorosa belleza que hostiga e incomoda al artista, la suave espina de justicia que arranca al rebelde de su vida muelle, o el regocijo emocionado con que oímos las hazañas de esa virtud, hoy tan difícil, del valor, del soportar

7. Demostrar esta continuidad fue el propósito de la segunda obra más importante de Darwin, *La descendencia del hombre*.

con alegría el sufrimiento sin esperanza ¿es todo esto algo derivado en realidad de la materia? ¿O es continuación de la jerarquía tonta de antropoides sin habla?

El abismo es aterrador. Las vidas emocionales del hombre y de otros mamíferos son maravillosamente similares, pero centrarnos indebidamente en la similitud es olvidar, pasar por alto el hecho de que existe tal abismo. La vida intelectual del hombre, su cultura, su historia, su religión y su ciencia son distintas de todo lo que conocemos del universo. Es un hecho. Es como si toda la vida hubiera evolucionado hasta un cierto punto, y luego, dentro de nosotros mismos hubiera dado un giro y estallado en una dirección diferente.

El percibir esta discontinuidad entre los antropoides y el hombre intelectual, ético, civilizado y dotado de lenguaje, ha llevado a muchos científicos a retornar a un punto de vista metafísico. La interioridad de la conciencia, sencillamente no pudo haber evolucionado por simple selección natural partiendo de simples acomodamientos de moléculas y células. En el caso de la evolución humana debió de haber algo más que simple materia, casualidad y supervivencia. Algo debe haber sido agregado desde el exterior de este sistema cerrado para explicar algo tan diferente como la conciencia.

Este modo de pensar se inició en los albores de la moderna teoría de la evolución, en particular en la obra de Alfred Russel Wallace, codescubridor de la teoría de la selección natural. Después de su enunciado paralelo de la teoría en el año de 1858, tanto Darwin como Wallace lucharon como Laocoontes con el problema serpentino de la evolución humana y la esquiva y huidiza dificultad de la conciencia. Pero en tanto que Darwin ocultó el problema con su propia ingenuidad, viendo solamente continuidad en la evolución, Wallace no pudo seguir sus pasos. Las discontinuidades eran terroríficas y absolutas. Muy en particular, las facultades conscientes del hombre "no pudieron haberse desarrollado por medio de las mismas leyes que han determinado el avance progresivo del mundo orgánico en general, y también del organismo físico del hombre".[8] Sintió que las pruebas mostraban que alguna fuerza metafísica había dirigido la evolución hacia tres puntos diferentes, a saber: el principio de la vida, el principio de la conciencia y el principio de la cultura civilizada. No hay duda de que, en parte debido a que Wallace se aferró a la idea de dedicar los últimos años de su vida a buscar en vano en las sesiones espiritistas pruebas de tal intervención metafísica, su nombre no es tan conocido como el de Darwin como descubridor, por separado, de la evolución por selección natural. Estos empeños suyos no eran bien vistos por el *establishment* científico. Explicar la conciencia por medio de una interposición

8. *Darwinism, an Exposition of the Theory of Natural Selection* (Londres: Macmillan, 1889). p. 475; véase también Wallace, *Contributions to the Theory of Natural Selection*, cap. 10.

metafísica parecía apartarse por completo de las normas de la ciencia natural. Y en eso precisamente estribaba el problema, en explicar la conciencia únicamente en función de la ciencia natural.

La teoría del espectador desvalido

Como reacción a estas especulaciones metafísicas, surgió a lo largo de este período primitivo del pensamiento evolucionista un concepto crecientemente materialista. Fue una actitud más congruente con una selección natural absoluta, incondicional. Tenía incluso como cosa inherente ese acre pesimismo que suele ir curiosamente asociado con la ciencia en verdad "dura". Según esta doctrina, la conciencia no hace nada en absoluto; de hecho, nada puede hacer. Muchos experimentalistas inflexibles siguen sosteniendo con Herbert Spencer que tal degradación de la conciencia es el concepto congruente con la teoría evolucionista pura. Los animales evolucionan; los sistemas nerviosos y sus reflejos mecánicos tienen más y más complejidad; al alcanzar cierto grado de complejidad que no se especifica, aparece la conciencia, y de este modo empieza su fútil, su estéril carrera de simple espectador desvalido e impotente de los hechos cósmicos.

Todo lo que hacemos es perfectamente controlado por el diagrama del alambrado del cerebro y sus reflejos a los estímulos externos. La conciencia no es más que el calor emitido por los alambres, un simple epifenómeno. Los sentimientos conscientes no son otra cosa, como dice Hodgson, que simples colores sobrepuestos en la superficie de un mosaico al que dan cohesión sus piedras, no los colores.[9] O, como afirmó Huxley en un ensayo famoso, "somos autómatas conscientes". [10] La conciencia no puede modificar el mecanismo de trabajo del organismo o su conducta, como tampoco el silbido de la locomotora modifica su maquinaria o su destino. Por mucho que deje escapar su silbido, los rieles han determinado desde siempre adónde irá el tren. La conciencia es la melodía que sale del arpa pero que no puede pulsar sus cuerdas, la espuma que escapa rugiente del río pero que no puede modificar su curso, la sombra que obedientemente marcha paso a paso al lado del caminante pero que es completamente incapaz de influir en su viaje.

William James es quien ha dado el mejor análisis de la teoría de la conciencia autómata.[11] En este terreno su argumentación es hasta cierto punto similar al idealismo filosófico de Samuel Johnson que al *patear* una piedra exclama

9. Shadworth Hodgson, *The Theory of Practice* (Londres: Longmans Green, 1870), 1:416.
10. Y voliciones apenas *símbolos* de estados-cerebrales. T. H. Huxley, *Collected Essays* (Nueva York: Appleton, 1896), vol. I, p. 244.
11. William James, *Principles of Psychology* (Nueva York: Holt, 1890), vol. I, cap. 5, y también William McDougall, *Body and Mind* (Londres: Methuen, 1911), caps. 11, 12.

sin haber hecho un examen, "¡Así yo refuto esto!" Es sencillamente inconcebible que la conciencia no tenga *nada que ver* con una cuestión a la cual atiende con tal fidelidad. Si la conciencia no es más que la sombra impotente de la acción, ¿cómo explicar que sea más intensa cuando la acción es más titubeante? ¿Y por qué estamos menos conscientes cuando hacemos algo que nos es muy habitual? Ciertamente esta relación de ida y vuelta entre la conciencia y las acciones es algo que *debe* explicar toda teoría de la conciencia.

La evolución emergente

La doctrina de la evolución emergente fue muy bien recibida, como una bendición que vendría a rescatar la conciencia de esta triste posición de simple espectador impotente. Fue también ideada para explicar científicamente las discontinuidades evolutivas que se habían observado y habían constituido la esencia del metafísico argumento de la imposición. Y cuando empecé a estudiarla, hace algún tiempo, también sentí, con un chispazo estremecedor, como todo, no sólo el problema de la conciencia, parecía caer temblorosamente, pero de modo preciso y maravilloso, en su lugar.

Su idea central es una metáfora: del mismo modo que las propiedades de la humedad no se pueden derivar solamente de las propiedades individuales del hidrógeno y del oxígeno, también la conciencia brotó en un determinado punto en el curso de la evolución, de un modo que no se puede derivar de sus partes constitutivas.

Aunque esta idea tan sencilla se remonta a John Stuart Mill y G.H. Lewes, fue la versión de Lloyd Morgan presentada en 1923 en su *Emergent Evolution*, la que se llevó los aplausos. Esta obra es una traza cabal de la evolución naciente remontada con todo vigor hasta el reino de lo físico. Todas las propiedades de la materia han surgido o provenido de un antecesor no especificado. Las de los compuestos químicos complejos emergen de la conjunción de componentes químicos más sencillos. Las propiedades distintivas de los seres vivos han provenido de las conjunciones de estas moléculas complejas. Y la conciencia surgió de los seres vivos. Nuevas conjunciones originaron nuevos tipos de relaciones que a su vez produjeron nuevas emergentes, de modo que las nuevas propiedades emergentes están perfectamente relacionadas con los sistemas de los cuales brotaron. En realidad, las nuevas relaciones que van surgiendo en cada nivel superior guían y sostienen el curso de los acontecimientos que son distintivos de ese nivel. Así pues, la conciencia emerge como algo genuinamente nuevo y en una etapa crítica del avance evolutivo. Una vez que ha emergido guía el curso de los acontecimientos que ocurren en el cerebro y tiene eficacia causal en la conducta del cuerpo.

El aplauso con que fue acogida esta doctrina antirreduccionista por la mayoría de los biólogos y psicólogos comparativos, todos ellos dualistas frustrados, no fue muy digno. Los biólogos la llamaron una nueva Declaración de Independencia ante la física y la química: "En lo sucesivo ya no se obligaría a los biólogos a suprimir los resultados observados si no se obtienen o se derivan de trabajos en lo no viviente. La biología adquiere carta de ciudadanía por su propio derecho". Neurólogos sobresalientes convinieron en que en lo sucesivo ya no sería necesario pensar en la conciencia como algo que bailotea asidua pero fútilmente por encima de nuestros procesos cerebrales.[12] Parecía, pues, que el origen de la conciencia había sido ubicado en forma tal que restauraba a la conciencia su trono usurpado como gobernadora de la conducta y hasta como promesa de nuevas e impredecibles facultades emergentes del futuro.

Pero, ¿era cierto? Si la conciencia surgió en la evolución, ¿cuándo lo hizo? ¿En qué especie? ¿Qué tipo de sistema nervioso fue necesario? En cuanto se desvaneció el entusiasmo inicial teórico, se vio que no había cambiado nada relacionado con el problema. Eran estos puntos específicos los que se necesitaba contestar. Lo que está mal en la evolución no es la doctrina en sí, sino la remisión o envío hacia modos de pensar antiguos y cómodos sobre conciencia y conducta, la licencia que conduce a generalidades amplias y vacuas.

Históricamente, es de interés destacar aquí que todo este bailoteo en las afueras de la biología sobre evolución emergente ocurría al tiempo que empezaba a conquistar la psicología otra doctrina más recia pero menos docta, con una rigurosa campaña experimental. Ciertamente una buena manera de resolver el problema de la conciencia y su lugar en la naturaleza consiste en negar la existencia misma de la conciencia.

El conductismo

Es un ejercicio interesante sentarse y tratar de adquirir conciencia de lo que significa decir que la conciencia no existe. La historia no registra si esta hazaña fue intentada o no por los primeros conductistas. Pero sí ha registrado por doquier y de modo muy amplio la influencia enorme que la doctrina de que no existe la conciencia ha ejercido sobre la psicología en nuestro siglo.

Y esto es, precisamente, el conductismo. Sus raíces penetran profundamente en la añeja historia del pensamiento, hasta los llamados epicúreos del siglo

12. Esta cita os de H. S. Jennings y la paráfrasis de C. Judson Herrick. Respecto a estas y otras reacciones a la evolución naciente, véase F. Mason, *Creation by Evolution* (Londres: Duckworth, 1928) y W. McDougall, *Modern Materialism and Emergent Evolution* (Nueva York: Van Nostrand, 1929).

XVIII y antes, a los esfuerzos por generalizar tropismos partiendo de las plantas y avanzando hacia los animales y el hombre, hasta los movimientos llamados Objetivismo y, muy en particular, Accionismo. Fue el intento de Knight Dunlap de enseñar esto último a un excelente pero irreverente psicólogo de animales llamado John B. Watson, el que produjo una nueva palabra, el Conductismo.[13] Al principio fue algo muy similar a la teoría del espectador impotente o indefenso que ya hemos examinado. Sencillamente, la conciencia no era importante en los animales. Pero después de una Guerra Mundial y de un poco de investigación vigorizadora, el conductismo irrumpió en la arena intelectual con la fanfarrona afirmación de que la conciencia no es nada.

¡Vaya doctrina pasmosa! Aunque lo que en realidad sorprende es que, habiendo empezado como desorbitada fantasía, creció y creció hasta convertirse en un movimiento que ocupó el centro del escenario psicológico desde cerca de 1920 hasta 1960. Las razones externas que explican este largo triunfo de una posición tan singular son fascinantes y complejas. La psicología de esa época trató de separarse de la filosofía y formar una disciplina académica independiente, para lo cual se valió del conductismo. El adversario inmediato del conductismo, el introspectismo titcheneriano, fue un rival pálido y deslucido, fundado en una analogía falsa entre conciencia y química. El derribado idealismo que siguió a la primera Guerra Mundial creó una edad revolucionaria que exigía nuevas filosofías. El éxito desconcertante de la física y de la tecnología en general ofreció tanto un modelo como un medio que pareció más compatible con el conductismo. El mundo estaba cansado y temeroso del pensamiento subjetivo y anhelaba hechos objetivos. En los Estados Unidos, un hecho objetivo era un hecho pragmático, el conductismo proporcionó esto en la psicología. Permitió a una nueva generación dejar a un lado, con ademán de impaciencia, todas las gastadas y caducas complejidades del problema de la conciencia y de su origen. Se daría la vuelta a la página, y se volvería a empezar.

Y sucedió que este nuevo comienzo fue un éxito en un laboratorio tras otro, aunque la razón de su éxito no se debió a su verdad, sino a su programa. Indudablemente, se trató de un programa de investigación muy emocionante y vigoroso, que llevaba en sí la reluciente promesa, de acero inoxidable, de reducir toda la conducta a un manojo de reflejos y de respuestas condicionadas desarrolladas a partir de ellos, a generalizar la terminología del reflejo espinal de estímulo y

13. Para una imagen menos ad hominem de los comienzos del conductismo, véase John C. Burnham, "On the origins of behaviorism", *Journal of the Behavioral Sciences*, 1968, 4: 143-151. Y un buen análisis se encuentra en "Introduction to John B. Watson's Comparative Psychology" por Richard Herrnstein, en *Historical Conceptions of Psychology*, M. Henle, J. Jaynes y J. J. Sullivan, comps. (Nueva York: Springer, 1974), 98-115.

respuesta y reforzamiento a los acertijos y rompecabezas de la conducta directora, los que al parecer resolvía, a ratas que recorrían kilómetros y kilómetros de laberintos así como laberintos más fascinantes de teoremas objetivos, y a su pretensión, su pretensión solemne, de haber reducido el pensamiento a crispamientos musculares, y la personalidad a los infortunios del Pequeño Alberto.[14] En todo esto hubo una emoción directora. La complejidad se volvería sencillez, la oscuridad se tornaría luz, y la filosofía sería cosa del pasado.

Vista desde el exterior, esta revuelta contra la conciencia pareció tomar por asalto las antiguas ciudadelas del pensamiento humano y ondeó sus arrogantes pendones en una universidad tras otra. Pero yo, que un tiempo formé parte de su principal escuela, debo confesar que estuvo lejos de ser lo que pareció ser. En general, el conductismo fue simplemente la negativa a hablar de la conciencia, pues, sin duda, nadie creía que no fuera consciente. En el exterior hubo verdadera hipocresía, pues a los interesados en la psicología académica se les excluyó por la fuerza de ella, conforme un texto tras otro trataba de ocultar el problema a los estudiantes. En esencia, el conductismo fue un método, no la teoría que quiso ser. Y como método exorcizó los viejos espíritus. Dio a la psicología una completa limpieza de su propia casa. Y ahora, con los armarios barridos y con los aparadores lavados y ventilados, estamos listos para examinar de nuevo el problema.

La conciencia como el sistema reticular activador

Pero antes, un enfoque final, totalmente distinto, que me ha mantenido ocupado muy recientemente, el sistema nervioso. ¡Con cuánta frecuencia, en nuestras frustraciones al tratar de resolver los misterios de la mente, apoyamos nuestras interrogantes en la anatomía, real o imaginada, y concebimos que un pensamiento es una determinada neurona o que un estado de ánimo es cierto neurotransmisor! Es una tentación hija de la exasperación que produce la no verificabilidad y la vaguedad de todas las soluciones anteriores. ¡Al diablo estas sutilezas verbales! ¡Estas poses esotéricas de filosofía y hasta las teorías de papel de los conductistas no son sino subterfugios con los que se trata de evitar, de pasar por alto el material mismo del que estamos hablando! Aquí tenemos un animal, un hombre si queréis, sobre la mesa de nuestro análisis. Si tiene conciencia, ¡debe estar aquí, precisamente aquí, en él, en el cerebro que tenemos enfrente, no en las presuntuosas vaguedades que se remontan a un pasado filosófico inalcanzable! Y, por fortuna, hoy día tenemos ya las técnicas para explorar directamente el sistema nervioso,

14. El desventurado sujeto de los experimentos de Watson sobre miedo condicionado.

de cerebro a cerebro. Aquí, en alguna parte de esta diminuta cantidad de materia gris-rosada, debe estar la solución.

Todo lo que tenemos que hacer es encontrar las partes del cerebro que son responsables de la conciencia, luego remontar su evolución anatómica, y habremos resuelto el problema de la conciencia. Más todavía, si estudiamos la conducta de especies actuales correspondientes a diversas etapas del desarrollo de estas estructuras neurológicas, seremos capaces, finalmente, de revelar con exactitud experimental lo que es, básicamente, la conciencia.

Parece que estamos frente a un excelente programa científico. Desde que Descartes escogió la glándula pineal o cuerpo pineal como sede de la conciencia y fue refutado rotundamente por los fisiólogos de su tiempo, ha habido una búsqueda ferviente aunque a veces superficial por ver en qué parte del cerebro está la conciencia.[15] Y la búsqueda continúa su marcha.

Por el momento, un candidato plausible para ser el sustrato neural de la conciencia es uno de los descubrimientos neurológicos más importantes de nuestro tiempo. Se trata de ese nudillo de minúsculas neuronas internunciales llamado la formación reticular, que desde siempre ha estado escondida y sin despertar sospechas dentro del tallo cerebral. Se extiende desde la parte superior de la médula espinal, cruza el tallo cerebral, el tálamo y el hipotálamo, atrayendo colaterales provenientes de nervios sensoriales y motores, casi como si fuera un sistema de enchufe con las líneas de comunicación que pasan cerca de él. Pero esto no es todo. Tiene también líneas directas de mando a una media docena de áreas principales de la corteza, y probablemente a todo el núcleo del tallo cerebral, además de que envía fibras a lo largo de la médula espinal donde influye en los sistemas periféricos sensorial y motor. Su función es sensibilizar o "despertar" circuitos nerviosos escogidos y desensibilizar otros, por ejemplo los que los precursores en este campo bautizaron con el nombre de "el cerebro que vigila".[16]

A la formación reticular se la llama también por su nombre funcional, o sea, sistema reticular activador. Es el sitio en que la anestesia general produce su efecto al desactivar sus neuronas. Cuando se corta, se produce sueño permanente y coma. Y al estimularla en la mayor parte de sus regiones mediante un electrodo implantado, despierta de su sueño a un animal dormido. Además, puede graduar la actividad de la mayoría de las demás partes del cerebro, lo cual consigue como reflejo de su propia excitabilidad interna y de la concentración de su neuroquímica. Hay excepciones, pero tan complicadas que no se pueden tratar aquí, más no son de tal clase que disminuyan la emocionante posibilidad de que en esta desordenada

15. He analizado esto in *extenso* en mi trabajo titulado "The Problem of Animate Motion in the Seventeenth Century", *Journal of the History of Ideas*, 1970, 31:219-234.
16. Véase H. W. Magoun, *The Waking Brain* (Springfield, Illinois: Thomas, 1958).

redecilla de neuronas cortas que conectan todo el cerebro, en este nudo central de comunicación entre los sistemas estrictamente sensorial y motor de la neurología clásica, esté la largamente buscada respuesta a todo el problema.

* * *

Pero si ahora miramos la evolución de la formación reticular y nos preguntamos si es posible relacionarla con la evolución de la conciencia, no hallamos el menor estímulo. Resulta ser una de las porciones más antiguas del sistema nervioso. Podría sostenerse, incluso, que se trata de la porción más antigua, alrededor de la cual se desarrollaron el núcleo y los sistemas o áreas ordenados, más específicos y más evolucionados. Lo poco que hoy día conocemos sobre la evolución de la formación reticular no parece indicar que el problema de la conciencia y de su origen se resuelva por medio de semejante estudio.

Por si fuera poco, en este razonamiento hay un engaño. Es algo común y muy propio de nuestra tendencia a llevar fenómenos psicológicos al campo de la neuroanatomía y de la química. En el sistema nervioso sólo podremos encontrar aquello que anteriormente hallamos en la conducta. Aun cuando tuviéramos un diagrama completo de las conexiones del sistema nervioso, no por eso podríamos contestar nuestro interrogante básico. Ni aunque conociéramos las conexiones y enlaces de cada filamento, de cada axón y dendrita de cada una de las especies que han existido, junto con sus neurotransmisores y cómo variaron en sus miles de millones de sinapsis de cada uno de los cerebros que existieron a lo largo de la evolución, ni aún así, repetimos, con el solo conocimiento del cerebro podríamos saber si ese cerebro contuvo una conciencia como la nuestra. Debemos empezar desde arriba, desde algún concepto de lo que es la conciencia, de lo que es nuestra introspección. Debemos estar seguros de eso antes de penetrar en el sistema nervioso y hablar de su neurología.

Por tanto, debemos esforzarnos por contar con un nuevo comienzo, enunciando qué es la conciencia. Hemos visto ya que no es tarea fácil, y que la historia de esta materia es una confusión enorme entre metáforas y terminología. En una situación así, en que hay algo que se resiste tanto, incluso a los comienzos de la claridad, es cosa muy sabia empezar por determinar qué no es ese algo. Tal es la tarea del capítulo siguiente.

Libro Primero

LA MENTE DEL HOMBRE

CAPÍTULO 1

La conciencia de la conciencia

AL FORMULAR LA PREGUNTA de lo que es la conciencia, adquirimos conciencia de lo que es conciencia; y la mayoría de nosotros tomamos por conciencia a esta conciencia de la conciencia, lo cual no es cierto.

Al estar conscientes de la conciencia, sentimos que es lo más evidente imaginable. Sentimos que es el atributo que define todos nuestros estados de vigilia, nuestros estados de ánimo y afectos, nuestros recuerdos, nuestros pensamientos, atenciones y voliciones. Sentimos la cómoda seguridad de que la conciencia es la base de los conceptos, del aprendizaje y del razonamiento, del pensar y del juicio; todo ello es así porque registra y almacena nuestras experiencias según van ocurriendo, lo cual nos permite la introspección, y aprender de ellas a voluntad. También tenemos plena conciencia de que todo este maravilloso conjunto de operaciones tiene su sede en alguna parte de la cabeza.

Ante un examen crítico vemos que todas estas afirmaciones son falsas. Son el disfraz tras el cual se ha ocultado la conciencia a lo largo de los siglos. Son conceptos erróneos que han impedido hallar solución al problema del origen de la conciencia. Poner de manifiesto estos errores y mostrar lo que no es la conciencia es la amplia (espero) y audaz empresa de este capítulo.

La "extensividad" de la conciencia

Para empezar diremos que hay varios usos de la palabra conciencia que debemos descartar inmediatamente por ser incorrectos. Tenemos, por ejemplo, la expresión "perder la conciencia" a consecuencia de recibir un golpe en la cabeza. Pero si esto fuera correcto, no tendríamos palabras para describir los estados de sonambulismo de la literatura clínica en que el individuo no está claramente consciente y sin embargo responde a las cosas en una forma en que la persona que recibió el golpe en la cabeza no responde. Por consiguiente, en el primer caso diríamos que la persona que recibe un fuerte golpe en la cabeza pierde no sólo la conciencia sino también lo que estoy llamando reactividad, que son dos cosas diferentes.

Esta distinción también es importante en la vida diaria normal. Constantemente reaccionamos a cosas pese a no estar conscientes de ellas en el momento. Al estar sentado, apoyado contra un árbol, estoy reaccionando al árbol, al suelo y a mi propia postura, y si quiero caminar, de modo totalmente inconsciente me pongo de pie y empiezo a hacerlo.

Inmerso en los conceptos de este primer capítulo, no tengo mucha conciencia ni siquiera de dónde estoy. Al escribir, estoy reaccionando al lápiz que tengo en la mano pues lo sostengo con firmeza; también reacciono al bloc de escritura desde que lo coloco sobre mis rodillas, y a las líneas que tiene impresas puesto que al escribir lo hago sobre ellas; pero, ciertamente, sólo estoy consciente de lo que estoy tratando de decir y de si lo estoy expresando de un modo que sea claro para el lector.

Si un pájaro sale del arbusto cercano y enfila hacia el horizonte emitiendo su canto, volveré la cabeza para verlo y oírlo, y luego regresaré a esta página sin tener conciencia de que lo haya hecho.

En otras palabras, la reactividad cubre todos los estímulos que de un modo o de otro afectan mi conducta, en tanto que la conciencia es algo del todo distinto, y un fenómeno completamente ubicuo. Sólo de cuando en cuando tenemos conciencia de que estamos reaccionando. Y mientras que la reactividad puede ser definida conductual y neurológicamente, no es posible definir la conciencia, al menos en el estado actual de nuestro saber.

Esta distinción tiene alcances mucho mayores. Reaccionamos continuamente a las cosas en formas que no tiene ningún componente fenomenal en la conciencia. En todo momento. Al ver un objeto cualquiera, nuestros ojos y, por tanto, nuestras imágenes en la retina están reaccionando al objeto, cambiando veinte veces por segundo, pese a lo cual vemos un objeto estable y no cambiante, sin tener la menor conciencia de la sucesión de diferentes *imputs* ni del hecho de aunarlos o conjuntarlos con el objeto. Una imagen en la retina que parece anormalmente pequeña dentro del marco, parece automáticamente algo más distante; hacemos la corrección sin tener conciencia de ello. El color y los contrastes de luz y otras constancias perceptuales ocurren a cada instante en nuestros momentos de vigilia y aun en sueños, sin que tengamos la menor conciencia de ello. Y estos ejemplos apenas están tocando la multitud de procesos que, conforme a las viejas definiciones de conciencia, sería de suponer que entraran en nuestra conciencia, pero que ciertamente no entran. Me viene a la cabeza la designación de conciencia por Titchener: "La suma total de los procesos mentales que ocurren en este momento". Estamos hoy muy lejos de esta posición.

Avancemos un poco más. La conciencia es una parte de nuestra vida mental mucho más pequeña de lo que estamos conscientes, sencillamente porque no podemos tener conciencia de lo que no estamos conscientes. Esto es muy fácil de decir, pero muy difícil de apreciar. Es como pedir a una linterna de mano que en un cuarto oscuro busque algo que no tiene ninguna luz que brille en su superficie. En este caso, la linterna, como hay luz en cualquier dirección que apunte, podría concluir que hay luz en todas partes. Del mismo modo, podría parecer que la conciencia penetra en toda la mentalidad, cuando de hecho no es así.

Otra cuestión interesante es la sincronización de la conciencia. Cuando estamos despiertos, ¿estamos conscientes todo el tiempo? Así lo creemos. En realidad, estamos seguros de que así ocurre. Cierro los ojos y aun cuando me esfuerce por no pensar, la conciencia sigue fluyendo, como un gran río de muchos contenidos en una sucesión de condiciones distintas que me han enseñado a llamar pensamientos, imágenes, memorias, diálogos interiores, remordimientos, deseos, resoluciones, todo lo cual se entrelaza con el desfile siempre cambiante de sensaciones exteriores de las cuales tengo una percepción selectiva. Siempre la continuidad. Ciertamente, así lo sentimos. Y hagamos lo que hagamos, sentimos que nuestro mismísimo yo, nuestra más honda identidad es este continuo fluir que sólo cesa al dormir entre sueños recordados. Tal es nuestra experiencia. Y muchos pensadores han considerado que este espíritu de continuidad es la sede de donde debe partirse en filosofía, el asiento de la certeza del cual no debemos dudar. *Cogito, ergo sum.*

Ahora bien, ¿qué puede significar esta continuidad? Si pensamos en un minuto como algo compuesto por sesenta mil milisegundos, ¿estamos conscientes de cada uno de esos milisegundos? Si así lo cree usted, siga dividiendo las unidades de tiempo, sin olvidar que el dispararse de las neuronas es de un orden finito, aun cuando no tenemos idea de lo que esto tiene que ver con nuestro sentido de la continuidad de la conciencia. Pocas personas querrán sostener que la conciencia flota de algún modo como una neblina por encima y alrededor del sistema nervioso, desvinculada por completo de cualesquier necesidades terrenales de los períodos refractarios neurales.

Es mucho más probable que la aparente continuidad de la conciencia sea, más bien, un engaño, una ilusión, al igual que la mayor parte de las metáforas sobre la conciencia. En nuestra analogía de la linterna de mano, la linterna tendría conciencia de estar encendida sólo cuando en verdad lo estuviera. Aunque hubiera grandes lapsos, si las cosas en cuestión fueran más o menos las mismas, a la linterna le parecería que la luz había estado encendida continuamente. O sea que estamos conscientes menos tiempo del que pensamos, por la sencilla razón de que no podemos tener conciencia cuando no estamos conscientes. Y el sentir una gran corriente ininterrumpida de ricas experiencias internas, que se desliza lentamente entre momentos de ensueño, que se despeña en torrentes de emoción, de penetraciones llenas de precipicios o que surge con suavidad entre nuestros días más nobles, es lo que se encuentra en esta página, una metáfora de cómo la conciencia subjetiva se parece a la conciencia subjetiva.

Hay, sin embargo, un modo mejor de hacer ver esto. Si cerramos el ojo izquierdo y miramos fijamente el margen izquierdo de esta página, no estamos en absoluto conscientes de un gran vacío en nuestra visión de unos diez centímetros a la derecha. Pero, si seguimos viendo únicamente con el ojo derecho, con un dedo siga una de las líneas desde el margen izquierdo al derecho, y verá desaparecer dentro de este vacío su parte superior, que luego reaparece al otro lado. Esto se debe a un vacío de unos dos milímetros en el lado nasal de la retina donde se reúnen las fibras del nervio óptico, salen del ojo y emprenden su camino al cerebro.[1] Lo interesante de este vacío es que no es un punto ciego, como se le suele llamar; es un no-punto. Los ciegos ven su oscuridad.[2] Pero nosotros no podemos ver ningún vacío en nuestra visión, y mucho menos tener conciencia de ninguna especie de él. Del mismo modo que el espacio alrededor del punto ciego se une sin ningún vacío, así también la conciencia se conjunta pasando por encima de vacíos de tiempo, y de la ilusión de continuidad.

Por doquier encontramos ejemplos de lo poco que estamos conscientes de nuestra conducta diaria. Tocar el piano es un ejemplo extraordinario.[3] Aquí se realizan en forma simultánea una compleja variedad de tareas diversas sin tener conciencia de ellas: dos líneas diferentes de casi jeroglíficos se van leyendo a la vez, la mano derecha es guiada por una y la izquierda por la otra; a los diez dedos se les han asignado diferentes tareas: la digitación resuelve varios problemas motores sin ninguna percepción de ellos, mientras que la mente interpreta sostenidos,

1. Una técnica mejor de observar el punto ciego consiste en tomar dos papeles de unos 12 milímetros por lado y, manteniéndolos a unos 45 centímetros de distancia frente a nosotros, fijarse en uno con un ojo y mover el otro papel hacia afuera por el mismo lado hasta que desaparezca.

2. A no ser que la causa de la ceguera esté en el cerebro. Por ejemplo, soldados heridos en uno u otro lado de las áreas occipitales de la corteza, con grandes porciones del campo visual destruidas, no tienen conciencia de sufrir alguna alteración en su visión. Mirando en línea recta hacia adelante tienen la ilusión de ver un mundo visual completo, como usted y yo.

3. Este ejemplo, con fraseo similar, fue usado por W. B. Carpenter para ilustrar su "cerebración inconsciente", probablemente la primera enunciación importante del concepto en el siglo XIX. Fue descrita por vez primera en el año de 1852 en la cuarta edición de la obra de Carpenter, *Human Physiology*, y con más extensión en su obra de gran influjo *Principles of Mental Physiology* (Londres: Kegan Paul, 1874), Libro 2, cap. 13.

bemoles y naturales en teclas blancas y negras, obedeciendo la sincronización de blancas, redondas, corcheas, semicorcheas, etc., y pausas, trinos, una mano obedeciendo quizá a un compás de tres por cuatro y la otra a uno de cuatro por cuatro, mientras que los pies, por su parte, suavizan, ligan o sostienen otras varias notas. Y todo este tiempo, el ejecutante, el ejecutante consciente, está en un séptimo cielo del éxtasis artístico, ante los resultados de tan tremenda empresa, o quizá perdido en la contemplación de la persona que da vuelta a las hojas de la partitura, justamente persuadido de que está mostrando el fondo de su alma. Es evidente que la conciencia tiene mucho que ver con el aprendizaje de estas complejas actividades, pero no por fuerza en su ejecución, que es el punto único que estamos tratando de poner de manifiesto aquí.

Veces hay en que la conciencia no sólo es innecesaria sino hasta indeseable. Nuestro pianista, de pronto consciente de sus dedos durante un frenético diluvio de arpegios, quizá deje de tocar. Nijinsky dijo que cuando bailaba era como si se hallara en el foso de la orquesta viéndose a sí mismo; no estaba consciente de cada uno de sus movimientos, sino de cómo lo veían los demás. No hay duda de que los corredores están conscientes de su lugar en la carrera, pero ciertamente no lo están de poner una pierna frente a la otra; tener conciencia de ello casi con seguridad los haría trastabillar. Y todo aquel que juega tenis a mi modesto nivel sabe de la exasperación de perder el saque por cometer doble falta. Y cuanto más saques dobles malos, más conciencia se adquiere de nuestros movimientos y de nuestras fallas, todo lo cual empeora las cosas.[4]

Estos fenómenos de esfuerzo no deben explicarse basándose en la emoción física personal, pues es un hecho que los mismos fenómenos en relación con la conciencia ocurren en ocupaciones menos enérgicas. En este preciso momento, usted no está consciente de cómo está sentado, de dónde tiene las manos, de cuán aprisa lee, pese a que cuando mencioné estas circunstancias sí lo estuvo. Del mismo modo, según va leyendo, no tiene conciencia de las letras, ni de las palabras, ni siquiera de la sintaxis ni de las frases y puntuación, sino sólo de su significado. Igualmente, cuando escuchamos un discurso o conferencia, los fonemas desaparecen en palabras, las palabras en frases y las frases en lo que quieren expresar, en significado. Tener conciencia de los elementos del discurso es destruir su intención.

Y lo mismo ocurre en el lado de la producción. Trate de hablar con plena conciencia de su articulación. Sencillamente dejará de hablar. Eso mismo sucede en la escritura; ahí es como si el lápiz, el bolígrafo o la máquina de escribir deletrearan

4. El autor de estas líneas improvisa en el piano, y su mejor ejecución es cuando no está consciente del lado de ejecución conforme inventa nuevos temas o desarrollos; para ello debe estar como sonámbulo aunque consciente de su ejecución pero como si fuera otra persona.

las palabras, las espaciaran, las puntuaran apropiadamente, iniciaran un nuevo renglón, evitaran iniciar del mismo modo frases consecutivas, determinarán que pongamos o no una interrogación, un signo de admiración; todo esto ocurre por muy enfrascados que estemos en lo que tratamos de expresar y en la persona a quien nos estamos dirigiendo.

Porque al escribir o hablar no estamos en realidad conscientes de lo que estamos haciendo en ese momento. La conciencia funciona en la decisión de lo que vamos a decir, de cómo vamos a decirlo y de cuándo lo diremos, pero en seguida, la ordenada y cabal sucesión de fonemas o de letras escritas queda a cargo de algo que de algún modo lo realiza en nuestro lugar.

La conciencia no es una copia de la experiencia

Aunque la metáfora de la mente en blanco se usa en los escritos atribuidos a Aristóteles, es en realidad desde que John Looke concibió la mente como *tabula rasa* en el siglo XVII cuando hemos destacado este aspecto registrador de la conciencia, y por tanto que la vemos atiborrada de recuerdos que podemos volver a leer mediante la introspección. De haber vivido en nuestros días, Locke habría usado la metáfora de una cámara en vez de una pizarra, aunque la idea sea la misma. Además, casi toda la gente protestaría ante la idea de que la principal función de la conciencia es almacenar experiencia y copiarla como lo hace una cámara, de modo que pueda ser reflejada en algún tiempo futuro.

Así parece, pero consideremos los problemas siguientes: ¿hacia dónde se abre la puerta de su cuarto, hacia la derecha o hacia la izquierda? Después del medio, ¿cuál es el dedo más largo? En los semáforos de tránsito, ¿qué luz está arriba, la roja o la verde? ¿Cuántos dientes se le ven a usted cuando los cepilla? En los discos de los teléfonos, ¿qué letras están junto a qué números? Cuando se encuentre en una habitación que le sea familiar, describa, sin volver la cara, qué cosas hay en la pared que quede detrás de usted y luego vea.

Lo más probable es que le sorprenda lo poco que puede recoger de su conciencia de imágenes que supuestamente ha almacenado de experiencias previas vividas atentamente. Si la puerta que nos es familiar se abre — repentinamente — en sentido inverso, si otro de nuestros dedos resulta ser más largo, si las luces de los semáforos están colocadas al contrario de como dijimos, si tenemos un diente de más, el teléfono está hecho de un modo distinto o si la ventana situada detrás de nosotros tiene un pasador de más, lo comprenderá al punto y verá que usted sí sabía pero no de modo consciente. Se trata de una distinción entre reconocimiento y recuerdo, que es bien conocida por los psicólogos. Lo que podemos recordar es un simple dedal de los inmensos océanos de su saber actual.

Experimentos como éste demuestran que la memoria consciente no es un almacenamiento de imágenes sensoriales, como se suele pensar. Sólo si alguna vez observó *conscientemente* la longitud de sus dedos, o su puerta, o contó sus dientes al cepillárselos, sólo en ese caso podrá usted recordar. A menos que haya observado con particularidad lo que hay en la pared, o que poco tiempo antes la haya limpiado o pintado, sólo entonces no quedará sorprendido por lo que habrá omitido. Introspeccionemos en esta cuestión. ¿No es verdad que en cada uno de estos casos se preguntó qué *debía* haber ahí? ¿No es cierto que empezó con ideas y razonamiento en vez de imágenes? La retrospección de lo consciente no es la reintegración de imágenes, sino la reintegración de aquello de que hemos estado conscientes con anterioridad,[5] y la reestructuración de estos elementos en pautas racionales o probables.

Vamos a demostrar esto mismo, pero de otro modo. Recuerde usted, por favor, el momento en que entró en la habitación en que está trabajando y aquel en que tomó este libro. Introspeccione y formúlese la siguiente pregunta: ¿son las imágenes cuyas copias tiene, los campos sensoriales reales de cuando entró y se sentó a leer? ¿No es verdad que la imagen que tiene lo representa cruzando por una de las puertas, quizá una vista a ojo de pájaro de una de las entradas y luego, tal vez, se ve vagamente sentándose y tomando este libro? Todas estas cosas nunca las había experimentado, excepto en esta introspección. ¿Puede acaso, recobrar los campos sonoros que rodearon al hecho? ¿O las sensaciones táctiles que experimentó al sentarse, cuando se acabó la presión sobre sus pies y abrió este libro? Ciertamente, si usted insiste en su pensar reacomodará la retrospección de sus imágenes de tal modo que se "ve" entrando al cuarto en la forma en que debió haber ocurrido: "oye" también el sonido de la silla y el del libro al abrirse, y "percibe" las sensaciones táctiles. Yo pienso que esto tiene un fuerte componente de imágenes creadas, algo que bien podríamos llamar narración posterior, de cómo debió ser la experiencia, no de cómo fue en realidad.

O bien, introspeccione sobre la última vez que usted fue a nadar: me supongo que tiene la imagen de una playa, lago o piscina, que es más bien una retrospección, pero al llegar al hecho de usted nadando... le pasa lo que a Nijinsky en su baile, que se ve a usted mismo nadando, algo que nunca ha observado. Hay contadísimas sensaciones reales del nadar: la línea del agua a lo largo de su cara,

5. Al respecto, véase el estudio de Robert S. Woodworth en su *Psychological Issues* (Nueva York: Columbia University Press, 1999), cap. 7.

la sensación de tener agua junto a todo el cuerpo, o bien, lo hundidos que tenía los ojos bajo el agua cuando volvió la cabeza para respirar.[6] Igualmente, si usted piensa en sí mismo en la última vez que durmió al aire libre, fue a patinar o, si todo esto falla, la ocasión en que hizo en público algo lamentable, usted tenderá a ver, oír o sentir no las cosas que en realidad experimento, sino a re-crearlas en términos objetivos, viéndose en el escenario como si fuera otra persona. Vemos, pues, que remontar la memoria tiene mucho de invención, de vernos como nos ven los demás. La memoria es el medio del debe-haber-sido. No dudo, sin embargo, de que en cualquiera de estos ejemplos usted podría inventar por inferencia una imagen objetiva de la experiencia, e incluso tener la convicción de que así ocurrieron las cosas.

Para tener conceptos no es necesaria la experiencia

Otro importante motivo de confusión sobre la conciencia es la creencia de que es el sitio en que específica y exclusivamente se forman los conceptos. He aquí una idea muy antigua: tenemos varias experiencias concretas y con las que son semejantes entre sí formamos un concepto. Esta idea ha sido paradigma de gran número de experimentos de psicólogos que creyeron que de ese modo estudiaban el proceso de formación de conceptos.

Max Müller, en uno de sus fascinantes estudios realizados en el siglo pasado, situó el problema en sus correctas dimensiones preguntándose quién había visto alguna vez el árbol. "Nadie vio nunca el árbol, sino solamente este o aquel abeto, o roble o manzano... Árbol, por tanto, es un concepto, y como tal, nunca puede ser visto o percibido por los sentidos."[7] Los árboles particulares estaban en el exterior, en el medio, y sólo en la conciencia puede existir el concepto de árbol.

Ciertamente la relación entre conceptos y conciencia puede ser materia de un amplio análisis. De momento, debe bastarnos con mostrar que no por fuerza hay conexión entre ellos. Cuando Müller dice que nadie ha visto jamás *el* árbol, está confundiendo lo que sabe sobre un objeto con el objeto mismo. Tras marchar horas y horas bajo el ardiente sol, el viajero habrá visto *el* árbol. Y también lo habrán visto los gatos, ardillas y otros animales que suben a los árboles al ser perseguidos por un perro. La abeja tiene un concepto de lo que es una flor, el águila un concepto de lo que es el borde de una roca tallada a pico, del mismo

6. Ejemplo tomado del incitante análisis por Donald Hebb, "The mind's eye", *Psychology Today*, 1961, 2.
7. Max Müller, *The Science of Thought* (Londres: Longmans Green, 1887), 78-79. Eugenio Rignano en su *The Psychology of Reasoning* (Nueva York: Harcourt, Brace, 1923). pp. 108-109, hace una crítica similar a la mía.

modo que el tordo que está por anidar tiene un concepto de una bifurcación de una rama superior entoldada con hojas verdes. Los conceptos son simplemente clases de cosas equivalentes en lo conductual. Los conceptos básicos son anteriores a la experiencia. Existen como cosas fundamentales en las estructuras ápticas que permiten la ocurrencia misma de la conducta.[8] En realidad, lo que Müller debió haber dicho es que nadie ha estado *consciente* jamás de *el* árbol. Lo cierto es que la conciencia no solamente *no* es un depósito de conceptos; por lo general, no trabaja en absoluto con ellos. Cuando conscientemente pensamos en *el* árbol, sin duda estamos conscientes de un árbol en particular, del abeto, del roble o del olmo que crecieron junto a nuestra casa, y lo usamos en lugar del concepto, del mismo modo que una palabra-concepto lo sustituye, ocupa su lugar. En realidad, una de las grandes funciones del lenguaje es hacer que la palabra ocupe el lugar del concepto, que es precisamente lo que hacemos al escribir o hablar acerca del material conceptual. Y esto debemos hacerlo debido a que los conceptos no suelen estar en la conciencia.

Para el aprendizaje no es necesaria la conciencia

Un tercer error importante sobre la conciencia es que es la base del aprendizaje. Muy en particular para la larga e ilustre serie de psicólogos asociacionistas de los siglos XVIII y XIX, el aprendizaje fue cuestión de ideas existentes en la conciencia que se agrupaban por similitud, contigüidad y en otras ocasiones por alguna otra relación. Tampoco importaba si hablábamos de un hombre o de un animal; todo aprendizaje "aprovechaba la experiencia" o las ideas que se conjuntaban en la conciencia, según dejé dicho en la Introducción. Y de este modo, el saber común actual, sin comprender exactamente por qué razón, ha heredado culturalmente la idea de que la conciencia es necesaria para el aprendizaje.

Es un terreno bastante complejo. Desgraciadamente dentro de la psicología está desfigurado debido a una jerga obstaculizadora, que no es otra que una sobregeneralización de la terminología del reflejo espinal del siglo XIX. Sin embargo, para nuestros fines, podemos considerar que el estudio del aprendizaje en el laboratorio ha comprendido tres clases centrales, a saber: aprendizaje de señales, destrezas y soluciones. En seguida nos ocuparemos de las tres y nos formularemos la pregunta de si es necesaria la conciencia.

---

8. Las *estructuras ápticas* son la base neurológica de aptitudes compuestas de un paradigma áptico evolucionado e innato y de los resultados de la experiencia en el desarrollo. El término es el meollo de un ensayo mío no publicado, y tiene por mira sustituir palabras tan problemáticas como *instintos*. Son organizaciones del cerebro, siempre parcialmente innatas, que dan al organismo la aptitud de comportarse de cierto modo bajo ciertas condiciones.

El aprendizaje de señales (o condicionamiento clásico o pavloviano) es el ejemplo más sencillo. Si una señal luminosa a la cual sigue inmediatamente un soplo de aire expulsado por un tubo de caucho es lanzada unas diez veces al ojo de una persona, el párpado, que inicialmente sólo parpadeó al soplo del aire, empezará a parpadear a la sola señal luminosa; esto se vuelve más y más frecuente conforme avanza el experimento.[9] Los sujetos sometidos a este conocido proceso de aprendizaje de señales dicen que no tiene ningún componente consciente. En realidad, la conciencia -en este ejemplo la intrusión de parpadeos *voluntarios* tendentes a ayudar al aprendizaje de la señal- impedirá que ocurra.

En las situaciones diarias más comunes se presenta este mismo aprendizaje asociativo sencillo sin que haya conciencia alguna de que ha ocurrido.

Si oímos un tipo particular de música mientras tomamos una deliciosa comida, la siguiente vez que oigamos esa música la disfrutaremos un poco más y tal vez hasta tengamos un poco más de saliva en la boca. La música se ha convertido en señal de placer que se mezcla con nuestro juicio. Esto mismo ocurre con las pinturas.[10] A los sujetos a quienes se sometió a este tipo de test en el laboratorio se les preguntó por qué les habían gustado más la música o las pinturas después de la comida, y no pudieron decir por qué. No tenían conciencia de que habían aprendido algo. Pero lo verdaderamente interesante aquí es que si de antemano conocemos el fenómeno y estamos conscientes de la contingencia entre la comida y la música o la pintura, no ocurre el aprendizaje. Igualmente, la conciencia reduce en realidad nuestras capacidades de aprendizaje de este tipo, aparte de que no es necesaria para que se presenten.

Como hemos visto anteriormente en la ejecución de las destrezas, así también en el aprendizaje de destrezas, la conciencia parece más bien un espectador desvalido o impotente, que no puede hacer nada o casi nada. Con un experimento muy sencillo se demuestra este hecho. Con cada mano tome una moneda, arroje ambas hacia arriba para que se crucen en el aire de modo que las monedas vayan a caer en la mano opuesta. Esto lo puede uno aprender tras unos doce intentos. Al hacerlo, pregúntese si está consciente de todo lo que hace y si es necesaria la conciencia. Creo que hallará que se describe mucho mejor al aprendizaje diciendo que es algo "orgánico" más que consciente. La conciencia nos pone en contacto con la tarea, nos enseña la meta que hay que alcanzar. Pero de ahí en adelante, aparte de

9. G. A. Kimble, "Conditioning as a function of the time between conditioned and unconditioned stimuli", *Journal of Experimental Psychology*, 1947, 37: 1-15.
10. Estos estudios se deben a Gregory Razran, y se analizan en la página 232 de su *Mind in Evolution* (Boston: Houghton Mifflin, 1971). T. A. Ryan, *Intentional Behavior* (Nueva York: Ronald Press, 1970), pp. 235-236, los analiza críticamente en relación con el problema total del aprendizaje no intencional.

algunas inquietudes neuróticas respecto a nuestras aptitudes en estas tareas, todo ocurre como si el aprendizaje fuera hecho por nosotros. Sin embargo, el siglo XIX, considerando que la conciencia era el único arquitecto de la conducta, se esforzó por explicar la ejecución de este ejercicio como un reconocimiento consciente de los movimientos buenos y malos y como elección libre según la cual ¡se repetían los primeros y se descartaban los segundos!

En este contexto no es diferente el aprendizaje de destrezas complejas. Se ha estudiado con gran amplitud la mecanografía, y en general se acepta en palabras de un experimentador "que se han puesto en práctica todas las adaptaciones y se han usado todos los atajos, pero de modo inconsciente, es decir, los estudiantes han dado con estas mejoras de modo casi accidental. Los estudiantes de pronto se dieron cuenta de que ciertas partes del trabajo las estaban haciendo de un modo nuevo y mejor".[11]

En el experimento de arrojar las monedas al aire, tal vez nos hayamos dado cuenta de que si la conciencia estuvo presente, quizá dificultó nuestro aprendizaje. Esto es algo que se encuentra con gran frecuencia en el aprendizaje de destrezas o habilidades, cosa que vimos que también ocurre en la ejecución o desempeño de tales habilidades. Dejemos que el aprendizaje ocurra sin que tengamos gran conciencia de él, y todo nos saldrá con más facilidad y eficiencia. A veces, en habilidades complejas como la mecanografía, es probable que aprendamos a escribir "ols" en lugar de "los". En estos casos el remedio es invertir el proceso, practicando conscientemente el error "ols", con lo cual, contrariamente a la idea usual de que "la práctica perfecciona", el error desaparece; este fenómeno recibe el nombre de práctica negativa.

En las destrezas motoras comunes que también se estudian en el laboratorio, tales como sistemas complejos de seguimiento rotor o de busca mediante espejos, a las sujetos que se les pide estar muy conscientes de los movimientos que hacen, lo hacen peor que los demás.[12] Por otra parte, los entrenadores de atletismo a quienes he entrevistado están siguiendo inadvertidamente estos principios comprobados en el laboratorio cuando hacen que sus discípulos no piensen demasiado en cómo hacen lo que hacen. El ejercicio zen para aprender arquería es muy explícito en cuanto a esto, pues aconseja al arquero no pensar en sí mismo al tirar del arco y soltar la flecha, sino liberarse de la conciencia de lo que está haciendo, dejando que el arco se tense solo y que la flecha se libere por sí misma de sus dedos en el momento apropiado.

11. W. F. Book, *The Psychology of Skill* (Nueva York: Gregg, 1925).

12. H. L. Waskom, "An experimental analysis of incentive and forced application and their effect upon learning", *Journal of Psychology*, 1936, 2: 393-408.

Un caso más complejo es el aprendizaje de soluciones (o aprendizaje instrumental o condicionamiento operante). Por lo general, cuando estamos adquiriendo una solución de un problema o una senda rumbo a una meta, la conciencia desempeña un papel muy considerable al fijar el problema de cierto modo, en el cual no es necesaria la conciencia. Hay ejemplos en que se ve que la persona no tiene conciencia ni de la meta que está buscando ni de la solución que se le está presentando del problema.

Mediante otro experimento sencillo se puede demostrar esto. Pida a alguien que se siente frente a usted y que diga palabras, tantas como se le ocurran, deteniéndose dos o tres segundos después de cada palabra para que usted las escriba. Si después de cada nombre plural (o adjetivo, o palabra abstracta, o lo que sea que usted le haya pedido) usted dice "bueno" o "correcto" según escribe la palabra, o simplemente emite un "mmm-hmm" o sonríe o repite con agrado la palabra plural, aumentará la frecuencia de los nombres (o lo que sea), de un modo muy significativo conforme va diciendo más y más palabras. Aquí lo importante es que el sujeto no está consciente de que está aprendiendo algo.[13] No está consciente de que está buscando el modo de que usted aumente sus estimulantes observaciones, o incluso su solución a ese problema. Todos los días, en todas nuestras conversaciones, de continuo estamos entrenando y somos entrenados de este modo, y sin embargo nunca tenemos conciencia de ello.

Este aprendizaje inconsciente no está circunscrito a la conducta verbal. A los miembros de una clase de psicología se les pidió que lanzaran piropos a las muchachas de la escuela que fueran de rojo. Al cabo de una semana, el café de la escuela era una llamarada de rojo (y de amistad), si bien ninguna de las chicas se dio cuenta de esta influencia. Otra clase, una semana después de enterarse del aprendizaje y el entrenamiento inconscientes, los ensayó con el profesor. Cada vez que avanzaba hacia la derecha del salón, le prestaban extática atención y se morían de risa con sus chistes. Se dice que casi lograron entrenarlo a cruzar la puerta, y que él no se dio cuenta de que estuviera ocurriendo algo fuera de lo normal.[14]

El problema crítico con casi todos estos estudios es que si el sujeto decidía de antemano buscar estas contingencias o relaciones, acabaría por tener conciencia

13. J. Greenspoon, "The reinforcing effect of two spoken sounds on the frequency of two responses", *American Journal of Psychology*, 1955, 68: 409-416. Pero en este terreno hay una controversia muy grande, particularmente en el orden y fraseo de las preguntas posexperimentales. Puede, incluso, haber una especie de contrato o convenio tácito entre el sujeto y el experimentador. Véase Robert Rosenthal, *Experimenter Effects in Behavioral Research* (Nueva York: Appleton-Century-Crofts, 1966). En esta controversia, yo convengo con Postman en que el aprendizaje ocurre antes de que el sujeto adquiera conciencia de la contingencia de reforzamiento, y que la conciencia no ocurrirá a menos que esto haya sucedido así. L. Postman y L. Sassenrath, "The automatic action of verbal rewards and punishment", *Journal of General Psychology*, 1961, 65: 109-136.

14. W. Lambert Gardiner, *Psychology: A Story of a Search* (Belmont, California: Brooks/Cole, 1970), p. 76.

de lo que estaba aprendiendo a hacer. Un modo de soslayar esta dificultad es usar una respuesta conductual que resulte imperceptible para el sujeto. Esto se ha conseguido usando un músculo pequeñísimo del pulgar cuyos movimientos nos resultan imperceptibles y que sólo pueden ser detectados por un aparato registrador eléctrico. A los sujetos se les dijo que los experimentos tenían por materia el efecto de ruidos desagradables intermitentes combinados con música, sobre la tensión muscular. En el cuerpo se les pusieron cuatro electrodos, de los cuales el único real era el del pequeño músculo del pulgar, pues los otros eran de engaño. El aparato se arregló de tal manera que cada vez que se detectaba eléctricamente la contracción imperceptible del músculo del pulgar, se detenía durante quince segundos el ruido desagradable si ya estaba sonando, o se demoraba durante quince segundos si no estaba sonando cuando se producía la contracción. En todos los sujetos, la imperceptible contracción del pulgar que desconectaba el ruido desagradable aumentó en frecuencia o porcentaje sin que los sujetos tuvieran la menor idea de que estaban aprendiendo a desconectar el ruido desagradable.[15]

Esto quiere decir que la conciencia no es una parte necesaria del proceso de aprendizaje, lo cual es cierto ya sea que se trate de aprendizaje de señales, destrezas o soluciones. Ciertamente, hay mucho más que decir acerca de este tema fascinante, dado que la corriente principal de la investigación contemporánea en modificación de la conducta sigue estos lineamientos. Por el momento, hemos dejado establecido que la vieja doctrina de que la experiencia consciente es el sustrato de todo aprendizaje es clara y absolutamente falsa. En este punto, podemos concluir cuando menos que es posible (digo posible) concebir que haya seres humanos que no son conscientes y que sin embargo pueden aprender problemas y resolverlos.

La conciencia no es necesaria para pensar

Conforme pasamos de aspectos sencillos a más complejos de la mentalidad, entramos en un territorio que se vuelve más y más vago, en el cual se dificulta cada vez más avanzar con los términos que usamos. El pensar es, sin duda, uno de ellos. Pero decir que la conciencia no es necesaria para pensar nos hace protestar. ¡Evidentemente, el pensar es el corazón mismo y la entraña de la conciencia! En este terreno debemos avanzar con lentitud. Nos referiremos a ese tipo de asociación libre al cual podríamos llamar pensar sobre o pensar en, que ciertamente

15. R. F. Hefferline, B. Keenan, R. A. Harford, "Escape and avoidance conditioning in human subjects without their observation of the response", *Science*, 1959, 130: 1338-1339. Otro estudio que muestra con gran claridad el aprendizaje inconsciente de soluciones es el de J. D. Keehn, "Experimental Studies of the Unconscious: operant conditioning of unconscious eye blinking", *Behavior Research and Therapy*, 1967, 5: 95-102.

parece estar siempre rodeado e inmerso en la poblada provincia de imágenes de la conciencia. Pero la cuestión no es tan clara.

Empecemos con el tipo de pensar que termina en un resultado al cual se le pueden atribuir los predicados de correcto o equivocado. A esto se le llama comúnmente hacer juicios, y es una cosa muy similar a un extremo de aprendizaje de soluciones del cual nos acabamos de ocupar.

Un experimento sencillo, tan sencillo que parecerá trivial, nos llevará directamente al meollo de la cuestión. Consideremos dos objetos desiguales cualesquiera, por ejemplo un bolígrafo y un lápiz o dos vasos con distintas cantidades de agua, y coloquémoslos en la mesa que tenemos frente a nosotros. Luego, entornando los ojos para aumentar nuestra atención, tomemos cada uno con el pulgar y el índice para juzgar cuál es más pesado. En seguida introspectemos todo lo que estamos haciendo. Resultará que tenemos conciencia del tacto de los objetos contra nuestra piel (en los dedos), de la suave presión (o tirón) hacia abajo al sentir el peso de cada uno, que percibimos las protuberancias de los lados de los objetos, etc. Y, en seguida, el juicio de cuál es más pesado. ¿Dónde está eso? He aquí que el acto propiamente dicho de juzgar que un objeto es más pesado que otro no es consciente; es algo que nos da nuestro sistema nervioso; y si a este proceso de juicio lo llamamos pensar, hallaremos que tal pensar no tiene nada de consciente. Un experimento sencillo, sí, pero extremadamente importante, que echa por tierra toda la tradición de que tales procesos de pensamiento son la estructura de la mente consciente.

Este tipo de experimentos se empezó a estudiar con amplitud en los comienzos de nuestro siglo en lo que vino a llamarse Escuela de Würzburg. Todo empezó en 1901 con un estudio hecho por Karl Marbe, muy similar al anterior, excepto que se usaron pesos pequeños.[16] Al sujeto se le pedía levantar dos pesos que tenía enfrente y colocar el más pesado ante el experimentador, el cual le daba la cara. Y ocurrió un descubrimiento sorprendente, tanto para el experimentador como para estos sujetos sumamente preparados, todos los cuales eran psicólogos introspectivos: en sí el proceso de juzgar nunca era consciente. La física y la psicología muestran siempre contrastes interesantes, y una de las ironías de la ciencia es que el experimento de Marbe, que de tan simple parece tonto, fue para la psicología lo que el experimento -tan difícil de montar- de Michelson-Morley fue para la física. Así como este último demostró que no existía el éter, esa sustancia que creíase existía en el espacio, así también el experimento de apreciación de pesos

16. K. Marbe, *Experimentell-Psychologische Untersuchungen über das Urteil, eine Einleitung in die Logik* (Leipzig: Engelman, 1901).

mostró que el juicio, esa supuesta marca distintiva de la conciencia, no existía para nada en la conciencia.

Aquí, sin embargo, puede objetarse que al levantar los objetos, el juicio era tan rápido que se olvidaba uno de él. Después de todo, al introspectar siempre tenemos cientos de palabras para describir lo que ocurre en unos cuantos segundos. (¡Qué hecho tan pasmoso es éste!) Y nuestro recuerdo de lo ocurrido se desvanece aun cuando nos estemos esforzando por expresarlo. Quizá esto fuera lo que estaba ocurriendo en el experimento de Marbe, de modo que ese tipo de pensar llamado juicio se podría encontrar, después de todo, en la conciencia, si tan sólo lo pudiéramos recordar.

Tal fue el problema al que Watt se enfrentó pocos años después de Marbe.[17] Para resolverlo usó un método diferente, asociaciones de palabras. Al sujeto se le mostraban nombres impresos en tarjetas, y debía responder tan pronto como pudiera enunciando una palabra asociada. No era una asociación libre, sino lo que técnicamente se llama asociación parcialmente constreñida o compelida: en varias series se pidió al sujeto que a la palabra visual asociara una superordinada (ejemplo, encino-árbol), una coordinada (encino-olmo) o una subordinada (encino-viga); o un todo (encino-bosque), una parte (encino-bellota) u otra parte de un todo común (encino-sendero). La naturaleza de esta tarea de asociaciones constreñidas permitió dividir la conciencia de ella en cuatro periodos: las instrucciones respecto a cuál de las constricciones debía someterse (ejemplo, superordinada), la presentación del nombre estímulo (ejemplo, encino), la búsqueda de una asociación apropiada, y la respuesta hablada (ejemplo, árbol). A los observadores introspectores se les pidió limitarse primeramente a un periodo y luego a otro, para obtener así un informe más completo de la conciencia en cada uno.

Se esperaba que la precisión de este método de fraccionamiento mostraría lo errado de las conclusiones de Marbe y que la conciencia del pensar aparecería en el tercer periodo de Watt, el periodo de la búsqueda de la palabra que sería apropiada a la asociación constreñida particular. Nada de eso ocurrió. Fue el tercer periodo el que resultó introspectivamente en blanco. Al parecer, estaba pasando que el pensar era automático y realmente consciente una vez que se había dado una palabra estímulo, y que, antes de eso, el observador había entendido adecuadamente el tipo de asociación exigido. Fue en realidad un resultado notable. Otra forma de enunciar esto, es decir *que uno hace su pensar antes de saber sobre qué va a pensar*. La porción importante de esto es la instrucción, gracias a la cual todo

17. H. J. Watt, "Experimentelle Beitrage zur einer Theorie des Denkens", *Archivo für Geschichte Psychologie*, 1905, 4: 289-436.

se desarrolla automáticamente. Para expresarlo usaré el término *estrucción*, al cual doy la connotación de indicar tanto instrucción como construcción.[18]

O sea que el pensar no es consciente, sino más bien, se trata de un proceso automático que es posterior a una estrucción ya los materiales en que va a operar la estrucción.

Pero no debemos detenernos en asociaciones verbales; cualquier tipo de problema nos servirá, aun aquellos que estén más cerca de acciones voluntarias. Si me digo a mí mismo "Pensaré en un encino en verano", eso es una estrucción, y lo que yo llamo pensar en algo, no es más que una hilera de imágenes asociadas, dispersas en los linderos de mi conciencia, provenientes de un mar desconocido, justamente como las asociaciones constreñidas del experimento de Watt.

Si tenemos los números 6 y 2 divididos por una línea vertical, 62, las ideas producidas por el estímulo serán ocho, cuatro o tres, según la estrucción prescrita sea suma, resta o división. Aquí lo importante es que la estrucción misma, o sea el proceso de suma, resta o división desaparece en el sistema nervioso una vez dada. Pero es claro que está "en la mente" dado que el mismo estímulo puede producir tres respuestas distintas. Y esto es algo de lo que no nos damos cuenta, una vez que se pone en marcha. Supongamos que tenemos una serie de figuras como éstas:

¿Qué figura sigue en esta serie? ¿Cómo llegó usted a su respuesta? Una vez que yo le he dado la estrucción, usted "ve" automáticamente que debe seguir otro triángulo. Yo supongo que si usted trata de introspectar el proceso en virtud del cual obtuvo la respuesta, en realidad no está usted reobteniendo los procesos requeridos, sino más bien inventando lo que usted cree que deben haber sido, para lo cual se da usted otra estrucción. En la ejecución de la tarea, de lo que en realidad tuvo conciencia fue de la estrucción, de las figuras que vio en esta página y, luego, de la solución.

Esto no es distinto del caso del habla que mencioné antes. Al hablar, no estamos en realidad conscientes de la búsqueda de las palabras, ni de juntar las palabras para hacer frases ni de hacer oraciones con las frases. Sólo estamos

18. Es preciso distinguir los términos *conjunto, tendencia determinante y estrucción*. Conjunto es el término más amplio, pues abarca una estructura áptica apropiada, que en los mamíferos puede incluir desde un componente límbico general de disponibilidad a un componente cortical específico de una tendencia determinante, cuya parte o porción final en los humanos suele ser una estrucción.

conscientes de una serie de estrucciones que están en marcha, que nos damos a nosotros mismos, y que luego, automáticamente, y sin ninguna conciencia, dan como resultado el habla. El habla en sí puede ser consciente en cuanto se produce por causa de nuestro deseo: nos da cierta retroalimentación, de la cual resultan instrucciones posteriores.

Llegamos, pues, a la posición de que en sí, el proceso de pensar, del cual se dice muy a menudo que es la vida misma de la conciencia, no tiene nada de consciente y que sólo su preparación, sus materiales y su resultado final se perciben conscientemente.

La conciencia no es necesaria para la razón

La larga tradición del hombre como animal racional, la tradición que lo entronizó como el *Homo sapiens*, descansa, en toda su generalización pontificial, en el supuesto grácil de que la conciencia es la sede, el asiento de la razón. Pero cualquier análisis de un supuesto así tropieza con la vaguedad del término razón. Esta vaguedad es el legado que recibimos de una antigua psicología de "facultades" que hablaba de una "facultad" de razón, la cual, por supuesto, estaba situada "en" la conciencia. Y este destronamiento forzado de la razón y de la conciencia se vio envuelto en una confusión todavía mayor por causa de ideas sobre verdad, sobre cómo debemos razonar, o sobre lógica, que son cosas completamente distintas. Por ello se dio por sentado que la lógica era la estructura de la razón consciente, lo cual confundió a generaciones de pobres estudiosos que sabían perfectamente bien que los silogismos no eran lo que veían del lado de la introspección.

El razonamiento y la lógica son uno al otro lo que la salud es a la medicina o, mejor aún, lo que la conducta es a la moralidad. El razonamiento se refiere a procesos de pensamiento naturales que ocurren en el mundo diario. La lógica es cómo debemos pensar si nuestra meta es la verdad objetiva — y el mundo diario tiene muy poco que ver con la verdad objetiva —. La lógica es la ciencia de la justificación de las conclusiones a las que hemos llegado mediante el razonamiento natural. A este respecto, mi tesis es que para que ocurra este razonamiento natural, no es necesaria la conciencia. La razón misma de que necesitemos la lógica es precisamente que la mayor parte del razonamiento no es consciente.

Para empezar, consideremos los muchos fenómenos que, según ya hemos dejado establecido, ocurren sin conciencia, que pueden ser llamados tipos elementales de razonamiento. Escoger senderos, palabras, notas, movimientos, las correcciones perceptuales en constancias de tamaño y color: todo ello son tipos primitivos de razonamiento que tienen lugar sin ningún estímulo, acicate, empujón o un simple vistazo de la conciencia.

Aun los tipos más normales de razonamiento pueden ocurrir sin conciencia. El niño que ha observado en una o más ocasiones que cierta madera flota en un estanque determinado, concluirá directamente en un caso nuevo que otro pedazo de la misma madera flotará en otro estanque. No hay acopio de ejemplos o casos anteriores en el seno de la conciencia, y tampoco son necesarios procesos conscientes de ninguna especie cuando se ve que el nuevo pedazo de madera flota en el nuevo estanque. A esto se le suele llamar razonamiento fundado en particularidades, y no es otra cosa que una expectación simple derivada de una generalización. Nada particularmente extraordinario; se trata de una capacidad común a todos los vertebrados superiores. Este razonamiento es la estructura del sistema nervioso, no de la conciencia.

Por otra parte, hay un razonamiento complejo que ocurre continuamente sin la conciencia. Nuestras mentes trabajan mucho más de prisa que la conciencia. Es común hacernos enunciados generales, de modo automático, basados en nuestras experiencias pasadas, y sólo como idea posterior traemos a la mente algunas de las experiencias pasadas en que está basado nuestro enunciado o aserto. ¡Con cuánta frecuencia sacamos conclusiones firmes que no podemos justificar en absoluto! Precisamente porque el razonamiento no es consciente. Consideremos también el tipo de razonamiento que hacemos respecto al carácter y sentimientos de los demás, o al razonar sobre los motivos de otras personas partiendo de sus acciones. Se trata de inferencias automáticas hechas por nuestros sistemas nerviosos, en las cuales la conciencia no sólo es innecesaria, sino que, como ya vimos en la ejecución de destrezas motoras, muy probablemente estorbaría el proceso.[19]

Pero, exclamamos, ¡esto no puede ser cierto tratándose de los procesos más elevados del pensamiento intelectual! Evidentemente aquí llegamos, por fin, al mismísimo imperio de la conciencia, donde todo aparece y reluce con áurea claridad y donde todos los ordenados procesos de la razón ocurren a la vista plena de la percepción. La verdad, empero, no tiene tal grandeza. La imagen de un científico sentado pensando en sus problemas y usando la inducción consciente y sus poderes de deducción es tan mítica como el unicornio. Los grandes chispazos o destellos de la humanidad han ocurrido de un modo bastante más misterioso. Helmholtz tuvo sus brillantes pensamientos que "con mucha frecuencia penetraron reptando silenciosamente en mi pensar sin que siquiera sospechara su

19. Tales casos fueron reconocidos tempranamente como no conscientes y se les llamó "inferencia automática" o "sentido común". Se pueden hallar estudios al respecto en Sully, Mill, y otros psicólogos del siglo XIX.

importancia... en otros casos llegaron de pronto, sin el menor esfuerzo de mi parte.. en particular me llegaban cuando paseaba tranquilamente en colinas boscosas y en días soleados".[20]

Y Gauss, al referirse a un teorema aritmético cuya comprobación lo había esquivado por años, escribió que "como un relámpago repentino, apareció resuelto el acertijo. Ni yo mismo podría decir cuál fue el hilo conductor que conectó lo que ya sabía con lo que hizo posible mi éxito".[21]

Y Poincaré, el brillante matemático, se interesó particularmente en la forma en que alcanzó sus propios descubrimientos. En una conferencia famosa que dio ante la Société de Psychologie en París, describe cómo emprendió una excursión de tipo geológico: "Los incidentes del viaje me hicieron olvidar mi trabajo matemático. En cuanto llegamos a Coutances abordamos un ómnibus que nos llevaría a varias partes. En el momento en que puse el pie en la escalerilla, se me ocurrió la idea, sin que, al parecer, ninguno de mis pensamientos anteriores indicara haberle abierto paso; la transformación que había usado para definir las funciones fucsianas era idéntica a las de la geometría no euclidiana".[22]

Parece que en las ciencias más abstractas, donde los materiales de escrutinio resultan poco estorbados por la experiencia diaria, esta cuestión de los cegadores destellos repentinos es más obvia. Un amigo íntimo de Einstein me refirió que muchas de las más grandes ideas del físico le llegaron tan repentinamente mientras se afeitaba, que para evitar cortarse con la sorpresa debía mover con mucho cuidado la hoja libre con que se afeitaba. Y un físico bien conocido en Inglaterra confesó una vez a Wolfgang Köhler que "Con frecuencia hablamos de las tres Bes, el Autobús [*Bus*], el Baño [*Bath*] y la Cama [*Bed*], que es donde se hacen los grandes descubrimientos de nuestra ciencia".

Aquí el punto esencial es que hay varias etapas de pensamiento creador: primero, una etapa de preparación en que el problema se plantea conscientemente; viene luego un periodo de incubación en que no hay ninguna concentración consciente en el problema; y, por último, la iluminación a la que con posterioridad justifica la lógica. Es obvio el paralelismo entre estos problemas importantes y complejos y los problemas simples de juzgar pesos o de las series círculo triángulo. Esencialmente el periodo de preparación es el planteamiento de una estrucción compleja junto con la atención consciente a los materiales sobre los que debe trabajar la estrucción. Pero en seguida, el proceso real de razonamiento, el salto a

20. Citado por Robert S. Woodworth, *Experimental Psychology* (Nueva York: Holt, 1938), p. 818.
21. Citado por Jacques Hadamard, *The Psychology of Invention in the Mathematical Field* (Princeton: Princeton University Press, 1945), p. 15.
22. Henri Poincaré, "Mathematical creation", en su obra *The Foundations of Science*, trad. G. Bruce Halsted (Nueva York: The Science Press, 1913), p. 387.

ciegas hacia el gran descubrimiento, justamente como ocurre en el simple juicio trivial de los pesos, no tiene representación en la conciencia. Ciertamente, a veces es casi como si fuera necesario olvidarse del problema para poder resolverlo.

La ubicación de la conciencia

La falacia final que voy a analizar es importante e interesante; la he dejado al final porque creo que da el tiro de gracia a la teoría común de la conciencia. ¿Dónde tiene lugar la conciencia?

Todo el mundo o casi todo el mundo responde al punto: en la cabeza. Esto se debe a que cuando introspectamos, parece que buscamos hacia adentro, hacia un espacio interno situado atrás de los ojos. Pero, ¿qué queremos significar con ver o buscar? Veces hay en que hasta cerramos los ojos para introspectar con más claridad. ¿Introspectar qué? Su índole espacial parece incuestionable. Más todavía, parece que avanzamos o cuando menos que "vemos" en diferentes direcciones. Y si mucho nos apuramos para caracterizar más a este espacio (aparte de su contenido imaginado), sentimos una vaga irritación, como si hubiera algo que no quisiera ser conocido, una cualidad que resultara desagradable indagar, como, digamos, una actitud ruda en un lugar amistoso.

Y no nos basta con situar este espacio de conciencia dentro de nuestras cabezas, sino que suponemos que ahí está en los demás. Al hablar con un amigo, mantenemos un contacto periódico de ojo a ojo (ese vestigio de nuestro pasado de primates en que el contacto ojo a ojo se relacionaba con el establecimiento de jerarquías tribales), y siempre suponemos que hay un espacio detrás de los ojos de nuestro interlocutor, similar al espacio que imaginamos hay en nuestras cabezas, del cual viene lo que decimos.

Y éste es el verdadero meollo de la cuestión, porque sabemos perfectamente que no hay tal espacio en la cabeza de nadie. En la cabeza no hay otra cosa que tejidos fisiológicos de algún tipo o de otro. El que sea predominantemente neurológico no tiene importancia.

No es fácil habituarnos a este pensamiento. Significa que continuamente estamos inventando estos espacios en nuestra cabeza y en las cabezas de los demás, sabiendo bien que anatómicamente no existen; y la ubicación de estos "espacios" es del todo arbitraria. Los escritos aristotélicos,[23] por ejemplo, sitúan la conciencia o la morada del pensamiento en y precisamente encima del corazón; según este

23. Es tan obvio que los escritos atribuidos a Aristóteles no fueron escritos por la misma mano que prefiero llamarlos así.

pensador, el cerebro no era otra cosa que un simple órgano enfriador pues era insensible al tacto y a las lesiones. Y muchos lectores no le hallarán sentido a este análisis porque sitúan su pensamiento en algún lugar de la porción superior del pecho. Sin embargo, para la mayoría de nosotros está tan arraigado el hábito de situar el pensar en la cabeza que nos resultaría difícil ponerlo en otra parte. Pero, en verdad, usted podría quedarse donde está y situar igualmente su conciencia en la habitación contigua, junto a la pared y cerca del piso, y realizar su pensar ahí tan bien como lo hace en su cabeza. Bueno, no tan bien, porque hay razones muy buenas para situar nuestra mente-espacio dentro de nosotros, razones que tienen que ver con la volición y las sensaciones internas, con la relación de nuestro cuerpo y nuestro "yo", las que se irán haciendo más destacadas conforme avancemos en nuestra investigación.

El que no exista una necesidad fenomenológica de ubicar la conciencia en el cerebro es una tesis que viene a reforzar algunos ejemplos anormales, en que parece que la conciencia está fuera del cuerpo. Un amigo mío que recibió una lesión frontal en la parte izquierda del cerebro recobró la conciencia en un rincón del techo de un hospital mirándose eufóricamente hacia abajo, acostado en un catre y envuelto con vendas. Los que han tomado la dietilamida del ácido lisérgico (LSD) suelen hablar de experiencias de fuera del cuerpo o exosomáticas, que es su nombre. Cosas como éstas no indican nada metafísico; simplemente, que ubicar la conciencia puede resultar una cuestión arbitraria.

Pero no saquemos conclusiones erróneas. Cuando estoy consciente, sin duda estoy usando siempre porciones de mi cerebro, que están dentro de mi cabeza. Pero lo mismo ocurre cuando ando en bicicleta, si bien el andar en bicicleta no ocurre dentro de mi cabeza. Los ejemplos son diferentes, claro, porque el andar en bicicleta ocurre en una ubicación geográfica, no así la conciencia. En realidad, la conciencia no tiene ubicación alguna, excepto en cuanto imaginamos que la tiene.

¿Es necesaria la conciencia?

Pasemos revista para ver dónde estamos, porque hemos hallado nuestra senda entre abundante material ramoso que tal vez parezca más turbador que clarificador. Hemos llegado a la conclusión de que la conciencia no es lo que generalmente se piensa que es; que no se le debe confundir con reactividad. No tiene nada que ver con infinidad de fenómenos perceptuales ni tampoco con la ejecución o desempeño de destrezas, pues a menudo estorba su ejecución. No por fuerza está relacionada con el habla, la escritura, el escuchar o el leer. No imita la experiencia, como piensa mucha gente. No tiene ninguna participación en el aprendizaje de señales y no por fuerza interviene en el aprendizaje de destrezas o soluciones, las cuales pueden ocurrir sin que haya la menor conciencia. No se necesita para hacer juicios ni para el pensar simple. No es el asiento de la razón, y es indudable que algunos ejemplos difíciles de razonamiento creador ocurren sin la participación de la conciencia. ¡Y no tiene ubicación, pues la que se le atribuye es imaginaria! Por tanto, el interrogante que surge de inmediato es: Pasemos revista para ver dónde estamos, porque hemos hallado nuestra senda entre abundante material ramoso que tal vez parezca más turbador que clarificador. Hemos llegado a la conclusión de que la conciencia no es lo que generalmente se piensa que es; que no se le debe confundir con reactividad. No tiene nada que ver con infinidad de fenómenos perceptuales ni tampoco con la ejecución o desempeño de destrezas, pues a menudo estorba su ejecución. No por fuerza está relacionada con el habla, la escritura, el escuchar o el leer. No imita la experiencia, como piensa mucha gente. No tiene ninguna participación en el aprendizaje de señales y no por fuerza interviene en el aprendizaje de destrezas o soluciones, las cuales pueden ocurrir sin que haya la menor conciencia. No se necesita para hacer juicios ni para el pensar simple. No es el asiento de la razón, y es indudable que algunos ejemplos difíciles de razonamiento creador ocurren sin la participación de la conciencia. ¡Y no tiene ubicación, pues la que se le atribuye es imaginaria! Por tanto, el interrogante que surge de inmediato es: ¿existe en realidad la conciencia? Éste es el problema del capítulo siguiente. Aquí nos limitaremos a señalar la conclusión de que en relación con muchas actividades, la conciencia no significa diferencia alguna. Si nuestros razonamientos han sido correctos, es perfectamente posible que haya existido una raza de hombres que hayan hablado, juzgado, razonado, resuelto problemas y hecho la mayor parte de las cosas que nosotros hacemos, sin haber sido conscientes. Tal es la importante y en muchos aspectos desconcertante tesis que en este momento debemos aceptar. Empecé de este modo la presente obra y le di gran importancia a este capítulo inicial, porque a menos de que el lector haya quedado persuadido de que es posible la existencia de una civilización sin conciencia, hallará el estudio que sigue inconvincente y paradójico.

CAPÍTULO 2

Conciencia

Así pues, después de haber desarraigado algunos de los grandes errores sobre la conciencia, ¿qué nos ha quedado? Si la conciencia no es ninguna de todas estas cosas, si no es tan amplia como pensamos, ni una copia de la experiencia, ni la sede del aprendizaje, del juicio, e inclusive del pensamiento, ¿qué es? Y mientras miramos fijamente la polvareda y los escombros del último capítulo, esperando (como Pigmalión) ver a la conciencia erguirse nuevamente, pura y prístina de esos desechos, caminemos alrededor de nuestra cuestión mientras se asienta el polvo, y hablemos de otros asuntos.

Metáfora y lenguaje

Hablemos de la metáfora. La propiedad más fascinante del lenguaje es su capacidad de hacer metáforas. Pero esto no lo dice todo. La metáfora no es sólo un ardid o figura del lenguaje que en la mayoría de los antiguos libros sobre composición no recibe gran atención; es, nada menos, que el cimiento constitutivo del lenguaje. Aquí estoy usando la metáfora en su sentido más general, que es emplear un término propio de una cosa para describir otra debido a cierta similitud entre ellas o entre sus relaciones con otras cosas. Así pues, en una metáfora hay siempre dos términos, la cosa que se describe, a la que llamaré el *metafrando*, y la cosa o relación empleada para elucidarla, a la cual llamaré el *metafor*. La metáfora es siempre un metafor conocido que opera sobre un metafrando menos conocido.[1]

1. Connotativamente, esta distinción no es lo mismo que el "tenor" y el "vehículo" de I. A. Richards. Véase su *Philosophy of Rhetoric* (Nueva York: Oxford University Press, 1936), pp. 96, 120-121. Ni los términos "propiamente dicho" y "metáfora" de Christine Brooke-Rose, porque dan un tinte demasiado

He acuñado estos términos híbridos simplemente como eco de la multiplicación, en que un multiplicador opera sobre un multiplicando.

El lenguaje crece merced a las metáforas. La respuesta común a la pregunta "¿qué es?" es, cuando la respuesta es difícil o la experiencia única, "Bueno, es algo como..." En estudios de laboratorio, tanto los niños como los adultos que describieron objetos de poca importancia (o metafrandos) a otros que no podían verlos se valieron de metafores amplios, que con la repetición se contrajeron y formaron marbetes.[2] Éste es el modo principal de formación del lenguaje. La función principal y vigorosa de la metáfora es la generación de un lenguaje nuevo conforme se va necesitando, conforme la cultura humana va adquiriendo complejidad.

Una ojeada al azar a las etimologías de palabras comunes en un diccionario demostrará esta afirmación. O tomemos los nombres de diversos animales y plantas en sus indicadores en latín, o inclusive en sus bellos nombres en español, como escarabajo cornudo, zapatilla de dama, orégano orejón, encaje real o botón de oro. El cuerpo es un metafor particularmente generador, que crea distinciones anteriormente inexpresables en una gran multitud de áreas. La *cabeza* de un ejército, de una cama, de una familia, de un clavo o de una empresa; la *cara* del destino, de una piedra o de un cristal; los *ojos* de las agujas, de los huracanes, de las cerraduras; los *dientes* de los engranes o de los peines; los *labios* de las heridas, de los cráteres; las *lenguas* de fuego de los lanzallamas, de tierra, de las campanas; los *brazos* de mar o de los sillones; etc. O el *pie* de esta página, o la *hoja* que usted acaba de volver. Todas estas metáforas concretas acrecientan enormemente nuestras facultades o nuestros poderes de percepción del mundo que nos rodea y nuestra comprensión de él y, literalmente, crean nuevos objetos. No cabe duda de que el lenguaje es un órgano de percepción, no sólo un medio de comunicación.

Es éste un lenguaje que avanza sincrónicamente (o sin referencia al tiempo) hacia el interior del mundo para así describirlo y percibirlo más, y más definitivamente. Pero el lenguaje también se desplaza de otro modo, aún más importante, diacrónicamente, o a través del tiempo, respaldando nuestras experiencias sobre la base de estructuras ápticas en nuestros sistemas nerviosos con el fin de crear conceptos abstractos cuyos referentes no son observables excepto en un sentido metafórico. También éstos son generados por medio de la metáfora. Éste es, ciertamente, el nudo, el meollo, el corazón, la médula, el eje, el centro, etc., de mi

literario a la cuestión. Véase su obra *A Grammar of Metaphor* (Londres: Secker y Warburg, 1958), cuyo primer capítulo es una buena introducción histórica a la cuestión.

2. Véase S. Glucksberg, R. M. Krauss y R. Weisberg, "Referential communication in nursery school children: Method and some preliminary findings", *Journal of Experimental Child Psychology*, 1966, 3:333-334.

razonamiento, que en sí es también una metáfora que se "ve" únicamente con los "ojos" de la mente.

En las abstracciones de relaciones humanas, la piel se convierte en un metafor particularmente importante. Entramos "en contacto" con otros que "tienen la cara dura" o que son "duros de pelar", o que son "sensibles" y que deben ser "tratados" con cuidado; quizá tengamos un raro "sentimiento" hacia otra persona con la cual disfrutamos de una "acogedora" experiencia.[3]

Todos los conceptos de la ciencia son de esta especie, conceptos abstractos generados por metáforas concretas. En física tenemos fuerza, aceleración (para acrecentar nuestra marcha), inercia (originalmente una persona indolente), impedancia, resistencia, campos y últimamente *charm*. En fisiología, el metafor de una máquina ha estado en el centro mismo del descubrimiento. Entendemos al cerebro mediante metáforas de todo, desde baterías y telegrafía hasta computadoras y hologramas. La práctica médica suele ser dictada por metáforas. En el siglo XVIII, el corazón durante una fiebre era como una olla hirviendo, por cuya razón se prescribían sangrías para reducir su combustible. Y aún hoy día, buena parte de la medicina está basada en la metáfora militar de la defensa del cuerpo contra los ataques de esto o de aquello. El concepto mismo del derecho entre los griegos se derivaba de *nomos*, la palabra que denota los cimientos de una construcción.

En tiempos antiguos, el lenguaje y sus referencias treparon de lo concreto a lo abstracto marchando por los peldaños de las metáforas, y podemos decir, incluso, que crearon lo abstracto edificando sobre bases de metáforas.

No siempre salta a la vista que la metáfora haya desempeñado esta importante función, pero esto se debe a que los metafores concretos acaban escondiéndose en cambios fonémicos, dejando a las palabras existiendo con vida propia. Hasta una palabra con un sonido tan poco metafórico como el verbo inglés *to be* [ser o estar] se generó a partir de una metáfora. Procede del sánscrito *bhu*, "crecer o hacer crecer", en tanto que las formas inglesas *am* o *is* evolucionaron a partir de la misma raíz que el sánscrito *asmi*, "respirar". Para los que tienen al inglés como lengua madre, es una grata sorpresa que la conjugación irregular de su verbo de clasificación más difícil sea nada menos que un vestigio de un tiempo en que el hombre no tenía palabra independiente para designar "existencia" y sólo podía decir que las cosas "crecen" o "respiran".[4] Evidentemente, en los países de habla inglesa ya nadie está consciente de que el concepto de ser se generó partiendo de una metáfora sobre crecer y respirar. Las palabras abstractas son monedas muy

3. Véase Ashley Montagu, *Touching* (Nueva York: Columbia University Press, 1971).
4. Paráfrasis tomada de Phillip Wheelwright en su obra *The Burning Fountain* (Bloomington: Indiana University Press, 1954).

antiguas cuyas imágenes concretas se han desgastado con el uso en el toma y daca apresurado del hablar.

Debido a que por la brevedad de nuestra vida sólo podemos observar una reducida porción de la vastedad de la historia, tendemos exageradamente a concebir el lenguaje como algo tan macizo y recio como un diccionario, tan permanente como el granito, y no como el inmenso mar inquieto lleno de metáforas que es en realidad. Si consideramos los cambios habidos en el vocabulario en los últimos milenios, y los proyectamos algunos milenios hacia el futuro, nos hallaremos ante una interesante paradoja: si alguna vez logramos un lenguaje que tenga el poder de expresar todo, entonces, ya no será posible la metáfora. En ese caso ya no diríamos que nuestro amor es como una rosa roja, muy roja, porque de la palabra amor habrán brotado términos que expresarán sus miles de matices, de modo que al aplicar el término correcto o apropiado dejaría metafóricamente muerta a la rosa.

Así pues, el lexicón del lenguaje es un conjunto finito de términos que gracias a la metáfora se puede ampliar hasta abarcar un conjunto infinito de circunstancias, e incluso puede llegar a crear, de este modo, nuevas circunstancias.

(¿Podría ser la conciencia una de estas nuevas creaciones?)

La comprensión como metáfora

Estamos tratando de entender la conciencia, pero, ¿qué es en realidad lo que queremos hacer cuando tratamos de entender alguna cosa? Del mismo modo que los niños hacen cuando tratan de describir objetos triviales, así también nosotros, cuando queremos entender una cosa, nos esforzamos por hallar una metáfora para ella. No una metáfora cualquiera, sino alguna que nos resulte familiar y útil. Entender una cosa no es más que hallar una metáfora para esa cosa poniendo en su lugar algo que nos sea más familiar. La sensación o sentimiento de familiaridad es el sentimiento de comprensión.

Hace algunas generaciones habríamos entendido las tormentas como el estruendo y estrépito de una batalla entre dioses sobrehumanos. Por ejemplo, habríamos reducido el retumbar que sigue al relámpago a sonidos familiares de batallas. Del mismo modo, hoy día reducimos la tormenta a varias experiencias supuestas con fricciones, chispas, vacíos y a la imaginación o representación de masas nudosas de aire que chocan y se aplastan, lo cual produce el ruido. Nada de esto existe como lo imaginamos. Nuestra representación de estos acontecimientos o fenómenos físicos está tan alejada de la realidad como las peleas de los dioses.

Sin embargo, obran como la metáfora, nos parecen familiares y por eso decimos que entendemos la tormenta.

Igualmente, en otras áreas de la ciencia decimos que entendemos un aspecto de la naturaleza cuando nos es permitido afirmar que es similar a algún modelo teórico. Por cierto que las palabras teoría y modelo suelen usarse indistintamente, aunque no debía ser así. Una teoría es una relación del modelo con las cosas que se supone que el modelo representa. El modelo del átomo de Böhr es un protón rodeado por electrones que giran en órbitas a su alrededor. Es algo similar a la pauta del sistema solar, el cual indudablemente es una de sus fuentes metafóricas. La *teoría* de Böhr dice que todos los átomos son similares a su *modelo*. Pero ahora resulta que con el descubrimiento de nuevas partículas y de relaciones interatómicas más complejas, la teoría ha perdido su validez, pese a lo cual el modelo perdura. Los modelos no son ni verdaderos ni falsos; solamente la teoría de su semejanza con lo que representan.

Así pues, una teoría es una metáfora entre un modelo y datos. Y la comprensión en la ciencia, es el sentimiento de similitud entre datos complicados y un modelo familiar.

Ahora bien, si entender una cosa es llegar a tener una metáfora que nos familiarice con ella, comprenderemos que siempre será difícil entender la conciencia; al punto percibimos que no hay ni puede haber nada en nuestra experiencia inmediata que sea similar a la propia experiencia inmediata. Por tanto, hay un sentido en el cual nunca podremos entender la conciencia del mismo modo en que podemos entender las cosas de que estamos conscientes.

La mayor parte de los errores sobre la conciencia que hemos estudiado han sido errores de metáforas intentadas o propuestas. Hablamos de la opinión de que la conciencia es una copia de la experiencia derivada de la metáfora explícita de la pizarra de un escolar. Pero, por supuesto, nadie quiso decir que la conciencia copia la experiencia; mas fue como si lo hiciera, como si la copiara. Y, por medio de nuestro análisis, hallamos que no hacía eso.

Pero la sola idea que está tras esta frase — que la conciencia hace algo — aun ella es ya en sí una metáfora. Es como decir que la conciencia es una persona que se comporta en un espacio físico y que hace cosas, pero esto es cierto si el verbo "hacer" es también una metáfora. Porque *hacer* cosas es una especie o tipo de conducta en un mundo físico por un cuerpo vivo. Y, también, ¿en qué "espacio" se está "haciendo" este metafórico "hacer"? (Empieza a asentarse parte del polvo.) Este "espacio" debe ser también una metáfora del espacio real. Todo lo cual nos recuerda nuestro análisis de la ubicación de la conciencia, que también es una metáfora. Estamos pensando en la conciencia como en una cosa, la que como todas las cosas, debe tener un sitio, que, como ya vimos, no tiene, al menos en el sentido físico.

Me doy cuenta de que mi razonamiento se está volviendo denso; pero antes de salir al claro, quiero describir lo que significaré con el término *análogo*. Un análogo es un modelo, pero un modelo de un tipo especial. No es como un modelo científico cuya fuente puede ser cualquier cosa y cuyo propósito es obrar como hipótesis de explicación o comprensión. En vez de esto, es generado totalmente por la cosa de la cual es análogo. Un buen ejemplo es un mapa. No es un modelo en el sentido científico, ni un modelo hipotético como el del átomo de Böhr hecho para explicar algo desconocido. Al contrario, está hecho partiendo de algo bien conocido, aunque no completamente conocido. A cada región de una parte del planeta se le asigna una región correspondiente en el mapa, aunque los materiales de la región y del mapa sean absolutamente distintos y aunque una gran proporción de las características del terreno deba dejarse fuera del mapa. La relación entre un mapa análogo y su terreno es una metáfora. Si al señalar algún sitio del mapa decimos "Aquí tenemos el Monte Blanco y desde Chamonix podemos llegar a la cara del este siguiendo esta ruta", no es en realidad más que un modo breve de decir que "Las relaciones entre el punto marcado como 'Monte Blanco' y otros puntos son similares a las del propio Monte Blanco y de sus regiones circundantes".

El lenguaje metafórico de la mente

Creo que empieza a verse, aunque tal vez un poco borrosamente, lo que está surgiendo de los escombros que dejamos en el capítulo anterior. En realidad, no estoy queriendo probar mi tesis paso a paso, sino, más bien, disponer en la mente del lector ciertos conceptos, de modo que, cuando menos, no se sienta extraño o alejado de la tesis que estoy a punto de establecer. Mi procedimiento aquí, en esta parte de la obra (que comprendo es dificultosa y en general, difusa), es enunciar mi conclusión de un modo sencillo y en términos generales, y en seguida, dejar en claro lo que significa, lo que implica.

La mente consciente subjetiva es un análogo de lo que llamamos el mundo real. Está constituida por un vocabulario o campo lexicológico cuyos términos son metáforas o análogos de conducta que se encuentran en el mundo físico. Su realidad es del mismo orden que las matemáticas. Nos permite tomar atajos conductuales de proceso y llegar a decisiones más adecuadas. Como las matemáticas, es un operador, más que una cosa o un depósito. Está íntimamente vinculada con la volición y con la decisión.

Consideremos el lenguaje que usamos para describir procesos conscientes. El grupo más destacado de palabras empleadas para describir acontecimientos mentales es de tipo visual. "Vemos" soluciones de problemas, de las cuales las mejores son "brillantes", y la persona "más clara" y de mente más "despejada", en contraposición a soluciones "oscuras", "apagadas" o "turbias". Todas estas palabras son metáforas y la mente-espacio a que se aplican es una metáfora del espacio real. En ella podemos "enfocar" un problema, quizá desde cierto "punto de vista" y "tener que ver" con sus dificultades, o captar o "con-juntar" partes de un problema, y así sucesivamente, usando metáforas de conducta para inventar cosas que funcionan en esta mente-espacio de metáfora.

Y los adjetivos que se usan en el mundo físico para describir la conducta en el espacio real son adoptados analógicamente para describir conducta mental en mente-espacio cuando decimos que nuestras mentes son "rápidas", "lentas", que están "agitadas", "flexibles", "fuertes" o "débiles". La mente-espacio en que ocurren estas actividades metafóricas tiene su propio grupo de adjetivos; podemos ser de "mente amplia", "profunda" o "estrecha"; la podemos tener "ocupada"; quizá "extraer algo de nuestra mente" o "metamos algo en ella", o hagamos que algo "penetre", se "mantenga" o "salga" de nuestra mente.

Y en relación con el espacio real, puede haber algo "detrás" de nuestra mente, en sus "más íntimos recovecos" o estar "más allá" de ella o "fuera" de ella. Al argumentar tratamos de "llegar" a alguien, de "alcanzar" su "comprensión" o de "hallar un terreno común", o de "hacer ver", etc., todo lo cual son acciones que ocurren en el espacio real y que analógicamente llevamos al espacio de la mente.

Pero, ¿de qué estamos haciendo una metáfora? Hemos visto que la función común de la metáfora es el deseo de designar un aspecto particular de una cosa o de describir algo para lo cual no hay palabras. Esta cosa que queremos designar, describir, expresar o ampliar léxicológicamente es lo que hemos llamado el metafrando. Operamos sobre ello mediante algo más similar, más familiar, que llamamos metafor. Originalmente, por supuesto, el propósito fue de orden práctico, por ejemplo, designar un brazo de mar como el lugar más apropiado para hallar mariscos, o poner cabeza a los clavos a fin de que pudieran sostener mejor un tablero en un montante. En este caso los metafores fueron brazos y cabeza y los metafrandos una porción determinada del mar y un extremo determinado del clavo, que ya existían. Ahora bien, cuando decimos que mente-espacio es una metáfora del espacio real, el metafor es el mundo "externo" real. Pero si la metáfora genera conciencia y no sólo la describe, ¿qué cosa es el metafrando?

Parafores y parafrandos

Si observamos con mayor atención la naturaleza de la metáfora (sin perder de vista la índole metafórica de casi todo lo que hemos dicho), hallaremos (incluido el verbo "hallar") que está compuesta de más de un metafor y de un metafrando. En la base de las metáforas más complejas hay también varias asociaciones o atributos del metafor a los que llamaré parafores. Y estos parafores se proyectan de vuelta en el metafrando como lo que llamaré los *parafrandos* del metafrando. Jerga especializada, lo reconozco, pero absolutamente necesaria si queremos dejar muy en claro nuestros puntos de referencia.

Algunos ejemplos mostrarán que desenredar o descomponer la metáfora en estas cuatro partes es algo muy sencillo, y que aclarará cosas sobre las que de otro modo no podríamos hablar.

Consideremos la metáfora de que la nieve cubre la tierra como un manto. El metafrando es algo sobre la totalidad y aun sobre el espesor con que la nieve cubre la tierra. El metafor es una manta sobre una cama. Pero los tintes gratos de esta metáfora están en los parafores del metafor manta. Estos se refieren a algo sobre tibieza, protección y sueño ligero y tranquilo hasta que llegue la hora de despertar. Estas asociaciones de manta se convierten automáticamente en asociaciones o parafrandos del metafrando original, o sea, de la forma en que la nieve cubre la tierra. Y mediante esta metáfora hemos creado la idea de que la tierra duerme y está protegida bajo la capa de nieve hasta su despertar en la primavera. Todo está comprimido en la simple frase "manto de nieve", que indica la forma en que la nieve cubre la tierra.

No todas las metáforas, claro está, tienen este mismo potencial generador. En la muy conocida de que los barcos surcan las aguas, el metafrando es la acción particular de la proa que penetra el agua y el metafor la acción de surcarla (hacer surcos en ella). La correspondencia es exacta. Y es el fin de ella.

Pero si decimos que el arroyuelo canta entre el bosque, la similitud del metafrando del arroyo burbujeando y gorgoteando y el metafor de (presumiblemente) un niño cantando no tiene nada de exacta. Aquí lo que interesa son los parafores de gozo y de bailoteo que se convierten en los parafrandos del arroyuelo.

O en las muchas composiciones poéticas en que se compara el amor a una rosa, lo que nos atrae no es la tenue correspondencia del metafrando y el metafor, sino los parafrandos de que el amor vive en el sol, huele dulcemente, tiene espinas que se encajan cuando uno lo ase y que florece únicamente en una estación. O supongamos que menos visual pero más profundamente decimos lo contrario, que nuestro amor es como el cucharón del hojalatero, que se hunde bajo el brillo del crisol.[5] Aquí, la correspondencia inmediata del metafrando y el metafor, de quedar fuera de la vista, es trivial, obvia. En vez de eso, son los parafrandos de esta metáfora los que crean lo que es imposible que esté ahí, la forma, cuidada y perdurable, el brillo escondido e imperecedero de un amor resistente arraigado en la suavidad espesa pero manejable del tiempo que se acumula, la relación sexual total y estimulante (y por tanto, de parafrando) desde el punto de vista masculino. El amor no tiene tales cualidades, a menos que las generemos mediante metáforas.

De una poesía similar está hecha la conciencia; esto se podrá apreciar si volvemos a algunas de las metáforas sobre la mente que ya hemos visto. Supongamos que queremos resolver algún problema sencillo, como el de la serie de círculos y triángulos del capítulo anterior. Y supongamos que expresamos el hecho de que hemos obtenido la solución exclamando que al fin "vimos" cuál era la respuesta, o sea un triángulo.

Esta metáfora puede analizarse del mismo modo que la capa de nieve o el arroyuelo cantarín. El metafrando es obtener la solución, el metafor es la vista con los ojos, y los parafores son todas aquellas cosas relacionadas con la visión que entonces crean parafrandos, tales como los "ojos" del espíritu, "ver *claramente* la solución", etc., y, lo más importante, el parafrando de un "espacio" en el cual ocurre la "visión", o lo que estoy llamando espacio del espíritu, y "objetos" que "ver".

No es mi intención hacer de este breve esbozo toda una teoría de cómo se genera inicialmente la conciencia. Este punto lo veremos en el segundo libro. Más bien quiero indicar solamente la posibilidad, que espero hacer plausible más adelante, de que la conciencia sea obra de la metáfora del léxico. Es obra de concretos metafores de expresión y de sus parafores, y proyecta parafrandos que sólo existen en un sentido funcional. Más todavía, sigue luego generándose a sí misma, porque cada nuevo parafrando es capaz de llegar a ser por si solo un metafrando, de donde resultarán nuevos metafores con sus parafores, y así sucesivamente.

Ciertamente, este proceso no es ni puede ser tan azaroso como tal vez he hecho que parezca. El mundo está organizado, sumamente organizado, y los metafores concretos que están generando conciencia generan de este modo conciencia en forma organizada. De aquí la similitud de la conciencia y del mundo físico-conductual del cual estamos conscientes. Y también de aquí que la estructura de ese mundo se refleje, aunque con ciertas diferencias, en la estructura de la conciencia.

Una última complicación antes de seguir adelante. Una propiedad cardinal de los análogos es que el modo en que son generados no es el modo en que se les usa: evidentemente. El que dibuja el mapa y el que lo usa hacen dos cosas distintas.

5. De "Mossbawn (para Mary Heaney)" por Seumas Heaney, *North* (Londres: Faber, 1974).

Para el que lo hace, el metafrando es la hoja de papel en blanco en que trabaja con el metafor de la tierra que conoce y que ha medido y explorado. En cambio, para el que usa el mapa, las cosas suceden a la inversa. La tierra es desconocida, pero la tierra es el metafrando, en tanto que el metafor es el mapa que está usando, gracias al cual entiende a la tierra.

Así ocurre con la conciencia. La conciencia es el metafrando cuando es generado por los parafrandos de nuestras expresiones verbales. Pero el funcionamiento de la conciencia es, como si dijéramos, el viaje de regreso. La conciencia se convierte en el metafor lleno de nuestra experiencia pasada, que opera constante y selectivamente sobre cosas desconocidas, tales como actos y decisiones futuras y como pasados recordados parcialmente, sobre lo que somos y sobre lo que podemos ser. Y es precisamente por medio de la estructura generada de la conciencia como entonces entendemos el mundo.

¿Qué clases de cosas podemos decir sobre esa estructura? Aquí aludiré brevemente sólo a lo más importante.

Las características de la conciencia

1. *Espacialización*. El primero y más primitivo aspecto de la conciencia es algo a lo que ya nos hemos referido, el parafrando de casi todas las metáforas mentales que podemos hacer, el espacio mental que consideramos como el habitat de todo ello. Si yo pido al lector que piense en su cabeza, luego en sus pies, luego en el desayuno que tomó hoy en la mañana, luego en la Torre de Londres y luego en la constelación de Orión, estas cosas tienen la cualidad de estar separadas espacialmente, y a esta cualidad es a la que me refiero. Cuando introspeccionamos (una metáfora, para decir ver dentro de algo), es sobre este metafórico espacio de la mente donde nos renovamos y "ensanchamos" de continuo y con cada nueva cosa o relación que concientizamos.

En el Capítulo 1 hemos hablado de cómo inventamos un espacio mental dentro de nuestras cabezas, así como dentro de las cabezas de los demás. La palabra inventar tal vez resulte demasiado fuerte, excepto en el sentido ontológico. Estos "espacios" los damos por sentados casi incuestionadamente. Son parte de lo que es estar consciente y de lo que es suponer conciencia en los demás.

Por otra parte, las cosas que en el mundo físico-conductual no tienen calidad espacial hacemos que la tengan en la conciencia, pues de otra suerte no podremos tener conciencia de ellas. A esto llamaremos espacialización.

Un ejemplo obvio es el tiempo. Si pido al lector que piense en los últimos cien años, quizá tenga el lector la tendencia a condensar la materia de modo tal que la sucesión de los años se extienda, probablemente, de izquierda a derecha. Pero, claro, no hay izquierda ni derecha en el tiempo, sólo antes y después, los cuales no tienen ninguna propiedad espacial, salvo por medio del análogo. Sin embargo, no es posible, absolutamente no es posible pensar en tiempo excepto si lo espaciamos. La conciencia es siempre una espacialización en que lo diacrónico se vuelve sincrónico, en que lo que ha pasado en el tiempo es extractado y visto faceta por faceta.

Esta espacialización es característica de todo el pensar consciente. Si en este momento está pensando el lector en cuál de todas las teorías sobre la mente encaja mi teoría particular, primero, como es costumbre, recurrirá a su espacio mental en el cual las cosas abstractas se pueden "superar" y poner "una al lado de otra" a fin de poder "observarlas", lo que nunca ocurriría en el mundo físico o real. El lector hace entonces la metáfora de teorías como objetos concretos, luego la metáfora de una sucesión temporal de tales objetos como si fueran un arreglo sincrónico, y en tercer lugar, la metáfora de las características de teorías como características físicas, todo en forma tal que puedan ser "colocadas" en una especie de orden. Y luego, hace la siguiente metáfora que es muy expresiva, de "encajar". La conducta real de encajar o embonar, de la cual aquí "encajar" es el análogo en la conciencia, puede variar de una a otra persona y de una cultura a otra, dependiendo de la experiencia personal de disponer cosas en cierto tipo de orden, o de encajar objetos en sus receptáculos, etc. Así pues, el sustrato metafórico del pensamiento se vuelve de este modo muy complejo, muy difícil de desenredar. Sin embargo, todos los pensamientos concretos que le acudan al leer este libro podrán remontarse mediante un análisis así, hasta llegar a actos concretos realizados en un mundo concreto.

2. *Extractación selectiva*. En la conciencia nunca vemos nada en su integridad. Esto se debe a que ese "ver" es un análogo de la conducta real, y en la conducta real sólo podemos ver o prestar atención a una porción de una cosa en un momento dado. Y eso mismo ocurre en la conciencia. Extraemos del conjunto de posibles atenciones una cosa que comprende nuestro conocimiento de ella. Y esto es todo lo que podemos hacer, dado que la conciencia es una metáfora de nuestra conducta real.

Así, si yo pido al lector que piense en un circo, inicialmente tendrá un breve instante de cierta confusión, pero luego seguirá la imagen de unos trapecistas o de un payaso en la pista central, o algo propio de los circos. O, si piensa usted en la ciudad en que vive ahora, aislará alguna característica, como un edificio, torre o cruce de caminos. Y si le pido que piense en usted mismo, hará una especie de condensación de su pasado reciente, creyendo que está pensando en usted mismo.

En todos estos ejemplos, no hallamos dificultad ni paradoja particular en el hecho de que estos extractos no sean las cosas mismas, aún cuando hablamos como si lo fueran. De hecho, nunca estamos conscientes de las cosas en su verdadera naturaleza, únicamente de los extractos que de ellas hacemos.

Las variables que controlan la extractación merecen mucho más estudio y meditación. De ellas depende la totalidad de la conciencia que la persona tenga del mundo y de las demás personas con quienes interactúa. Nuestros extractos de alguien que conocemos bien se vinculan fuertemente con nuestro afecto hacia ese alguien; si nos simpatiza, los extractos serán cosas agradables; si no, serán desagradables. La causación puede tomar una u otra dirección.

La forma, el cómo extractemos a otras personas determinará en gran medida la clase de mundo en que creamos vivir. Pongamos por caso nuestros parientes cuando éramos niños. Si los extractamos considerando sus fallas, sus conflictos internos, sus errores, tendremos un resultado. Pero si los extractamos considerando sus momentos felices, sus deleites idiosincrásicos, tendremos otro mundo. Los escritores y los artistas hacen de modo controlado lo que ocurre "en" la conciencia de un modo casual, azaroso.

Extractación no es lo mismo que memoria. Un extracto de una cosa es representativo en la conciencia de la cosa o hecho al cual se adhieren los recuerdos, y por cuyo medio evocamos recuerdos. Si queremos recordar lo que hicimos el verano pasado, primero tendremos un extracto del tiempo en cuestión, que bien puede ser una imagen fugaz de unos dos meses del calendario; finalmente nos detendremos en un acontecimiento particular, por ejemplo caminar por la orilla de un río. Y partiendo de allí asociaremos y evocaremos cosas sobre ese verano. A esto lo llamo reminiscencia, y es un proceso consciente particular, del cual no es capaz ningún animal. La reminiscencia es una sucesión de extractos o extractaciones. Cada asociación en la conciencia es un extracto, un aspecto o imagen, si se quiere, algo congelado o detenido en el tiempo, extraído de la experiencia con base en factores cambiantes de situación y de personalidad.[6]

3. *El "yo" análogo*. Un "rasgo" importantísimo de este "mundo" de metáforas es la metáfora que tenemos de nosotros mismos, el "yo" análogo, que en nuestra "imaginación" "se mueve" y "hace cosas" que en realidad no hacemos. Hay, ciertamente, muchas aplicaciones o usos de este "yo" análogo. Nos imaginamos "haciendo" esto o aquello, y así "tomamos" decisiones con base en los "resultados" imaginados, lo cual sería imposible si no tuviéramos un "yo" imaginado moviéndose en un

6. Las diferencias y los cambios individuales ocurridos en las extractaciones selectivas por motivos de edad o salud, constituyen un material de estudio de lo más interesante. Por ejemplo, si estamos deprimidos o si sufrimos cambian muchísimo las extractaciones selectivas del mundo en la conciencia.

"mundo" imaginado. En el ejemplo dado en la sección de espacialización, no era nuestro yo conductual físico el que trataba de "ver" si mi teoría "embonaba" en la diversidad de teorías. Era nuestro "yo" análogo.

Si al dar un paseo llegamos a una bifurcación de caminos, uno de los cuales sabemos que nos llevará a nuestro destino después de dar un rodeo, "cruzaremos" esa ruta más larga con nuestro "yo" análogo para determinar si sus vistas y paisajes compensarán el tiempo más largo que requieren. Si no tuviéramos conciencia con el vicario "yo" análogo, no podríamos hacer esto.

4. *La metáfora "me"*. Sin embargo, el "yo" análogo no es simplemente eso, es también una *metáfora "me"*. Al imaginarnos caminando por el sendero más largo tendremos "vislumbres" de "nosotros mismos", tal como los tuvimos en los ejercicios del capítulo 1, en el cual los llamamos imágenes autoscópicas. Podemos ver desde nuestro interior el yo imaginado y las vistas imaginadas, o podemos retirarnos un poquito y vernos arrodillados, quizá tomando un poco de agua en un arroyuelo conocido. En esta cuestión hay, ciertamente, problemas muy profundos, particularmente en la relación del "yo" con el "me". Pero esto es otra cuestión. Aquí sólo indico la índole del problema.

5. *Narratización*. En la conciencia, siempre vemos a nuestros vicarios como las figuras o personajes principales de las historias de nuestras vidas. En el ejemplo anterior, la narratización, o sea el caminar por un sendero boscoso, es algo obvio. Pero no es tan obvio porque no siempre que estamos conscientes hacemos eso, y esto es lo que llamo narrativización. Sentado donde estoy, escribo un libro y este hecho se incrusta más o menos en el centro de la historia de mi vida; el tiempo se espacializa dentro del viaje de mis días y de mis años. Las situaciones nuevas son percibidas selectivamente como parte de esta historia en marcha; hay percepciones que por pasar inadvertidas o por no ser recordadas no encajan en ella. Lo más importante es que se seleccionan situaciones que son congruentes con esta historia en marcha, hasta que la imagen o representación que tengo de mí mismo dentro del curso de mi vida, determina cómo voy a actuar y a escoger ante situaciones nuevas conforme se vayan presentando.

Asignar causas a nuestra conducta o decir por qué hicimos una cosa en particular es una parte de la narratización. Estas causas esgrimidas como razones pueden ser verdaderas o falsas, neutras o ideales. La conciencia siempre está para explicar cualquier cosa que estemos haciendo en un momento cualquiera. El ladrón narratiza su acto como debido a la pobreza, el poeta el suyo como debido a la belleza, y el científico el suyo como debido a la verdad; el propósito y la causa están entretejidos inextricablemente en la espacialización de la conducta en la conciencia.

Pero no sólo estamos narratizando nuestro "yo" análogo, sino todo lo que está en la conciencia. Un hecho aislado, solitario, es narratizado a fin de que encaje en otro hecho similarmente solitario. Al niño que vemos llorando en la calle lo narratizamos en una imagen mental de un niño perdido y de un padre que lo busca. Al gato que vemos trepado en un árbol lo narratizamos en una imagen de un perro que lo persiguió. Y a los hechos de la mente según los podemos entender, dentro de una teoría de la conciencia.

6. *Conciliación.* Un aspecto final de la conciencia que quiero mencionar aquí está modelado sobre un proceso conductual que es común a la mayor parte de los mamíferos. Surge en la realidad del reconocimiento liso y llano; a un objeto percibido con cierta ambigüedad se le conforma según un esquema previamente aprendido; es un proceso automático que a veces recibe el nombre de asimilación. Asimilamos un nuevo estímulo dentro de la concepción o esquema que tenemos de él, aun cuando sea ligeramente distinto. Dado que, de momento a momento nunca vemos, oímos o tocamos exactamente del mismo modo, este proceso de asimilación en el seno de nuestra experiencia previa está en marcha en todo momento en que percibimos nuestro mundo. Colocamos cosas dentro de objetos reconocibles, tomando como base los esquemas, aprendidos anteriormente, que tenemos de esas cosas.

Ahora bien, la asimilación concientizada es *conciliación*. Un término mejor para ella podría ser compatibilización, pero la palabra parece un tanto afectada. Lo que estoy llamando conciliación consiste esencialmente en hacer en la mente-espacio lo que la narratización hace en el tiempo mental o tiempo espacializado. Conjunta cosas como objetos conscientes, del mismo modo que la narratización conjunta cosas en un relato. Y este embonamiento o encajamiento en el seno de una consistencia o probabilidad se hace conforme a reglas basadas en la experiencia.

En la conciliación hacemos extractos o narratizaciones compatibles entre sí, del mismo modo que en la percepción externa se hacen concordar el nuevo estímulo y el concepto interno. Si nos estamos narratizando como si camináramos en un sendero del bosque, la sucesión de extractos se va haciendo compatible automáticamente con nuestro paseo. O si, soñando despiertos dos extractos o narratizaciones empiezan a ocurrir al mismo tiempo, se funden y concilian.

Si pido al lector que piense al mismo tiempo en un prado montañoso y en una torre, automáticamente los conciliará haciendo surgir la torre del prado. Pero si le pidiera pensar en la pradera cercana a los montes y al mismo tiempo en un océano, la conciliación tendería a no ocurrir, y entonces, probablemente, el lector pensará en una después de la otra. Sólo mediante la narratización las podrá conjuntar. Vemos, pues, que hay principios de compatibilidad que gobiernan este proceso; tales principios se aprenden y se basan en la estructura del mundo.

Permítaseme resumir, como modo de "ver", dónde estamos y en qué dirección va nuestro estudio. Hemos dicho que la conciencia es más bien una operación, no una cosa, un depósito o una función. Opera por medio de la analogía, por medio de construir un espacio análogo con un "yo" análogo que puede observar ese espacio y moverse metafóricamente en él. Opera sobre cualquier reactividad, extrae aspectos pertinentes, los narratiza y concilia en un espacio metafórico en el cual es posible manipular esos significados como cosas en el espacio. La mente consciente es un análogo espacial del mundo y los actos mentales son análogos de actos corporales. La conciencia opera únicamente sobre cosas observables objetivamente. O, dicho de otro modo que nos recuerda a John Locke, en la conciencia no hay nada que no sea un análogo de algo que primeramente estuvo en la conducta.

El que está terminando ha sido un capítulo difícil. Espero, no obstante, haber esbozado con cierta plausibilidad que la noción o idea de conciencia como modelo del mundo generado por metáforas desemboca en deducciones bastante definidas, y que estas deducciones son comprobables en nuestra experiencia diaria consciente. Se trata, por supuesto, de un comienzo, un comienzo apenas hilvanado, que espero desarrollar en un trabajo futuro. Pero, hoy por hoy, esto debe bastarnos para regresar a nuestra indagación del origen de todo ello, y dejar cualquier ampliación posterior de la naturaleza de la conciencia en sí, para capítulos posteriores.

Si la conciencia es esta invención de un mundo análogo basado en el lenguaje, que corre paralelo al mundo conductual, del mismo modo que el mundo de las matemáticas corre paralelo al mundo de las cantidades de cosas, ¿qué podremos decir sobre su origen?

Hemos llegado a un punto interesantísimo de nuestro estudio, que es totalmente contradictorio de todas las demás soluciones al problema del origen de la conciencia que hemos analizado en el capítulo introductorio, porque si la conciencia está basada en el lenguaje, de ahí se sigue por fuerza que tiene un origen mucho más reciente de lo que se había supuesto hasta ahora. ¡La conciencia viene después del lenguaje! Las consecuencias de esta tesis son extremadamente serias.

CAPÍTULO 3

La mente de la *Ilíada*

HAY UN MOMENTO DIFICULTOSO al culminar la vuelta de la Montaña Rusa; ocurre cuando, habiendo terminado de subir la curvatura interna, en la cual vemos una estructura firme de travesaños y rieles muy seguros, de pronto vemos que tal estructura desaparece, y nos vemos lanzados al cielo en la curva exterior hacia abajo.

Tal vez ése sea nuestro momento actual. Resulta que todas las opciones científicas que hallamos en la introducción, incluso mis propios prejuicios sobre la cuestión, todas nos aseguraron que la conciencia evolucionó por selección natural en algún momento, muy atrás en la evolución de los mamíferos, o antes. Tuvimos la seguridad de que al menos algunos animales eran conscientes, de que la conciencia estaba relacionada de modo muy importante con la evolución del cerebro y probablemente de su corteza y de que, indudablemente, el hombre primitivo fue consciente conforme aprendía el lenguaje.

Pero estas seguridades han desaparecido ahora, pues parece que nos encontramos arrojados al vacío de un problema muy nuevo. Si nuestro desarrollo impresionista de una teoría de la conciencia, presentado en el capítulo anterior, apunta siquiera en la dirección correcta, entonces la conciencia sólo podrá haber surgido en la especie humana, y tal fenómeno debe haberse presentado después del desarrollo del lenguaje.

Ahora bien, si la evolución humana fuera una continuidad ininterrumpida y simple, nuestro procedimiento o método en este punto sería estudiar la evolución del lenguaje, fechándolo lo mejor que pudiéramos. Procuraríamos entonces seguir la pista de la mentalidad humana, hasta alcanzar la meta de nuestra indagación, llegados a la cual podríamos afirmar conforme a un criterio u otro que allí, al fin, están el lugar y la fecha del origen y comienzo de la conciencia.

Lo malo es que la evolución humana no es una continuidad simple. Dentro de la historia humana, hacia el año 3000 a.C., se presenta una costumbre curiosa y muy notable. Es una transmutación del habla en pequeñas marcas hechas sobre piedra, arcilla o papiros (o páginas) de modo que el habla puede ser vista y no sólo oída, y vista por todo el mundo, no sólo por quienes estaban al alcance del oído en un momento dado. Por tanto, antes de proseguir el programa del párrafo anterior, debemos tratar de fechar el origen de la conciencia, antes o después de la invención de este hablar visto, para lo cual debemos examinar sus ejemplos más antiguos. Así pues, nuestro interrogante actual es: ¿cuál es la mentalidad de los primeros escritos de la humanidad?

En cuanto nos remontamos a los primeros registros escritos del hombre para buscar pruebas de la presencia o ausencia de una mente consciente subjetiva, nos vemos asediados inmediatamente por innumerables problemas técnicos. El más profundo de ellos es el de traducir escritos que son hijos de una mentalidad probablemente muy distinta de la nuestra. Y esto es más problemático aún en los escritos humanos más antiguos. Se trata de escritos jeroglíficos, hieráticos y cuneiformes, todos los cuales — cosa interesantísima — empiezan hacia el año 3000 a.C. Ninguno de ellos se ha entendido por completo. Cuando los temas son concretos, no hay gran dificultad. Pero cuando los símbolos son peculiares y no están determinados por el contexto, el monto del trabajo de adivinación que se necesita es tal, que este fascinante testimonio del pasado se convierte en una prueba de Rorschach en la cual los estudiosos modernos proyectan su propia subjetividad sin percibir la importancia de sus tergiversaciones. Las indicaciones de si la conciencia estuvo o no presente en las primeras dinastías egipcias y en las culturas mesopotámicas son demasiado ambiguas para el tipo de análisis especial que es necesario. En el segundo libro volveremos sobre estas cuestiones.

El primer escrito de la historia humana hecho en un lenguaje del cual tenemos suficiente certidumbre de traducción para considerarlo en relación con mi hipótesis es el de la *Ilíada*. Los estudiosos modernos consideran que esta historia de sangre, sudor y lágrimas se desarrolló mediante una tradición de bardos o *aoidoi* entre cerca de 1230 a.C., cuando — según las inferencias sacadas de tablillas hititas halladas recientemente[1] — ocurrieron los hechos narrados, y 900 u 850 a.C., en que fue escrita la obra. Propongo que consideremos al poema como un documento psicológico de inmensa importancia. Y la pregunta que debemos formular es: en la *Ilíada*, ¿qué es la mente?

---

1. V.R. d'A. Desborough, *The Last Mycenaeans and Their Successors: An Archeological Survey*, c. 1200-c. 1000 B.C. (Oxford, Clarendon Press, 1964).

El lenguaje de la Ilíada

La respuesta es de perturbador interés. En general, no hay conciencia en la *Ilíada.* Digo "en general" porque luego mencionaré algunas excepciones. Y en general, por consiguiente, no hay palabras para conciencia o actos mentales. Las palabras de la *Ilíada* que en una época posterior llegaron a significar cosas mentales tienen significados diversos, todos ellos más concretos. La palabra *psyche*, que tiempo después significó alma o mente consciente, indica las más de las veces sustancias vitales, como sangre o aliento: un guerrero moribundo desangra su *psyche* sobre la tierra, o la exhala en su último aliento. El *thymos* que más tarde significaría una cosa como alma emocional, es simplemente movimiento o agitación. Cuando un hombre deja de moverse, el *thymos* abandona sus miembros. Pero es también algo como un órgano propiamente dicho, pues cuando Glauco ruega a Apolo que alivie su dolor y le dé fuerza para ayudar a su amigo Sarpedón, Apolo escucha su ruego y "pone fuerza en su *thymos*" (*Ilíada*, 16:529). El *thymos* dice al hombre cuándo comer, beber o pelear. En un pasaje, Diomedes dice que Aquiles peleará "cuando el *thymos* de su pecho se lo diga y cuando un dios lo incite" (9:702 ss.). Pero en realidad no es un órgano ni siempre está localizado; un mar embravecido tiene *thymos*. Otra palabra que tiene un uso similar es *phren*, que anatómicamente siempre se sitúa como el diafragma, o como sensaciones en él; por lo general, se usa en plural. Son los *phrenes* de Héctor los que reconocen que su hermano no está cerca de él (22:296); esto significa lo que para nosotros es "perder el aliento por la sorpresa". Siglos después vendría a significar mente o "corazón" en su sentido figurado.

Quizá la de más importancia sea la palabra *noos*, la cual, deletreada como *nous* en el griego posterior, llega a significar mente consciente. Proviene de la palabra *noeein*, ver. Su traducción apropiada en la *Ilíada* debería ser algo como percepción o reconocimiento o campo de visión. Zeus "retiene a Odiseo en su *noos*". Mantiene su vigilancia sobre él.

Otra palabra importante, que quizá provenga de la duplicación de la palabra *meros* (parte), es *mermera*, que significa en dos partes. Se convirtió en verbo agregándole la terminación *-izo*, el sufijo común que convierte un nombre en verbo; la palabra resultante fue *mermerizein*, ser puesto en dos partes respecto a algo. Traductores modernos, en obsequio de una supuesta calidad literaria en su trabajo, suelen emplear términos modernos y categorías subjetivas que no son fieles al original. De este modo, *mermerizein* es traducido erróneamente como meditar, pensar, estar irresoluto, estar intranquilo por, querer decidir. Lo cierto es que esencialmente significa estar en conflicto respecto a dos acciones, no a dos pensamientos. Siempre es conductista. Se dice varias veces respecto de Zeus (20:17, 16:647), y de otros. Suele afirmarse que el conflicto ocurre en el *thymos*,o a veces en los *phrenes*, pero nunca en el *noos*. El ojo no puede dudar ni estar en conflicto, pero sí lo estará la mente consciente que pronto será inventada.

En general, pero con algunas excepciones, estas palabras son lo más cercano que alguien, autor, personaje o dios, está de poseer mente o pensamiento conscientes. En un capítulo posterior nos ocuparemos más a fondo del significado de estas palabras. En general, pero con algunas excepciones, estas palabras son lo más cercano que alguien, autor, personaje odios, está de poseer mente o pensamiento conscientes. En un capítulo posterior nos ocuparemos más a fondo del significado de estas palabras.

Tampoco hay concepto de voluntad ni palabra para ella; curiosamente, el concepto se desarrolló tarde en el pensamiento griego. Por eso, los hombres de la *Ilíada* no tenían voluntad propia ni, ciertamente, noción del libre albedrío. Es muy probable que todo el problema de la volición, tan perturbador, creo, para la moderna teoría psicológica, puede haber tenido sus problemas porque las palabras para designar tales fenómenos se inventaron muy tarde.

Una ausencia similar en el lenguaje de la *Ilíada* es una palabra para expresar cuerpo, organismo en nuestro sentido. La palabra *soma*, que en el siglo V a.C. llega a significar cuerpo, en Homero se usa siempre en plural y significa miembros muertos o cadáver. Es lo opuesto de *psyche*. Hay varias palabras que se emplean para designar diversas partes del cuerpo y, en Homero, siempre se refieren a esas partes, pero nunca al cuerpo en conjunto.[2] Por ello, no es de sorprender que el temprano arte griego de Micenas y su periodo muestre al hombre como un ensamble de miembros extrañamente articulados, con las articulaciones apenas trazadas y el torso casi separado de las caderas. Gráficamente, esto mismo hallamos una y otra vez en Homero, que habla de manos, brazo inferior, brazo superior, pies, pantorrillas y muslos que son veloces, musculosos, de movimiento rápido, etc., pero sin mencionar al cuerpo en conjunto.

Ahora bien, todo esto es muy peculiar. Si en los hombres de la *Ilíada* no hay conciencia subjetiva, ni mente, ni alma, ni voluntad, ¿qué es, pues, lo que inicia la conducta?

La religión de los primeros griegos

Existe el concepto añejo y generalizado de que antes del siglo IV a.C. no hubo en Grecia ninguna religión que mereciera tal nombre,[3] y que los dioses de los poemas

2. Bruno Snell, *The Discovery of Mind*, trad. T. G. Rosenmeyer (Cambridge: Harvard University Press, 1953). Avanzaba con gusto en las ideas y en el material de este capítulo hasta que conocí la obra paralela de Snell sobre el lenguaje homérico. Nuestras conclusiones, empero, son del todo diferentes.

3. Excepto en la magnífica obra de E. R. Dodds, *The Greeks and the Irrational* (Berkeley: University of California Press, 1951).

homéricos no son otra cosa "que alegres inventos de los poetas", según palabras de estudiosos destacados.[4] La razón de esta opinión errónea es que se considera a la religión como un sistema de principios morales, como una especie de saludo reverencial a dioses externos, tendente a lograr un comportamiento virtuoso. Y no cabe que los dioses de la *Ilíada* no son más que invenciones de los autores de la epopeya, es tergiversar completamente lo que ocurre en la obra.

Los personajes de la *Ilíada* no se sientan a pensar qué hacer. No tienen mentes conscientes tales como las que decimos que tenemos, y, por supuesto, tampoco tienen introspecciones. Para nosotros, debido a nuestra subjetividad, resulta imposible apreciar cómo era aquello. Cuando Agamenón, rey de hombres, roba su amante a Aquiles, es un dios el que toma a Aquiles por sus rubios cabellos y le advierte que no pelee con Agamenón (1:197 ss.). Entonces, un dios emerge del mar gris, en la playa cercana a sus negros barcos y consuela su llanto de ira, es un dios el que susurra a Helena que limpie su corazón con el anhelo del hogar, un dios el que oculta a Paris con una nube o neblina frente al ataque de Menelao, un dios el que dice a Glauco que tome el bronce por oro (6:234 ss.), un dios el que lleva los ejércitos al combate, el que habla a cada soldado en los momentos decisivos, el que arguye con Héctor y le enseña lo que debe hacer, el que insta a los soldados y los hace vencer o los derrota produciéndoles encantos o hechizos o poniendo nieblas en su campo visual. Los dioses inician riñas entre los hombres (4:437 ss.), que son la causa de la guerra (3:164 ss.), y luego planean su estrategia (2:56 ss.). Un dios es el que hace prometer a Aquiles que no entrará en combate, otro el que lo insta a combatir, y otro más el que lo viste con un fuego áureo que llega al cielo y que luego grita por medio de su garganta cruzando la sangrienta trinchera y hace que los troyanos se vean sobrecogidos por un pánico insuperable. De hecho, los dioses toman el lugar de la conciencia.

Los comienzos de la acción no ocurren en planes, razones y motivos conscientes; se encuentran en los hechos y discursos de los dioses. Para otro hombre, un hombre parece ser la causa de su propia conducta, pero no para el hombre mismo. Cuando, hacia el final de la guerra, Aquiles recuerda a Agamenón cómo le robó su amante, el rey de hombres declara: "No fui yo la causa de este acto, sino Zeus, y mi sino, y las Erinias que vagan en las tinieblas; los cuales hicieron padecer a mi alma cruel ofuscación el día en que arbitrariamente arrebaté a Aquiles su presa; mas, ¿qué otra cosa podía haber hecho?" (19:86-90). Y que todo esto no fue una ficción de Agamenón para evadir su responsabilidad está bien claro, pues Aquiles acepta plenamente su explicación, ya que él, por su parte, también obedece a los dioses. Los estudiosos que al comentar este pasaje dicen que la conducta de Agamenón

4. Por ejemplo, Maurice Bowra, *Tradition and Design in the Iliad* (Oxford: Clarendon Press. 1930), p. 222.

se ha vuelto "extraña respecto a su ego",[5] no suelen ir lo bastante lejos. Porque sin duda el ineludible interrogante es: ¿cuál es la psicología del héroe de la *Ilíada*? Por mi parte, sostengo que no tenía nada de ego.

Incluso el poema, en sí, no está forjado por hombres, en el sentido que damos nosotros al término. Sus primeras tres palabras, *Menin aedie Thea*: ¡Canta la ira, oh Diosa!, y toda la epopeya que sigue, son el canto de la diosa que el bardo arrebatado "oyó" y cantó para sus oyentes de esta edad de hierro, entre las ruinas del mundo de Agamenón.

Si borramos, si dejamos a un lado todas nuestras preconcepciones sobre la poesía y actuamos respecto al poema como si nunca hubiéramos oído poesía, la calidad anormal del habla nos sorprendería al punto. Hoy lo llamamos métrica. Porque, ¡cuán diferentes son estos firmes hexámetros de acentos marcados, de la baraúnda de acentos sueltos del diálogo ordinario! En poesía, la función del metro es dirigir la actividad eléctrica del cerebro, y ciertamente relajar las inhibiciones emocionales normales, tanto del cantor como del que escucha. Algo similar ocurre cuando las voces de los esquizofrénicos hablan en ritmo o en rimas medidos. A excepción de sus posteriores agregados, la epopeya en sí no fue compuesta conscientemente, ni conscientemente recordada; en forma sucesiva y creadora fue cambiada, pero con la misma falta de percepción de un pianista respecto a su improvisación.

Entonces, ¿quiénes fueron esos dioses que empujaban y movían como autómatas a estos hombres y que cantaban poesías épicas por sus labios? Se trataba de voces cuya habla y direcciones oían con claridad los héroes de la *Ilíada*, como oyen voces ciertos epilépticos y esquizofrénicos, o como las voces que oyó Juana de Arco. Los dioses eran organizaciones del sistema nervioso central, y pueden ser vistos como personajes en el sentido de consistencias punzantes que perduran en el tiempo, amalgamas de imágenes admonitorias o paternales. El dios es parte del hombre, y muy congruente con este concepto está el hecho de que los dioses nunca se salieron de las leyes naturales. Los dioses griegos no pueden crear cosas de la nada, a diferencia del dios hebreo del Génesis. En la relación dialéctica entre el dios y el héroe, hay las mismas cortesías, emociones, persuasiones, etc., que son comunes en las relaciones entre dos personas. El dios griego nunca se hace presente en medio de un trueno, nunca suscita temor o pavor en el héroe, y está alejadísimo del atrozmente pomposo dios de Job. Simplemente encauza, aconseja y ordena. Tampoco el dios produce humildad o amor, y despierta poca gratitud. Creo que la relación dios-héroe fue similar — por ser su progenitora — a la relación ego-superego de Freud o a la autogeneralizada relación de Mead. La emoción más fuerte que el héroe siente hacia el dios es de sorpresa o admiración,

5. Entre otros, Martin P. Nilsson, *A History of Greek Religion* (Nueva York: Norton, 1964).

el tipo de emoción que sentimos cuando en nuestra cabeza brota repentinamente la solución a un problema difícil, o en la exclamación ¡Eureka!, de Arquímedes en su baño.

Los dioses eran lo que hoy llamamos alucinaciones. Por lo general, sólo pueden verlos y oírlos los héroes a quienes se dirigen. A veces se presentan en neblinas, o salen del mar gris o de un río, o bien del cielo; los preceden auras visuales sugerentes. Pero también se presentan lisa y llanamente. Suelen presentarse como ellos mismos, por lo común como voces, aunque también como personas estrechamente vinculadas con el héroe.

En este sentido, es de particular interés la relación de Apolo con Héctor. En el canto 16, Apolo se presenta a Héctor como su tío materno; luego, en el canto 17 como uno de los jefes aliados suyos; y más adelante, en el mismo canto, como su más caro amigo de fuera. El desenlace de toda la epopeya ocurre cuando es Atenea quien, después de ordenar a Aquiles que mate a Héctor, se presenta ante Héctor como Deífobo. Confiando en él como su segundo, Héctor desafía a Aquiles, pide a Deífobo otra espada, y al volverse se encuentra con que no hay nada. Nosotros diríamos que tuvo una alucinación; y también Aquiles. La Guerra de Troya fue dirigida por alucinaciones. Y los soldados así dirigidos no se parecían en nada a nosotros. Eran nobles autómatas que no sabían lo que hacían.

La mente bicameral

Así pues, la imagen es de rareza, de falta de corazón, de vacío. No podemos acercarnos a estos héroes inventando espacios mentales tras sus fieros ojos, como hacemos entre nosotros. El hombre de la *Ilíada* no tuvo subjetividad, como la tenemos nosotros; no tenía conciencia de su percepción del mundo, ni espacio mental interno que pudiera introspeccionar. Para distinguirla de nuestras mentes conscientes subjetivas, llamaremos a la mentalidad de los micenos *mente bicameral*. La volición, la planeación y la iniciativa se organizan sin intervención de la conciencia y luego se "comunican" al individuo en su lenguaje familiar, a veces son el aura visual de un amigo familiar o personaje de autoridad o "dios", o también mediante una voz. El individuo obedecía estas voces alucinadas porque no podía "ver" por sí mismo qué debía hacer.

Las pruebas de la existencia de esta mentalidad, tal como la he propuesto, no van a fundarse únicamente en la *Ilíada*. Antes bien, la *Ilíada* sugiere la hipótesis, que en capítulos posteriores trataré de probar o de refutar mediante el examen de otras civilizaciones de la antigüedad. Sin embargo, en este momento sería muy persuasivo presentar algunas objeciones a lo antes dicho, que ayudarán a aclarar ciertas cuestiones.

Objeción: ¿No es verdad que algunos estudiosos han considerado que el poema es, en su totalidad, la invención de un hombre, Homero, sin ninguna base histórica, que incluso llegan a dudar de la existencia misma de Troya, a pesar de los famosos descubrimientos de Schliemann en el siglo XIX?

Réplica: Esta duda ha sido recientemente desechada merced al descubrimiento de tablillas hititas, que datan de 1300 a.C., y que con toda claridad hablan de la tierra de los aqueos y de su rey, Agamenón. El catálogo del segundo canto que contiene los lugares de Grecia que enviaron naves a Troya corresponde notablemente con la pauta de colonias que la arqueología ha descubierto. Los tesoros de Micenas, que en un tiempo se tuvieron por cuentos de hadas, salidos de la imaginación del poeta, han sido extraídos entre las arcillosas ruinas de la ciudad. Otros detalles mencionados en la *Ilíada*, como los ritos o formas de enterrar, las clases de armaduras, por ejemplo, el yelmo tan precisamente descrito de colmillo de jabalí, han sido desenterrados en sitios que corresponden a los del poema. Por tanto, no hay duda sobre la base histórica. La *Ilíada* no es literatura creadora imaginativa, y por tanto no cabe una discusión de tipo literario. Es historia, entretejida con el Egeo de los micenos, que deben examinar los científicos psico-históricos.

Cuando menos durante un siglo se ha debatido el problema de si el autor es uno o múltiple. Pero el haber establecido esta base histórica, incluso haber comprobado la existencia de artefactos mencionados en el poema, indica que hubo muchos intermediarios que transmitieron verbalmente a edades posteriores lo que ocurrió en el siglo XII a.C. Así pues, es más plausible pensar que el poema fue creado como parte de su transmisión verbal y no como la obra de un solo hombre llamado Homero en el siglo IX a.C. De haber existido, Homero fue quizá el primer *aoidos* en ser transcrito.

Objeción: Aun suponiendo que todo esto fuera cierto, ¿qué base hay para suponer que una epopeya, cuyo manuscrito conocido más antiguo es una revisión hecha por estudiosos alejandrinos de los siglos IV o III antes de Cristo, que obviamente debió de existir en muchas formas, el cual, tal como lo conocemos hoy día, fue escrito partiendo de dichas formas, cómo es posible, repetimos, que un poema de esta especie sea considerado como indicador de cómo eran los micenos del siglo XIII a.C.?

Réplica: Esta objeción, ya de por sí muy grave, cobra fuerza al observar ciertas discrepancias entre las descripciones del poema y su verosimilitud. Los decepcionantes montículos de escombros herbosos que los arqueólogos de nuestros días han identificado como la ciudad de Príamo cubren unas cuantas hectáreas, pero en la *Ilíada* se dice que la defendieron 50 mil hombres. Aun lo trivial se vuelve imposible cuando interviene la hipérbole: el escudo de Ayax, hecho de siete pieles de toro y con una capa de metal, debió de pesar unos 140 kilos. Es evidente que la historia ha sido alterada. El sitio duró diez años, lapso absolutamente imposible dados los problemas de abastecimiento para ambos bandos.

En general, hay dos periodos en que pudieron ocurrir tales alteraciones a la historia original: el periodo de transmisión oral desde la Guerra de Troya hasta el siglo IX a.C., en que cobra vida el alfabeto griego y se escribe el poema, y el periodo literario posterior hasta el momento en que los estudiosos alejandrinos de los siglos III y II a.C. sacaron la versión que nosotros conocemos. Por lo que hace al segundo periodo, no hay duda de que hubo diferencias entre las diversas copias y que se agregaron partes adicionales e incluso hechos propios de otros tiempos y lugares al vórtice de esta tremenda historia. Pero es muy probable que todas estas adiciones hayan sido frenadas o incluso desechadas tanto por la reverencia de los copistas al poema, según se ve en toda la demás literatura griega, como por las exigencias de las representaciones públicas, las cuales se celebraban en diversos lugares, pero en particular en las Panateneas de Atenas, donde se cantaba devotamente la *Ilíada* junto con la *Odisea* cada cuatro años, por los llamados rapsodas. Así pues, es probable que con excepción de algunos episodios que algunos estudiosos contemporáneos consideran como adiciones (por ejemplo, la emboscada de Dolón y las referencias al Hades), la *Ilíada* que conocemos es muy similar a la que fue escrita por vez primera en el siglo IX a.C.

Pero atrás, en las desdibujadas oscuridades de un tiempo anterior, están los indefinidos *aoidoi*. Y son precisamente los *aoidoi* los que tiempo después alteraron la historia original. La poesía transmitida oralmente es muy distinta de la poesía escrita.[6] La forma en que la leamos y la juzguemos debe ser completamente distinta. La composición y la ejecución no se hacen por separado; son simultáneas. Y cada nuevo arreglo de la *Ilíada* en la sucesión de generaciones se basaba en la memoria del auditorio y en las fórmulas bárdicas tradicionales; cada *aoidos* usaba frases hechas de distintas longitudes para llenar los hexámetros no recordados y episodios para llenar la porción del argumento no recordada. Todo esto ocurrió a lo largo de tres o cuatro siglos después de la guerra. La *Ilíada* no es, por tanto, un reflejo fiel de la vida social de Troya, sino más bien de diversas etapas de desarrollo social desde el tiempo de la guerra hasta el periodo de la invención del alfabeto. Si se le considera como documento sociológico, la objeción es válida.

Pero la cosa cambia si lo vemos como documento psicológico. ¿De dónde salían esos dioses? ¿Y cuál era el porqué de su relación particular con los individuos?

6. Véase Milman Parry, *Collected Papers* (Nueva York, Oxford University Press, 1971). Agradezco a Randall Warner y a Judith Griessman sus opiniones sobre algunos de estos puntos.

Mi razonamiento ha destacado dos cosas, *la falta o ausencia de lenguaje mental, y que eran los dioses los que iniciaban la acción*; ninguna de estas cuestiones es del ámbito de la arqueología, ni tampoco son materias que puedan considerarse inventadas por los *aoidoi*. Y cualquier teoría sobre ellas deberá ser una teoría psicológica sobre el hombre mismo. La única alternativa abierta es la siguiente.

Objeción: ¿No será que estamos haciendo gran barullo con lo que probablemente no es otra cosa que un simple estilo literario? Que los dioses no son otra cosa que simples artificios poéticos de los *aoidoi* para dar vida a la acción, artificios que muy probablemente se remontan a los primeros bardos de Micenas?

Réplica: Se trata aquí del conocido problema de los dioses y su vigorosa determinación de la acción. A nosotros, los dioses nos parecen del todo innecesarios. ¿Por qué están ahí? Y la solución común es la anterior, que son un artificio poético. La maquinaria divina duplica las causaciones conscientes naturales con el fin de presentarlas en una forma pictórica concreta, porque los *aoidoi* carecían de los refinamientos del lenguaje para expresar cuestiones psicológicas.

No sólo no hay ninguna razón para creer que los *aoidoi* tuvieran vestigios de psicología consciente que hubieran querido expresar, sino que tal tesis es del todo extraña a la contextura general del poema. La *Ilíada* trata de *acción* y está llena de acción, de acción constante. En realidad versa sobre los actos de Aquiles y sus consecuencias, no sobre su mente. Y por lo que hace a los dioses, autores y personajes de la obra aceptan de buen grado este mundo gobernado divinamente. Decir que los dioses son un aparato artístico es tanto como decir que Juana de Arco habló a la Inquisición de sus voces simplemente para hacer vívido todo ello a quienes estaban a punto de condenarla.

No se trata de que las vagas ideas generales de causalidad psicológica aparezcan primero, y que luego el poeta les de forma pictórica concreta mediante la invención de los dioses. Es, como mostraré más adelante en este ensayo, precisamente lo opuesto. Y cuando se dice que los sentimientos internos de poder o las moniciones internas o las pérdidas del juicio son los gérmenes a partir de los cuales se desarrolló la maquinaria divina, yo contesto diciendo que la verdad es precisamente la opuesta, que la presencia de voces que hay que obedecer fue el requisito absoluto, imprescindible para la etapa consciente de la mente en que el yo es el responsable y puede debatir consigo mismo, puede ordenar y dirigir, y que la creación de este yo es el producto de la cultura. En cierto sentido, se puede decir que nos hemos convertido en nuestros propios dioses.

Objeción: Si en verdad existió la mente bicameral, debió existir el caos más absoluto, en que cada quien seguía sus propias alucinaciones particulares. La única forma en que se concibe la existencia de una civilización bicameral sería mediante la existencia de una jerarquía rígida, en que los hombres inferiores alucinaran las voces de las autoridades sobre ellos, y estas autoridades, a su vez, alucinaran las de autoridades aún mayores y así sucesivamente hasta llegar a los reyes y sus pares, que alucinaban las voces de los dioses. Sin embargo, en la *Ilíada* no hallamos tal cosa, pues se concentra en los individuos heroicos.

Réplica: Se trata de una objeción de mucho fondo que me inquietó durante largo tiempo, muy en particular cuando estudié la historia de otras civilizaciones bicamerales en las que no existió la libertad de acción individual que hubo en el mundo social de la *Ilíada*.

Las piezas faltantes del rompecabezas resultan ser las bien conocidas Tablillas B Lineales de Cnosos, Micenas y Pilos. Fueron escritas directamente en lo que estoy llamando el periodo bicameral. Se las conoce desde hace mucho, pero resistieron los más arduos esfuerzos de los criptógrafos, hasta que, finalmente, hace poco fueron descifradas. Contienen una escritura silábica, el griego escrito más antiguo, usado únicamente con fines de registro.[7] Nos ofrecen un esbozo de la sociedad micénica mucho más acorde con la hipótesis de la mente bicameral: jerarquías de funcionarios, soldados o trabajadores, inventarios de mercancías, declaraciones de mercancías debidas al gobernante y en particular a los dioses. El mundo real de la Guerra de Troya, históricamente, estuvo, pues, mucho más cerca de la rígida teocracia que la teoría predice que de la libre individualidad del poema.

Más todavía, la estructura misma del Estado micénico es profundamente distinta del suelto conjunto de guerreros que nos pinta la *Ilíada*. Es, no hay duda, mucho más similar a los reinos de Mesopotamia, de la misma época, regidos divinamente que se describen después en este ensayo, particularmente en el libro 11.2. Los registros de -B Lineal llaman *wanax* al jefe del Estado; posteriormente, esta palabra se usó en la Grecia clásica únicamente para los dioses. Del mismo modo, los registros llaman *temenos* a las tierras ocupadas por su Estado; esta palabra se aplicaría después a la tierra sagrada de los dioses. La palabra griega posterior para designar al rey es *basileus*, pero en estas tablillas el término denota una persona mucho menos importante. Es, diríamos, el primer siervo o servidor del *wanax*, del mismo modo que en Mesopotamia el gobernante humano era en realidad el administrador de las tierras "propiedad" del mismo dios que oía en sus alucinaciones (según veremos en el libro citado). El material proveniente de las tablillas B lineales es difícil de conjuntar, pero evidentemente revela la índole jerárquica y nivelada de las civilizaciones palaciegas centralizadas, que la sucesión de poetas que compusieron la *Ilíada* en la tradición oral pasó por alto completamente.

7. M. C. F. Ventris y J. Chadwick, *Documents in Mycenaean Greek* (Cambridge: Cambridge University Press, 1973). Un resumen de este material y su relación con hallazgos arqueológicos se encuentra en T. B. L. Webster, *From Mycenae to Homer* (Londres: Methuen, 1958).

Este aflojamiento de la estructura social en la *Ilíada* ya del todo desarrollada puede deberse en parte a haber conjuntado otros muchos relatos posteriores en el tema principal de la Guerra de Troya. Uno de los muchos testimonios indudables de que la *Ilíada* es un conjunto de composiciones diversas es el gran número de incongruencias del poema, algunas de ellas muy cerca una de la otra. Por ejemplo, cuando Héctor se está retirando de la batalla, un verso dice (6:117) que "La negra piel golpea su cuello y tobillos". Esto sólo puede ser el primitivo escudo micénico del cuerpo. Pero el verso siguiente se refiere al "Borde que corre por la parte externa de su abultado escudo", que es un escudo muy distinto y muy posterior al anterior. Evidentemente, el segundo verso fue agregado por un poeta posterior que, en su trance auditivo, ni siquiera visualizó lo que decía.

Algunas condiciones más

Obviamente, dado que éste es el periodo caótico en que se descompone o desvanece la mente bicameral y en que da comienzo la conciencia (como veremos en un capítulo posterior), es de esperar que el poema refleje tanto este desmembramiento de jerarquías civiles como una mayor subjetivación, lado a lado, de la antigua forma de la mentalidad. La verdad es que en las páginas anteriores omití ciertas discrepancias a la teoría, que considero como tales incursiones. Estos afloramientos de algo cercano a la conciencia subjetiva se presentan en porciones de la *Ilíada* que los peritos consideran como adiciones posteriores al núcleo del poema.[8]

Así, el canto 9, escrito y agregado al poema justo después de la gran migración de los aqueos al Asia Menor, contiene referencias al engaño humano, que no se encuentran en ninguno de los otros cantos. En su mayor parte se encuentran en la respuesta retórica, larga y extensa de Aquiles a Odiseo sobre el trato que le dio Agamenón (9:344, 371 y 375). Sobresale el menosprecio de Aquiles por Agamenón: "Tan odioso como las puertas del Hades me es el hombre que oculta una cosa en su corazón y dice otra." (9:312-313 s.) Definitivamente se trata de una indicación de conciencia subjetiva. Eso también podrían ser las construcciones optativas de tan difícil traducción de Helena (3:173 ss.; 6:344 ss.) o la reminiscencia aparente de Néstor (1:260 ss.).

Hay también dos pasajes extraordinarios en el texto en que primero Agenor (21:553) y luego Héctor (22:99) hablan con ellos mismos. El hecho de que estos discursos ocurran ya avanzado el poema, y estén muy cerca uno del otro, que tengan un contenido sumamente inapropiado (contradicen las caracterizaciones

8. Estoy apoyándome en Walter Leaf, *A Companion to the Iliad* (Londres: Macmillan, 1892), pp. 170-173.

anteriores de los personajes), y de que usen idénticas frases y versos sugiere vivamente que son insertos de fórmula hechos por el mismo *aoidos* en una época posterior;[9] pero no demasiado, porque son lo bastante desusados para sorprender incluso a quienes los dicen. Después de estos soliloquios, ambos héroes pronuncian exactamente las mismas palabras de asombro, "Pero, ¿por qué razón mi vida me dice esto?" Evidentemente, si tales pláticas con uno mismo fueran cosa común, como lo serían si quienes hablan tuvieran realmente conciencia, no habría motivo de sorpresa. Tendremos ocasión de volver sobre estos casos cuando nos ocupemos con más detalle de cómo surgió la conciencia.[10]

El punto principal de este capítulo es que los más antiguos escritos del hombre en un lenguaje que en verdad podemos comprender, cuando se consideran objetivamente revelan una mentalidad muy distinta de la nuestra. Y creo que esto debe ser aceptado como verdad. Los casos de narratización, conducta análoga o espacio mental que ocurren de vez en cuando, son considerados por los expertos agregados posteriores de otros autores. El grueso del poema es congruente con su falta de conciencia análoga y señala una clase muy distinta de naturaleza humana. Como es cosa sabida que la cultura griega muy pronto se convertirá en una literatura de conciencia, podemos considerar a la *Ilíada* como situada en el gran momento de cambio de los tiempos, como una ventana que nos deja ver aquellos tiempos insubjetivos en que cada reino era en esencia una teocracia y en que cada hombre resultaba ser el esclavo de voces oídas cada vez que se presentaban situaciones nuevas.

9. Hasta el propio Leaf, p. 356, opina que estos pasajes son espurios.

10. Otro análisis podría llevarse a cabo, estableciendo fechas para las diversas partes del poema que conforme al pensamiento de algunos especialistas fueron agregándose alrededor del poema central, mucho más breve, y luego demostrando que las frecuencias de ocurrencia de estas porciones subjetivas aumentan cuanto más cerca están de nosotros.

CAPÍTULO 4

La mente bicameral

Somos seres humanos conscientes. Que tratamos de entender la naturaleza humana. La descabellada hipótesis a la que llegamos en el capítulo anterior es que, en cierto momento, la naturaleza humana se dividió en dos, una parte ejecutiva llamada un dios, y una parte que seguía llamada un hombre. Ninguna de ellas era consciente, lo cual es algo que nos resulta punto menos que incomprensible, pero como somos conscientes y deseamos comprender, queremos reducir esto a algo familiar en nuestra experiencia, que según vimos en el capítulo 2 es la naturaleza de la comprensión. Y esto es lo que voy a intentar en el presente capítulo.

EL HOMBRE BICAMERAL

Muy poco puede decirse para hacernos familiar el lado humano de la cuestión, a no ser que nos refiramos al primer capítulo, para recordar las muchas cosas que se hacen sin ayuda de la conciencia. Pero, ¡cuán poco satisfactoria es una lista de noes! De algún modo, aún nos queremos identificar con Aquiles. Seguimos sintiendo que debe haber, que forzosamente debe haber algo que sienta en su interior. Lo que queremos hacer es inventarle un espacio mental y un mundo de conductas análogas, justamente como lo hacemos en nosotros mismos y en nuestros contemporáneos. Y esta invención, afirmo yo, no es válida para los griegos de este periodo.

Quizá nos pueda ayudar una metáfora de algo cercano a ese estado. Al conducir un auto, no me siento como un conductor "del asiento trasero" que me dirige a mí mismo, sino que me dedico y entrego a la tarea con poca conciencia.[1] En realidad, mi conciencia participará probablemente en alguna otra cosa, por ejemplo en una conversación con alguien en caso de que alguien vaya de pasajero, o en pensar, quizá, en el origen de la conciencia. Sin embargo, el comportamiento de mis manos, pies y cabeza está casi por completo en un mundo diferente. Al tocar algo, resulto tocado; al volver la cabeza, el mundo se vuelve hacia mí; al ver, estoy relacionado con un mundo al cual obedezco inmediatamente en el sentido de marchar sobre el camino y no sobre el acotamiento. Y no estoy consciente de nada de esto; y por supuesto, tampoco soy lógico. Estoy atrapado, inconscientemente dominado, si se quiere, en una reciprocidad total interactuante de estímulos que pueden ser constantemente amenazadores o reconfortantes, atractivos o repugnantes, en que respondo a los cambios del tráfico y a sus aspectos particulares con ansiedad nerviosa o confianza, seguridad o inseguridad, mientras que, por su parte, mi conciencia sigue atendiendo a otros temas.

Ahora bien, para saber cómo sería un hombre bicameral simplemente hay que quitar esa conciencia. El mundo ocurriría para él, y sus actos sucederían como una parte inextricable de ese acaecer sin ninguna conciencia. Supongamos ahora que se presenta una situación nueva, la amenaza de un accidente, un camino obstruido, un neumático picado, el motor que falla, y en este caso, nuestro hombre bicameral no haría lo que usted y yo haríamos, es decir, rápida y eficientemente llevar nuestra conciencia a la cuestión y narratizar qué hacer. Tendría que esperar a que su voz bicameral con la sapiencia admonitoria acumulada a lo largo de su vida le dijera, de modo no consciente, qué hacer.

EL DIOS BICAMERAL

Pero ¿a qué se parecían esas alucinaciones auditivas? Habrá gente que encuentre difícil hasta imaginar que pueda haber voces mentales que se oigan con la misma calidad experiencial que si fueran voces producidas externamente. Después de todo, ¡el cerebro no tiene ni boca ni laringe!

Sean cuales fueren las áreas del cerebro que se utilicen, es absolutamente cierto que tales voces existen y que cuando se experimentan es como si se oyeran realmente los sonidos. Más todavía, es muy probable que las voces bicamerales de la antigüedad tuvieran una calidad muy similar a las alucinaciones auditivas de la gente de nuestros días. En varios grados las oye mucha gente completamente

1. Debo la idea de este ejemplo al penetrante ensayo de Erwin W. Straus, "Phenomenology of Hallucinations", en L. J. West, comp., *Hallucinations* (Nueva York: Grune y Stratton, 1962), pp. 220-232.

normal. Suele suceder que en momentos de gran tensión se oiga la voz tranquilizadora de uno de nuestros padres.

O cuando está uno enfrascado en un problema persistente. Frisaba yo en los veinte años cuando, viviendo solo en Beacon Hill, en Boston, llevaba más de una semana estudiando y meditando autistamente algunos de los problemas de este libro, en particular la cuestión de que es el conocimiento y cómo conocemos. Mis convicciones y recelos habían estado rondando entre las casi siempre preciosas neblinas de epistemologías, sin hallar un sitio en que tomar tierra. Una tarde, estando recostado en un sofá, sumido en desesperación intelectual y rodeado de un silencio absoluto, percibí una voz firme y claramente audible, que venía de arriba a mi derecha, y que decía, "¡Incluye al conocedor en lo conocido!" Me hizo poner de pie y exclamar absurdamente: "¿Hola?", buscando quién hablaba en la habitación. La voz había provenido de un lugar determinado, pero ¡allí no había nadie! Ni siquiera al otro lado del muro, donde también busqué, un poco asustado.

No interpreto este ahondamiento nebuloso como de inspiración divina, pero sí creo que es similar a lo que oían aquellos que en el pasado afirmaron haber sido especialmente seleccionados.

Estas voces las oye gente completamente normal, de un modo continuo. Después de dar conferencias sobre la teoría de esta obra, me ha sorprendido que miembros del público se hayan acercado a mí para hablarme de sus voces. La esposa de un joven biólogo dijo que casi todas las mañanas, a la hora de hacer las camas y su trabajo en la casa, tenía largas conversaciones, informativas y agradables con la voz de su difunta abuela, voz que oía en realidad. La noticia le cayo como bomba a su alarmado esposo, a quien por miedo nunca antes se lo había dicho, porque "oír voces" es tenido, generalmente, como signo de chifladura. Ciertamente, entre gente muy angustiada, lo es. Ahora bien, debido al temor que rodea a esto, no se conoce la incidencia real de alucinaciones auditivas continuas entre la gente normal.

El único estudio extenso sobre el particular fue uno, bastante pobre, realizado en Inglaterra en el siglo pasado.[2] Solamente se contaron alucinaciones de gente normal que gozaba de buena salud. De 7 717 hombres, 7.8 por ciento habían experimentado alucinaciones en un momento o en otro; y entre 7 599 mujeres, el porcentaje fue de 12. Las alucinaciones fueron más frecuentes en gente situada entre los veinte y los veintinueve años, la misma edad en que incidentalmente la esquizofrenia se presenta con más frecuencia. Hubo casi el doble de alucinaciones visuales que auditivas. Se hallaron también diferencias por nacionalidad. Los

2. Henry Sidgewick y otros, "Report on the census of hallucinations", *Proceedings of the Society for Psychical Research*, 1894, 34: 25-394.

rusos tenían casi el doble que el promedio, pero en los brasileños se registraron todavía más, con una elevada incidencia de alucinaciones auditivas. ¿Por qué? No se sabe. Una de las deficiencias de este estudio es que en un país en que los fantasmas son un tema socorrido de chismorreo, resulta difícil lograr un criterio exacto de que se ve y oye como alucinación. Es preciso contar con nuevos y mejores estudios sobre la materia.[3]

Las alucinaciones entre los psicóticos

Es en el seno de la angustia de la esquizofrenia donde se estudian más y mejor las alucinaciones auditivas similares a las voces bicamerales. Se trata de una materia bien difícil. A la menor sospecha de alucinaciones, a los psicóticos angustiados se les administra alguna especie de quimioterapia, por ejemplo clorpromazina, que específicamente elimina las alucinaciones. Este procedimiento es muy discutible; y a veces no lo practica el paciente, sino el hospital que desea eliminar este control rival sobre el paciente. El hecho es que nunca se ha demostrado que los pacientes con alucinaciones sean menos susceptibles al tratamiento que otros. Al menos, juzgados con respecto a otros pacientes, los esquizofrénicos con alucinaciones son más amigables, menos defensivos, más agradables y tienen actitudes más positivas hacia otros enfermos hospitalizados que los pacientes sin alucinaciones.[4] Y es posible que aun cuando el efecto es aparentemente adverso, oír voces pueda resultar beneficioso para el proceso de curación.

Sea como fuere, el hecho es que desde el advenimiento de la quimioterapia ha bajado mucho la incidencia de pacientes con alucinaciones. Estudios recientes han revelado una variación muy amplia entre diversos hospitales, que va de 50 por ciento de psicóticos en el Boston City Hospital, a 30 por ciento en un hospital de Oregon,[5] y que es todavía menor en hospitales con pacientes a largo plazo sujetos a muchos sedantes. Por ello, en lo que sigue me he basado más bien en algún material no muy reciente sobre psicosis, por ejemplo, el gran clásico de Bleuler, *Dementia Praecox*, en el cual el aspecto alucinatorio de la esquizofrenia se ve con mayor claridad.[6] Lo anterior es importante para tener una buena idea de la naturaleza y el alcance de las voces bicamerales oídas en civilizaciones antiguas.

---

3. Un ejemplo de lo que no debe hacerse se encuentra en D. J. West. "A mass-observation questionnaire on hallucinations", *Journal of the Society for Psychical Research*, 1948, 34:187-196.
4. P. M. Lewinsohn, "Characteristics of patients with hallucinations", *Journal of Clinical Psychology*, 1968, 24: 423.
5. P. E. Nathan, H. F. Simpson y M. M. Audberg, "A systems analytic model of diagnosis II The diagnostic validity of abnormal perceptual behavior", *Journal of Clinical Psychology*, 1969 25: 115-136.
6. Eugen Bleuler, *Dementia Praecox or The Group of Schizophrenias*, trad. Joseph Zinkin (Nueva York: International University Press, 1950). Otras fuentes de las secciones que siguen comprenden mis propias

El carácter de las voces

En la esquizofrenia, las voces ocupan cualquiera y todas las relaciones hacia el individuo. Charlan, amenazan, maldicen, critican, consultan, todo con frecuencia mediante frases breves. Exhortan, consuelan, se burlan, ordenan, o simplemente anuncian todo aquello que está ocurriendo. Gritan, se quejan, desprecian y varían, desde el susurro más tenue hasta el grito más estrepitoso. A veces adoptan alguna particularidad especial, como hablar muy despacio, en verso, rimando, o en ritmos, e incluso en idiomas extranjeros. Puede haber una voz en particular, más frecuentemente unas cuantas voces y a veces muchas. Como ocurrió en las civilizaciones bicamerales, son reconocidas como dioses, ángeles, demonios, enemigos o una persona en particular o un pariente. O bien se atribuyen a algún tipo de aparato que recuerda la estatuaria que según veremos fue importante en este aspecto en los reinos bicamerales.

A veces las voces causan desesperación en los pacientes, pues les ordenan hacer alguna cosa, y luego maliciosamente los reprochan, una vez cumplida la orden. A veces adoptan la forma de diálogo, como si fueran dos personas que estuvieran hablando del paciente; otras, el pro y el contra corren a cargo de las voces de personas distintas. La voz de su hija le dice a un paciente: "¡Lo van a quemar vivo!", en tanto que la voz de su madre dice "¡No lo quemarán!"[7] Y en otros casos son varias las voces que parlotean al mismo tiempo, por cuya razón el paciente no puede seguirlas.

Su ubicación y su función

En algunos casos, particularmente en los más graves, las voces no se localizan, aunque por lo común sí se sabe de dónde vienen. Llaman de un lado o de otro, de atrás, de arriba o de abajo; sólo muy rara vez vienen del frente del paciente. Puede parecer que vienen de las paredes, del sótano o del techo, del cielo y del infierno, de cerca o de lejos, de partes del cuerpo o de partes de la ropa. Y a veces, como dijo un paciente, "adoptan la naturaleza de aquellos objetos a través de los cuales hablan, sea que hablen por medio de las paredes, de los ventiladores, o en los bosques y en las praderas".[8] En algunos pacientes presenta la tendencia a asociar las voces buenas y consoladoras con la parte superior derecha, y las malas con la inferior izquierda En casos raros, el paciente siente que las voces salen de

observaciones y entrevistas con pacientes, trabajos mencionados en las notas de las páginas siguientes, varios capítulos de J. L. West, y diversos informes de casos varios.

7. Bleuler, pp. 97-98.

8. T. Hennell, *The Witnesses* (Londres: Davis, 1938), p. 182.

su propia boca, y siente que cuerpos extraños han invadido su boca. También se objetivan de modos extraños. Un paciente afirmó que tenía una voz en cada una de sus orejas, y que una era más grande que la otra, lo cual recuerda a los *kas* y al modo en que se representaron en las estatuas de los faraones del antiguo Egipto, como veremos en un capítulo posterior.

Es frecuente que las voces censuren los pensamientos y acciones del paciente; a veces le prohíben hacer lo que estaba pensando hacer, y hay veces en que esto ocurre antes aún de que el paciente se dé cuenta de cuál es su intención. Un paranoide inteligente, oriundo del cantón suizo de Thurgau, abrigaba sentimientos hostiles hacia el individuo que lo atendía. Cuando éste entraba en su habitación, la voz decía en un tono lleno de reproche, desde antes de que el paciente hubiera podido hacer algo: "¡Mira nada más! ¡Un thurgauno apalea a un servidor privado decentísimo!"[9]

En este terreno, es de inmensa importancia el hecho de que el sistema nervioso del paciente realice juicios perceptuales sencillos de los cuales no se da cuenta el "yo" del paciente. Y éstos, como en los casos anteriores, pueden ser transpuestos en voces que parecen proféticas. El conserje de un edificio puede cruzar un vestíbulo haciendo un ruido ligero del cual no tiene conciencia el paciente. En cambio, el paciente oye su voz alucinada exclamar: "Alguien está cruzando el vestíbulo llevando un cubo de agua." Entonces se abre la puerta y se cumple la profecía. De este modo se crea y afirma la fe en el carácter profético de las voces, tal como quizás ocurrió en tiempos bicamerales. Luego, el paciente obedece — ya estando solo — a sus voces y queda indefenso ante ellas. O si no, si las voces no son claras, espera, catatónico y mudo, a que lo conformen o, también, a que lo conformen las voces y manos de quienes lo atienden.

Es común que la gravedad de la esquizofrenia oscile durante la hospitalización, y suele suceder que las voces vayan y vengan conforme a las ondulaciones de la enfermedad. A veces se presentan únicamente cuando los pacientes están haciendo ciertas cosas o cuando se hallan en ciertos medios. Y en muchos pacientes, antes de la quimioterapia de nuestros días no había un solo momento de vigilia en que estuvieran libres de las voces. Cuando la enfermedad es más grave, las voces son más fuertes y llegan del exterior; cuando no lo es, las voces tienden a ser susurros internos; y cuando se localizan internamente, sus cualidades auditivas suelen ser vagas. Algún paciente diría: "No son voces reales, sino simple reproducción de las voces de parientes muertos." Los pacientes de gran inteligencia que sufren formas benignas de la enfermedad no están seguros a veces de si están oyendo

9. Bleuler, p. 98.

voces o si sólo están obligados a pensarlas, como "pensamientos audibles", o bien como "voces sin sonido", o como "alucinaciones de significados".

Las alucinaciones *deben* tener alguna estructura innata en el sistema nervioso que está en su base. Esto lo podemos ver con toda claridad estudiando el problema en quienes han sido total o casi totalmente sordos desde su nacimiento o desde su primera infancia: aun ellos pueden experimentar — de alguna manera — alucinaciones auditivas. Esto se ve con frecuencia en los esquizofrénicos sordos. En un estudio, 16 de 22 esquizofrénicos que tenían alucinaciones y que eran totalmente sordos insistieron en que habían *oído* cierto tipo de comunicación.[10] Una mujer de treinta y dos años, sorda de nacimiento, que estaba saturada de autorrecriminaciones por un aborto terapéutico, afirmaba oír acusaciones de Dios. Otra más, de cincuenta años, congénitamente sorda, oía voces de procedencia sobrenatural que proclamaban que tenía poderes ocultos.

El componente visual

En la esquizofrenia no son tan comunes las alucinaciones visuales, aunque a veces se dan con extrema claridad y viveza. Uno de mis pacientes esquizofrénicos, una vivaz compositora de música popular, de sólo veinte años, había estado sentada en su automóvil un buen rato, esperando ansiosamente a un amigo. Un automóvil azul que venía por el camino, de pronto, en forma extrañísima se volvió de un color rojo quemado, le salieron enormes alas grises y aleteando suavemente pasó sobre la cerca y desapareció. Su gran alarma creció aún más cuando las personas que estaban en la calle se condujeron como si no hubiera ocurrido nada extraordinario. ¿Por qué? A menos que todos ellos se hubieran coludido para ocultarle sus reacciones. Pero ¿qué razón tendrían? Suele suceder que la narratización de estos acontecimientos falsos por parte de la conciencia, que encajan de un modo racional en el mundo que los rodea, llega a acarrear otros síntomas trágicos.

Es interesante que esquizofrénicos sordos como tapias, que no tienen alucinaciones auditivas, tengan alucinaciones visuales de lenguaje de signos. Una chica de dieciséis años que se quedó sorda a los ocho meses se entregaba a comunicaciones extrañas con espacios vacíos y gesticulaba a las paredes. Una mujer mayor, congénitamente sorda, se comunicaba con su novio alucinado por medio de la dactilología.

Otros pacientes también sordos pueden parecer en comunicación constante con personas imaginarias mediante una gama de signos y de mímicas. Una sorda

10. J. D. Rainer, S. Abdullah y J. C. Altshuler, "Phenomenology of hallucinations in the deaf", en *Origin and Mechanisms of Hallucinations*, Wolfram Keup, comp. (Nueva York: Plenum Press, 1970), pp. 449-465.

de treinta y cinco años, que perdió el oído a los catorce meses, llevaba una vida de promiscuidad irrestricta en la que alternaban violentos berrinches. Explicó, después de reconocerlo, y mediante lenguaje de señas, que todas las mañanas llegaba hasta ella un espíritu vestido con un manto blanco, que a señas le decía cosas, en ocasiones terribles, que marcaban el tipo de su carácter a lo largo del día.

Otro paciente sordo que escupía al vacío, decía que escupía a los ángeles que acechaban por ahí. Un hombre de treinta años, sordo de nacimiento, veía cosas más amables: angelitos y liliputienses lo rodeaban, y decía tener una varita mágica con la cual podría lograr casi cualquier cosa.

A veces, en lo que se llaman estados crepusculares agudos, se alucinan escenas completas, con frecuencia de índole religiosa, aun a plena luz del día; los cielos están abiertos y un dios habla al paciente. Otras veces, ante el paciente aparece una escritura, como en el caso de Nabucodonosor. Un paranoide vio la palabra *veneno* en el preciso instante en que un enfermero le hacía tomar su medicina. En otros casos, las alucinaciones visuales pueden encajar en el medio real: las figuras caminan por la sala del hospital o bien están sobre la cabeza del médico, tal como sugiero que Atenea se apareció a Aquiles. Más comúnmente, cuando las alucinaciones visuales vienen acompañadas de voces, no pasan de ser una luz brillante o una neblina espesa, como ocurrió cuando Tetis visitó a Aquiles o Yahvé a Moisés.

La liberación de los dioses

Si estamos en lo cierto al suponer que las alucinaciones esquizofrénicas son similares a las guías de los dioses de la antigüedad, entonces deberá haber alguna inducción o estímulo fisiológico en ambos casos. Este estímulo no es otra cosa, creo, que estrés. Como ya vimos, en gente normal el umbral del estrés para tener alucinaciones es altísimo; la mayoría de nosotros necesitamos estar fuera de quicio para llegar a oír voces. Pero en la gente con tendencia a la psicosis, el umbral es más bajo; como en el caso de la chica que describí, tan sólo estar esperando ansiosamente en el auto estacionado, bastó para ella. Esto se debe, creo, a la acumulación en la sangre de productos de la descomposición de la adrenalina producida por la fatiga, que por razones genéticas los riñones de esa persona no pueden eliminar con la misma rapidez que los de las personas normales.

Podemos suponer que durante las épocas de la mente bicameral, el umbral del estrés para la alucinación era mucho, muchísimo más bajo que en la gente normal o esquizofrénica de nuestros días. El único estrés que se necesitaba era el que ocurre cuando se precisa de un cambio de conducta por causa de una situación nueva. Todo aquello que no podía resolverse con base en el hábito, cualquier conflicto entre trabajo y fatiga, entre ataque y huida, cualquier elección entre a quién obedecer o qué hacer, todo lo que requiriera alguna decisión de cualquier índole bastaba para causar alucinaciones auditivas.

Ha quedado hoy día claramente establecido que la toma de decisiones (quisiera quitar todo vestigio de connotación de conciencia de la palabra "decisión") es precisamente lo que constituye la fatiga, la tensión. Si a las ratas se les obliga a cruzar una rejilla electrizada cada vez que quieren comer y beber, acaban teniendo úlcera;[11] aplicarles descargas eléctricas no se las produce. Para producir úlceras debe haber la pausa del conflicto o la tensión de decisión sobre si cruzar o no la rejilla.

Cuando a dos monos se les colocan arneses de modo que uno de los monos deba oprimir una barra cuando menos una vez cada veinte segundos para evitar así una sacudida o choque eléctrico periódico que sienten ambos monos en los pies, al cabo de tres o cuatro semanas, el mono que toma la decisión tendrá úlcera gástrica y el otro no, pese a recibir las mismas descargas eléctricas.[12] Lo que importa es la pausa de desconocimiento, de irresolución, porque si el experimento se dispone de tal modo que un animal pueda emitir una respuesta eficaz y recibir retroalimentación inmediata por su éxito, entonces no se presentarán las úlceras de ejecutivos, que es como suelen llamarse.[13]

De esta suerte es como Aquiles, rechazado por Agamenón, sufriendo estrés a la orilla del mar gris, ve en alucinación a Tetis entre las nieblas. Así también Héctor, enfrentando la dolorosa decisión de si traspasar las murallas de Troya para ir a luchar con Aquiles o quedarse a cubierto tras ellas, en la tensión de la decisión alucina la voz que le ordena salir. La voz divina pone fin al estrés de la decisión desde antes de haber alcanzado un nivel considerable. De haber sido Aquiles o Héctor ejecutivos modernos, viviendo en una cultura que reprimiera sus dioses aligeradores de estrés, ciertamente habrían recibido sus dosis de enfermedades psicosomáticas.

LA AUTORIDAD DEL SONIDO

No vamos a dar por terminada esta cuestión del mecanismo alucinatorio sin ocuparnos de la cuestión más profunda de por qué se cree y se obedece a esas voces. Se les tiene por objetivamente reales, y se les obedece como objetivamente reales pese a la prueba de la experiencia y de montañas de sentido común.

11. W. L. Sawrey y J. D. Weisz, "An experimental method of producing gastric ulcers", *Journal of Comparative and Physiological Psychology*, 1956, 49: 269-270.
12. J. V. Brady. R. W. Porter, D. G. Conrad y J. W. Mason, "Avoidance behavior and the development of gastro-duodenal ulcers", *Journal of the Experimental Analysis of Behavior*, 1958, 1:69-72.
13. J. M. Weiss, "Psychological Factors in Stress and Disease", *Scientific American*, 1972, 226: 106.

Indudablemente, las voces que oyen los pacientes son más reales que la voz del médico. A veces los enfermos arguyen: "Si ésa no es una voz real, entonces, y, del mismo modo, también puedo decir que usted, mi médico, no está hablándome realmente." Así replicó un esquizofrénico a su médico. Y otro, al ser interrogado, contestó: "Sí, señor. Oigo voces claramente, incluso voces fuertes; en este momento nos están interrumpiendo. Me es más fácil oír esas voces que la de usted. Con más facilidad creo en su significación y realidad, además de que no hacen preguntas."[14] El que solamente él oiga las voces no es motivo de gran preocupación. A veces cree que ha sido distinguido con este don, elegido por fuerzas divinas, escogido y glorificado, y todo ello aun en el caso de que la voz lo reprenda con amargura, e incluso que lo lleve a la muerte. Lo cierto es que se encuentra cara a cara con facultades auditivas elementales, más reales que el viento, la lluvia o el fuego, poderes que escarnecen, amenazan y consuelan, poderes de los que no puede escapar, ni ver objetivamente.

Una soleada tarde, no hace mucho, un hombre descansaba en una silla de playa en Coney Island. De pronto oyó una voz, tan fuerte y clara que se volvió a sus compañeros, pues estaba seguro de que la debían haber oído también. Pero actuaron como si nada hubiera pasado; se empezó a sentir extraño y alejó su silla. Y entonces

> de pronto, más clara, profunda y hasta más sonora que antes, esa voz profunda volvió a llegarme, junto al oído, y me puso tenso y tembloroso por dentro: "Larry Jayson, ya antes te dije que no tenías nada de bueno. ¿Por qué estás aquí sentado haciendo creer que eres tan bueno como los demás, cuando no lo eres? ¿A quién quieres engañar?"

Era la voz profunda tan fuerte y tan clara, que todo el mundo debió oírla. El hombre se levantó y caminó lentamente, bajó las escaleras del entarimado y llegó a la playa arenosa. Esperó, por si volvía la voz. Así fue; sus palabras golpeaban, no como las demás palabras, sino más hondamente,

> como si todas las partes de mi ser se hubieran vuelto oídos, mis dedos oían todas las palabras, y también mis piernas y mi cabeza. "No tienes nada de bueno", dijo lentamente la voz, con los mismos tonos profundos. "Nunca has tenido nada de bueno, ni servido para nada en la tierra. Ahí enfrente está el mar. Deberías ahogarte. Simplemente, camina y sigue caminando." En cuanto terminó la voz, comprendí por la frialdad de su mandato que debía obedecer.[15]

---

14. Hennell, pp. 181-182.
15. L. N. Jayson, *Mania* (Nueva York: Funk and Wagnall, 1937), pp. 1-3.

Caminando por las apretadas arenas de Coney Island, el paciente oyó sus apremiantes voces tan claramente como Aquiles oyó a Tetis junto a las nebulosas riberas del Egeo. Y así como Agamenón "tuvo que obedecer" la "fría orden" de Zeus, y Pablo el mandato de Jesús rumbo a Damasco, así también el señor Jayson se internó en el océano Atlántico para ahogarse. Contra la voluntad de sus voces, fue rescatado por salvavidas y llevado al Hospital Bellevue, donde se restableció y escribió su experiencia bicameral.

En casos menos graves, los pacientes, una vez que se acostumbran a las voces, aprenden a ser objetivos hacia ellas y a menguar su autoridad. Pero casi todas las autobiografías de enfermos esquizofrénicos están conformes en cuanto a la sumisión incuestionada, al menos al principio, a los mandatos de las voces. ¿Por qué ocurre esto? ¿Por qué esas voces tienen tal autoridad, sea en Argos, en el camino de Damasco o en las playas de Coney Island?

El sonido es una sensación primaria muy especial. No podemos gobernarlo. No podemos deshacernos de él, o volverle la espalda. Si podemos cerrar los ojos, taparnos la nariz, no tocar algo o negarnos a probar lo que sea. Pero no podemos cerrar los oídos aunque sí podemos apagar los ruidos que nos llegan. El sonido es la menos controlable de estas sensaciones primarias; el sonido es el medio del lenguaje, que es el más intrincado de todos los logros de la evolución. Esto quiere decir que nos hallamos frente a un problema sumamente complejo y demasiado profundo.

El control de la obediencia

Consideremos lo que es escuchar y entender a alguien que nos habla. En cierto sentido tenemos que volvernos la otra persona; o más bien, dejar que se vuelva parte de nosotros por un instante. Suspendemos la vigencia de nuestras propias identidades, después de lo cual volvemos a nosotros mismos y aceptamos o rechazamos lo que nos ha dicho. Pero este breve instante en que perdemos la identidad es la índole misma del entendimiento o comprensión del lenguaje; si ese lenguaje es una orden, la identificación de la comprensión es la obediencia. Oír es en realidad una especie de obediencia. Ciertamente, ambas palabras vienen de la misma raíz y consiguientemente, se puede suponer que en un tiempo fueron la misma palabra. Esto es verdad en griego, latín, hebreo, francés, alemán, ruso, español, así como en inglés, idioma en que *obey* proviene del latín *obedire*, que es un compuesto de *ob* + *audire*, oír a alguien de frente.[16]

El problema radica en el control de esa obediencia, lo cual se logra de dos modos.

16. Straus, p. 229.

El primero, que es también el menos importante, es simplemente por medio de la distancia especial. Piénsese, por favor, en lo que se hace cuando se oye a alguien que nos habla. Ajustamos la distancia conforme a una norma establecida culturalmente.[17] Cuando el que habla está demasiado cerca, nos parece que está tratando de controlar muy estrechamente nuestros pensamientos; y cuando está muy lejos no los controla lo bastante para entenderlo con comodidad. Si los interlocutores son de un país árabe, una distancia de cara a cara de menos de treinta centímetros es cómoda. Pero si son de países más septentrionales, la distancia más cómoda para conversar es casi doble, lo cual es una diferencia cultural que desde el punto de vista de las relaciones sociales puede producir un buen número de equívocos internacionales. Conversar con alguien a una distancia menor que la usual significa, cuando menos, un esfuerzo mutuo por lograr obediencia y control, como, por ejemplo, en una relación amorosa, o en el amenazador frente a frente de dos hombres a punto de pelear. Hablarle a alguien a esta distancia es querer llegar a dominarlo. Que le hablen a uno dentro de esa distancia, y quedarse en ella, da por resultado una fuerte tendencia a aceptar la autoridad de la persona que nos habla.

El segundo modo, el más importante, por el cual controlamos la voz-autoridad de otras personas, es por medio de las opiniones que de ellas tenemos. ¿Por qué siempre estamos juzgando, siempre criticando, siempre poniendo a la gente en categorías de reprobación o de débil alabanza? Constantemente juzgamos a los demás y los categorizamos, a veces en jerarquías ridículas de posición relativa, simplemente para regular su control sobre nosotros y sobre nuestros pensamientos. Nuestros juicios personales sobre los demás son filtros de influencia. Si queremos sentir el poder del lenguaje de otra persona sobre nosotros bastará que la elevemos en nuestra escala privada de estima.

Y ahora consideremos lo que ocurre si ninguno de estos métodos es aplicable, sencillamente porque no hay ninguna persona ahí, ni lugar del espacio de donde emane esa voz, una voz de la que no se puede huir, tan cercana a nosotros como cualquier parte de nuestro yo, cuya presencia elude todo límite, a la cual no es posible dar la espalda — si huimos, va con nosotros —, una voz a la que no detienen ni muros ni distancias, que no pierde fuerza porque nos tapemos las orejas, que nada puede apagar, ni siquiera nuestros propios gritos; ¡cuán débil el que la oye! Y si uno perteneció a una cultura bicameral, en que se afirmaba que las voces provenían de la cima de la jerarquía, en que se nos enseñó que eran dioses, reyes y majestades que nos poseían... cabeza, corazón y pies... voces omniscientes,

17. Para ahondar en este tema, véanse Edward T. Hall, *The Hidden Dimension* (Nueva York: Doubleday, 1966), que destaca las diferencias culturales, y Robert Sommer, *Personal Space: The Behavioral Basis of Design* (Englewood Cliffs, Nueva Jersey: Prentice-Hall, 1969), que examina a fondo la conducta espacial.

todopoderosas, voces que es imposible categorizar bajo nosotros... ¡qué obediente a ellas el hombre bicameral!

La explicación de la volición en hombres conscientes subjetivos sigue siendo un problema profundo del cual no se ha dado aún ninguna solución satisfactoria. Pero en el hombre bicameral, esto fue volición. Otra manera de expresarlo es decir que la volición vino como una voz de una orden neurológica que estaba en la naturaleza, en la cual la orden y la acción no estaban separadas, en la cual oír era obedecer.

CAPÍTULO 5

El cerebro doble

¿Qué ocurre en el cerebro de un hombre bicameral? Algo tan importante en la historia de nuestra especie como un tipo de mentalidad completamente distinto que existió hace apenas unas cien generaciones exige un enunciado, una declaración de lo que ocurrió fisiológicamente. ¿Cómo fue esto posible? Dada esta estructura profundamente sutil de células y fibras nerviosas que existe dentro de nuestros cráneos, ¿cómo fue que esa estructura quedó organizada de modo que fuera posible la existencia de una mentalidad bicameral?

Tal es la materia fundamental del presente capítulo.

Nuestro primer enfoque hacia la obtención de una respuesta es obvio. Dado que la mente bicameral es mediada o conciliada por medio del habla, las áreas del habla del cerebro deben estar vinculadas con esta cuestión de algún modo muy importante.

Ahora bien, para estudiar estas áreas, y a lo largo de este capítulo y, ciertamente, a lo largo de todo este ensayo, usaré términos apropiados únicamente para la gente diestra (que usa predominantemente la mano derecha), con el fin de evitar ciertas confusiones de expresión. Por consiguiente, es el hemisferio cerebral izquierdo del encéfalo, que controla el lado derecho del cuerpo, el que en la gente diestra contiene las áreas del habla. Se le llama por ello hemisferio dominante, en tanto que al hemisferio derecho, que controla el lado izquierdo del cuerpo, se le suele llamar no dominante. Hablaré como si el hemisferio izquierdo fuera el dominante en todos nosotros. De hecho, los zurdos tienen una buena variedad de grados de dominio lateral; en algunos las cosas están completamente cambiadas (el hemisferio derecho se encarga de lo que usualmente hace el izquierdo), en otros no, y en otros más hay un dominio mezclado. Pero por ser excepcional, sólo dejaremos fuera de la presente discusión al cinco por ciento de la población.

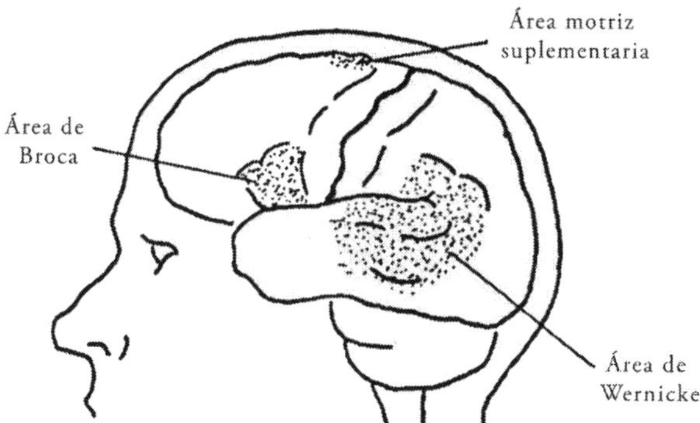

Las tres áreas del lenguaje del hemisferio izquierdo tienen diferentes funciones y valores. El área motriz suplementaria participa sobre todo en la articulación; el área de Broca en la articulación, vocabulario, inflexión y gramática; y el área de Wernicke en vocabulario, sintaxis, significado y comprensión del lenguaje.

Tenemos, entonces, que las áreas del lenguaje son tres, las cuales están situadas en el hemisferio izquierdo en la gran mayoría de la humanidad.[1] Son las siguientes: 1) la corteza motora suplementaria, en la porción más alta del lóbulo frontal izquierdo, cuya extirpación por medio de la cirugía produce una pérdida del habla que desaparece en varias semanas; 2) el área de Broca, situada debajo de la parte posterior del lóbulo frontal izquierdo, cuya extirpación produce una pérdida del habla que a veces es permanente y a veces no lo es, y 3) el área de Wernicke, principalmente la parte posterior del lóbulo temporal izquierdo con partes del área parietal; la destrucción de una gran parte de esta área después de cierta edad produce la pérdida permanente del *habla* significativa.

Vemos, pues, que el área de Wernicke es la más indispensable para el habla normal. Como era de esperar, la corteza del área de Wernicke es bastante gruesa y contiene células grandes muy espaciadas, lo cual indica gran número de conexiones internas y externas. Aunque no hay un acuerdo total sobre sus límites precisos,[2] lo hay completo sobre su importancia para la comunicación significativa.

No hay duda de que es extremadamente peligroso querer establecer isomorfismos entre un análisis conceptual de un fenómeno psicológico y su estructura cerebral concomitante; sin embargo, esto es algo que no podemos evitar. Y entre

1. Estoy siguiendo aquí a Wilfer Penfield y Lamar Roberts, *Speech and Brain-Mechanisms* (Princeton: Princeton University Press, 1959), que es la autoridad tradicional aunque parcialmente no al día ya, debido a la explosión del saber en este terreno.

2. Joseph Bogen, con su habitual amabilidad me ha señalado la falta de consistencia del testimonio respecto a qué regiones deben incluirse en el área de Wernicke. Estoy también muy agradecido con Stevan Harnard, ex discípulo mío, por su valiosísimo análisis sobre muchas de estas cuestiones.

estas tres áreas del hemisferio izquierdo o incluso en sus más sutiles interrelaciones, es difícil imaginar una duplicación de alguna función del habla con la amplitud y separación que mi teoría de la mente bicameral exige.

Sentémonos un momento a estudiar este problema. Todas las áreas del habla están del lado izquierdo. ¿Por qué? Un rompecabezas intrigante que desde hace mucho me ha fascinado y ha fascinado igualmente a todos aquellos que han considerado la evolución de todo esto, es por qué la función del lenguaje ha de estar representada únicamente en un hemisferio. La mayor parte de las demás funciones importantes están representadas bilateralmente. Esta redundancia o repetición en todo lo demás es una ventaja biológica del animal, puesto que, si un lado queda lesionado, el otro podrá compensarlo o sustituirlo. ¿Por qué no ocurrió lo mismo con el lenguaje? El lenguaje, la más urgente y significativa de las capacidades, el terreno supremo y más exigente de la acción social, el último vínculo de comunicación del cual la vida misma de los milenios posglaciales debió de depender con mucha frecuencia, ¿por qué no quedó representado en ambos hemisferios este elemento fundamental de la cultura humana?

El problema deriva a un terreno aún más misterioso cuando recordamos que la estructura neurológica indispensable para el lenguaje existe tanto en el hemisferio derecho como en el izquierdo. Cuando un niño sufre una lesión considerable en el área de Wernicke del hemisferio izquierdo, o del tálamo subyacente que lo conecta con la médula oblongata, el puente y el mesencéfalo, ocasiona la transferencia al hemisferio derecho de todo el mecanismo del habla. Contada es la gente ambidiestra que realmente tiene habla en ambos hemisferios; así pues, el hemisferio derecho, en ciertas condiciones puede llegar a ser un hemisferio del lenguaje, como el izquierdo.

Un interrogante posterior relacionado con el problema es: ¿qué sucedía en el hemisferio derecho mientras las estructuras apropiadas al lenguaje evolucionaban en el izquierdo? Consideremos tan sólo las áreas del hemisferio derecho que corresponden a las áreas del lenguaje del izquierdo: ¿qué función tienen? O, más concretamente, ¿cuál es su función importante, *pues así debió ser para que no se hubieran podido desarrollar como áreas del lenguaje*? Si hoy día estimulamos esas áreas del hemisferio derecho no obtenemos el usual "paroafásico" (simplemente la detención o cesación del habla continuada) que ocurre cuando son estimuladas las áreas normales del lenguaje del hemisferio izquierdo. Y debido a esta aparente carencia de función, se ha concluido con frecuencia que hay grandes porciones del hemisferio derecho que simplemente son innecesarias. Desde luego, grandes porciones del tejido del hemisferio derecho, incluso lo que corresponde al área de Wernicke, y en algunos casos, todo el hemisferio, han sido extirpadas en pacientes humanos por razones de enfermedad o por lesiones, con sorprendentemente poca reducción de la función mental.

Nos hallamos ante la situación en que las áreas del hemisferio derecho que corresponden a las áreas del lenguaje carecen de una función principal fácilmente observable. ¿Cuál es el porqué de esta parte, relativamente poco esencial del cerebro? ¿Podría ser que estas áreas silentes del 'habla" del hemisferio derecho tuvieron una función en alguna etapa primitiva de la historia del hombre, y que ahora ya no la tienen?

La respuesta es clara aunque tentativa. Las presiones selectivas de la evolución que pudieron dar lugar a un resultado de tal fuste son las de las civilizaciones bicamerales. El lenguaje de los hombres estaba asignado únicamente a un hemisferio para dejar libre el otro al lenguaje de los dioses.

De ser así, cabe suponer que debería haber ciertos cauces por medio de los cuales se relacionarían las voces bicamerales entre el lóbulo temporal derecho no dominante y el izquierdo. La principal interconexión entre los dos hemisferios es, claro está, el enorme cuerpo calloso que tiene más de dos millones de fibras; sin embargo, en el hombre, los lóbulos temporales tienen su propio cuerpo calloso, por decirlo así, que son las comisuras anteriores, mucho más pequeñas. En los perros y las ratas, las comisuras anteriores conectan las partes olfatorias del cerebro. Pero en el hombre, como se ve en mi esbozo, bastante impreciso, esta banda transversal de fibras recoge elementos de la mayor parte de la corteza del lóbulo temporal, pero particularmente de la eminencia o circunvolución media del lóbulo temporal que está incluida en el área de Wernicke, y luego se adelgaza y forma un sistema o canal de apenas poco más de tres milímetros de diámetro cuando se lanza por encima de las amígdalas cruzando por la parte superior del hipotálamo y llega al otro lóbulo temporal. Aquí es donde, creo, está el minúsculo puente a través del cual llegaron las directivas que construyeron nuestra civilización y fundaron las religiones del mundo, donde los dioses hablaron a los hombres y fueron obedecidos porque eran volición humana.[3]

Hay dos modos mediante los cuales es posible detallar esta hipótesis. El modo más vigoroso, y por el cual me inclino, que es más simple y más específico (y por consiguiente más fácilmente comprobable o rechazable por la investigación empírica), es el que sostiene que el habla de los dioses estaba organizada directamente

3. No quiero decir con esto que la transmisión bicameral haya sido la única función de comisura anterior. Esta comisura interconecta la mayor parte de los dos lóbulos temporales, incluso una buena parte de la porción posterior de la circunvolución temporal inferior. Esta región es alimentada por un fuerte sistema de fibras que irrumpen hacia abajo partiendo lóbulo occipital y es importantísima para las funciones visuales gnósticas. Véase E. G. Ettlinger, *Functions of the Corpus Callosum* (Boston: Little, Brown, 1965).

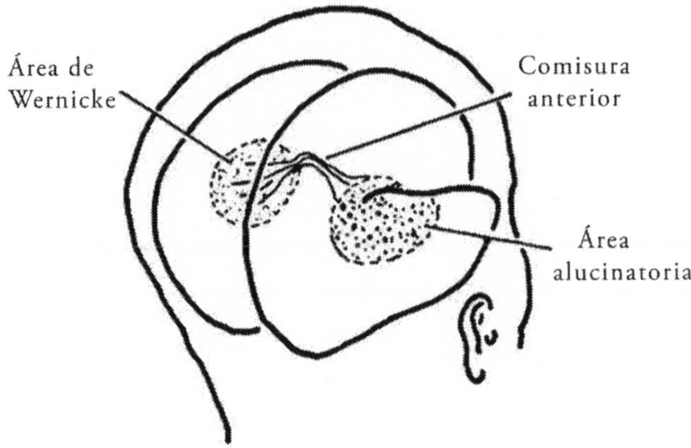

Es muy probable que en la antigüedad lo que corresponde al área de Wernicke en el hemisferio derecho haya organizado la experiencia admonitoria y la haya codificado en forma de "voces" que luego eran "oídas" pasando por la comisura anterior por el hemisferio izquierdo o dominante.

en lo que corresponde al área de Wernicke, sobre el hemisferio derecho, y que se "hablaba" u "oía" en las comisuras anteriores que van a o que están cerca de las áreas auditivas del lóbulo temporal izquierdo. (Obsérvese cómo solamente puedo expresar esto de manera metafórica, para lo cual personifico al lóbulo temporal derecho como una persona que habla o al lóbulo temporal izquierdo como una persona que escucha; ambas personificaciones resultan ser equivalentes y ambas son literalmente falsas.)

Otra razón que me inclina hacia esta forma más fuerte es su mismísima racionalidad en función de obtener información procesada o de pensar tomándola de un lado del cerebro y enviándola al otro. Consideremos el problema evolutivo: miles de millones de células nerviosas procesando experiencia compleja en un lado pero debiendo enviar los resultados al otro lado a través de comisuras, muchísimo menores. Debió usarse un código, una clave, algún modo de reducir un procesamiento complicadísimo a una forma que pudiera ser transmitida a través del menor número de neuronas de las comisuras anteriores. Y, ¿qué mejor código ha aparecido a lo largo de toda la evolución de los sistemas nerviosos de los animales que el lenguaje humano? O sea que dentro de la forma más fuerte de nuestro modelo, las alucinaciones auditivas existen como tales, de modo lingüístico, por la sencilla razón de que es el método más eficiente de hacer pasar un procesamiento cortical complicado de un lado del cerebro al otro.

La forma más débil de la hipótesis es más vaga. Sostiene que las cualidades articulatorias de la alucinación tuvieron su origen en el hemisferio izquierdo, al igual que el lenguaje de la persona misma, que su sentido y dirección y su distinta relación con la persona se debían a que la actividad del lóbulo temporal derecho enviaba excitación por encima de las comisuras anteriores del *splenium* (la parte posterior o rodete del cuerpo calloso) a las áreas del habla del hemisferio izquierdo, desde donde eran "oídas".

De momento, no importa qué forma de la hipótesis adoptemos. La característica central de ambas es que el amalgamiento de la experiencia admonitoria era una función del hemisferio derecho, y que era excitación en lo que corresponde al área de Wernicke del hemisferio derecho lo que ocasionaba las voces de los dioses.

Los testimonios en apoyo de esta hipótesis pueden conjuntarse por medio de cinco observaciones: 1) que los dos hemisferios tienen la capacidad de entender el lenguaje, pero que normalmente sólo el izquierdo puede hablar; 2) que hay un funcionamiento, una función vestigial del área de Wernicke derecha que obra de un modo similar a las voces de los dioses; 3) que en ciertas condiciones, los dos hemisterios pueden obrar casi como personas independientes, siendo su relación similar a la relación hombre-dios de los tiempos bicamerales; 4) que las diferencias contemporáneas (actuales) entre los hemisferios en cuanto a funciones cognoscitivas son, por decir lo menos, un eco de estas diferencias de función entre hombre y dios que se encuentran en la literatura del hombre bicameral; y 5) que el cerebro tiene una capacidad mucho mayor de ser organizado por el ambiente de lo que hemos supuesto hasta hoy, y que, consiguientemente, pudo haber sufrido este cambio desde el hombre bicameral al hombre consciente casi únicamente con base en la cultura y el aprendizaje.

El resto de este capítulo estará dedicado a explorar estas cinco observaciones.

1) Que ambos hemisferios entienden el lenguaje

Con cierta presunción, he dicho que los dioses eran amalgama de experiencia admonitoria, compuesta de mezclas de toda clase a órdenes o mandatos que el individuo había recibido. O sea que, aun cuando las áreas divinas no tuvieran que estar mezcladas en el ha tuvieron que intervenir en la audición y en la comprensión del lenguaje. Aún hoy día, así ocurren las cosas. De hecho, entendemos el lenguaje con ambos hemisferios. Los enfermos que han sufrido una hemorragia cerebral del lado izquierdo de la corteza no pueden hablar, pero siguen entendiendo.[4] Si

4. Es una observación general, cierta en los casos que entrevisté personalmente.

se inyecta amital sódico en la arteria carótida izquierda que riega el hemisferio izquierdo (la prueba de Wada), se anestesia todo el hemisferio, lo cual deja funcionando únicamente al hemisferio derecho; sin embargo, el sujeto todavía puede obedecer instrucciones.[5] Pruebas realizadas en pacientes a quienes se ha practicado la comisurotomía (que describiré en seguida más ampliamente) muestran una considerable comprensión en el hemisferio derecho.[6] La mano izquierda puede tomar, generalmente, los objetos que se le indiquen, y también obedecer mandatos verbales. Incluso cuando se quita todo el hemisferio izquierdo, el hemisferio del habla, recuérdese, en pacientes humanos que sufren de glioma (tumor de los centros nerviosos y de la retina), el hemisferio derecho, intacto, parece entender inmediatamente después de la operación las preguntas del cirujano, pero no puede contestarlas.[7]

2) Que en el hemisferio derecho existe un vestigio de función vestigial aparentemente divina

De ser correcto el modelo precedente, deberá haber alguna indicación residual, por muy pequeña que sea, de la antigua función divina del hemisferio derecho. En este terreno podemos ser más explícitos. Dado que las voces de los dioses no entrañaban, evidentemente, lenguaje articulado, ni el uso de la laringe y de la boca, podemos descartar hasta cierto punto lo que corresponde al área de Broca y al área motora suplementaria, y concentrarnos en lo que corresponde al área de Wernicke, o sea, a la parte posterior del lóbulo temporal derecho en el llamado lado no dominante. Si lo estimulamos en este sitio, ¿nos será posible oír entonces las voces de los dioses como en otros tiempos? ¿O, al menos, un resto de ellas? ¿Algo que nos faculte a pensar que hace tres mil años tuvo por función la dirección divina de los asuntos humanos?

Cabe recordar que precisamente ésta fue el área que estimuló Wilder Penfield en una serie de célebres estudios realizada hace unos años.[8] Vamos a describir con más detalle esos estudios.

---

5. Actualmente, la prueba Wada es parte de los procedimientos previos a la cirugía del cerebro en el Montreal Neurological Institute. Véase J. Wada y T. Rasmussen, "Intracarotid Injection of Sodium Amytal for the Lateralization of Cerebral Speech Dominance", *Journal of Neurosurgery*, 1960, 17:266-282.
6. M. S. Gazzaniga, J. E. Bogen, R. W. Sperry, "Laterality effects in somesthesis following cerebral commissurotomy in man", *Neuropsychologia*, 1:209-215. Véase también de Stuart Dimon su excelente estudio en su obra *The Double Brain* (Edimburgo y Londres: Churchill Livingstone, 1972), p. 84.
7. Aaron Smith, "Speech and other functions after left (dominant) hemispherectomy", *Journal of Neurology Neurosurgical Psychiatry*, 29:467-471.
8. Wilder Penfield y Phanor Perot, "The brain's record of auditory and visual experience: final summary and discussion", *Brain*, 1963, 86:595-702.

Estas observaciones se llevaron a cabo en unos setenta pacientes en los que se había diagnosticado epilepsia debida a lesiones en alguna parte del lóbulo temporal. Como medida preliminar a la eliminación quirúrgica del tejido cerebral dañado, se estimuló mediante una suave corriente eléctrica a diversos puntos de la superficie del lóbulo temporal. La intensidad del estímulo fue casi la mínima corriente necesaria para producir un hormigueo en el pulgar, estimulando el área motora apropiada.

Si alguna vez llegara a objetarse que todos los fenómenos resultantes de este estímulo están viciados por la presencia de alguna área focal de gliosis o esclerosis o por cicatriz meningocerebral, todo lo cual se encuentra típicamente en tales pacientes, creo que tales objeciones se desvanecerán repasando el informe original. Cuando se hallaron estas anormalidades, las había circunscritas en su ubicación y de ningún modo influyeron en las respuestas del sujeto conforme eran estimuladas.[9] Cabe, pues, suponer con cierta confianza que los resultados de estos estudios son representativos de lo que se hallaría en individuos normales.

En la gran mayoría de estos casos se estimuló el lóbulo temporal derecho, particularmente la parte posterior del lóbulo temporal situada hacia su circunvolución superior, el área de Wernicke del lado derecho. Los pacientes dieron series de respuestas notables. Éste es, repitiendo lo ya dicho, el punto en el cual cabría esperar oír a los dioses de la antigüedad llamándonos otra vez, como si sus voces vinieran de la otra parte de nuestras mentes bicamerales. ¿Oirían estos pacientes algunos vestigios de las antiguas divinidades?

He aquí algunos datos representativos.

Al ser estimulado en esta región, el Caso 7, un estudiante universitario de veinte años, exclamó: "Otra vez oigo voces, en cierto modo perdí contacto con la realidad. Un susurro en los oídos y un sentimiento muy débil, como de advertencia." Y al volver a estimularlo: "Voces, las mismas de antes. Nuevamente estoy perdiendo contacto con la realidad." Al preguntársele, contestó que no pudo entender qué decían las voces. Eran "confusas, turbias".

Casi siempre, las voces fueron igualmente confusas. El Caso 8, un ama de casa de veintiséis años, estimulada casi en la misma área, dijo que parecía haber una voz mucho muy distante. "Se oía como una voz que dijera palabras, pero tan débilmente que no podía llegarme." El Caso 12, una mujer de veinticuatro años, estimulada en puntos sucesivos de la circunvolución o eminencia superior del lóbulo temporal posterior, dijo: "Oí que alguien hablaba, murmuraba o algo así." Y luego agregó: "Hablaban o murmuraban, pero no pude entender qué decían."

9. Aunque probablemente el aura particular de la epilepsia había sido ocasionada por la propagación de la excitación cortical a partir de la lesión hasta esas mismas áreas.

Después, estimulada unos veinte milímetros a lo largo de la circunvolución, quedó de pronto en silencio, y después dio un grito. "Oí las voces y luego grité. Tuve una sensación en todo el cuerpo." En seguida, estimulada un poco hacia el sitio anterior, empezó a sollozar. "¡Otra vez la voz de ese hombre! Lo único que sé es que mi padre me atemoriza muchísimo." No reconoció la voz como de su padre; pero le hizo recordarlo.

Algunos pacientes oyeron música, melodías no reconocidas que tararearon al cirujano (Casos 4 y 5). Otros oyeron a parientes, en particular a sus madres. El Caso 32, una mujer de veintidós años, oyó que su padre y su madre hablaban y cantaban, y al ser estimulada en otra parte, su madre "simplemente daba gritos".

Muchos fueron los pacientes que oyeron voces que salían de lugares extraños y desconocidos. El Caso 36, una mujer de veintiséis años, estimulada anteriormente en la circunvolución superior del lóbulo temporal derecho, dijo: "Sí, oí voces en alguna parte del río; la voz de un hombre y la voz de una mujer, que llamaban." Cuando se le preguntó por qué decía que había sido en algún río, dijo: "Creo que vi el río." ¿Qué río?, le preguntaron, y contestó: "No sé, parece que era uno al que iba de niña." Y con estimulación en otros puntos, oyó voces de gente que hablaba de un edificio a otro. Y estimulada en un punto adyacente, oyó la voz de una mujer que llamaba en una maderería, pese a que insistió en que "nunca había estado en ninguna maderería".

Cuando se ubicaba a las voces como provenientes de uno u otro lado, cosa que ocurría raramente, provenían del lado contralateral. El Caso 29, un hombre de veinticinco años, estimulado en la parte media de la circunvolución o eminencia temporal derecha, dijo: "Alguien me decía al oído izquierdo, '¡Sylvere, Sylvere!' Bien pudo haber sido mi hermano."

Las voces y la música, confusas o reconocibles, se experimentaban como realmente oídas, y las alucinaciones visuales se experimentaban como realmente vistas, tal como Aquiles experimentó a Tetis, o Moisés oyó a Yahvé frente a la zarza ardiente. El Caso 29, del párrafo anterior, al ser estimulado nuevamente, vio también "que alguien hablaba con otro y mencionó el nombre, pero no pude entenderlo". Al preguntársele si había visto a la persona, respondió que "fue como un sueño". Después, al preguntársele si la persona había estado ahí, respondió: "Sí, señor, casi donde ahora está sentada la enfermera de anteojos."

En algunos pacientes un poco mayores, la sola estimulación exploratoria produjo una alucinación. El Caso 24, un francocanadiense de treinta y cuatro años, no había producido nada después de varias estimulaciones, pero al ser estimulado en la parte posterior de la circunvolución o saliente media del lóbulo temporal derecho, de pronto exclamó: "¡Un momento, veo a alguien!" Y luego, como dos centímetros y medio más arriba: "*Oui, la, la, la!* ¡Era él, vino, ese tonto!" Y estimulado un poco más arriba, pero todavía dentro de lo que corresponde al área de Wernicke en el lado derecho: "Sí, sí, *j'entend*! Es que alguien quería hablarme, ¡pero iba *vite, vite, vite*!"

Pero entre gente más joven, hay un indicio claro de que las alucinaciones causadas al estimular el lóbulo temporal derecho son más vívidas, vigorosas y conminatorias. Un chico de catorce años (el Caso 34) vio a dos hombres en sendos sillones que le cantaban. Una niña de catorce años, el Caso 15, al ser estimulada en la saliente o circunvolución posterior superior del lóbulo temporal derecho, exclamó: "¡Oigan, todo el mundo me está gritando otra vez, háganlos cesar!" El estímulo duró dos segundos, las voces once. Agregó: "Me están gritando porque hice mal alguna cosa; todo el mundo grita." En todos los puntos de estimulación a lo largo del lóbulo temporal posterior del hemisferio derecho, oía los gritos. Y aun estimulada casi cuatro centímetros detrás del primer punto, exclamaba: "¡Ahí están otra vez gritándome!¡Cállenlos!" Y las voces debidas a sólo un estímulo duraron veintiún segundos.

No quiero dar la impresión de que todo esto es así de sencillo. Entresaqué estos casos; en algunos pacientes no hubo respuesta alguna. A veces, estas experiencias abarcaron ilusiones autoscópicas, tales como las mencionadas en el libro I, parte 2. Hay otra complicación, y es que la estimulación de puntos correspondientes al hemisferio izquierdo, que es el que usualmente domina, puede dar por resultado alucinaciones similares. En otras palabras, estos fenómenos no están circunscritos al lóbulo temporal derecho. Pero los casos de respuesta a la estimulación en el lado izquierdo son mucho menos frecuentes, y su intensidad es menor.

Lo importante respecto a todas estas experiencias causadas por estímulos es su *otredad*, su diferenciación, su oposición al yo, a diferencia de los actos o palabras del yo. Fuera de unas cuantas excepciones, los pacientes nunca experimentaron comer, hablar, actividad sexual, correr o jugar. Casi siempre, el sujeto desempeñaba un papel pasivo, se actuaba sobre él, exactamente del mismo modo que el hombre bicameral era dominado por sus voces.

¿Ser influido por qué? Para Penfield y Perot se trata simplemente de experiencias pasadas, de chispazos de días anteriores. Quieren explicar la falta de reconocimiento tan comúnmente observada como un simple olvido. Suponen que se trató de recuerdos específicos reales que, con más tiempo dedicado a la operación, podrían haber sido empujados hacia el pleno reconocimiento. Lo cierto es que sus preguntas a los pacientes durante la estimulación fueron guiadas por esta hipótesis. Hubo veces, ciertamente, en que el paciente fue explícito en sus respuestas. Pero mucho más representativo de la totalidad de los datos tomados en conjunto es la persistencia de los pacientes interrogados a negar que estas experiencias fueran memorias, recuerdos.

Debido a esto, y debido también a la ausencia general de imágenes activas personales, que son usualmente de la memoria usual, sugiero que las conclusiones de Penfield y Perot son incorrectas. Estas áreas del lóbulo temporal no son "el archivo del cerebro de la experiencia auditiva y visual", ni tampoco son su evocación o recuperación, sino combinaciones y amalgamas de ciertos aspectos de esa experiencia. Los testimonios no justifican, creo yo, la afirmación de que estas áreas "desempeñan en la vida adulta alguna función en el recuerdo subconsciente de la experiencia pasada, poniéndola a nuestro alcance para su interpretación presente". Antes bien, los datos nos alejan de esto, hacia alucinaciones que particularmente destilan experiencias de advertencia, y que quizá encajan o racionalizan en experiencias reales en aquellos pacientes que informaron sobre ellas al ser interrogados.

3) Que los dos hemisferios pueden comportarse independientemente

En nuestro modelo de cerebro del hombre bicameral, hemos supuesto que la parte dios y la parte hombre se comportaban y pensaban con cierta independencia. Y si ahora dijéramos que la dualidad de esta antigua mentalidad está representada en la dualidad de los hemisferios cerebrales, ¿no sería que estaríamos queriendo personificar a partes del cerebro sin ninguna base o justificación? ¿Es posible pensar en los dos hemisferios del cerebro como si casi fueran dos individuos, de los cuales sólo uno puede hablar abiertamente, aunque ambos pueden escuchar y entender?

La prueba de que esta conclusión es verosímil proviene de otro grupo de epilépticos. Se trata de unos doce pacientes de neurocirugía que sufrieron la comisurotomía completa, la resección o corte total a lo largo de la línea media de todas las intercomunicaciones entre los dos hemisferios.[10] Esta operación, llamada división del cerebro (lo cual no es, pues las partes más profundas del cerebro siguen conectadas), usualmente cura la epilepsia (de otra suerte intratable) pues evita la propagación de la excitación neural anormal a través de toda la corteza. Inmediatamente después de la operación, algunos pacientes pierden el habla hasta por dos meses, en tanto que otros no tienen ninguna dificultad, sin que se sepa por qué. Tal vez cada uno de nosotros tenga una relación ligeramente diferente

10. La bibliografía de Joseph E. Bogen sobre estos pacientes sigue en aumento. Recomiendo sus trabajos clásicos, en particular "The other side of the brain, II: An appositional mind", *Bulletin of the Los Angeles Neurological Society*, 1969, 34 (3):135-162. Un estudio de uno de los precursores de la investigación hemisférica es el de R. W.Sperry, "Hemisphere Deconnection and Unity in Conscious Awareness", *American Psychologist*, 1968, 23:723-733. Michael Gazzaniga, el hombre cuyo ingenio ideó medios para analizar a estos pacientes, escribió un relato muy legible al respecto, *The Bisected Brain* (Nueva York: Appleton-Century-Crofts, 1970).

entre nuestros hemisferios. El restablecimiento es gradual; todos los pacientes muestran fallas de la memoria a corto plazo (debidas tal vez a la resección de las pequeñas comisuras del hipocampo), algunos problemas de orientación, y fatiga o cansancio mental.

Pero lo pasmoso es que estos pacientes después de cerca de un año de convalecencia no se sintieran en nada distintos de como se sentían antes de la operación. No sentían nada raro. Actualmente ven televisión o leen el periódico sin tener ninguna queja sobre nada; por otra parte, al observarlos no se halla nada diferente en ellos.

No obstante, bajo un control riguroso de las aferencias sensoriales, se descubren defectos y fallas fascinantes e importantes.

Al ver cualquier cosa, por ejemplo la palabra de en medio de este renglón, todas las palabras de la izquierda son vistas únicamente por el hemisferio derecho, y todas las palabras situadas a la derecha son vistas únicamente por el izquierdo. Teniendo intactas las conexiones entre los hemisferios, no hay ninguna dificultad particular para coordinar los dos, aunque es realmente asombroso que podamos leer. Pero cuando el individuo tiene cortadas las conexiones hemisféricas, la cosa cambia muchísimo. Comenzando en la parte media de este renglón, todo lo escrito a la derecha será visto como antes y se podrá leer casi como siempre se ha leído; pero todo lo impreso y toda la página situada a la izquierda aparecerá en blanco. En realidad, no será en blanco, sino una nada, una nada absoluta, mucho más nada que cualquier nada que se pueda imaginar. Una nada tan grande que ni conciencia se tendrá de que hay esa nada, por extraño que parezca. Pero del mismo modo que con el fenómeno del punto ciego, la "nada" es "llenada" de algún modo, como quien dice "cosida" como si no hubiera nada malo en nada. En realidad, sin embargo, toda esa nada estaría en el otro hemisferio que estaría viendo todo lo que no se debería ver, todo lo impreso a la izquierda, y lo vería perfectamente bien. Pero como no tiene habla articulada, no puede decir que ve algo. Es como si el "individuo" — cualquiera que sea su significado — estuviera "en" su hemisferio izquierdo y que ahora con las comisuras cortadas no pudiera tener conciencia de qué persona tan diferente, alguna vez también "él", ve o piensa en el otro hemisferio. Dos personas en la misma cabeza.

Éste es uno de los modos en que se somete a prueba a estos pacientes comisurotomizados. El paciente se coloca en el centro de una pantalla translúcida; de este modo, diapositivas fotográficas de objetos proyectados sobre el lado izquierdo de la pantalla son vistas únicamente por el hemisferio derecho, pero no se puede dar cuenta de ellas verbalmente, si bien el paciente puede usar su mano izquierda (controlada por el hemisferio derecho) para señalar una imagen similar o buscar el objeto entre otros, aun cuando vocalmente insiste en que no lo vio.[11] Tales estímulos vistos únicamente por el hemisferio derecho no dominante quedan ahí aprisionados, pero no pueden ser "dichos" o "comunicados" al hemisferio izquierdo donde están las áreas del lenguaje, porque las conexiones han sido cortadas. El único modo por el que podemos saber que el hemisferio derecho tiene esta información es pedir a éste que use la mano izquierda para indicarlo, cosa que puede hacer con toda facilidad.

Si se proyectan breve y simultáneamente dos figuras distintas a los campos visuales derecho e izquierdo, como, por ejemplo, un "signo de pesos" a la izquierda y un "signo de interrogación" a la derecha, y al sujeto se le pide que dibuje lo que vio, usando la mano izquierda (pero sin que la pueda ver), digamos bajo una pantalla, dibujará el signo de pesos. Pero al preguntarle qué fue lo que dibujó sin verlo, insistirá en que fue el signo de interrogación. En otras palabras, un hemisferio ignora lo que ha estado haciendo el otro.

Igualmente, si el nombre de un objeto, digamos la palabra "borrador", es destellado al campo visual izquierdo, el sujeto podrá buscar un borrador entre varios objetos situados detrás de una pantalla o cortina usando únicamente la mano izquierda. Si entonces se pregunta al sujeto qué objeto está detrás de la pantalla una vez que lo ha escogido correctamente, el "él" del hemisferio izquierdo no podrá decir lo que el "él" mudo del hemisferio derecho tiene en la mano izquierda. De modo similar, la mano izquierda puede hacer esto si se pronuncia la palabra "borrador", pero el hemisferio que habla no sabe cuándo la mano izquierda halló el objeto. Todo esto muestra, por supuesto, lo que he venido diciendo, a saber, que ambos hemisferios entienden el lenguaje, pero que no ha sido posible determinar previamente el alcance de la comprensión del lenguaje del hemisferio derecho.

Por otra parte, descubrimos que el hemisferio derecho puede entender definiciones complicadas. Mostrando fugazmente "instrumento para afeitar" en el campo visual izquierdo y, por tanto, en el hemisferio derecho, la mano izquierda señala una máquina de afeitar; o con la expresión "quita la mugre" señala al jabón, y con "se inserta en máquinas tragamonedas" indica una moneda.[12]

Más todavía, en estos pacientes, el hemisferio derecho puede responder emocionalmente sin que el hemisferio izquierdo (que habla) sepa qué está ocurriendo. Si entre una serie de figuras geométricas neutras presentadas fugazmente por destellos al azar a los campos visuales derecho e izquierdo, o sea, respectivamente a los hemisferios izquierdo y derecho, sorpresivamente se presenta la foto de

11. M. S. Gazzaniga. J. E. Bogen y R. W. Sperry, "Observations on visual perception after disconnection of the cerebral hemispheres in man", *Brain*, 1965, 8:221-236.
12. M. S. Gazzaniga y R. W. Sperry, "Language alter section of the cerebral commissures", *Brain*, 1967, 90:131-148.

una chica desnuda sobre el lado izquierdo que irá a dar al hemisferio derecho, el paciente (en realidad, el hemisferio izquierdo del paciente) dirá que no vio nada, o a lo más un destello de luz. Pero el rubor, o la risita mal disimulada contradecirán durante el siguiente minuto lo que acaba de decir el hemisferio del habla. Si se le pregunta el porqué de tanta sonrisa, el hemisferio izquierdo, o del habla, dirá que no tiene la menor idea.[13] Estos sonrojos o expresiones faciales no están circunscritos a un lado de la cara, pues pasan de un lado al otro por medio de las interconexiones profundas del encéfalo (médula oblongata, puente y mesencéfalo). La expresión del afecto no es cuestión cortical.

Algo similar ocurre con otras modalidades sensoriales. Los olores ofrecidos a la fosa nasal derecha y por tanto al hemisferio derecho (las fibras olfatorias no se cruzan) de estos pacientes, no pueden ser nombrados por el hemisferio del habla, pero sí puede decir si el olor agradable o desagradable. Incluso el paciente fruncirá la nariz, tendrá reacciones de aversión o proferirá una exclamación de asco ante un olor, pero no podrá expresar verbalmente si es queso, ajo o materia en descomposición.[14] Esos mismos olores ofrecidos a la fosa izquierda serán nombrados y descritos perfectamente. Esto significa que la emoción de disgusto cruza al hemisferio del habla a través del tallo cerebral y del sistema límbico que han quedado intactos, en tanto que la información más específica procesada por la corteza no cruza.

Indudablemente hay indicios de que es el hemisferio derecho el que comúnmente dispara las reacciones emocionales de desagrado desde el tallo cerebral y el sistema límbico. En situaciones de prueba, en que al hemisferio derecho sin habla se le da a conocer la respuesta correcta, y luego oye al hemisferio izquierdo dominante cometer errores verbales obvios, el paciente fruncirá el ceño, se echará hacia atrás o sacudirá la cabeza. No es simplemente una forma de hablar el decir que al hemisferio derecho molestan las respuestas vocales erróneas del otro hemisferio. Y así tal vez fue el disgusto de Palas Atenea cuando cogió a Aquiles de sus rubios cabellos y se lo llevó, con lo cual evitó que matara a su rey (*Ilíada*, 1:197). O el disgusto de Yahvé ante las iniquidades de su pueblo.

Claro que hay una diferencia. El hombre bicameral tenía intactas todas sus comisuras, pero más adelante sugeriré que es posible que el cerebro haya sido reorganizado de tal modo por los cambios habidos en el medio, que las inferencias sacadas de mi comparación ya no parecerán completamente descabelladas. Sea como fuere, los estudios realizados en estos pacientes a los que se hizo la

13. R. W. Sperry, "Hemisphere Deconnection".
14. H. W. Gordon y R. W. Sperry, "Olfaction following surgical disconnection of the hemisphere in man", *Proceedings of the Psychonomic Society*, 1968.

comisurotomía demuestran de manera concluyente que los dos hemisferios pueden funcionar de modo tal que parezcan ser dos personas independientes, como en el periodo bicameral fueron, o sea, el individuo y su dios.

4) Que las diferencias hemisféricas en la función cognoscitiva reflejan las diferencias entre dios y hombre

Si es correcto este modelo del cerebro de la mente bicameral, sin duda predecirá diferencias en la función cognoscitiva entre los dos hemisferios. Concretamente, cabría suponer que aquellas funciones que fueran necesarias al lado humano estarían en el hemisferio izquierdo o dominante, y que aquellas otras necesarias a los dioses se hallarían con más vigor en el hemisferio derecho. Además, no hay razón para no creer que cuando menos residuos de estas diferentes funciones se hallan presentes en la organización cerebral del hombre contemporáneo.

La función de los dioses fue sobre todo guiar y planear la acción en situaciones nuevas. Los dioses valoran o justiprecian la magnitud de los problemas y organizan la acción conforme a un propósito, de lo cual resultan intrincadas civilizaciones bicamerales, conjuntan todas las partes dispares, las épocas de la siembra, de la cosecha, escogen mercancías, se encargan de la gran tarea de aglutinar cosas dentro de un gran designio y de dar direcciones al hombre neurológico en su mismísimo santuario verbal analítico, en el hemisferio izquierdo. Podríamos, pues, predecir que una función residual actual del hemisferio derecho sería de índole organizacional, la de entresacar las experiencias de una civilización y hacerlas encajar en una pauta que pueda "decir" al individuo qué hacer. Un examen cuidadoso de varias alocuciones de los dioses en la *Ilíada*, el Antiguo Testamento u otras literaturas de la antigüedad hará ver la verdad de esto. A diferentes hechos, pasados y futuros, se les ordena, categoriza, sintetiza, etc., dentro de una imagen nueva, a menudo con esa síntesis final que es la metáfora. Y estas funciones caracterizarían, por tanto, al hemisferio derecho.

Observaciones clínicas indican la conformidad con esta hipótesis. De los pacientes comisurotomizados de unas páginas atrás, adquirimos el conocimiento de que el hemisferio derecho con su mano izquierda se desempeña muy bien en la labor de escoger y categorizar formas, tamaños y texturas. De pacientes con el cerebro dañado aprendimos que el hemisferio derecho interviene en las relaciones espaciales y con tareas de Gestalt, sintéticas.[15] Los laberintos son problemas en los que

15. H. Hecaen, "Clinical Symptomatology in Right and Left Hemispheric Lesions", en *Interhemispheric Relations and Cerebral Dominance*, V. B. Mountcastle, comp. (Baltimore: Johns Hopkins Press, 1962).

se deben organizar en aprendizaje diversos elementos de una pauta espacial. A los pacientes a quienes se ha extirpado el lóbulo temporal derecho se les dificulta muchísimo o imposibilita aprender las sendas de laberintos visuales y táctiles, en tanto que pacientes con daños de igual extensión en el lóbulo temporal izquierdo tienen poca o ninguna dificultad.[16]

Otra tarea que entraña organizar partes dentro de una pauta espacial es la prueba de los dados de Koh, usada comúnmente en muchas pruebas de inteligencia. Al sujeto se le muestra una pauta geométrica simple, y se le pide que la repita con dados que tienen sus elementos pintados en ellos. La mayoría de nosotros la hacemos con facilidad, pero a los pacientes con lesiones en el hemisferio derecho se les dificulta muchísimo, de modo que el *test* se usa para diagnosticar daño el hemisferio derecho. En los pacientes con comisurotomía a los que nos hemos referido antes, es frecuente que la mano derecha no pueda repetir todo el dibujo con los cubos. En cambio, la mano izquierda, en cierto sentido la mano de los dioses, no tiene problema alguno. En algunos pacientes con comisurotomía, fue preciso apartar la mano izquierda, pues con frecuencia hacía el ademán de ir en ayuda de la mano derecha en sus torpes intentos por llevar a cabo tan simple tarea.[17] De estos y otros estudios se ha sacado la inferencia de que el hemisferio derecho está más relacionado con tareas sintéticas y espaciales-constructivas, mientras que el izquierdo es más analítico y verbal. El hemisferio derecho, tal vez del mismo modo que los dioses, ve partes que sólo tienen significado dentro de un contexto; contempla todo. Por su parte, el hemisferio izquierdo o dominante, como el lado humano de la mente bicameral, contempla a las partes en sí.

Estos resultados clínicos han sido confirmados en gente normal en lo que promete ser el primero de muchos estudios futuros.[18] Se colocaron electrodos de electroencefalogramas (EEG) sobre los lóbulos temporal y parietal a ambos lados de sujetos normales a los que enseguida se hicieron varias pruebas. Cuando se les pidió que escribieran diversas clases de letras que requerían habilidades verbales y analíticas, los registros de EEG mostraron ondas rápidas de bajo voltaje sobre el hemisferio izquierdo, lo cual denotó que el trabajo lo realizaba el hemisferio izquierdo, mientras que en todo el hemisferio derecho aparecían ondas alfa lentas (las cuales se ven en ambos hemisferios en sujetos que descansan y que tienen los ojos cerrados), lo que indicaba que en ese hemisferio no se hacía el trabajo. Pero cuando a estos sujetos se les dan o hacen *tests* sintéticos espaciales, como el de

16. Brenda Milner, "Visually guided maze learning in man: effects of bilateral, frontal, unilateral cerebral lesions", *Neuropsychologia*, 1965, 3:317-338.
17. R. W. Sperry, filme presentado en Princeton, febrero de 1971.
18. David Galin y R. E. Ornstein, "Lateral specialization of cognitive mode; an EEG study", *Psychophysiology*, 1972, 9:412-418.

los dibujos de Koh de los estudios clínicos antes mencionados, se encuentra que sucede lo contrario. O sea, ahora el hemisferio derecho es el que realiza el trabajo.

Quedan por hacerse deducciones posteriores sobre qué funciones particulares pueden ser residuales en el hemisferio derecho, considerando lo que las voces divinas de la mente bicameral habrían tenido que hacer en situaciones particulares. Para escoger, ordenar y sintetizar experiencias en directivas encauzadas a la acción, los dioses debían hacer ciertos tipos de reconocimiento. En lo dicho por los dioses en la literatura antigua, estos reconocimientos son comunes. No estoy refiriéndome a reconocimiento de individuos en particular, sino más generalmente de tipos de gente, de clasificaciones así como de individuos. Uno de los juicios más importantes para una persona de cualquier siglo es el reconocimiento de la expresión facial, muy en particular respecto a intenciones amistosas u hostiles. Si un hombre bicameral veía que un desconocido se le acercaba, habría sido de gran valor para la supervivencia que el lado-dios de su mentalidad pudiera decidir si la persona llevaba buenas o malas intenciones.

La figura adyacente es un experimento que ideé hace unos doce años basado en esa suposición. Las dos caras son imágenes especulares una de la otra. He preguntado a unas mil personas cuál cara parece menos triste, y aproximadamente el 80 por ciento de la gente diestra escogió la figura inferior en que la sonrisa sube hacia la izquierda; o sea, han juzgado a la cara con sus hemisferios derechos, suponiendo, por supuesto, que hayan estado viendo al centro de la cara. Este resultado se puede hacer aún más claro mediante la presentación taquitoscópica. Con el punto focal en el centro y un destello a un décimo de segundo, la cara inferior siempre parecerá menos triste a las personas diestras.

Otra hipótesis es, por supuesto, que esta tendencia a juzgar la expresión facial por el campo visual izquierdo es un resultado residual del hecho de que se lee de izquierda a derecha. Ciertamente, en nuestra culturas es indudable que eso realza el efecto. Sin embargo, los resultados obtenidos en gente zurda indican que la explicación hemisferica está en la base del fenómeno. Cincuenta y cinco por ciento de zurdos escogieron la cara superior, lo que indicó que el juicio estuvo cargo del hemisferio izquierdo, y esto no se puede explicar con hipótesis de la dirección en que se lee. Del mismo modo, en gente que es totalmente lateralizada a la izquierda, zurda en todos los terrenos, fue mucho mayor la probabilidad de que vieran la cara superior como la más contenta.

Hace poco hicimos un descubrimiento similar, usando fotos de un actor que expresaban tristeza, alegría, disgusto y sorpresa.[19] Nuestros sujetos, escogidos

19. Estos experimentos los hizo Jack Shannon. Ambos agradecemos a Stevan Harnard su análisis y

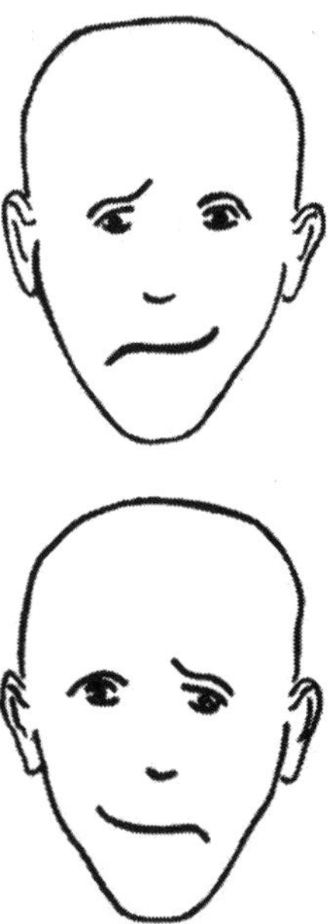

Estas caras son imágenes especulares una de la otra. Véase con fijeza la nariz de cada una. ¿Cuál cara muestra más alegría?

cuidadosamente como diestros, vieron primero al punto de fijación en un taquitoscopio, luego se les mostró una foto destellada unos cuantos milisegundos en la posición central, y luego se les mostró otra en el campo visual derecho o izquierdo durante el mismo lapso. A los sujetos se les pidió que dijeran si las fotos eran las mismas o distintas, y se registró el tiempo que necesitaron para llegar a una decisión. La mayoría de los sujetos juzgaron más correctamente las expresiones faciales y en menos tiempo cuando la cara se les presentó a la izquierda y por consiguiente al hemisferio derecho. En una situación controlada, fotos revueltas de las mismas expresiones faciales (que en verdad eran pautas sin sentido) fueron equiparadas con más rapidez y precisión cuando se ofrecieron a la izquierda, pero bastante mal en cuanto a las expresiones faciales mismas.

La experiencia clínica reciente está en claro consenso. El no poder reconocer caras, no nada más expresiones faciales, se asocia con mucha más frecuencia con lesiones en el hemisferio derecho, no en el izquierdo. En pruebas clínicas se pide al paciente que case la vista frontal de una cara con vistas de tres cuartos de la misma cara pero en diferentes condiciones de iluminación. A los pacientes con lesiones en el hemisferio derecho les cuesta mucho más trabajo que a los sujetos

sugerencias.

normales o a pacientes con lesiones en el hemisferio izquierdo.[20] Así pues, el reconocer caras y expresiones faciales es una función que primordialmente corresponde al hemisferio derecho.

Y distinguir entre un amigo y un no amigo en una situación nueva fue una de las funciones de los dioses.

5) Una nueva ojeada al cerebro

¿Cómo es posible, podrá argüirse, que un sistema como éste, un cerebro estructurado en lo que he llamado mente bicameral, este sustrato de la civilización humana a lo largo de miles de años, que comprende y abarca los lugares que hemos mencionado en el modelo, cómo puede esta función cambiar en un lapso tan breve de duración, al grado de que las voces admonitorias no se oyen más y de que tenemos una nueva organización llamada conciencia? Aunque el genocidio que ocurrió en el mundo durante estos cambios bastó para permitir cierta evolución y selección natural, yo, de ningún modo, quiero fundar mi caso, mi tesis, en ello. La selección natural que ocurrió durante estos periodos del desarrollo de la conciencia, ayudó sin duda a su perpetuación, a su fijación, pero no se puede decir que la conciencia haya evolucionado de la mente bicameral al menos en el sentido en que la aleta de una foca evolucionó a partir de una garra ancestral.

Una verdadera comprensión de la situación requiere una visión distinta del cerebro de la que se tuvo hace unos cuantos decenios. Su énfasis, su acento, recae en la plasticidad del cerebro, su redundante representación de capacidades psicológicas dentro de una región o centro especializado, el control múltiple de capacidades psicológicas por parte de diversos centros colocados bilateralmente, o como lo que Hughlings Jackson reconoció como "re-presentaciones" de una función que se encuentra en niveles que sucesivamente son más elevados y filogenéticamente más jóvenes del sistema nervioso.[21] Esta organización del cerebro de los mamíferos permite la existencia de esos fenómenos experimentales agrupados bajo el rubro de "recuperación de función". Este énfasis, esta acentuación de una visión del cerebro mucho más plástica que la usual, y ofrece un espectacular exceso de neurones al grado de que, por ejemplo, si se corta el 98 por ciento de los tractos o haces ópticos de un gato, permanecerá su discriminacion brillo y de las pautas o

20. H. Hecaen y R. Angelergues, "Agnosia for Faces (Prosopagnosia)", *Archives of Neurology*, 1962, 7: 92-100; A. L. Benton y M. W. Allen, "Impairment in Facial Recognition in Patients with Cerebral Disease", *Cortex*, 1968, 4:345-358.

21. Hughings Jackson, "Evolution and Dissolution of the Nervous System", en *Selected Writings of John Hughlings Jackson*, J. Taylor, comp. (Londres: Staples Press, 1958), 2:45-75.

formas.[22] En el cerebro abundan los centros redundantes, y cada uno de ellos puede ejercer influencia directa sobre una vía final común, o modular la operación de otros, o hacer ambas cosas; sus arreglos o disposiciones pueden adoptar muchas formas grados de conjunción con los centros constitutivos.

Toda esta representación redundante o repetitiva en el control tiple, nos proporciona el concepto de un tipo de cerebro mucho más mudable que el que describieron los antiguos neurólogos. Una conducta particular o grupo de conductas emplea una multitud de neuronas similares de un determinado centro y puede poner en movimiento varios centros distintos, dispuestos en pautas diversas de inhibición y facilitación, dependiendo de su estado evolutivo. Y la tensión o tirantez del acoplamiento entre centros varía muchísimo de una función a otra.[23] Esto quiere decir que el monto de cambiabilidad que puede soportar la sede de las funciones corticales es diferente entre funciones diferentes, pero esta cambiabilidad es una característica pronunciada del cerebro de los mamíferos superiores que se está volviendo más y más perceptible. El objeto biológico o la ventaja selectiva de esta representación redundante y de este control múltiple y su resultante plasticidad es doble: protege al organismo contra los efectos del daño al cerebro, y, quizá más importante, da como resultado un organismo con una adaptabilidad mucho mayor a retos y amenazas ambientales en constante cambio. Estoy pensando en los retos y amenazas contra la existencia del primate humano que fueron propios de las glaciaciones sucesivas y, por supuesto, en ese reto muchísimo mayor que fue la desaparición de la mente bicameral, al cual se adaptó el hombre adquiriendo la conciencia.

Esto, empero, no significa sólo que la conducta del hombre adulto sea menos rígida que la de sus antepasados, lo cual, por otra parte, es cierto, sin lugar a dudas. Más importante aún es que proporciona un organismo en el cual la historia primitiva del desarrollo del individuo puede significar una gran diferencia en la forma en que se organice el cerebro. Hace unos años, una idea semejante habría parecido punto menos que descabellada. Pero la creciente marea de la investigación ha restado fuerza a todo concepto rígido del cerebro, y ha subrayado el grado notable en que el cerebro puede compensar las estructuras que le falten sea por causa de lesión, sea por causa de deformación congénita. Muchos estudios muestran que los daños al cerebro de los animales en los primeros días de su vida no significan gran diferencia en la conducta adulta, pero que una lesión similar en el adulto tiene como consecuencia cambios profundos. Vimos ya que una lesión

22. R. Galambos, T. T. Norton y G. P. Fromer, "Optic tract lesions sparing pattern vision in cats", *Experimental Neurology*, 1967, 18:18-25.
23. Estoy parafraseando el estupendo estudio sobre este problema de Burton Rosner, "Brain functions", *Annual Review of Psychology*, 1970, 21:555-594.

temprana en el hemisferio izquierdo suele dar por resultado que todo el mecanismo del lenguaje se pase al hemisferio derecho.

Uno de los casos más pasmosos que ponen de manifiesto esta capacidad de recuperación del cerebro, es el de un hombre de treinta y cinco años que murió de un tumor abdominal maligno. En la autopsia se vio que tenía una carencia congénita de las fimbrias o cintas de sustancia blanca del hipocampo, del fórnix o trígono cerebral, del séptum o tabique translúcido y de la masa talámica intermedia; que tenía un hipocampo anormalmente pequeño y circunvoluciones dentadas e hipocámpicas anormalmente pequeñas. A pesar de estas anomalías notabilísimas, el paciente siempre había mostrado una personalidad jovial y hasta ¡había sido el primero de su clase![24]

Se ve, pues, que durante su crecimiento, el sistema nervioso compensó el daño genético o ambiental siguiendo otras vías de desarrollo menos conocidas, que utilizan los tejidos intactos. En los adultos en que ya se terminó el desarrollo, esto no es posible. Se han fijado ya las normas preferidas de organización neural. Es sólo en el desarrollo inicial cuando puede tener lugar esta reorganización de los sistemas de control múltiple. Y esto es definitivamente cierto respecto a la relación entre los hemisferios, que es fundamental para nuestro estudio.[25]

Partiendo de estas bases, no veo que sea difícil considerar que, en épocas bicamerales, lo que corresponde al área de Wernicke en el hemisferio derecho no dominante tuvo su estricta función bicameral, en tanto que hoy día estas áreas funcionan de un modo diferente, después de un milenio de reorganización psicológica en que la bicameralidad era desfavorecida cuando aparecía en el desarrollo temprano. Por la misma razón sería erróneo pensar que, sea cual fuere la neurología actual de la conciencia, ya está fijada para siempre. Los casos que hemos visto indican lo contrario, que la función del tejido cerebral no es inmutable y que es muy posible que ante distintos programas de desarrollo ocurran organizaciones distintas.

24. P. W. Nathan M. C. Smith, "Normal mentality associated with a maldeveloped Rhinencephalon", *Journal of Neurology, Neurosurgery and Psychiatry*, 1950. 13:191-197, citado en Rosner.

25. R. E. Saul y R. W. Sperry, "Absence of commissurotomy symptoms with agenesis of the corpus callosum", Neurology, 1968, 18:307; D. L. Reeves y C. B. Carville, "Complete agenesis of corpus callosum: report of four cases", *Bulletin of Los Angeles Neurological Society*, 1938, 3:169-181.

CAPÍTULO 6

El origen de la civilización

Pero ¿a causa de qué debe haber algo como la mente bicameral? Y, ¿por qué hay dioses? ¿Cuál puede ser el origen de las cosas divinas? Y si la organización del cerebro en los tiempos bicamerales fue como lo he sugerido en el capítulo precedente, ¿qué presiones selectivas hubo en la selección humana para producir un resultado tan pasmoso?

La tesis especulativa que procuraré desarrollar en este capítulo — y es muy especulativa — no es otra cosa que un simple corolario de lo dicho antes. La mente bicameral es una forma de control social que permitió al género humano avanzar partiendo de pequeños grupos de cazadores-recolectores y llegar a grandes comunidades agrícolas. La mente bicameral, con sus dioses controladores, evolucionó como etapa final de la evolución el lenguaje. Y en este desarrollo se encuentra el origen de la civilización.

Empezaremos determinando lo que quiero significar por control social.

LA EVOLUCIÓN DE LOS GRUPOS

En general, los mamíferos muestran una amplísima variedad de agrupamientos sociales, desde la soledad de ciertos animales depredadores hasta la estrecha cohesión social de otros. Estos últimos animales son los más atacados, de modo que un grupo social es, por sí, una adaptación genética de protección contra los depredadores. En los ungulados, la estructura de los rebaños es relativamente simple; utilizan señales conductuales y anatómicas precisas, logradas genéticamente, que han obtenido por evolución para la protección del grupo. Los primates tienen una vulnerabilidad similar, y por la misma razón han logrado por evolución vivir en estrecha asociación recíproca. En las densas selvas muy protectoras, el grupo social será de unos seis miembros, como en los gibones, en tanto que en terrenos más expuestos, el grupo llega a tener ochenta miembros, como es el caso de los mandriles del Cabo.[1] En ecosistemas excepcionales, los grupos son aún mayores.

Así pues, es el grupo el que evoluciona. Cuando los individuos dominantes dan un grito de advertencia o corren, el resto del grupo huye sin detenerse a buscar la causa del peligro. Son, pues, la experiencia de un individuo y su dominación las que constituyen una ventaja para todo el grupo. En general, los individuos no responden ni siquiera a las necesidades fisiológicas básicas excepto dentro de la pauta total de la actividad del grupo. Un mandril sediento, por ejemplo, no abandona el grupo y va a buscar agua; es todo el grupo el que marcha o el que se queda. La sed se aplaca únicamente dentro de la actividad fija del grupo; y lo mismo puede decirse de otras necesidades y situaciones.

Para nosotros, lo importante de todo esto es que esta estructura social depende de la comunicación entre los individuos. Por esta razón los primates han logrado por evolución una gran variedad de señales complejas: comunicación táctil que va desde montar y acicalar, a diversos tipos de abrazos, mimos y toques con los dedos; sonidos que fluctúan entre gruñidos, ladridos, chillidos y parloteo, sin distinciones precisas entre unos y otros ruidos; señales no vocales como rechinar los dientes o golpear ramas;[2] señales visuales en una amplia gama de expresiones faciales, amenazas, miradas de ojo a ojo; agitar los párpados (en los mandriles) mientras se alzan las cejas y se bajan los párpados para dejar ver su color pálido contra el fondo más oscuro de la cara, todo ello junto con un bostezo que deja ver los dientes en forma agresiva; varias señales de postura como abalanzarse, sacudir la cabeza, atacar simuladamente con las manos, y todo ello en diversas combinaciones.[3]

Toda esta amplísima complejidad redundante de señales está dedicada esencialmente a cubrir las necesidades del grupo, su organización en jerarquías de dominio y subordinación, el mantenimiento de la paz, la reproducción y el cuidado de las crías y jóvenes. Excepto en caso de grave peligro potencial para el grupo, las señales de los primates rara vez se aplican a acontecimientos fuera del grupo, como son la presencia de comida o de agua.[4] Están circunscritas totalmente al grupo y sus problemas, y no han evolucionado para dar información sobre el medio, en la forma en que ha ocurrido con los idiomas del hombre.

---

1. Irven DeVote y K. R. L. Hall, "Baboon Ecology", cap. 2, en *Primate Behavior*, I. DeVote, comp. (Nueva York; Yolt, Rinehart and Winston, 1965). pp. 20-52.
2. K. R. L. Hall, "The sexual, agonistic, and derived social behaviour patterns of the wild chacma baboon, *Papio ursinus*", *Proceedings of the Zoological Society*, Londres, 1962, 139:283-327.
3. Peter Marler, "Communication in monkeys and apes", cap. 16, en *Primate Behavior*.
4. Como ocurre en algunas aves. Véase M. Konishi, "The role of auditory feedback in the vocal behavior of the domestic fowl", *Zeitschrift für Tierpsychologie*, 1963, 20:349-367.

Este será nuestro punto de partida. Dentro de una ecología específica, para la mayoría de las especies es este sistema de comunicación lo que limita el tamaño del grupo. Los grupos de los mandriles llegan a ser de ochenta miembros o más debido a que tienen una estructura geográfica estricta, la cual conservan cuando se desplazan en las llanuras abiertas, además de que mantienen las jerarquías dominantes dentro de cada círculo del grupo. En general, sin embargo, el grupo usual de primates no pasa de treinta o cuarenta miembros; este límite está determinado por la comunicación que es necesaria para que funcione la jerarquía de dominación.

Por ejemplo, en los gorilas, el macho dominante, usualmente el macho más grande de lomo plateado, junto con todas las hembras y las crías ocupa el centro de cada grupo — de unos veinte miembros — mientras que los otros machos se mantienen en la periferia. Rara vez el diámetro del grupo rebasa los setenta metros, pues todos los animales están pendientes de los movimientos de los demás en el denso ambiente de la selva.[5] El grupo se mueve cuando el macho dominante se pone de pie inmóvil con las patas abiertas y mirando en cierta dirección. Los demás miembros del grupo se apiñan a su alrededor y la tropa inicia su tranquilo viaje diario de unos quinientos metros. Aquí la cosa que nos importa es que los complejos canales de comunicación están abiertos entre la cima de la jerarquía dominante y todo el resto.

No hay razón para pensar que el hombre primitivo desde los albores del género *Homo* hace dos millones de años vivió de modo distinto. Los testimonios arqueológicos obtenidos indican que el tamaño del grupo fue de unos treinta miembros.[6] Este número, creo, estuvo limitado por el problema de control social y el grado de apertura de los canales de comunicación entre los individuos.[7] Y es este problema de la limitación del grupo el que probablemente los dioses resolvieron entrando en la historia evolutiva.

Pero primeramente debemos considerar la evolución del lenguaje como condición necesaria para que hubiera dioses.

---

5. G. Schaller, *The Mountain Gorilla: Ecology and Behavior* (Chicago: University of Chicago Press, 1963).
6. Glynn L. Isaac, "Traces of Pleistocene Hunters: An East African Example", en *Man the Hunter*, Richard B. Lee y Irven DeVore, comps. (Chicago: Aldine Press, 1968).
7. Este tamaño de grupo es más o menos el mismo del de las modernas tribus cazadoras cuando son nómadas, si bien el caso no es igual. Véase Joseph B. Birdsell, "On population structure in generalized hunting and collecting populations", *Evolution*, 1958, 12: 189-205.

LA EVOLUCIÓN DEL LENGUAJE

¿Cuándo produjo la evolución el lenguaje?

Es creencia común que el lenguaje es parte tan inherente de la constitución humana que debe remontarse al linaje tribal del hombre, al mismísimo origen del género *Homo*, es decir, a unos dos millones de años. Sé que a la mayoría de los lingüistas contemporáneos que conozco les gustaría persuadirme de la verdad de esta tesis. Lo cierto es que estoy en desacuerdo total y categórico con ese punto de vista. Si el hombre prehistórico tuvo aunque fuera un lenguaje primitivo a lo largo de estos dos millones de años, ¿por qué hay tan pocos testimonios de cultura o tecnología rudimentarias o simples? Porque aparte de los más bastos utensilios de piedra, arqueológicamente hay muy poco que se remonte a más de 40 mil años a.C.

A veces la reacción a la negativa de que el hombre prehistórico haya tenido lenguaje es: ¿cómo, pues, actuó o se comunicó el hombre? La respuesta es muy simple: exactamente como los demás primates, con gran abundancia de señales visuales o vocales, muy alejadas del lenguaje sintáctico de nuestros días. Y cuando llevo esta mudez o falta de habla hasta la Era Pleistocena, en que el hombre logró desarrollar varios tipos primitivos de machacadores de piedra así como hachas de mano, nuevamente mis amigos lingüistas se quejan de mi arrogante ignorancia y juran airados, diciendo que para transmitir de una generación a la siguiente aun esas rudimentarias habilidades debió haber lenguaje. Consideremos, empero, que es casi imposible describir por medio del lenguaje cómo pulir pedernales para hacer tajadores. Este arte se transmitió únicamente mediante la imitación, exactamente del mismo modo en que los chimpancés transmiten la maña de insertar pajillas en hormigueros para hacer salir a las hormigas. Es el mismo problema que la transmisión de la enseñanza para andar en bicicleta; ¿sirve para ello de algo el lenguaje?

Ya que el lenguaje *debe* producir cambios espectaculares en la atención del hombre hacia las cosas y hacia las personas, porque permite una transferencia de información de un alcance inmenso, debió producirse por evolución a lo largo de un periodo que arqueológicamente muestre que ocurrieron esos cambios. Este periodo es el final del Pleistoceno, más o menos de 70000 a.C. a 8000 a.C. Este periodo se caracterizó climáticamente por amplias variaciones en la temperatura, que correspondieron al avance y retroceso de las glaciaciones, y biológicamente por inmensas migraciones de hombres y animales debidas a estos cambios de clima. La población homínida salió del corazón del África y se dispersó por la Eurasia subártica y luego pasó a las Américas y Australia. La población de alrededor del Mediterráneo alcanzó un nuevo máximo y tomó la delantera en la innovación cultural, llevando el foco biológico y cultural del hombre, de los trópicos a las latitudes medias.[8] Sus hogueras, cuevas y pieles crearon al hombre un microclima transportable que permitió estas migraciones.

Estamos acostumbrados a referirnos a estos pueblos como neanderthalenses tardíos. En un tiempo se pensó que fuera una especie separada del hombre, que fue suplantada por el hombre de Cro-Magnon hacia 35000 a.C. Pero la opinión más reciente indica que fueron parte del linaje humano general, que tuvieron una gran variación, variación que indujo una aceleración de la evolución, mientras el hombre, llevando consigo su clima artificial, se esparcía por estos nuevos nichos ecológicos. Se necesitan más investigaciones para establecer las verdaderas pautas de la colonización, pero el énfasis más reciente es su variación: algunos grupos se desplazaban continuamente, otros efectuaban migraciones estacionales y otros más no se desplazaban en todo el año.[9]

Estoy destacando los cambios climáticos habidos durante esta última edad glacial porque tengo la firme creencia de que estos cambios fueron la base de las presiones selectivas que motivaron el desarrollo del lenguaje a lo largo de varias jornadas.

Llamadas, modificadores y órdenes

La primera etapa *sine qua non* del lenguaje es el desarrollo de *llamadas incidentales* partiendo de *llamadas intencionales*; son llamadas que tienden a ser repetidas a menos que dejen de tener vigencia o utilidad debido a un cambio en la conducta del que las recibe. Anteriormente, en la evolución de los primates, sólo fueron intencionales las señales de postura o visuales, por ejemplo actitudes de amenaza. Su evolución a señales auditivas se hizo necesaria debido a la migración del hombre a climas septentrionales, donde había menos luz tanto en el medio como en las cavernas que el hombre habitó y en donde las señales visuales no se verían con la misma facilidad que en las brillantes sabanas africanas. Este proceso evolutivo pudo iniciarse desde el Tercer Periodo de Glaciación o quizá antes. Pero es solamente cuando nos acercamos al frío y a la oscuridad más y más intensos de la Cuarta Glaciación de los climas septentrionales cuando la presencia de estas señales vocales intencionales dio una pronunciada ventaja selectiva a quienes las tenían.

8. Véase J. D. Clark, "Human ecology during the Pleistocene and later times in Africa South the Sahara", *Current Anthropology*, 1960, 1: 307-324.

9. Véase Karl W. Butzer, *Environment and Archaeology: An Introduction to Pleistocene Geography* (Chicago: Aldine Press, 1964), p. 378.

En estas líneas estoy condensando una teoría de la evolución del lenguaje que presenté en forma más extensa y con más cautela en otro trabajo.[10] No tiene la pretensión de ser una tesis definitiva de lo que ocurrió en la evolución; es más bien una hipótesis de trabajo más o menos basta para explicar lo sucedido. Más todavía, las etapas del desarrollo del lenguaje que voy a describir no son separadas — bien definidas — por fuerza. Tampoco se presentaron en el mismo orden en diferentes sitios. La afirmación central de esta tesis, repito, es que *cada nueva etapa de palabras creaba nuevas percepciones y atenciones, y estas nuevas percepciones y atenciones trajeron consigo cambios culturales de importancia, los cuales se reflejan en los registros arqueológicos.*

Los primeros elementos reales del lenguaje fueron los sonidos finales de llamadas o reclamos intencionales, que se diferenciaron conforme a su intensidad. Por ejemplo, una llamada de peligro por un peligro presente e inmediato tendría más intensidad, para lo cual se cambiaría el fonema terminal. Un tigre ahí mismo causaría un "¡uagi!"; uno distante provocaría un grito menos intenso y tendría un final distinto, algo así como "uajo". Son, pues, estos finales los que se convierten en los primeros modificadores que significan "cerca" y "lejos". El siguiente paso fue cuando estas terminaciones "gi" y "jo" se pudieron separar de la llamada particular que las había generado y se pegaron a otra llamada con la misma indicación.

En este terreno, la cuestión básica es que la diferenciación de los calificadores vocales tuvo que preceder a la invención de los nombres que modificaban, en vez de ser a la inversa. Lo que es más, esta etapa del lenguaje perduró durante largo tiempo hasta que esos modificadores se estabilizaron. Este lento desarrollo fue también necesario a fin de que el repertorio básico del sistema de llamadas se mantuviera intacto para desempeñar sus funciones intencionales. Esta era de los modificadores duró quizá hasta 40000 a.C., cuando en lugares arqueológicos hallamos hachas y puntas de mano limadas.

La siguiente etapa pudo ser de mandatos u órdenes, en que los modificadores, separados de las llamadas que modificaban, pudieron modificar los actos o el proceder mismo de los hombres. Particularmente conforme el hombre se atenía más y más a la caza en ese clima frío, debió de ser inmensa la presión selectiva sobre estos grupos de cazadores que eran gobernados mediante mandatos vocales. Y es fácil imaginar que la invención de un modificador que significara "más agudo" como orden adelantó notablemente la fabricación de utensilios hechos de pedernal y hueso; el resultado fue una explosión, entre 40000 a.C y 25000 a.C., de nuevos tipos de utensilios.

10. Julian Jaynes, "The evolution of language in the Late Pleistocene", *Annals of the New York Academy of Sciences*, vol. 280, 1976.

Nombres

En cuanto una tribu se hace de un repertorio de modificadores y mandos, por primera vez se puede aflojar la necesidad de mantener la integridad del antiguo sistema primitivo de llamadas, por lo que hace a los referentes de los modificadores o comandos. Si "¡uagi!" significó en un tiempo un peligro inminente, con mayor diferenciación en la intensidad, podríamos tener "¡wak i!" para un tigre que se acercara, o "¡uab i!" para un oso. Éstas serían las primeras frases con un nombre como sujeto y un modificador predicativo; debieron de ocurrir entre 25000 y 15000 a.C.

No se trata de especulaciones arbitrarias. La sucesión o paso de modificadores a órdenes y después, únicamente cuando estos términos se estabilizaron, a nombres, no es una sucesión arbitraria, ni tampoco la fecha lo es. Así como la edad de los modificadores coincide con la fabricación de utensilios superiores, así también la edad de los nombres para designar animales coincide con el principio del dibujo de animales en las paredes de las cavernas o en utensilios de cuerno.

La etapa siguiente en el desarrollo de nombres de cosas, no es más que la prolongación de lo anterior. Y así como los nombres de seres vivos iniciaron el dibujo de animales, así también los nombres de cosas trajeron consigo cosas nuevas. Este periodo corresponde, creo, a la invención de la alfarería, de pendientes, ornamentos y arpones y lanzas con púas; estos últimos fueron de enorme importancia para lograr la propagación de la especie humana en climas más difíciles. El testimonio fósil nos muestra, con hechos, que el cerebro, en particular el lóbulo frontal situado frente al sulcus o cisura central, crecía con una rapidez tal que pasma a los evolucionistas modernos. Y para entonces, es probable que ya se hubiera formado lo que corresponde a la cultura Magdaleniense, es decir, las áreas de lenguaje del cerebro, tal como las conocemos hoy día.

El origen de las alucinaciones auditivas

Ahora, permítasenos considerar otro problema en el origen de los dioses: el origen de las alucinaciones auditivas. Que aquí hay un problema lo indica el hecho mismo de su existencia indudable en nuestros días, y de su existencia inferida en el periodo bicameral. La hipótesis más verosímil es que las alucinaciones verbales fueron un efecto colateral de la comprensión del lenguaje que evolucionó por medio de la selección natural como método de control conductual.

Consideremos el caso de un hombre que se ordena a sí mismo o a quien su jefe le ordena poner un canal de pesca, corriente arriba de un campamento. Si no es consciente, y por tanto, si no puede narratizar la situación y poner su "yo" análogo en un tiempo espacializado, con consecuencias totalmente imaginarias, ¿cómo lo hace? Creo que sólo el lenguaje lo puede mantener fijo en este trabajo largo en que empleará toda la tarde. Un hombre del Pleistoceno Medio se olvidaría de lo que estaba haciendo. Pero el hombre lingual tendrá como recordatorio el lenguaje, sea repetido por sí mismo, lo cual exigiría un tipo de volición que no creo que haya tenido entonces, o, cosa más probable, mediante una alucinación verbal "interna" repetida que le diga lo que debe hacer.

Al lector que no haya entendido cabalmente los capítulos anteriores, este tipo de sugestión le parecerá muy extraña y tirada de los cabellos. Pero enfrentándose directa y conscientemente al problema de remontar el desarrollo de la mente humana, estas sugerencias son necesarias e importantes, aun cuando de momento no podamos darles una base firme. La conducta basada más estrechamente en estructuras ápticas (o, en una terminología anterior, más "instintivas") no necesita preparación temporal. Pero las actividades aprendidas que no tienen oclusión consumada requieren por fuerza que algo externo a ellas mismas las mantenga. Esto es precisamente lo que proporcionan las alucinaciones verbales.

Igualmente, al fabricar un utensilio, la orden verbal alucinada de "más agudo" permite al hombre primitivo no consciente mantenerse en su tarea. O una palabra alucinada que signifique "más fino" al individuo que muele semillas en un molino de mano de piedra para hacer harina. Creo que fue precisamente en este punto de la historia humana donde el lenguaje articulado, bajo las presiones selectivas de tareas *perdurables*, empezó a volverse unilateral en el cerebro, dejando libre al otro lado para que pudiera recibir las voces alucinadas cuyo fin sería conservar esa conducta.

La edad de los nombres

Éste fue un esbozo muy breve de lo que debió ocurrir en la evolución del lenguaje. Pero antes de que pudiera haber dioses, debió darse otro paso, la invención de ese importantísimo fenómeno social, los nombres.

Sorprende darse cuenta de que los nombres fueron un invento particular que debió ocurrir en el desarrollo humano en un momento determinado. ¿Cuándo? ¿Qué cambios introdujo esto en la cultura humana? Creo que los nombres se presentaron por vez primera en el Mesolítico, entre diez mil y ocho mil años a.C. Es el periodo en que el hombre se adaptó al medio posglacial más tibio. El gran manto de hielo se había retirado hasta la latitud de Copenhague, y el hombre emprende actividades propias de la situación ambiental concreta: cacería en las praderas, vida en los bosques, recolección de mariscos o aprovechamiento de recursos marinos combinado con la caza terrestre. Este género de vida se caracterizó por una mayor estabilidad de la población; quedó atrás la movilidad necesaria de los grupos de caza que sufrieron de gran mortalidad. Con estas poblaciones más fijas, con relaciones más determinadas, vidas más largas y muy probablemente con grupos más numerosos, no es difícil percibir la necesidad y la probabilidad de que los sustantivos persistieran en forma de nombres de personas individuales.

Ahora bien, en cuanto el miembro de una tribu tiene un nombre propio, en cierto sentido puede ser recreado en su ausencia. Se puede pensar en "él", si bien aquí se usa "pensar" en un sentido especial no consciente, encajarse en estructuras del lenguaje. Aunque ya desde antes hubo tumbas, a veces algo trabajadas o adornadas, ésta es la primera edad en que se encuentran tumbas ceremoniales como práctica común. Si se piensa en alguien cercano a nosotros que haya muerto, y luego suponemos que no tuvo nombre, ¿en qué consistiría nuestra pena? ¿Cuánto duraría? Anteriormente, el hombre, como otros primates, debió de dejar a sus muertos donde caían, o los escondía cubriéndolos con piedras, y hasta en algunos casos los cocía y se los comía.[11] Pero así como el nombre de un animal da más intensidad a esta relación, así también sucede con el nombre de una persona. Y cuando la persona muere, el nombre perdura y, consiguientemente la relación, casi como en vida; de ahí las costumbres funerales y el duelo. Los habitantes mesolíticos de los montículos de desechos de Morbihan enterraban a sus muertos, por ejemplo, envueltos en capas de piel que sujetaban con alfileres de hueso; a veces los coronaban con cornamentas de ciervos y los protegían con losas de piedra.[12] Otras tumbas de ese periodo son de gente enterrada con coronas pequeñas, adornos varios y quizá flores, en sitios excavados con cuidado, todo lo cual, me permito sugerir, fue resultado de la invención de nombres.

Los nombres ocasionan otro cambio. Hasta este momento las alucinaciones auditivas han sido ocasionales y anónimas y no han significado en modo alguno una interacción social importante. Pero en cuanto una determinada alucinación es reconocible merced a un nombre, como una voz que tiene su origen en una persona determinada, empieza a ocurrir algo completamente distinto. Ahora, la alucinación es una interacción social con un papel o influencia mucho mayor en la conducta individual. Aquí se presenta otro problema: cómo se reconocía a las voces alucinadas, como se sabía de quién eran, y si había muchas cómo se asignaban, es decir, a quién se atribuían. Los escritos autobiográficos de pacientes esquizofrénicos arrojan alguna luz sobre estas cuestiones, pero no bastante para llevar allí la investigación. Precisamos de una gran cantidad de investigación

---

11. Como en Choukoutien durante el Pleistoceno Medio y luego en la caverna croata de Krapina. Véase Graham Clark y Stewart Piggott, *Prehistoric Societies* (Londres: Hutchinson, 1965), p. 61.
12. Grahame Clark, *The Stone Age Hunters* (Nueva York: McGraw-Hill, 1967), p. 105.

en este terreno de la experiencia esquizofrénica para entender un poco mejor al hombre mesolítico.

El advenimiento de la agricultura

Nos hallamos ya en el umbral del periodo bicameral; está a mano el mecanismo de control social que pueda organizar grandes poblaciones de hombres y constituir ciudades. Todo el mundo está de acuerdo en que cuando la economía dejó de ser de caza y de recolección y se transformó en economía de producción de alimentos merced a la domesticación de plantas y animales, se produjo el cambio gigantesco que dio vida a la civilización, que la hizo posible. Hay, sin embargo, gran desacuerdo por lo que hace a sus causas y a los medios que la originaron.

La teoría tradicional atribuye mucha importancia al hecho de que cuando los glaciares cubrieron la mayor parte de Europa durante el fin del Pleistoceno, toda la región comprendida desde la costa atlántica hasta los Montes Zagros en Irán, pasando por el norte de África y el Cercano Oriente gozó de lluvias tan abundantes que se convirtió en un fecundo Edén, con muchísima vida vegetal, suficiente y sobrada para sostener una variadísima fauna, incluso al hombre paleolítico. Pero la retirada del casquete polar llevó hacia el norte los vientos atlánticos cargados de lluvia, y todo el Cercano Oriente se volvió más árido cada vez en mayor proporción.

Las plantas alimenticias silvestres y la caza que el hombre había aprovechado ya no bastaron para permitirle vivir con la sola recolección de alimentos; el resultado fue que muchas tribus emigraron de Europa, pero las que se quedaron allí — según palabras de Pumpelly, que dio origen a esta hipótesis cuya base son sus propias excavaciones — "concentrándose en los oasis, se vieron forzadas a conquistar nuevos medios de sustento, y así fue como empezaron a utilizar plantas aborígenes; luego aprendieron a usar semillas de diversas yerbas y plantas que crecían en la tierra seca y en las marismas de las desembocaduras de las grandes corrientes del desierto".[13] Esta hipótesis la ha aceptado una serie de autores recientes, entre los que figuran Childe[14] y también Toynbee,[15] que llamó a esta supuesta desecación ambiental del Cercano Oriente el "reto físico" cuya respuesta fue la civilización de la agricultura.

Testimonios recientes[16] indican que no hubo tal desecación generalizada, y que la agricultura no fue "impuesta" económicamente sobre ningún grupo de

13. R. Pumpelly, *Explorations in Turkestan: Expedition of 1904: Prehistoric Civilizations of Anau* (Washington: Carnegie Institution, 1908), pp. 65-66.
14. V. G. Childe, *The Most Ancient East*, 4a. ed. (Londres: Routledge and Kegan Paul, 1954).
15. A. J. Toynbee, *A Study of History* (Londres: Oxford University Press, 1962), Vol. I, pp. 304-305.
16. Buizer, p. 416.

hombres. He dado una importancia abrumadora al lenguaje en el desarrollo de la cultura humana durante el Mesolítico, y aquí también quisiera dársela. Como vimos en el capítulo 3, el lenguaje permite que las metáforas de las cosas aumenten la percepción y la atención; lo mismo sucede al dar nombres nuevos a cosas de importancia también nueva. Creo que es esta mentalidad lingüística agregada, que en el Cercano Oriente estuvo rodeada de grupos casuales de artículos domésticos apropiados — trigos y cebadas silvestres — cuya distribución nativa se sobrepone con hábitats mucho más amplios de los rebaños de animales del suroeste de Asia — cabras, ovejas, ganado y cerdos salvajes — la que dio por resultado la agricultura.

EL PRIMER DIOS

Por un momento consideremos la muy bien definida y estudiada cultura mesolítica, en concreto a la natufiense, llamada así por el Wadi en-Natuf, de Israel, donde se halló el primero de los sitios. En 10000 a.C., al igual que sus predecesores paleolíticos, los natufienses eran cazadores, medían alrededor de 1.50 metros de estatura, solían vivir en las bocas de las cavernas, trabajaban con destreza el hueso y las cornamentas, retocaban los filos y los buriles de pedernal, dibujaban animales casi tan bien como los artistas que pintaron las cavernas de Lascaux, y usaban como adornos conchas perforadas o dientes de animales.

Hacia 9000 a.C. enterraban a sus muertos en tumbas ceremoniales y habían adoptado una vida más sedentaria. Esto último se concluye observando los primeros signos de edificación estructural, como por ejemplo pavimentar y amurallar plataformas con mucho mortero, tener cementerios a veces lo bastante grandes para ochenta y siete tumbas, tamaño desconocido en épocas anteriores. Es, como he sugerido, la edad de los nombres, con todo lo que ello implica. Es el asentamiento al aire libre natufiense de Eynan el que muestra este cambio de un modo muy espectacular.[17] Descubierto en 1959, este sitio, que ha sido muy estudiado, está a unos 19 kilómetros al norte del mar de Galilea en una terraza natural que domina los pantanos y lagunas del lago Huleh. Se han excavado tres poblaciones permanentes sucesivas que datan de cerca de 9000 a.C. Cada poblado tenía alrededor de 50 casas redondas de piedra con techos de cañas, y diámetros de hasta siete metros. Las casas estaban dispuestas alrededor de un área central abierta donde había muchos agujeros en forma de campana, recubiertos de yeso, que se

17. Véase J. Perrot, "Excavations at Eynan, 1959 season", *Israel Exploration Journal*, 1961. 10:i; James Mellaart, *Earliest Civilizations of the Near East* (Nueva York: McGraw-Hill, 1965), cap. 2; Clark y Piggott, pp. 150 ss.

habían usado para guardar alimentos. Algunos de ellos fueron reempleados para enterrar personas.

Aquí se presenta un cambio muy importante en los problemas humanos. En lugar de una tribu nómada de unos 20 cazadores que vivían en las entradas de las cavernas, aquí tenemos un poblado con no menos de 200 personas. Fue el advenimiento de la agricultura, como lo atestigua la abundancia de hoces, machadores y morteros, molinos de mano y almireces para cosechar y preparar cereales y legumbres, lo que hizo posible esa permanencia y esa población. Por ese entonces la agricultura era muy primitiva; apenas el complemento de la amplia variedad de la fauna — cabras, gacelas, verracos, zorras, liebres, roedores, aves, peces, tortugas, crustáceos, mejillones y caracoles — que, como muestran los restos fechados por carbono, fue la porción principal de la alimentación.

El rey alucinogénico

¡Un poblado! No es imposible, ciertamente, que un jefe dominara unos cuantos centenares de personas. Pero habría sido una tarea agotadora si ese dominio hubiera sido por medio de encuentros cara a cara repetidos frecuentemente con cada individuo, como ocurre en los grupos de primates que mantienen jerarquías estrictas.

Ruego al lector que no olvide, mientras tratamos de reconstruir o imaginar la vida social de Eynan, que estos natufienses no tenían conciencia. No podían narratizar y no tenían egos análogos para "verse" a sí mismos en relación con los demás. Eran lo que podríamos llamar esclavos o dependientes de las señales; cada instante respondían a señales de un modo parecido a estímulo-respuesta, y eran controlados por esas señales.

¿Y qué eran las señales en una organización social así de grande? ¿Qué señales permitían ejercer el control social de sus 200 o 300 habitantes?

He sugerido que las alucinaciones auditivas probablemente evolucionaron como efecto accesorio del lenguaje y sirvieron para que la gente siguiera dedicándose a las tareas más dilatadas de la vida tribal. Estas alucinaciones comenzaron cuando el individuo oyó un mandato de sí mismo o de su jefe. Hay, pues, una continuidad muy sencilla entre esta condición y las alucinaciones auditivas más complejas que, sugiero, fueron las señales de control social en Eynan, y que se originaron en los mandatos y en el habla del rey.

No debemos caer en el error de suponer que estas alucinaciones auditivas eran como grabaciones de lo que el rey había mandado. Quizás empezaron así, pero no hay razón para no suponer que al cabo de un tiempo estas voces pudieron "pensar" y resolver problemas, aunque, por supuesto, inconscientemente. Las "voces" que hoy día oyen los esquizofrénicos "piensan" tanto o más que ellos mismos. Y de este modo, las "voces" que estoy suponiendo que oyeron los natufienses pudieron, andando el tiempo, improvisar y "decir" cosas que el rey nunca dijo. Pero siempre debemos suponer que todas estas alucinaciones nuevas estaban estrictamente vinculadas en cuanto a consistencia a la persona del propio rey. Esto no es distinto de lo que nos ocurre cuando inherentemente sabemos lo que es probable que nos va a decir un amigo.

De este modo, cada trabajador que recogía mariscos o que atrapaba caza menor, o que tenía una disputa con un rival o que sembraba semillas donde el grano silvestre había sido cosechado anteriormente, llevaba en su interior la voz de su rey para contribuir y ayudar a la continuidad y utilidad de su trabajo en relación con el grupo.

El dios-rey

Hemos opinado que la causa de las alucinaciones fue el estrés y que también lo es para nuestros contemporáneos. Y si nuestros razonamientos han sido correctos, podemos asegurar que el estrés causado por la muerte de una persona fue más que suficiente para desatar su alucinada voz. Esto explica tal vez por qué, en muchas culturas primitivas, se separaba la cabeza del cuerpo, o se quebraban las piernas del muerto o se le ataban; por qué con mucha frecuencia se ponía comida en las tumbas o por qué se enterraba dos veces al difunto, la segunda en una tumba común una vez que habían cesado las voces.

Y si esto era así para los individuos ordinarios, cuánto más para un rey cuya voz, mientras vivía, gobernaba mediante alucinaciones. Podemos, por consiguiente, esperar que se dé un tratamiento especial a la casa de este hombre cuya voz sigue siendo el elemento de cohesión de todo el grupo.

En Eynan, la tumba del rey, la primera hasta hoy encontrada, que data de alrededor de 9000 a.C., es algo muy notable. La tumba en sí, como todas las casas, era circular, de unos cinco metros de diámetro. Dentro hay dos esqueletos completos, situados en el centro, tendidos de espaldas, con las piernas desprendidas después de la muerte y dobladas fuera de toda posición normal; uno de los cuerpos lleva una cofia o tocado de conchas de dentalias; se supone que es el de la esposa del rey. El otro, de un varón adulto, de quien se presume que es el rey, se encuentra cubierto parcialmente con piedras y en parte levantado sobre piedras, la cabeza erguida sobre más piedras, de cara a los nevados picos del monte Hermón, distante cuarenta y ocho kilómetros.

En una época posterior, no sabemos si en seguida o años después, toda la tumba fue rodeada por un parapeto de color rojo ocre. Entonces, y sin perturbar a sus dos inmóviles habitantes, se pusieron arriba grandes lajas planas, que sirvieron de techo a las tumbas. En el techo se construyó una chimenea. Otra pared circular de piedras se construyó después alrededor del techo-hogar, con más piedras lisas encima de todo ello y se pusieron tres grandes piedras en el centro, a las que se rodeó con piedras más pequeñas.

Me inclino a creer que el rey muerto, reclinado sobre su almohada de piedras, estaba presente en las alucinaciones de su pueblo y seguía dando órdenes, y que el parapeto pintado de rojo y su andanada superior (un hogar) fueron una reacción a la descomposición del cuerpo, y que, por un tiempo cuando menos, el lugar, incluso el humo proveniente de su fuego sagrado, que se elevaba y se hacía visible a gran distancia, era, como las grises nieblas del Egeo para Aquiles, una fuente de alucinaciones y de las órdenes que controlaban el mundo mesolítico de Eynan.

El primer dios: el rey muerto de Eynan semilevantado en una almohada de piedras; data de hacia 9000 a.C. y se le descubrió en excavaciones en 1959.

Esto fue un paradigma de lo que ocurriría en los ocho milenios siguientes. El rey muerto es un dios viviente. La tumba del rey es la casa de dios, el principio de las complejas casas de dios o templos de que nos ocuparemos en el capítulo siguiente. Incluso su edificación en dos pisos o hileras es un anticipo de los zigurats de muchos pisos, de los templos construidos sobre templos, como en Eridu, o de las gigantescas pirámides del Nilo que varios milenios después desplegarían al tiempo toda su majestad.

Antes de abandonar Eynan, mencionaremos cuando menos el difícil problema de la sucesión. En Eynan es poco o nada lo que vino después. Pero el hecho de que la tumba contuviera entierros previos que fueron hechos a un lado para dejar espacio al rey muerto y a su mujer hace pensar que tal vez sus primeros o anteriores ocupantes fueron también reyes. Y el hecho ulterior de que al lado del hogar del segundo nivel encima del rey recostado sobre piedras se hallara otro cráneo sugiere que tal vez perteneció al sucesor del primer rey, y que gradualmente la voz alucinada del viejo rey acabó por fundirse con la del nuevo. Probablemente había comenzado el mito de Osiris que fue el poder tras las dinastías majestuosas de Egipto.

La tumba del rey como casa del dios se continúa durante milenios como característica de muchas civilizaciones, particularmente en Egipto. Pero, con más frecuencia, la parte que corresponde en la designación o título a la tumba del rey, acaba por marchitarse, por perderse. Esto ocurre en cuanto el sucesor de un rey sigue oyendo la voz alucinada de su predecesor durante su reinado, y se nombra a sí mismo sacerdote o siervo del rey muerto, lo que se practica en toda la Mesopotamia. En lugar de la tumba simplemente se pone un templo, y en lugar del cuerpo se pone una estatua, a la que se presta más servicio y reverencia porque no se descompone. En los dos capítulos que siguen estudiaremos más a fondo estos ídolos o sustitutos de los cadáveres de reyes. Son importantes. Como la reina de un hormiguero o colmena, los ídolos de un mundo bicameral son los centros, atendidos cuidadosamente, del control social, que tienen alucinaciones auditivas en vez de feromonas.

El triunfo de la civilización

Aquí está, pues, el inicio de la civilización. Casi súbitamente, aparecen testimonios arqueológicos que demuestran la existencia de la agricultura, por ejemplo, hojas de hoces y piedras para moler y aplastar halladas en Eynan se encuentran más o menos simultáneamente — hacia 9000 a.C. — en otros varios asentamientos del Levante e Irak, lo cual hace pensar en que hubo una difusión muy temprana de la agricultura en las mesetas del Cercano Oriente. Al principio, aquí ocurrió casi lo mismo que en Eynan: una etapa en que la incipiente agricultura y, posteriormente, la domesticación de los animales, avanzaban en el seno de una economía en que predominaba la recolección de alimentos.[18]

Hacia 7000 a.C., la agricultura se había convertido en la fuente primaria de subsistencia de los asentamientos agrícolas de diversos sitios del Levante, de la región de Zagros y del suroeste de Anatolia. Las cosechas se componían de carraón, escandia y cebada, y los animales domesticados eran ovejas, cabras y a veces cerdos. Hacia 6000 a.C., las comunidades agrícolas se extendieron sobre gran parte del Cercano Oriente. Y hacia 5000 a.C., la colonización agrícola de los valles aluviales del Tigris-Éufrates y Nilo avanzaba con rapidez y sus crecientes poblaciones iban hacia una cultura intensiva.[19] Ya no eran cosa rara las ciudades de diez mil habitantes; una de ellas, Merinda, estaba situada en el borde occidental del delta del Nilo.[20] Empezaba el poderoso efecto en la historia, de las grandes dinastías de Ur y de Egipto. El año 5000 a.C. o quizá unos quinientos años antes, llega también el principio de lo que los geólogos conocen con el nombre de Máximo Termal Holoceno, que duró aproximadamente hasta el 3000 a.C.; estudios de pólenes indican que durante este lapso el clima del mundo fue considerablemente más tibio y húmedo que el de nuestros días, lo cual permitió una propagación todavía mayor de la agricultura en toda Europa y en el norte de África, y una agricultura más productiva en el Cercano Oriente. Y en este proceso inmensamente complejo de civilizar a la humanidad, creo que los testimonios sugieren que el *modus operandi* de todo ello fue la mente bicameral.

Volvamos la mirada hacia esos testimonios.

---

18. Véase R. J. Braidwood, "Levels in pre-history: A model for the consideration of the evidence", en *Evolution After Darwin*, S. Tax, comp. (Chicago: University of Chicago Press, 1960), vol. 2, pp. 143-151.
19. Buzzer, p. 464.
20. Véase K. W. Butzer, "Archaeology and geology in ancient Egypt", *Science*, 1960, 132: 1617-1624.

Libro Segundo

EL TESTIGO DE LA HISTORIA

CAPÍTULO 1

Dioses, tumbas e ídolos

Civilización es el arte de vivir en poblados de un tamaño tal que no todos conocen a todos. No es una definición muy inspiradora, ciertamente, pero es verdadera. Hemos sostenido la hipótesis de que fue la organización social de la mente bicameral lo que hizo posible tal cosa. En este capítulo y en el que sigue trataré de integrar sin caer en una particularización excesiva el testimonio mundial de que tal mentalidad existió sin duda, dondequiera y cuando quiera que la civilización empezó.

Aunque se trata de una cuestión muy debatida hoy día, estoy adoptando la idea de que la civilización empezó independientemente en diversos lugares del Cercano Oriente, como lo describimos en el capítulo anterior, y luego se propagó siguiendo los valles de los ríos Tigris y Eufrates, y llegó a Anatolia y al valle del Nilo; se estableció en Chipre, Tesalia y Creta, y algo más tarde se difundió por el valle del río Indo y más allá, al Asia Central y Ucrania; parte por difusión y parte espontáneamente, se estableció a lo largo del río Yangtzé; independientemente, se presentó en Mesoamérica; y, también, parte por difusión y parte independientemente, en las mesetas andinas. En cada uno de estos lugares hubo una sucesión de reinos, todos ellos con características similares, a los que quizá prematuramente llamaré bicamerales. Aunque ciertamente hubo otros reinos bicamerales a lo largo de la historia del mundo, quizá por las riberas de la Bahía de Bengala o en la Malaya peninsular, en Europa, indudablemente en el centro de África por difusión salida de Egipto y posiblemente entre los indios de la porción septentrional de la América del Norte durante el llamado Periodo de Missouri, poco se ha hallado de estas civilizaciones que pueda servirnos para comprobar la hipótesis principal.

Fundado en la teoría que he esbozado, sugiero que hay varias características arqueológicas destacadas de civilizaciones antiguas que sólo se pueden entender partiendo de esta base. Estas características o rasgos silenciosos son el tema de este capítulo; para el siguiente hemos reservado las civilizaciones de Mesopotamia y Egipto, que conocieron el alfabeto.

LAS MORADAS DE LOS DIOSES

Imaginémonos llegando como extranjeros, como extraños a una tierra desconocida y que hallamos sus asentamientos humanos muy bien organizados conforme a un plan similar: casas comunes y edificios agrupados alrededor de un habitáculo magnífico y mayor. De inmediato supondríamos que esta magnífica y grande construcción es la casa del príncipe gobernante, y estaríamos en lo cierto. Pero tratándose de civilizaciones más antiguas, estaríamos equivocados si supusiéramos que ese gobernante era una persona como los príncipes de nuestros días. Más bien sería una presencia alucinada o, en la mayoría de los casos, una estatua, con frecuencia en un extremo de su residencia superior, con una mesa al frente, sobre la cual la gente ordinaria pondría sus ofrendas.

Ahora bien, dondequiera que encontremos una ciudad o el plano de una ciudad como ésta, con un gran edificio central que no es un habitáculo y que tampoco se puede usar para algo práctico, como granero o troje, y sobre todo si el edificio contiene una efigie humana, lo podremos tomar como prueba de la existencia de una cultura bicameral o de una cultura derivada de ella. Este criterio puede parecer insensato, simplemente porque así es el plano de muchas poblaciones actuales. Estamos tan acostumbrados al plan urbano de una iglesia rodeada por casas menores y por tiendas, que no nos parece fuera de lo común. Pero creo que nuestra arquitectura contemporánea, religiosa y urbana es, parcialmente, residuo, vestigio, remanente de nuestro pasado bicameral. A la iglesia, templo o mezquita se le sigue llamando la Casa de Dios. En ella seguimos hablando al dios, seguimos llevándole ofrendas que colocamos en una mesa o altar ante el dios o su emblema. Mi propósito al hablar de un modo tan objetivo es desfamiliarizar toda esta situación de modo que remontándonos y viendo al hombre civilizado contra toda su evolución de primate, podamos ver que tal situación o estructura urbana es insólita, y no esperable con base en nuestros orígenes neanderthalenses.

De Jericó a Ur

Con contadas excepciones, el plan de habitación de grupos humanos desde el final del Mesolítico hasta épocas relativamente recientes es una casa de dios rodeada por casas de hombres. En las aldeas más antiguas,[1] por ejemplo, las del nivel excavado de Jericó correspondiente al noveno milenio a.C., este plan no está del todo claro y quizá sea hasta objetable. Pero la casa de dios de Jericó, la mayor, rodeada por las que fueron moradas menores, en un nivel correspondiente al séptimo milenio a.C., con su galería y columnas que terminan en un cuarto con nichos y anexos curvilíneos, no admite duda en cuanto a su propósito. Ya no es la tumba de un rey muerto recostado sobre piedras. Los nichos albergaron efigies de tamaño casi natural, cabezas modeladas naturalísticamente en arcilla y puestas en cañas o haces de juncos y pintadas de rojo. Una función alucinogénica similar pueden haber tenido los diez cráneos humanos, quizá de reyes muertos, hallados en el mismo lugar, con rasgos modelados realísticamente en yeso y con conchas blancas de moluscos insertadas en el sitio de los ojos. Y la cultura hacilar de Anatolia de hace unos 9 000 años tuvo también cráneos humanos puestos en los pisos, lo cual sugiere un similar control bicameral para mantener unidos a los miembros de la cultura, en su esfuerzo por protegerse y producir alimentos.

El asentamiento neolítico más grande del Cercano Oriente es el de Catal Hüyük, de trece hectáreas, del cual apenas se ha excavado una hectárea, o menos. Allí la disposición fue ligeramente distinta. Excavaciones en niveles que datan de alrededor de 6000 a.C. muestran que casi todas las casas tenían un conjunto de cuatro o cinco habitaciones agrupadas alrededor de la de un dios. En estas habitaciones de los dioses se han hallado muchos grupos de estatuas hechas en piedra o en barro cocido.

Plano del nivel de construcción VI B en Catal Hüyük, hacia 6000 a.C. Obsérvese que en casi todas las casas hay una S que indica santuario o sagrario.

1. Entre las fuentes generales consultadas aquí, figuran Grahame Clark y Stuart Piggott, *Prehistoric Societies* (Londres: Hutchinson, 1965); James Mellaart, *Earliest Civilizations of the Near East* (Nueva York: McGraw Hill, 1965); y Grahame Clark, *World Prehistory: A New Outline* (Cambridge: Cambridge University Press, 1969).

Cinco siglos después, en Eridu, las casas de los dioses se ponían sobre plataformas de ladrillos de lodo, que fueron el origen de los zigurats. En una larga habitación central, el dios-ídolo colocado sobre una plataforma situada en un extremo miraba a una mesa de ofrendas situada en el otro. Y es esta secuencia o serie de santuarios que se prolongan hasta la cultura ubaid en el sur de Irak la que, hacia 4300 a.C., al propagarse por toda la Mesopotamia, echa los cimientos de la civilización sumeria y de su sucesora babilónica, de las que nos ocuparemos en el capítulo siguiente. Con ciudades de muchos miles de habitantes llegó también la construcción de inmensas y monumentales casas de los dioses que caracterizan y dominan a las ciudades a partir de entonces; quizá fueron ayudas alucinógenas para todos los que vivían en kilómetros a la redonda. Aun en nuestros días, el solo hecho de colocarse bajo estos zigurats montañosos, como el de Ur, que todavía sobresale por encima de las ruinas excavadas de su — en un tiempo — civilización bicameral, con sus rampas de escaleras irguiéndose apenas a la mitad de la altura que tuvo en otros tiempos, e imaginar su triple nivel de templos que se elevaban hacia el Sol, es sentir lo sobrecogedor que esta arquitectura pudo ser por sí misma para la mentalidad de los hombres.

Una variación hitita

En la parte media de su capital, Hattusas, hoy Boghazköy en la Turquía central, los hititas[2] tuvieron cuatro inmensos templos con grandes santuarios de granito, que se proyectaban sobre el nivel de las fachadas principales de los muros de piedra caliza, para que dieran iluminación lateral a unos ídolos enormes.

Pero quizá el bello sagrario montañoso exterior de Yazilikaya, justo arriba de la ciudad, tomó el lugar de un zigurat, es decir, de un lugar elevado que podía ser visto desde todas las tierras de cultivo; en las paredes de su santuario abundan los relieves de dioses.[3] Que las montañas en sí fueron alucinatorias para los hititas lo indican las esculturas en relieve, todavía claramente visibles sobre las peñas del interior del santuario, que muestran los usuales dibujos estereotipados de montañas coronadas con las cabezas y los tocados usados por los dioses. Como dice el canto del salmista, "Elevaré los ojos hacia las colinas de donde viene mi ayuda".

---

2. Los hititas podrían ser un ejemplo de un grupo de tribus nómadas que aprenden de sus vecinos una civilización bicameral. Es la repentina aparición de una alfarería policroma brillantemente decorada entre la alfarería brillante pero monocromática de la meseta de Capadocia en el registro arqueológico que data de hacia 2100 a.C. lo que se considera como indicio de su llegada, probablemente de las estepas del sur de Rusia.

3. En el cap. 3 de Seton Lloyd, *Early Highland Peoples of Anatolia* (Nueva York: McGraw-Hill, 1967) hay muy buenas fotografías de Yazilikaya. Un estudio explicativo se encontrará en Ekron Akurgal, *Ancient Civilizations and Ruins of Turkey* (Estambul, 1969).

En una de las fachadas de este templo montañoso, está esculpido de perfil el rey envuelto en su manto. Detrás de él en el relieve de piedra destaca un dios con una corona muchas veces más alta; el brazo derecho del dios está extendido, mostrándole el camino al rey, en tanto que el brazo izquierdo del dios está alrededor del cuello del rey, asiendo con firmeza su muñeca derecha. Es una prueba que atestigua en favor de un emblema de la mente bicameral.

La representación de dioses en largas filas, característica, creo, y privativa de los hititas, sugiere una solución a un añejo problema en la investigación sobre ellos. El problema es la traducción de la importante palabra *pankush*. Originalmente, los especialistas la interpretaron como significando toda la comunidad humana, quizá como una especie de asamblea nacional. Pero otros textos han exigido una revisión que ha llevado a traducirla más o menos como *élite*. Otra posibilidad, creo, es que indica toda la comunidad de estos muchos dioses y, particularmente, las decisiones selectas respecto a las cuales estaban de acuerdo todas las voces bicamerales. El hecho de que durante más o menos el último siglo de gobierno hitita, a partir de alrededor de 1300 a.C., no se mencione la palabra *pankush* en

Relieve en piedra en Yazilikaya, de hacia 1250 a.C. El dios Sharruma abraza y retiene a su administrador rey, Tudhaliys. El jeroglífico de deidad, en forma de rosquillas, se ve como la cabeza en el ideograma del dios de arriba a la izquierda y repetitivamente en la corona del dios. También se ve en el ideograma del rey de arriba a la derecha, lo que a mi juicio indica que el rey era "oído" por súbditos en alucinación.

ningún texto, podría indicar un silencio colectivo y el comienzo del turbulento cambio hacia la subjetividad.

Olmecas y Mayas

Los reinos bicamerales más antiguos de las Américas se caracterizan también por estos edificios centrales enormes, y por lo demás inútiles: la pirámide Olmeca, pesada y de forma extraña situada en La Venta, que data del 500 a.C., con su corredor de montículos menores de los que asoman apenas misteriosos mosaicos con caras de jaguar; o la racha de grandes pirámides-templos construidas hacia 200 a.C.[4] La mayor de ellas, la gigantesca pirámide del Sol de Teotihuacan (literalmente "Lugar de los dioses") tiene un contenido cúbico mayor que cualquiera de las de Egipto; tiene doscientos metros por lado, y es más alta que un edificio de veinte pisos,[5] En la cúspide tenía una habitación dedicada al dios, a la cual se llegaba por un sistema de escaleras muy empinadas. Y rematando la habitación del dios, dice la tradición que había una gigantesca estatua del Sol. Un camino procesional flanqueado por otras pirámides lleva a ella y, kilómetros a la redonda, todavía se pueden ver los restos de una gran ciudad, casas de sacerdotes, muchísimos patios y edificios menores, todos de un solo piso, de modo que desde cualquier punto de la ciudad se podían ver las enormes casas piramidales de los dioses.[6]

Empezando un poco después, pero aún contemporáneas de Teotihuacan, se yerguen las muchas ciudades Mayas de la península de Yucatán,[7] que dejan ver la misma arquitectura bicameral; cada ciudad se centra alrededor de pirámides muy empinadas, rematadas por casas de dios y ricamente decoradas con máscaras de jaguares de tipo Olmeca y otros murales y tallas, en los que desfila una interminable variedad de monstruos con rostros humanos entre la intrincada decoración de piedra. De excepcional interés es el hecho de que algunas de las pirámides contienen entierros como las de Egipto, lo cual quizá indique una fase en que el rey era dios. Frente a las pirámides Mayas suele haber estelas esculpidas con figuras de dioses e inscripciones glíficas que todavía no se entienden cabalmente. Como

4. Con relación a esto, véase C. A. Burland, *The Gods of Mexico* (Londres: Eyre and Spottiswoode, 1967); y también G. H. S. Bushnell, *The First Americans: The Pre-Columbian Civilizations* (Nueva York: McGraw-Hill, 1968).
5. En su construcción se emplearon unos tres millones de toneladas de adobes de barro, lo que exigió un gran número de horas-hombre. Para entender mejor tan tremendo trabajo manual(no conocieron la rueda), véase la página 427.
6. Véase S. Linne, *Archaeological Researches at Teotihuacan, Mexico* (Estocolmo: Ethnographic Museum of Sweden, 1934); también Miguel Covarrubias, *Indian Art of Mexico and Central America* (Nueva York: Knopf, 1957).
7. Véase Victor W. von Hagen, *World of the Maya* (Nueva York: New American Library, 1960).

este tipo de escritura se halla vinculado siempre con imágenes religiosas, es posible que la hipótesis acerca de la mente bicameral ayude a descifrar sus misterios.

Creo también que los lugares inhòspitos y singulares en que a veces fueron edificadas las ciudades Mayas, así como su repentina aparición y desaparición, se pueden explicar básicamente suponiendo que tales sitios y movimientos fueron ordenados por alucinaciones que en ciertos periodos pueden ser no solamente irrazonables sino abiertamente punitivas, como fue Yahvé a veces con su pueblo, o Apolo (por medio del Oráculo de Delfos) respecto al suyo, al ponerse del lado de los invasores de Grecia (véase III.1, III.2, n. 12).

A veces, hay verdaderas representaciones del acto bicameral. Sobre dos relieves de piedra de Santa Lucía Cotzumalhuapa, asiento no Maya en la pendiente hacia el Pacífico de Guatemala, se ve muy claramente este caso. A un hombre postrado en el suelo sobre la hierba, le hablan dos figuras divinas, una mitad humana, mitad ciervo, y la otra un muerto. Se trata de una escena bicameral verdadera según se desprende de observaciones modernas de los llamados *chilans* o profetas de la región. Aún hoy día alucinan voces mientras yacen, de cara al suelo en esta mismísima postura, aunque se cree que estas alucinaciones contemporáneas son inducidas o ayudadas por comer peyote.[8]

Civilizaciones andinas

Las cinco o seis (aproximadamente) civilizaciones andinas que precedieron a los Incas, están más desdibujadas todavía en la maraña de los tiempos.[9] La más antigua, Kotosh, anterior a 1800 a.C., está centrada alrededor de una casa de dios rectangular construida en una plataforma escalonada de ocho metros de altura sobre un gran terraplén; quedó rodeada por los restos de otros edificios. Sus paredes interiores tenían unos cuantos nichos rectangulares y altos, en uno de los cuales había dos manos cruzadas modeladas en yeso, quizá parte de un ídolo mayor, que hoy es polvo. ¡Cuánta similitud con Jericó, cinco milenios antes!

Es posible que Kotosh sea obra de gente migratoria procedente de México, pero la civilización siguiente, la Chavín, que empezó hacia 1200 a.C., muestra indudables rasgos Olmecas: el cultivo del maíz, algunas características de su

8. J. Erik S. Thompson, *Maya History and Religion* (Norman: University of Oklahoma Press 1970), p. 186. Por cierto que el peyote fue usado por muchos indios de estas regiones cuando su bicameralidad estaba desapareciendo. La excepción fueron los Mayas, que además fueron los únicos en haber tenido algún tipo de escritura. ¿Es posible que "leer" o alucinar glifos fuera para los Mayas como el peyote alucinogénico para otros?

9. Esto se debe en parte al hecho de que una nueva civilización bicameral en una región tiende a borrar los restos de su predecesora. Los dioses bicamerales son dioses celosos.

alfarería y el tema del jaguar en su escultura religiosa. Precisamente en Chavín, en los altiplanos del norte, un gran templo en forma de plataforma, con pasajes al estilo panal, alberga un ídolo impresionante con forma de un gran prisma de granito esculpido en bajorrelieve y que representa un ser humano con cabeza de jaguar.[10] Los siguieron los Mochicas,[11] que gobernaron el desierto del norte del Perú de 400 a 1000 d.C., construyeron enormes pirámides para sus dioses, erguidas enfrente de lugares cerrados y amurallados, donde tal vez hubo ciudades, como se puede ver todavía en el valle Chicama, cerca de Trujillo.[12]

Luego, en las abiertas mesetas cercanas al lago Titicaca entre 1000 y 1300 d.C., surgió el gran imperio de Tiahuanaco, con una pirámide aún mayor, revestida de piedra, con deidades gigantescas como columnas, similares a dioses que derraman lágrimas (¿por qué?) con cabezas de cóndor y de serpiente.[13]

Después llegaron los chimus, en una escala todavía mayor. Su capital, Chan-Chan, que cubría veintiocho kilómetros cuadrados, estaba dividida por murallas en diez grandes complejos, cada uno de ellos una ciudad en miniatura con su propia pirámide, su estructura palaciega, sus áreas regadas, embalses y cementerios. Averiguar con precisión qué significaron estos complejos colindantes separados por murallas, a la luz de la hipótesis bicameral, es un problema cuya investigación promete ser fascinante.

El dorado reino de los Incas

Llegaron luego los Incas, como una síntesis de Egipto y Asiria. Al menos al principio de su poderío, hacia 1200 d.C., su reino hace pensar en un reino bicameral del tipo dios-rey. Pero antes de un siglo, los Incas habían conquistado todo lo que se les puso enfrente, con lo cual quizá debilitaron su propia bicameralidad, como hizo Asiria en otro tiempo y en otro clima.

---

10. La siguiente cultura, la paraca, de entre más o menos 400 a.C. a 400 d.C., es una anomalía misteriosa. No dejaron edificaciones, sólo unas 400 momias brillantemente vestidas en profundas cavernas subterráneas en la Paracas peninsular.

11. Llamados así. Como ocurre en todas las civilizaciones primitivas, no tenemos idea de cómo se llamaban a sí mismos.

12. Vistas aéreas de sus ciudades son muy similares a las de Mesopotamia en el periodo bicameral. Otras culturas tales como la Ica Nazca florecieron al mismo tiempo en el sur. Poco, empero, queda de ellas, excepto las misteriosas líneas y figuras, algunas de kilómetros de longitud en los secos valles de Nazca, y los gigantescos contornos de aves o insectos, con superficies de hectáreas, de los cuales no se ha dado la menor explicación.

13. Tan completo y rápido fue su desplome hacia 1300 d.C. debido tal vez a hiperexpansión (véase II. 3, donde se dan razones de la inestabilidad de los reinos bicamerales), que sólo 250 años después, luego de la invasión europea, nadie había oído nada de ellos.

Cuando Pizarro lo conquistó, el Imperio Inca era probablemente una combinación de cosas bicamerales y cosas protosubjetivas. Este encuentro es tal vez lo más aproximado que hay a un choque entre las dos mentalidades que son el tema de este ensayo. Del lado subjetivo estaba el vasto Imperio, que si suponemos que era administrado con la movilidad social horizontal y vertical que una administración así exige hoy en día,[14] sería muy difícil de dominar de un modo puramente bicameral. Conforme a versiones de oídas, se cree que los jefes conquistados podían conservar sus títulos, pero debían enviar a sus hijos a Cusco para recibir educación y probablemente para servir de rehenes, concepción ésta muy difícil en un mundo bicameral. Al parecer los pueblos conquistados conservaron su propia lengua, si bien todos los funcionarios debían aprender quechua, la lengua religiosa.

Empero, del lado bicameral hay gran número de rasgos distintivos cuyo origen es casi seguramente bicameral, aunque es probable que hayan cobrado forma al menos parcialmente por la inercia de la tradición, del mismo modo que la pequeña ciudad-Estado de Cusco entre las altas fuentes del Amazonas "estalló", formando este Imperio romano de los Andes. El propio Inca es el dios-rey, pauta tan similar a la de Egipto que historiadores menos conservadores de la antigüedad americana han sostenido que debió haber alguna difusión o contacto. Creo, sin embargo, que si tenemos hombre, lenguaje y ciudades organizados sobre una base bicameral, sólo existirán ciertas pautas fijas dentro de las cuales puede embonar la historia.

El rey era divino, descendía del Sol, el creador-dios del planeta y de la tierra firme, de gente, del sudor del Sol (oro) y de las lágrimas de la Luna (plata). Ante él, aun los señores más encumbrados debían sentir tal temor reverente que temblaban desde los pies,[15] sentimiento que la psicología moderna no puede apreciar. Su vida diaria estaba inmersa en ritos complejos; sus hombros eran cubiertos con mantas de hojas frescas de algodón, y su cabeza era circundada con una orla de campanillas o borlas rojas, que obraba como cortina ante sus ojos para proteger a sus señores de ver una divinidad digna de tal temor y que no debía ser vista cara a cara. Cuando el Inca moría, sus concubinas y siervos personales se emborrachaban y danzaban, pero luego eran rápidamente estrangulados para reunirse con él en su viaje al Sol, tal como había sucedido anteriormente en Egipto, Ur y China. El cuerpo del Inca era momificado y colocado en su casa, que en lo sucesivo era templo. Se le hacía una estatua de oro de tamaño natural, sentado en su banco de

14. J. H. Rowe, "Inca Culture at the time of the Spanish Conquest", en J. H. Steward, *Handbook of South American Indians*, vol. 2. (Washington, D. C., 1946-1950).
15. Según narración de Pedro Pizarro, primo del conquistador, citado por V. W. von Hagen, *Realm of the Incas*, p. 113.

oro, como lo había hecho en vida, y diariamente se le daba comida, como había sucedido en los reinos del Cercano Oriente.

Aun cuando es muy posible que los Incas del siglo XVI y su aristocracia hereditaria marcharan entre funciones bicamerales establecidas muchísimo antes en un reino verdaderamente bicameral, tal como, probablemente, todavía ocurre hoy día con el emperador Hirohito, el divino dios-Sol de Japón, los testimonios indican que fue mucho más que todo esto. Cuanto más cerca del Inca estuviera un individuo, más bicameral parece que era su mentalidad. Los cilindros enjoyados y de oro que la alta jerarquía, incluso el propio Inca, llevaban en las orejas, a veces con imágenes del Sol en ellos, pudieron significar que esos mismos oídos estaban oyendo la voz del Sol.

Probablemente, sin embargo, lo más sugerente de todo es la forma en que fue conquistado este gran Imperio.[16] La confiada mansedumbre de su rendición ha sido desde hace mucho la cuestión más fascinante de las invasiones de América por europeos. Es un hecho que ocurrió, pero el porqué está preñado de raras suposiciones, aun entre los supersticiosos conquistadores que posteriormente lo narraron. ¿Cómo fue posible que un Imperio cuyos ejércitos habían sojuzgado las civilizaciones de medio continente, fuera sometido por una pequeña banda de 150 españoles al caer la noche del 16 de noviembre de 1532?

Es posible que haya sido una de las poquísimas confrontaciones entre la mente subjetiva y la bicameral, la de cosas tan insólitas como aquellas a que tuvo que enfrentarse el Inca Atahualpa; aquellos hombres rudos de piel blanca como la leche, cuyo pelo les caía de la barba en vez de salirles del cuero cabelludo, lo cual hacía parecer que sus cabezas estaban invertidas, con ropas de metal, ojos esquivos, montados en seres parecidos a llamas con pezuñas de plata, que llegaron como dioses en gigantescos *huampus* ordenados como los templos mochicanos, surcando el mar, que para el Inca era innavegable; a pesar de todo ello, no hubo voces bicamerales venidas del Sol, o de las estatuas de oro del Cusco situadas en sus deslumbradoras torres. No siendo subjetivamente conscientes, incapaces de engañar o de narratizar el engaño de los demás,[17] el Inca y sus señores fueron hechos prisioneros como autómatas indefensos. Mientras su pueblo observaba mecánicamente, este cargamento marítimo de hombres subjetivos despojaba de sus oros a la ciudad sagrada, fundía sus imágenes de oro y todos los tesoros del Recinto de Oro, sus campos de maíz de oro con tallos y hojas hábilmente forjados en oro, asesinaba a su dios viviente y a su princesa, violaba a sus sumisas mujeres y,

16. Para un relato reciente y de fácil lectura, véase John Hemming, *The Conquest of the Incas* (Nueva York: Harcourt Brace Jovanovich, 1970). (Trad. española: *La conquista de los Incas*, México, FCE, 1983.)
17. En Cusco no había ladrones ni puertas: un madero atravesado frente al vano de la puerta indicaba que el dueño no estaba y que nadie debía entrar.

narratizando su futuro español, se fue navegando con el metal amarillo al sistema de valores conscientes y subjetivos del cual provenía.

Estamos muy lejos de Eynan.

LOS MUERTOS VIVIENTES

En todas estas culturas antiguas, cuya arquitectura hemos visto muy someramente, es cosa muy común el entierro o funeral de los muertos importantes como si todavía vivieran. Esta costumbre no tiene explicación clara, excepto que sus voces seguían siendo percibidas por los vivos, y que tal vez exigían este trato. Como dije al hablar de Eynan en I.6, estos reyes muertos, recostados sobre piedras, cuyas voces eran alucinadas por los vivos, fueron los primeros dioses.

Luego, conforme estas primeras culturas evolucionan hacia reinos bicamerales, las tumbas de estos importantes personajes se llenan más y más de armas, equipos, ornamentos, y sobre todo de vasijas de comida. Esto es cierto respecto a las primeras cámaras mortuorias de toda Europa y Asia posteriores a 7000 a.C., y alcanza un alto grado de delicadeza según van apareciendo los reinos bicamerales y creciendo en tamaño y complejidad. Las tumbas soberbias de los faraones egipcios en sucesión ininterrumpida de pirámides construidas intrincadamente nos son familiares a todos (véase el capítulo siguiente). Lo cierto es que emplazamientos similares, aunque menos pasmosos, se encuentran por doquier. Los reyes de Ur, durante la primera mitad del tercer milenio a.C., eran enterrados con todo su cortejo, a veces vivo y en posición encorvada a su alrededor como si les fueran a prestar servicio. Se han encontrado dieciocho de tales tumbas; sus cámaras subterráneas contienen comida y bebidas, ropa, joyas, armas, liras como cabezas de toro, e incluso animales de tiro uncidos a carros adornados.[18] Otras tumbas, de periodos algo posteriores, se han encontrado en Kish y Ashur. En Anatolia, en Alaca Hüyük, las tumbas reales están techadas con esqueletos completos de bueyes asados, con vistas a calmar los apetitos sepulcrales de sus inmóviles habitantes.

En muchas culturas, aun los muertos ordinarios son tratados como si todavía vivieran. Las inscripciones más antiguas sobre temas funerales son listas mesopotámicas de raciones mensuales de pan y cerveza que deben darse a los muertos comunes. Hacia 2500 a.C., en Lagash se enterraba a los muertos con siete jarras de cerveza, 420 hogazas planas de pan, dos medidas de granos, un vestido, un soporte para la cabeza y una cama.[19] Algunas tumbas griegas antiguas no solamente

18. Véase C. L. Woolley, Ur Excavations, vol 2 (Londres y Filadelfia, 1934).

19. Esta información la da en un cono Urukagina, rey de Lagash, que redujo un poco estas cantidades. Véase Alexander Heidel, *The Gilgamesh Epic and Old Testament Parallels* (Chicago: University of

tienen los diversos arreos de la vida, sino tubos alimentadores que parecen indicar que los griegos arcaicos vertían caldos y sopas en las muertas quijadas de un cadáver que ya se estaba volviendo polvo.[20] Y en el Museo Metropolitano de Nueva York hay una *crátera* o cuenco mezclador pintado (número 14.130.15), cerca de 850 a.C.; muestra a un muchacho que al parecer se está arrancando los cabellos con una mano mientras que con la otra llena de comida la boca de un cadáver, probablemente de su madre. Esto es difícil de interpretar, a menos que en ese momento el alimentador estuviera alucinando algo proveniente del difunto.

Los testimonios hallados en las civilizaciones del Indo[21] son más fragmentarios debido a las sucesivas capas aluviales que cubren el terreno, a que todos los escritos en papiros se pudren y a lo incompleto de las investigaciones arqueológicas. Pero los sitios del Indo que han sido excavados hasta hoy tienen el cementerio junto a la ciudadela, en un lugar alto, con quince a veinte jarros de comida por persona muerta, lo cual va muy de acuerdo con la hipótesis de que se sentía que seguían viviendo ya enterrados. Y los entierros neolíticos de las culturas Yang-shao de China,[22] que no han sido fechadas, pero de las que se sabe que son anteriores a la mitad del segundo milenio a.C., igualmente muestran entierros en tumbas forradas de tablones de madera; el cuerpo está acompañado por jarras de comida y utensilios de piedra. Hacia 1200 a.C., la dinastía Chang muestra tumbas reales con cortejos sacrificados y también animales, tan similares a las de Mesopotamia y Egipto de un milenio antes, que muchos estudiosos están persuadidos de que la civilización llegó a China por difusión, proveniente de Occidente.[23]

Igualmente en Mesoamérica, los entierros Olmecas, entre 800 y 300 a.C. estaban ricamente provistos de jarros con comida. En los reinos Mayas, a los nobles se les enterraba como si vivieran, en las plazas de los templos. La tumba de un caudillo hallada hace poco bajo un templo de Palenque está trabajada tan espléndidamente como cualquier tumba hallada en el Viejo Mundo.[24] En el asentamiento Kaminaljuyu, que data de 500 d.C., un jefe guerrero está enterrado sentado, en compañía de dos adolescentes, de un niño y de un perro. A los hombres ordinarios se les enterraba con la boca llena de maíz molido, en los duros pisos

---

Chicago Press, 1949), p. 151.

20. E. R. Dodds, *The Greeks and the Irrational*.

21. Sir Mortimer Wheeler, *Civilizations of the Indus Valley and Beyond* (Nueva York: McGraw-Hill, 1966), y, con más amplitud, su *The Indus Civilization*, 2a. ed., volumen complementario de *The Cambridge History of India* (Cambridge: Cambridge University Press, 1960).

22. Véase William Watson, *Early Civilization in China* (Nueva York: McGraw-Hill, 1966); y también Chang Kwang-Chih, *The Archaeology of Ancient China* (New Haven: Yale University Press, 1963).

23. Entierros de carros completos, con los caballos sacrificados y también sus aurigas, se hicieron más frecuentes hacia el fin de la dinastía Chang, en el siglo XI a.C. y se prolongaron en la dinastía Chou en el siglo VIII a.C., que fue cuando terminaron. ¿Por qué todo eso? Solamente porque como todavía se oía el habla de los reyes muertos se creía que seguían viviendo y que necesitaban sus carros y sirvientes.

24. Von Hagen, *World of the Maya*, p. 109.

de arcilla de sus casas, con sus utensilios y armas, y con jarros llenos de comida y bebida, precisamente como en civilizaciones anteriores del otro extremo del mundo. Mencionaré también las estatuas-retratos de Yucatán que contenían las cenizas de un jefe muerto, los cráneos reesculpidos de Mayapán, y las pequeñas catacumbas de comuneros andinos, atados en posición sedente entre cuencos de chicha y de los utensilios y cosas que usaron en vida.[25] Entonces, a los muertos se les *llamaba* huacas o divinos, lo cual interpreto como indicación de que eran fuente de voces alucinadas. Y con relación a lo dicho por los conquistadores de que esta gente decía que sólo tras un largo tiempo después de la muerte, "muere" el individuo, pienso que la interpretación más apropiada es que necesitaba transcurrir este tiempo para que, finalmente, la voz alucinada se desvaneciera.

Que los muertos fueron el origen de dioses es algo que también se encuentra en los escritos de las civilizaciones bicamerales que dejaron de ser ágrafas. En un texto bilingüe de sortilegios proveniente de Asiria, a los muertos se les llama directamente *Ilani* o dioses.[26] Y al otro lado del planeta, tres milenios después, Sahagún, uno de los primeros cronistas del teatro mesoamericano, informó que los Aztecas llamaban al lugar Teotihuacan, lugar de entierro de los reyes; los antiguos decían: el que ha muerto se convierte en dios; o cuando alguien decía, él, que se ha vuelto dios, quería decir él ha muerto.[27]

Aun en el periodo consciente hubo la tradición de que los dioses eran hombres de una era anterior, que habían muerto. Hesíodo habla de una raza de oro de hombres que precedió a su propia generación y que llegaron a ser los "santos demonios que viven sobre la Tierra, benéficos, que nos guardan del mal, guardianes de los hombres mortales".[28] Referencias similares se pueden hallar hasta cuatro siglos después, como cuando Platón habla de héroes que después de la muerte se vuelven demonios que dicen a la gente lo que debe hacer.[29]

No quiero dar la impresión de que la presencia de jarros, comida y bebida en las tumbas de estas civilizaciones es un hecho universal y común de todas esas edades; es general. Pero en este terreno las excepciones suelen probar la regla. Por ejemplo, cuando sir Leonard Woolley empezó a excavar tumbas personales en Larsa, Mesopotamia (que datan de 1900 a.C.), se quedó sorprendido y desalentado por la pobreza de su contenido. Aun las bóvedas más trabajadas no tenían otro mobiliario que un par de ollas de arcilla, quizá a la puerta de la tumba, pero nada similar a lo hallado en tumbas de otras partes. La explicación le llegó al darse

25. Von Hagen, *Realm of the Incas*, p. 121.
26. Heidel, *The Gilgamesh Epic*, pp. 153, 196.
27. Citado por Covarrubias, p. 123.
28. Hesíodo, *Los trabajos y los días*, 120-121.
29. *República*, 469A; y también *Cratilo*, 398.

cuenta de que estas tumbas se hallaban *siempre* bajo casas particulares, y que los muertos de la Edad Larsa no necesitaban muebles en su tumba ni grandes cantidades de comida porque todo lo de la casa seguía estando a su disposición. La comida y la bebida puestas a la puerta de la tumba fueron, quizá, una medida de emergencia, lo que indica que cuando el muerto se "mezclaba" con la familia, lo hacía de modo amable.

Vemos, pues, que de Mesopotamia a Perú, las grandes civilizaciones han pasado cuando menos por una etapa que se ha caracterizado por entierros hechos como si el individuo siguiera viviendo. Y cuando la escritura pudo registrarlo, se vio que a los muertos se les llamó dioses. En el peor de los casos, esto va de acuerdo con la hipótesis de que sus voces se seguían oyendo como alucinación.

¿Es ésta una relación necesaria? ¿No sería más bien que la pena de la pérdida indujera estas prácticas, que fuera una especie de negativa a aceptar la muerte de un ser amado, de un jefe venerado y que se llamara por eso a los muertos dioses, como una especie de muestra de cariño? Posiblemente. Esta explicación, sin embargo, no basta para aclarar todo el cúmulo de testimonios, la multitud de referencias a los muertos como dioses en diferentes regiones del mundo, la vastedad de empresas del fuste de las pirámides, y hasta los vestigios contemporáneos en la tradición popular y en la literatura, de fantasmas que salen de sus tumbas con mensajes para los vivos.

ÍDOLOS QUE HABLAN

Una tercera característica de las civilizaciones primitivas que yo interpreto como indicio de bicameralidad es el enorme número y variedad de efigies humanas, y su obvia vinculación y centralidad respecto a la vida antigua. Las primeras efigies de la historia fueron, por supuesto, los cadáveres de jefes reclinados o los cráneos remodelados a los que nos referimos ya. Su desarrollo posterior es pasmoso. Es difícil entender su obvia importancia para las culturas participantes o relacionadas con ellos si se prescinde del supuesto de que eran ayudas en forma de voces alucinantes. Esta es una cuestión que está muy lejos de ser sencilla; principios completamente diferentes pueden estar entrelazados en la explicación total.

Figurillas

Las más pequeñas de estas efigies son las figurillas, que se han hallado en casi todos los reinos antiguos, desde los primeros asentamientos humanos. Durante los milenios séptimo y sexto a.C., son muy primitivas, apenas unas piedrecillas con rasgos grabados, o bien, figuras grotescas de arcilla. Pruebas de su importancia en las culturas de hacia 5600 a.C. las dan excavaciones hechas en Hacilar, en el sudoeste de Turquía. Efigies planas de mujeres de pie, hechas de arcilla cocida o de piedra, con ojos, nariz, pelo y barbilla tallados o grabados se hallaron en todas las casas,[30] como si, creo yo, fueran los controles alucinatorios de su ocupante. Las culturas amatriense y gerzeana de Egipto, de 3600 a.C. tallaron colmillos con cabezas barbadas y negros "círculos" para los ojos, cada uno de 15 a 20 centímetros, y muy apropiados para sostenerse en la mano.[31] Y eran tan importantes que cuando su dueño moría se ponían en su tumba, en posición de pie.

Gran número de figurillas se han desenterrado en la mayoría de las culturas mesopotámicas, en Lagash, Uruk, Nippur y Susa.[32] En Ur, figurillas de arcilla pintadas de negro y rojo se hallaron en cajas de ladrillo quemado colocadas bajo el piso, apoyadas contra las paredes, pero con un extremo abierto, el que miraba hacia el centro del cuarto.

La función de estas figurillas es tan misteriosa, sin embargo, como lo que más en la arqueología. La opinión más popular se remonta a la manía acrítica con que la etnología, siguiendo los pasos de Frazer, quiso hallar cultos de fecundidad en la simple presencia de un guijarro pulido. Ahora bien, si estas figurillas indicaran algo referente a la fecundidad frazeriana, no las hallaríamos en aquellos sitios en que la fecundidad no era problema. Pero no es así. En la civilización Olmeca de la parte más fecunda de México, las figurillas son de una variedad pasmosa; a menudo tienen la boca abierta y grandes orejas, como cabría esperar si fueran hechas pensando en encarnaciones de voces oídas con las cuales se pudiera llevar a cabo un diálogo.[33]

Sin embargo, la explicación no tiene nada de sencilla. Al parecer, las figurillas sufren una evolución, al igual que la cultura de la cual son parte. Las primeras figurillas Olmecas, para seguir con el mismo ejemplo, desarrollan a lo largo de su primer periodo un prognatismo exagerado, al grado de que llegan a parecer animales. Y luego, en el periodo teotihuacano, son más refinadas y delicadas, con grandes sombreros y esclavinas, pintadas de rojo, amarillo y blanco, todo lo cual las hace parecer sacerdotes Olmecas. Un tercer periodo de figurillas Olmecas las

30. Mellaart, p. 106; véase también Clark y Piggott, p. 204.
31. Véase Flinders Petrie, *Prehistoric Egypt* (Londres: British School of Archaeology in Egypt, 1920), pp. 27, 36. A veces se representa a los dioses con ídolos en las manos. Un ejemplo de Anatolia se halla en Seton Lloyd, *Early Highland Peoples of Anatolia* (Nueva York: McGraw Hill, 1967), p. 51; y un ejemplo Maya en la cara hacia el norte de la Estela F, en A. P. Maudslay, *Archaeology in Biologia Centrali-Americana* (Nueva York: Arte Primitivo, 1975), volumen II. lámina 36.
32. Para rituales posteriores para que tuvieran poderes sobrenaturales, véase H. W. F. Saggs, *The Greatness That Was Babylon* (Nueva York: Mentor Books, 1962), pp. 301-303.
33. Vease Burland, *The Gods of Mexico*, pp. 22-23; Bushnell, *The First Americans*, pp. 37-38.

presenta modeladas con más cuidado y realismo, algunas con brazos y piernas articulados, algunas con relicarios huecos en los torsos cerrados con una tapa cuadrada que en su interior guardan otras figurillas, pequeñísimas, denotando así quizá la confusión de guía bicameral que ocurrió antes del desplome de la gran civilización Olmeca. Porque fue precisamente al fin de este periodo, hacia 700 d.C., en que hubo una gran profusión de figurillas así como de estatuas enormes, con la boca abierta, nuevas y no terminadas, cuando la gran ciudad de Teotihuacan fue destruida deliberadamente y sus templos fueron incendiados, sus murallas arrasadas y la ciudad abandonada. ¿Habían cesado las voces y de ello resultó el aumento en el número de efigies hechas? ¿O se multiplicaron en la confusión?

Debido a su número y tamaño, es de dudar que la mayoría de las figurillas produjeran alucinaciones auditivas. Algunas ciertamente fueron artificios mnemónicos, recordatorios para un pueblo no consciente que no podía hacer rendir voluntariamente ninguna experiencia admonitoria, que quizá funcionaban como el quipu, o literatura de cordón de cuentas de los Incas o de las cuentas de rosarios de nuestra cultura. Por ejemplo, las figurillas de bronce de los cimientos de las construcciones mesopotámicas enterradas en las esquinas de las nuevas edificaciones y bajo los umbrales de las puertas, son de tres clases: un dios arrodillado que clava una estaca en el suelo, un portador de cestas y un toro echado. No basta la teoría actual que trata de explicarlas, según la cual sirven para clavar a los espíritus malignos bajo la construcción. Más bien es posible que fueran ayudas mnemónicas semialucinatorias de un pueblo no consciente para que pusiera los postes derechos, para que acarreara los materiales o para que empleara bueyes para llevar a la construcción los materiales grandes.

Pero algunos de estos objetos pequeños — podemos afirmar razonablemente — tenían la capacidad de ayudar en la producción de voces bicamerales. Consideremos los ídolos-ojos, hechos en alabastro negro y blanco, cuerpecillos delgados, como galletas, rematados por ojos, en un tiempo teñidos con pintura de malaquita, que se han encontrado por millares, sobre todo en Brak en uno de los afluentes superiores del Éufrates, y que datan de cerca de 3000 a.C. Al igual que los primeros ídolos amatrenses y gerzeanos hechos de colmillos, en Egipto, pueden sostenerse en la mano. Casi todos tienen dos ojos, pero hay algunos con dos pares de ellos; algunos tienen coronas y otros marcas que indican claramente a los dioses; ídolos mayores hechos de terracota se han hallado en otras partes, como Ur, Mari y Lagash; debido a que los ojos son como aros abiertos, se les ha llamado ídolos de anteojos. Otros, hechos de piedra y colocados en podios y altares,[34]

34. Véase M. E. L. Mallowan, *Early Mesopotamia and Iran* (Nueva York: McGraw-Hill. 1965).

Uno de los muchos miles de “ídolos ojo” de alabastro que se pueden tener en la mano. Fueron excavados en Brak, sobre un alto tributario del Eufrates, hacia 3300 a.C. El ciervo es el símbolo de la diosa Ninhursag. Uno de los muchos miles de “ídolos ojo” de alabastro que se pueden tener en la mano. Fueron excavados en Brak, sobre un alto tributario del Eufrates, hacia 3300 a.C. El ciervo es el símbolo de la diosa Ninhursag.

parecen dos rosquillas cilíndricas colocadas a cierta distancia por encima de una plataforma grabada, que podría ser una boca.

Una teoría de los ídolos

Todo esto necesita un poco más de estudio psicológico. Entre los primates es muy importante el contacto de ojo a ojo. Por debajo de los humanos, indica la posición jerárquica del animal, pues en muchas especies de primates el animal sometido se aleja haciendo una mueca. Pero en los humanos, debido quizá a su mucho más largo periodo juvenil, el contacto de ojo a ojo ha evolucionado, convirtiéndose en una interacción social de gran importancia. Los niños pequeños miran los ojos de su madre, no sus labios, cuando les habla. Esta reacción es automática y universal. El desarrollo evolutivo de este contacto de ojo a ojo hacia relaciones de autoridad y amor, es una trayectoria importantísima, que aún no se ha precisado. Aquí bastará decir que es más probable que sintamos la autoridad de un superior cuando él y nosotros nos miramos directamente a los ojos. Hay una especie de tensión, una falta de resolución sobre esta experiencia, y simultáneamente algo como una disminución de la conciencia, de modo que si esta relación se imita o se tiene con una estatua, acrecentará la alucinación del habla divina.

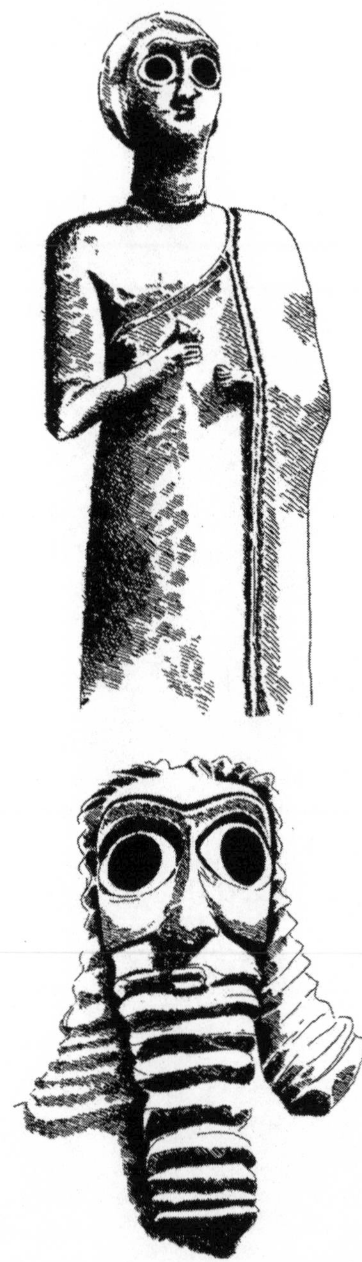

Arriba, una diosa desconocida, y en el lado izquierdo, el dios Abu. Ambos fueron hallados en un templo en Tell Asmar, cerca de donde hoy se yergue Bagdad, y se guardan en su museo. De hacia 2600 a.C.

De este modo, los ojos, a lo largo del periodo bicameral, se vuelven una característica sobresaliente de la mayoría de los templos estatutarios. El diámetro del ojo humano es de alrededor de un diez por ciento del largo de la cabeza; a esta proporción la llamaré índice del ojo de un ídolo. El famoso grupo de doce estatuas descubiertas en la Favissa del templo de Abu en Tell Asmar,[35] tiene unos símbolos en las bases que indican que son dioses; los índices de sus ojos llegan al 18 por ciento: enormes globos oculares que miran con fijeza hipnótica y con desafiante autoridad desde un pasado desconocido que se remonta a 5 000 años.

Esto mismo se encuentra en otros ídolos de otros lugares. Una cabeza de mármol blanco, particularmente hermosa y justamente célebre, hallada en Uruk,[36] tiene un índice de ojos de más de veinte por ciento; se ve que la escultura tuvo en un tiempo incrustadas en los ojos y en las cejas gemas deslumbrantes, que la cara tenía color, el pelo había sido teñido con cierto tinte, y que esa cabeza era parte de una estatua de madera de tamaño natural, hoy reducida a polvo. Hacia 2700 a.C. en la refinada civilización del medio Éufrates llamada Mari, abundaron las estatuas de alabastro y calcita, de dioses, gobernantes y sacerdotes con faldas sueltas; sus ojos abarcaban hasta el 18 por ciento del largo de la cabeza y estaban realzados pesadamente con pintura negra. En el gran templo de Mari mandaba la famosa Diosa del Jarrón de Flores: las grandes cuencas de sus ojos, hoy vacías, contuvieron gemas hipnóticas, y sus manos sostuvieron un aribalo inclinado. Una tubería proveniente de un depósito, que iba por dentro del ídolo, hacía que del aribalo se desbordara el agua, la cual corría hacia abajo sobre el manto del ídolo; ello daba a sus partes inferiores un velo líquido translúcido, y agregaba cierto sonido sibilante muy apropiado para insertar en alguna comunicación oral alucinada. Tenemos, además, la famosa serie de estatuas del enigmático Gudea, gobernante de Lagash, que datan de hacia 2100 a.C., esculpidas en una piedra durísima, cuyos índices de ojos son de entre 17 y 18 por ciento.

Los índices de ojos de las esculturas de templos y tumbas de los faraones egipcios llegan a veces al veinte por ciento. Las pocas estatuas de madera provenientes de Egipto que han llegado a nosotros muestran que esos ojos agrandados eran de cuarzo y cristal insertados en un aro de cobre. Como podría esperarse de este tipo de teocracia de dios-rey (véase el capítulo siguiente), al parecer los ídolos no desempeñaron en Egipto el papel preponderante que tuvieron en Mesopotamia.

Pocos ejemplos sobreviven de la escultura en piedra del Indo, pero esos pocos muestran índices de ojos pronunciados superiores a veinte por ciento.[37] No se

35. Ilustrado en muchos textos generales, entre ellos Mallowan, pp. 43, 45.
36. Véase Mallowan, *Early Mesopotamia*, p. 55.
37. Véanse, por ejemplo, las ilustraciones de Wheeler, *Civilizations of the Indus Valley*.

Dios Maya, una estela de 3.60 metros, hallada en Copán, Honduras. Fue esculpida hacia el 700 d.C.

han hallado ídolos del periodo bicameral de China. Pero cuando la civilización empieza en Mesoamérica hacia 900 a.C., es como si estuviéramos otra vez en el Cercano Oriente varios milenios antes, aunque con ciertos elementos únicos: enormes cabezas esculpidas en el duro basalto, con frecuencia de 2.50 metros de altura, por lo general cubiertas con un gorro, a veces con grandes orejeras como los cascos de futbol americano, descansando sin cuerpo en la tierra, cerca de La Venta y Tres Zapotes (algunas han sido llevadas al Parque Olmeca, en Villahermosa). Los índices de ojos de estas cabezas fluctúan entre un normal 11 por ciento y más del 19. Por lo general, la boca está entreabierta, como si estuviera hablando. Hay también muchos ídolos Olmecas de cerámica que representan a un niño extraño, sin sexo, siempre sentado con las piernas exageradamente abiertas como si quisiera mostrar su falta de sexo; se inclina hacia adelante para mirar con más intensidad por las grandes ranuras de sus ojos; sus gruesos labios están entreabiertos, como si estuviera hablando. El índice de ojos, si los ojos estuvieran abiertos, sería de 17 por ciento, en las que pude examinar. Las figurillas de la cultura Olmeca son a veces de la mitad del tamaño natural, con índices de ojos más grandes aún; con frecuencia se les encuentra en entierros como el asentamiento de Tlauilco, de gran influencia Olmeca, cercano a la ciudad de México, que data aproximadamente de 500 a.C.; ahí parece que el cuerpo fue enterrado con su ídolo personal, como si pudiera seguir diciéndole qué hacer.

Por lo general, los ídolos Mayas no muestran índices anormales de ojos. Pero creo que en las grandes ciudades de Yucatán se hicieron estatuas-retratos de jefes muertos, con el mismo propósito alucinógeno. Se dejaba vacía la parte posterior de la cabeza y ahí se ponían las cenizas del difunto incinerado. Y, según Landa, que presenció esta ceremonia en el siglo XVI, "conservaban estas estatuas con grandísima veneración".[38]

Los cocomes, que en un tiempo gobernaron Mayapán (hacia 1200 d.C.), repitieron lo que la cultura natufiense de Jericó había hecho 9 000 años antes. Decapitaban a sus muertos

> y después de cocer las cabezas, les quitaban la carne y luego aserraban la mitad de la coronilla por la parte posterior, dejando intacta la parte delantera con quijadas y dientes. Luego reponían la carne... con una especie de betún [y argamasa], lo que daba a las cabezas un aspecto natural y de vida... las guardaban en oratorios en sus casas y en días festivos les ofrecían comida... creían que sus almas reposaban ahí dentro y que estas ofrendas les eran útiles.[39]

En todo esto no hay nada que contradiga la tesis de que estas cabezas preparadas recibían dicho tratamiento porque "contenían" las voces de quienes habían sido sus dueños.

Los Mayas tuvieron otros muchos tipos de ídolos, y con tal profusión que cuando en 1565 un alcalde español ordenó la abolición de la idolatría en su ciudad, se quedó pasmado al ver que "ante mí llevaron más de un millón".[40] Con cedro, al que llamaban *kuche* o madera sagrada, los Mayas hacían otro tipo de ídolo. "Y a esto lo llamaron hacer dioses." Los esculpían sacerdotes que ayunaban — los *chaks* —, temblando y dominados por un gran temor, encerrados en pequeñas cabañas de paja consagradas con incienso y oraciones; "con frecuencia",

38. Citado por Von Hagen, *World of the Maya*, p. 109.
39. Landa, citado por Von Hagen, *World of the Maya*, p. 110.
40. Von Hagen, *World of the Maya*, p. 32.

los escultores de dioses "se cortaban las orejas y con su sangre ungían a los dioses, y les quemaban incienso". Una vez terminados, eran pródigamente vestidos y colocados en doseles en pequeñas construcciones, algunas de las cuales por estar en lugares poco accesibles se han librado de los ataques del cristianismo o del tiempo, y todavía se les está descubriendo. Según un observador del siglo XVI, "los pobres ignorantes creían que los ídolos les hablaban y por ello ofrecían en sacrificio aves, perros, su propia sangre y hasta hombres".[41,42]

El Habla de los Idolos

¿Cómo podremos saber que esos ídolos "hablaban" en el sentido bicameral? He querido indicar que la sola existencia de estatuas y figurillas requiere una explicación en una forma que hasta hoy no se ha percibido. La hipótesis de la mente bicameral ofrece dicha explicación. El colocar tales ídolos en lugares religiosos, los ojos exagerados en las primeras etapas de todas las civilizaciones, la costumbre de insertar gemas brillantes en las cuencas de los ojos, un ritual complejo para abrir la boca de las estatuas nuevas en las dos civilizaciones antiguas más importantes (como veremos en el capítulo siguiente), todo esto ofrece, cuando menos, una norma de evidencia.

La literatura cuneiforme suele dar cuenta de estatuas de dioses que hablaban. Todavía a principios del primer milenio a.c. una carta real dice:

> He tomado nota de los presagios... los hice recitar en orden ante Shamash... la imagen real [una estatua] de Akkad puso visiones ante mí, exclamando: "¿Qué presagio pernicioso has tolerado en la imagen real?" Y, volviendo a hablar: "Di al Jardinero... [aquí la escritura cuneiforme se vuelve ilegible, pero luego prosigue] ...hizo investigación referente a Ningal-Iddina, Shamash-Ibni y Na'id-Merduk. Con respecto a la rebelión en la tierra, dijo: "Apodérate de las ciudades amuralladas, una tras otra, pues ninguna de tales malditas podrá hacer frente al Jardinero".[43]

El Antiguo Testamento también dice que uno de los tipos de ídolos a que se refiere, el *Terap*, hablaba. Ezequiel, 21:21, describe que el rey de Babilonia consultó a varios de ellos. De América nos llegan nuevos testimonios. Los vencidos Aztecas contaron a los invasores españoles cómo empezó su historia: una estatua de un

41. Todas estas citas son de Landa, un español que describió lo que vio en el siglo XVI, citado por J. Eric S. Thompson, *Maya History and Religion*, pp. 189-191.
42. También los Incas tuvieron una variedad de ídolos a los que llamaban dioses, algunos de tamaño natural, fundidos en oro o plata, o bien de piedra coronados y vestidos; los hallaron los españoles en templos alejados del centro del Imperio Inca. Véase Von Hagen, *Realm of the Incas*, pp. 134, 152.
43. R. H. Pfeiffer, *State Letters of Assyria* (New Haven: American Oriental Society, 1935), p. 174.

templo en ruinas, perteneciente a una cultura anterior, habló a sus jefes. Les ordenó cruzar el lago de donde habían venido, y llevar con ellos la estatua dondequiera que fueran, la cual los dirigió de un lado a otro, tal como las voces bicamerales incorpóreas dirigieron a Moisés zigzagueando por el desierto del Sinaí.[44]

Finalmente, el muy notable testimonio proveniente del Perú. Todos los primeros informes de la conquista del país por los españoles discípulos de la Inquisición están acordes en considerar que el reino Inca estaba mandado por el Demonio. La prueba que adujeron fue que el mismísimo Diablo hablaba a los Incas por boca de sus estatuas. Para estos rudos cristianos dogmatizados, oriundos de una de las regiones más atrasadas de España, esto no causó gran asombro. El primer informe que se envió a Europa, decía: "en el templo de [Pachacámac] había un Demonio que con frecuencia hablaba a los indios en un cuarto oscurísimo, tan sucio como él mismo".[45] Y en un informe posterior se dice que y esto de hablar y responder el demonio en estos falsos santuarios, y engañar a los miserables es cosa muy común y muy averiguada en Indias... ordinariamente era de noche, y entraban las espaldas vueltas al ídolo, andando hacia atrás, y doblando el cuerpo e inclinando la cabeza, poníanse en una postura fea, y así consultaban. La respuesta de ordinario era una manera de silbo temeroso, o con un chillido, que les ponía horror, y todo cuanto les avisaba y mandaba era encaminado a su engaño, perdición y ruina.[46]

---

44. C. A. Burland, *The Gods of Mexico*, p. 47.
45. Anónimo, *The Conquest of Peru*, con una traducción y anotaciones de J. H. Sinclair (Nueva York: New York Public Library, 1929). p. 37 ss.
46. Padre Joseph De Acosta, *The Natural and Moral History of the Indies* (Londres: Hakluyt Society, 1880), 2: 325-326. [La versión original ha sido publicada por el FCE: *Historia natural y moral de las Indias*]

CAPÍTULO 2

Teocracias bicamerales alfabetizadas

¿Qué es escribir? La escritura se inicia en *imágenes de acontecimientos visuales* y termina en *símbolos de acontecimientos fonéticos*. ¡Es una transformación pasmosa! La escritura del tipo último, como la de esta página, tiene como finalidad decir al lector, comunicarle algo que desconoce. Pero cuanto más cerca esté la escritura del tipo inicial, más será un artificio mnemónico cuyo fin primordial es informar de algo que el lector ya conoce. Los pictogramas roto-letras de Uruk, la iconografía de las antiguas representaciones de los dioses, los glifos de los mayas, los códices de imágenes de los aztecas y, por supuesto, nuestra propia heráldica, todo ello pertenece a este tipo. Las informaciones que deben transmitir a aquellos que los vean tal vez se pierdan, lo cual les hará completamente intraducibles.

Los dos tipos de escritura que caen entre estos dos extremos, mitad pintura o imagen y mitad símbolo, constituyen la base de este capítulo. Son jeroglíficos egipcios con su forma algo cursiva y abreviada, hieráticos; estos términos significan "escritura de los dioses", y la escritura más usada que los estudiosos posteriores llamaron cuneiforme, por razón de sus caracteres en forma de cuña.

Esta última es, con mucho, la más importante para nosotros, y los restos que de ella tenemos son también mucho más extensos. Miles de tablillas están en espera de ser traducidas y muchos miles más, de ser desenterradas. Esta escritura se usó en cuando menos cuatro lenguas, sumeria, acádica, hurriana, y más adelante, hitita. En vez de un alfabeto de veintinueve letras como el español, veintiséis del inglés o veintidós del arameo (el cual, salvo para los textos religiosos, sustituyó al cuneiforme hacia 200 a.C.), es un sistema de comunicación dificultoso y ambiguo que tiene más de 600 signos. Muchos de ellos son ideográficos, en el sentido de que el mismo signo puede ser una sílaba, una idea, un nombre o una palabra con más de un significado, según a qué clase pertenezca; irregularmente, esta clase se indicaba por medio de una marca especial. Sólo con ayuda del contexto podemos desentrañar qué es. Por ejemplo, el signo 𒌓 significa nueve cosas distintas: pronunciado *samsu* significa sol; si se pronuncia *umu*, significa día; si *pisu* significa blanco; y también representa las sílabas *ud*, *tu*, *tam*, *pir*, *lah* y *his*. Aun en sus días, fueron muy grandes las dificultades para expresarse con claridad con este enredo contextual. Pero cuando nos situamos, más bien dicho, nos exiliamos de la cultura que ese lenguaje describe, y ponemos de por medio 4000 años, la traducción se convierte en un problema enorme, pero fascinante. Esto mismo se aplica en términos generales a la escritura jeroglífica y hierática.

Si los términos son concretos, cosa bastante común, dado que la mayor parte de los escritos cuneiformes son recibos o inventarios u ofrendas a los dioses, queda poca duda sobre la exactitud de la traducción. Pero cuando los términos tienden a lo abstracto, y sobre todo cuando es posible una interpretación psicológica, entonces hallamos que traductores bien intencionados imponen categorías modernas para hacer comprensibles sus traducciones. Las literaturas populares y hasta doctas están plagadas de estas enmiendas endulzadas y de glosas o interpretaciones que nos resultan tragables para que los hombres de la antigüedad se parezcan a nosotros, o que, cuando menos, su hablar sea como el de la Biblia del rey Jacobo. Con frecuencia los traductores leen más de lo que dicen. Muchos de esos textos que parecen versar sobre toma de decisiones, que son proverbios, o narraciones gloriosas, o enseñanzas, deben ser reinterpretados con precisión conductual concreta si hemos de basarnos en ellos como datos o elementos confiables para la psicoarqueología del hombre. De una vez advierto al lector que el efecto de este capítulo no está de acuerdo con los libros populares escritos sobre el tema.

Sin perder de vista estas advertencias, sigamos.

Cuando, en el tercer milenio a.C., la escritura, como si fuera el telón de un teatro que se alza frente a estas deslumbradoras civilizaciones, nos permite asomarnos directa pero imperfectamente a ellas, salta a la vista que durante cierto tiempo ha habido dos formas principales de teocracia: 1) la *teocracia del rey-administrador*, en la cual el jefe o el rey es el primer representante o lugarteniente de los dioses, o, más comúnmente, del dios particular de una ciudad, el administrador y guardián de sus tierras. Entre los reinos bicamerales, ésta fue la forma de teocracia más importante y extendida. Fue el modelo seguido en muchas ciudades-Estados bicamerales mesopotámicas, en Micenas (según vimos, I.3) y en, hasta donde sabemos, la India, China y, probablemente, Mesoamérica. 2) la *teocracia del dios-rey*, en la cual el propio rey es un dios. Los ejemplos más claros de esta forma se encuentran en Egipto y cuando menos en algunos reinos de los Andes, y probablemente en el más antiguo reino de Japón. Ya en I.6 sugerí que ambos tipos evolucionaron a partir de una situación bicameral muy primitiva en la cual un nuevo rey gobernaba obedeciendo la voz alucinada de un rey muerto.

Me ocuparé de estas dos teocracias en las dos civilizaciones antiguas de más importancia y grandeza.

MESOPOTAMIA: LOS DIOSES COMO DUEÑOS

En toda Mesopotamia, desde los más antiguos tiempos de Sumeria y Acadia, las tierras, en su totalidad, eran de los dioses, y los hombres eran sus esclavos. De esto, los textos cuneiformes no dejan la menor duda.[1] Cada ciudad-Estado tenía su dios principal, y al rey se le describe en los documentos más antiguos que tenemos como "el granjero inquilino del dios".

El dios mismo era una estatua. La estatua no era *de* un dios (como diríamos nosotros), sino el propio dios. Tenía su casa, que los sumerios llamaron la "gran casa". Constituía el centro de un complejo de templos, cuyo tamaño variaba de acuerdo a la importancia del dios y a la opulencia de la ciudad. Probablemente, el dios era de madera, para que fuera lo suficientemente ligero para ser llevado a hombros de los sacerdotes. En la cara tenía incrustaciones de joyas y metales preciosos. Vestía indumento deslumbrador y residía en un pedestal dentro de un nicho de una cámara central de su casa. Las casas de los dioses mayores y más importantes tenían segundos patios rodeados por habitaciones para el uso del rey-administrador y de los sacerdotes subordinados.

En la mayor parte de las grandes ciudades excavadas en Mesopotamia, la casa de un jefe dios era el zigurat, gran torre rectangular, que se elevaba en etapas en disminución hasta llegar a la brillante cúspide en la cual se erguía una capilla. En el centro del zigurat estaba el *gigunu*, gran cámara en la cual, según opinión de la mayoría de los entendidos, residía la estatua del jefe dios, pero que otros creen que servía para fines rituales. Estos zigurats o estructuras religiosas similares son comunes a la mayor parte de los reinos bicamerales durante algún periodo.

Dado que la estatua divina era la dueña de la tierra y la gente era su arrendataria, el primer deber del rey-administrador era servir al dios no únicamente en la administración de las fincas del dios sino de un modo más personal. Según los textos cuneiformes, a los dioses les gustaba comer y beber, oír música y bailar;

1. La mayor parte de este material es bien conocida y se puede hallar en muchas buenas obras, por ejemplo, H. W. F. Saggs, *The Greatness That Was Babylon* (Nueva York: Mentor Books, 1962): *The Cambridge Ancient History*, vols. 1-3 (Cambridge: Cambridge University Press); George Roux, *Ancient Iraq* (Baltimore: Penguin Books, 1966); y A. L. Oppenheim, *Ancient Mesopotamia: Portrait of a Dead Civilization* (Chicago: University of Chicago Press, 1964).

debían tener lechos para dormir y para sus relaciones sexuales con otras estatuas-dioses, en visitas conyugales que tenían lugar de tiempo en tiempo; había que lavarlos y vestirlos, y tranquilizarlos con olores gratos; en caso de celebraciones de Estado, se les sacaba a dar un paseo; y conforme transcurría el tiempo, todo esto se hacía con más ceremonias y rituales.

El ritual diario del templo abarcaba lavar, vestir y dar de comer a las estatuas. El lavado se hacía probablemente con agua pura, que los sacerdotes servidores le salpicaban; éste es tal vez el origen de nuestras ceremonias de bautismo y ungimiento. El vestido se llevaba a cabo envolviendo a la figura de diferentes maneras. Frente al dios había unas mesas, origen de nuestros altares, en una de las cuales se ponían flores y en la otra comida y bebida para el divino hambriento. La comida se componía de pan y pastelillos, carne de reses, ovejas, cabras, venados, peces y aves de corral. De acuerdo con algunas interpretaciones de los escritos cuneiformes, se introducía la comida y luego se dejaba a solas a la estatua-dios para que gozara de ella. Luego, después de un lapso apropiado, entraba el rey-administrador por una puerta lateral, y se comía lo que había dejado el dios.

Igualmente, a las divinas estatuas debía mantenérselas de buen humor. A esto se le llamaba "aplacar el hígado" de los dioses, y consistía en ofrendas de mantequilla, grasa, miel, dulces y caramelos puestos sobre las mesas como el alimento regular. Es de presumir que alguna persona cuya voz bicameral era condenatoria y airada llevaba tales ofrendas a la casa del dios.

¿Cómo es posible que todo esto continuara en una forma o en otra durante *miles* de años, como el eje central de la vida, a menos de que admitamos la hipótesis de que los hombres oían que las estatuas les hablaban del mismo modo que los héroes de la *Ilíada* oyeron la voz de sus dioses y Juana de Arco la del suyo? Ciertamente, *debían* oírlos para saber qué hacer.

Todo lo anterior podemos leerlo directamente en los propios textos. El gran Cilindro B de Gudea (hacia 2100 a.C.) describe cómo, en un nuevo templo para su dios Ningirsu, las sacerdotisas hicieron que "las diosas Zazaru, Impae, Urentaea, Khegirnunna, Kheshagga, Guurmu, Zaarmu, que son las siete hijas de la estirpe de Bau que le concedió el amo Ningirsu, *pronunciaran* decisiones favorables al bando del señor Ningirsu".[2] Las decisiones concretas que debían pronunciarse aquí versaban sobre diversos aspectos de la agricultura; que el grano "cubriera las orillas del campo sagrado" y "que desbordaran todos los ricos graneros de Lagash". Y un cono de arcilla de la dinastía de Larsa, de hacia 1700 a.C., alaba a la diosa

2. Columna 11, líneas 4-14, como aparecen en George A. Barton, *The Royal Inscriptions of Sumer and Akkad* (New Haven: American Oriental Society, 1929). En esta y las siguientes citas, las cursivas son del autor.

Ninegal como "*consejera, gobernante* extremadamente sabia, princesa de todos los grandes dioses, *vocera* exaltada, cuyas *palabras* no tienen rival".[3]

Por doquier en estos textos se encuentra el habla de los dioses que deciden lo que ha de hacerse. He aquí lo que dice un cono de Lagash:

> Mesilin, rey de Kish, según *orden* de su deidad Kadi referente a la siembra de ese campo erigió una estela en ese lugar. Ush, patesi de Umma, encantamientos para atraparla formada; esa estela él rompió en pedazos; avanzó por la llanura de Lagash. Ningirsu, el héroe de Enlil, por su justo *mandato*, hizo la guerra a Umma. Por *orden* de Enlil su gran red cogió la presa. El túmulo sepulcral de ellos en la llanura, él lo erigió.[4]

No gobiernan los hombres, sino las voces alucinadas de los dioses Kadi, Ningirsu y Enlil. Obsérvese que este pasaje habla de una estela, o columna de piedra grabada en caracteres cuneiformes con las palabras de un dios y colocada en un campo para ordenar la forma en que ese campo debía cultivarse. Que estas estelas eran epifaneas [manifestaciones de dioses] lo sugiere el modo en que eran atacadas y defendidas y despedazadas o llevadas a otra parte. En otros textos se encuentran indicios de que eran fuentes de alucinaciones auditivas. Un pasaje particularmente pertinente tomado de un contexto distinto describe la lectura de una estela en la noche: "La pulida superficie de su costado permite conocer su *audición*; su escritura que está grabada permite conocer su *audición*; la luz de su antorcha ayuda su *audición*."[5] Así pues, leer en el tercer milenio a.C. bien pudo haber sido cuestión de *oír* lo cuneiforme, es decir, de alucinar el habla mirando a las imágenes símbolos, y no la lectura visual de sílabas como la concebimos nosotros.

Aquí la palabra para designar "oír" es un signo sumerio que representa el sonido (translitera) GIS-TUG-PI. Otras muchas inscripciones reales hablan de cómo el rey u otro personaje es dotado por algún dios con este oído GIS-TUG-PI, que le permite hacer grandes cosas. Todavía en 1825 a.C., Warad-Sin, rey de Larsa, afirma en una inscripción hecha en un cono de arcilla que reconstruyó la ciudad con GIS-TUG-PI DAGAL, u "oír en todas partes" a su dios Enki.[6]

Las ceremonias de enjuagarse la boca

Testimonios adicionales de que estas estatuas eran ayudas de las voces alucinadas, es decir, que las ayudaban, se encuentran en otras ceremonias descritas en su

3. *Ibid.*, p. 327.
4. *Ibid.*, p. 61. Aquí se ha traducido *inim-ma* como "encantamientos".
5. *Ibid.*, p. 47.
6. *Ibid.*, p. 320.

totalidad, precisa y concretamente en tablillas cuneiformes. A las estatuas-dioses se las hacía en la *bitmummu*, una casa divina y especial del artesano. Aun los artesanos eran dirigidos en su trabajo por un dios-artesano, *Mummu*, que "decía" como hacer la estatua. Antes de ser instaladas en sus santuarios, las estatuas pasaban por *mis-pi*, que significa lavarse la boca, y el ritual de *pit-pi* o "apertura de la boca".

Y no solamente al hacerse la estatua, sino también periódicamente, sobre todo en la era bicameral posterior cuando las voces alucinadas debieron de ser menos frecuentes, por medio de una compleja ceremonia de lavado de la boca se renovaba el habla del dios. El dios, con su rostro tachonado de joyas, era llevado a la orilla del río, a la luz de antorchas que goteaban, y allí, en medio de ceremonias y encantamientos, le lavaban la boca varias veces, mientras se hacía que el dios viera sucesivamente al este, al oeste, al norte y al sur. El agua sagrada con que se lavaba la boca era una solución de un gran número de ingredientes exóticos: tamariscos, juncos de varias clases, azufre, diversas resinas, sales y aceites, miel de dátil, y varias piedras preciosas. En seguida, después de más conjuros, el dios era "llevado de la mano" por la misma calle mientras el sacerdote cantaba las palabras mágicas "pie que avanza, pie que avanza..." A las puertas del templo tenía lugar otra ceremonia. El sacerdote tomaba "la mano" del dios y lo conducía hasta su trono en el nicho, donde se armaba un dosel de oro y se lavaba otra vez la boca de la estatua.[7]

No hay razón para pensar que los reinos bicamerales eran lo mismo en todas partes, o que no cambiaron mucho a lo largo del tiempo. Los textos de donde procede la información anterior son de cerca del final del tercer milenio a.C. Así pues, es probable que representen un desarrollo de última hora de la bicameralidad, en el cual la complejidad misma de la cultura pudo hacer que las voces alucinadas fueran menos claras y frecuentes, lo cual originó un ritual de limpia, suponiendo que eso rejuvenecería la voz del dios.

El dios personal

No es de suponer que los ciudadanos ordinarios oyeran directamente las voces de los grandes dioses que eran dueños de las ciudades; una diversidad alucinatoria así habría debilitado la urdimbre política. Este ciudadano servía a los dioses propietarios de la tierra, trabajaba en sus fincas, participaba en sus festividades. Pero sólo recurría a ellos en las grandes crisis, y eso únicamente a través de intermediarios. Esto se encuentra en incontables sellos cilíndricos. Un gran número del

7. Véase la traducción de este texto por Sidney Smith en *Journal of the Royal Asiatic Society*, enero de 1925, citado por S. H. Hooke, *Babylonian and Assyrian Religion* (Norman: University of Oklahoma Press, 1963), pp. 118-121.

tipo inventario de las tablillas cuneiformes tiene impresiones al reverso grabadas haciendo rodar esos sellos; por lo común, muestran un dios sentado y otra divinidad inferior, por lo general una diosa, que lleva cogido de la mano derecha al propietario de la tablilla a la presencia divina.

Estos intermediarios eran los dioses personales. Cada individuo, rey o siervo, tenía su propio dios personal, cuya voz oía y obedecía.[8] En casi todas las casas excavadas había un cuarto-capilla que probablemente contenía los ídolos o figurillas, es decir, los dioses personales de los habitantes de la casa. Varios textos cuneiformes posteriores describen rituales dedicados a ellos, similares a las ceremonias de lavado de boca de los grandes dioses.[9]

A estos dioses personales se les podía instar a que visitaran a otros dioses situados más alto en la jerarquía divina, para que se lograra una gracia especial. O, en la dirección contraria, por extraño que nos parezca: cuando los dioses propietarios habían escogido a un príncipe para que fuera rey-administrador, el dios de la ciudad informaba primero al dios personal del escogido, y sólo entonces al individuo elegido. Según mi estudio del I.5, toda esta jerarquización tenía lugar en el hemisferio derecho; por otra parte, percibo perfectamente el problema de la autenticidad y de la aceptación de tal selección por el grupo. Como en otros lugares de la antigüedad, el dios personal era responsable de lo que hacía el rey, del mismo modo que el rey lo era ante el hombre común.

Otros textos cuneiformes dicen que un hombre vivía a la sombra de su dios personal, de su *ili*. Estaban tan inextricablemente enlazados el hombre y su dios personal que la composición de su nombre personal solía incluir el nombre de su dios personal, lo cual muestra la índole bicameral del hombre. Esto es de gran interés cuando el nombre del rey está indicado como el dios personal: Rim-Sin-Ili, que significa "Rim Sin es mi dios", siendo Rim-Sin un rey de Larsa, o, más simplemente, Sharru-Ili, "el rey es mi dios".[10] Estos casos indican que el propio rey-administrador podía a veces alucinar.

Cuando el rey se vuelve dios

Esta posibilidad muestra que la distinción que he hecho entre teocracia de tipo rey-administrador y teocracia de dios-rey no es del todo absoluta. Más todavía,

8. Para Thorkild Jacobsen, el dios personal "aparece como la personificación de la suerte y éxito de un hombre". Para mí eso es una imposición moderna no justificada. Véase su "Mesopotamia", en *The Intellectual Adventure of Ancient Man*, H. Frankfort y otros, comps. (Chicago: University of Chicago Press, 1946), p. 203.
9. Saggs, pp. 301-302.
10. Frankfort y otros, p. 306.

en varias tablillas cuneiformes, algunos de los primeros reyes de Mesopotamia ostentan al lado de sus nombres la estrella de ocho puntas, que es el signo que indica deidad. En un texto antiguo, once de un número mayor de reyes de Ur e Isin reciben este u otro determinativo divino. Se han propuesto varias teorías con objeto de explicar lo que esto significa, pero ninguna de ellas es muy convincente.

Los indicios que deben considerarse, creo, son que el determinativo de divino se suele dar a estos reyes únicamente muy adelantado ya su reinado, y aun así, nada más en algunas de sus ciudades. Esto podría significar que la voz de un rey particularmente poderoso pudo haber sido oída en alucinación, pero sólo por cierta proporción de su pueblo, sólo después de haber reinado durante algún tiempo y sólo en ciertos lugares.

Sin embargo, aun en estos casos, parece haber en toda la Mesopotamia una diferenciación significativa y continua entre estos reyes divinos y los dioses propiamente dichos.[11] Pero esto no es aplicable a Egipto, país al que ahora volvemos la vista.

EGIPTO: LOS REYES COMO DIOSES

La gran cuenca de los ríos Tigris y Eufrates pierde su identidad, característica tras característica, en el seno de los ilimitados desiertos de Arabia y las suaves colinas de las cadenas montañosas de Persia y Armenia. Pero Egipto, salvo por el sur, está claramente definido por fronteras inmutables simétricamente bilaterales. Un faraón que extendía su autoridad sobre el Valle del Nilo pronto llegaba a lo que podía incursionar, pero nunca conquistar. Por ello, Egipto se mantuvo siempre más uniforme tanto geográfica como etnológicamente, tanto en espacio como en tiempo. A través de las edades su pueblo se conservó notablemente similar en lo físico, como lo muestran estudios de los cráneos que han llegado a nuestras manos.[12] Fue esta homogeneidad protegida, pienso yo, lo que permitió la perpetuación de esa forma de teocracia más arcaica, el dios-rey.

La "Teología Menfita"

Empecemos con la famosa "Teología Menfita".[13] Es un bloque de granito del siglo VIII a.C. en el cual se copió un trabajo previo (probablemente un rollo de

11. Saggs, pp. 343-344.
12. G. M. Morant, "Study of Egyptian craniology from prehistoric to Roman times", *Biometrika*, 1925, 17: 1-52.
13. Además de textos citados por otros motivos, para esta parte del capítulo he aprovechado las siguientes obras: John A. Wilson, *The Culture of Ancient Egypt* (Chicago: University of Chicago Press, 1951);

cuero, de cerca de 3000 a.C., que se estaba pudriendo). Empieza con una referencia a un dios "creador", Ptah, sigue con las riñas de los dioses Horus y Seth y el arbitraje de Geb, describe la construcción de la casa real divina de Menfis, y luego, en una sección final famosa, asienta que los diversos dioses son variaciones de la voz o "lengua" de Ptah.

Ahora bien, cuando esta "lengua" es traducida como algo similar a las "concepciones objetivadas de su espíritu", como es frecuente, esto no es otra cosa que imponer a los textos categorías modernas.[14] Ideas tales como concepciones objetivadas de una mente, o incluso el concepto de algo espiritual que es manifestado, son propias de un desarrollo muy posterior. Suele aceptarse que el antiguo lenguaje egipcio, al igual que el sumerio, era concreto de principio a fin. Afirmar que está expresando pensamientos abstractos me parece que es una intromisión, una intrusión de la tesis moderna de que el hombre ha sido siempre el mismo. Igualmente, cuando la Teología Menfita habla de lengua o de voces como de algo a partir de lo cual todo fue creado, sospecho que la mismísima palabra "creado" suena como imposición moderna, y que una traducción más apropiada sería *mandado, ordenado.* Así pues, esta teología es esencialmente un mito del lenguaje, y lo que Ptah está mandando en realidad son las voces bicamerales que iniciaron, controlaron y dirigieron la civilización egipcia.

Osiris, la voz del rey muerto

Ha causado cierto asombro que la mitología y la realidad se mezclan a tal grado que la disputa celestial de Horus y Seth versa sobre una tierra real, y que la figura de Osiris en la última sección tenga una tumba real en Menfis, y también que todos los reyes al morir se vuelven Osiris, justamente como cada rey en vida es Horus. Si suponemos que todos estos personajes son alucinaciones vocales particulares oídas por reyes y por quienes les siguen en rango, y que la voz de un rey puede continuar después de su muerte y "ser" la voz que guía al siguiente rey y que los mitos sobre diversas disputas y relaciones con otros dioses son esfuerzos por racionalizar conflictos de voces autoritarias admonitorias o exhortatorias mezcladas con la estructura autoritaria de la realidad de la sociedad, al menos se nos da un nuevo modo de considerar esta cuestión.

Yendo directamente al meollo de la cuestión diremos que Osiris no fue "un dios moribundo", ni "vida atrapada en el hechizo de la muerte", o "un dios

---

Cyril Aldred, *Egypt to the End of the Old Kingdom* (Nueva York: McGraw-Hill. 1965): W. W. Hallo y W. K. Simpson, *The Ancient Near East: A History* (Nueva York: Harcourt Brace Jovanovich, 1971).
14. Henri Frankfort, *Kingship and the Gods* (Chicago: University of Chicago Press, 1948), 28.

muerto", como han dicho los intérpretes modernos. Fue la voz alucinada de un rey muerto cuyas admoniciones o amonestaciones aún tenían algún peso. Y como todavía se le oía, no hay ninguna paradoja en el hecho de que el cuerpo del cual otrora salió la voz haya sido momificado, junto con todo el material funerario que satisface las necesidades de la vida: comida, bebida, esclavos, mujeres, el hado. De él no emanaba ningún poder misterioso; simplemente su voz recordada que apareció en alucinación a aquellos que lo habían conocido, a los que podía amonestar o sugerir, como antes de que hubiera dejado de respirar y de moverse. Y el que varios fenómenos naturales, tales como el murmullo de las olas podrían obrar como indicio o señal de tales alucinaciones, explica la creencia de que Osiris, o el rey cuyo cuerpo ha dejado de moverse y está en su ropaje de momia, sigue gobernando las crecidas del Nilo. Más todavía, la relación que hay entre Horus y Osiris, "encarnada" en cada nuevo rey y su padre muerto, solamente puede ser comprendida como la asimilación de una voz alucinada que aconseja dentro de la propia voz del rey, lo cual se repetirá en la siguiente generación.

Mansiones para voces

Que la voz y consiguientemente el poder de un dios-rey seguía viviendo aun después de que su cuerpo había dejado de moverse y de respirar, es algo sugerido con gran fuerza por la forma de su entierro. Entierro, sin embargo, es una palabra errada. Estos reyes divinos no eran sombríamente enterrados, sino alegremente llevados a morar en un palacio. Poco después de 3000 a.C., y en cuanto se dominó el arte de construir con piedra, lo que en un tiempo habían sido empinadas tumbas *matsabas* dio un gran salto, y se convirtió en las casas de recreo de voces bicamerales en la vida inmortal que llamamos las pirámides: complejos de patios festivos y galerías, alegrados con pinturas y escrituras sagradas, con frecuencia rodeados de hectáreas de tumbas de los siervos del dios, dominados por la propia casa piramidal del dios, que se erguía hacia el Sol como un deslumbrador zigurat, con una austeridad exterior quizá demasiado confiada, y construida con una integridad tal que no tenía empacho en usar las piedras más duras, los basaltos, dioritas y granitos más pulidos, así como alabastro y piedra caliza.

Aún no se penetra en el significado psicológico de todo esto. Tan gravemente han sido desvirtuados los testimonios por los recolectores de toda especie, que es muy posible que todo este problema quede envuelto para siempre en las sombras de lo imprecisable. La momia inmóvil del dios-rey se encuentra a veces en un sarcófago sobrio, en tanto que sus efigies vistosas están rodeadas de una distinta reverencia, quizá porque al parecer fue de ellas de donde provinieron las alucinaciones. A semejanza de los dioses-estatuas de Mesopotamia, eran de tamaño natural o mayores, a veces cuidadosamente pintadas, con joyas en los ojos, que hace mucho fueron arrancadas de sus cuencos por ladrones conscientes, no alucinados. Pero a diferencia de sus primas de Oriente, no debían ser movidas o llevadas de un lado a otro, y por eso fueron finamente cinceladas en piedra caliza, pizarra, diorita u otras piedras, y sólo en ciertas épocas se tallaron en madera. Por lo general, se les colocaba permanentemente en nichos, algunas sentadas, algunas de pie, libres, algunas eran reproducciones del dios-rey en filas de pie o sentadas; otras estaban emparedadas en pequeñas capillas llamadas *serdabs*, con dos mirillas frente a los ojos de joya, de modo que el dios podía ver lo que ocurría en la habitación en que estaba, donde había ofrendas de comida y tesoros y no sabemos de qué más, porque estas tumbas han sido saqueadas. En algunas ocasiones las voces reales alucinadas del difunto dios-rey llegaron a escribirse, como en "Las Instrucciones que la Majestad del Rey Ameni-em-het I dio cuando habló en un sueño-revelación a su hijo".

Al hombre común también se le enterraba como si todavía viviera. Desde los tiempos predinásticos, a los campesinos se les enterraba con ollas de comida, utensilios, y ofrendas para su vida siguiente. Los que estaban un poco más alto en la jerarquía social recibían un festín funeral en el cual el propio cuerpo tomaba algo de parte. Escenas que muestran al difunto comiendo en su propia mesa funeral se grabaron en tablillas y se pusieron en un nicho en la pared de la tumba-montículo o *mastaba*. En tumbas posteriores, esto se convirtió en cámaras recubiertas de piedra, con relieves pintados y *serdabs* con estatuas y ofrendas, como ocurría en las pirámides propiamente dichas.

A menudo se agrega un epíteto al nombre de una persona muerta: "verdadero de voz". Se trata de algo difícil de entender excepto dentro de la teoría actual. "Verdadero de voz" se aplicó originalmente a Osiris y Horus al hablar de sus victorias sobre sus rivales.

También se escribían cartas a los muertos, como si todavía vivieran. Esto ocurría probablemente después de cierto tiempo, cuando a esa persona ya no se le "oía" en alucinaciones. Un hombre escribe a su difunta madre pidiéndole que arbitre diferencias entre el mismo y su hermano, también ya muerto. ¿Cómo es esto posible a no ser que el hermano que aún vivía hubiera estado oyendo a su hermano muerto, en alucinaciones? O a un muerto se le pide que despierte a sus antepasados para que ayuden a su viuda y a su hijo. Estas cartas son documentos privados que se ocupan de cuestiones del diario vivir y están libres de toda doctrina oficial y de artificios y fingimientos.

Una nueva teoría del ka

Si pudiéramos decir que el antiguo Egipto tuvo psicología, entonces tendríamos también que decir que su concepto fundamental es el *ka*, caso en el cual el problema consiste en determinar qué es el ka. Los especialistas que batallan con el significado de este concepto, particularmente desconcertante, que aparece una y otra vez en las inscripciones egipcias, lo han traducido de infinidad de maneras: espíritu, fantasma, doble, fuerza vital, naturaleza, suerte, destino, y mil cosas más. Se le ha comparado con el espíritu vital de los semitas y griegos, así como con el genio de los romanos. Pero es evidente que estos últimos conceptos son los "caballitos de batalla", los recursos manidos de la mente bicameral. Tampoco puede explicarse esta escurridiza diversidad de significados sosteniendo que la mentalidad egipcia era de tal naturaleza que en ella las palabras se usaban de diferentes formas como enfoques de la misma entidad misteriosa, o suponiendo la existencia de "una peculiar cualidad del pensamiento egipcio que permite que un objeto sea entendido no por medio de una definición única y consistente, sino merced a enfoques distintos y no relacionados entre sí".[15] De todo esto, nada es satisfactorio.

Los testimonios provenientes de los textos hieráticos suelen confundirnos. Cada persona tiene su ka y habla de él como nosotros hablaríamos del poder de nuestra voluntad, sin embargo, al morir, vamos a nuestro ka. En los famosos Textos de la Pirámide, que datan de 2200 a.C., a los muertos se les llama "amos de sus kas". En los jeroglíficos, el símbolo del ka es de admonición, de advertencia: dos brazos hacia arriba con las palmas abiertas hacia afuera, todo ello en una actitud que en los jeroglíficos se usa únicamente para apoyar los símbolos de las divinidades.

Por lo dicho en los capítulos anteriores, es obvio que el ka requiere una reinterpretación como voz bicameral. Era, creo, lo mismo que el *ili* o dios personal en Mesopotamia. El ka de un hombre era su voz directora, articulada, que él oía internamente, quizá con acentos paternales o autoritarios, pero que cuando era oída por sus amigos o parientes, aun después de su muerte era, por supuesto, alucinada como si fuera su propia voz.

Dejemos temporalmente a un lado nuestra insistencia en la falta de conciencia de esta gente, y, por un momento, imaginemos que se parecía a nosotros; imaginemos a un labriego trabajando en el campo, que de pronto oye el ka o voz alucinada del visir que está por encima de él, que lo amonesta o aconseja. Si, al regresar a su ciudad, le dijera al visir que había oído el ka del visir (lo que en realidad no habría razón alguna para que no lo hiciera), el visir, de ser una persona consciente como nosotros lo somos, supondría que fue la misma voz que él oyó y que dirigió su vida.

15. *Ibid.*, p. 61.

En realidad, para el labrador, el ka del visir sonó como la mismísima voz del visir; pero para este su ka hablaría adoptando las voces de autoridades superiores a él, o adoptando alguna amalgama de ellas. Y, claro, la discrepancia nunca se descubriría.

Otros aspectos del ka concuerdan con esta interpretación. La actitud de los egipcios hacia el ka es completamente pasiva. Tal como ocurría con los griegos, oírla equivale a obedecerla. Tiene en sí el poder de hacerse obedecer. En algunas de sus inscripciones que se refieren al rey, los cortesanos dicen: "Hice lo que su ka amaba" o "Hice lo que su ka aprobaba",[16] lo cual puede ser interpretado como que el cortesano oyó que la alucinada voz de su rey aprobaba su trabajo.

Como en algunos textos se dice que el rey hace el ka de un hombre, no faltan especialistas que traduzcan ka en el sentido de fortuna.[17] Ésta también es una impostura moderna. Un concepto como fortuna o éxito es imposible en la cultura bicameral de Egipto. Lo que, según mi interpretación, se dice aquí es que el hombre adquiere una voz admonitoria y alucinada que en lo sucesivo dirigirá su trabajo. Con frecuencia, el ka se deja ver en nombres de funcionarios egipcios como ocurrió con *ili* en los funcionarios de Mesopotamia. Kaininesut, "mi ka pertenece al rey", o kanesut, "el rey es mi ka".[18] La estela número 20538 del Museo de El Cairo dice: "El rey da los kas de sus siervos y alimenta a aquellos que son fieles."

Es particularmente interesante el ka del dios-rey. El rey lo oyó, sugiero, en los acentos o tonos de su propio padre. Pero en las alucinaciones de sus cortesanos fue oído como la propia voz del rey, lo cual es la cosa en verdad importante para nosotros. Los textos dicen que cuando el rey se sentaba a comer, su ka también se sentaba y comía con él. Las pirámides están llenas de puertas falsas, algunas sólo pintadas en los muros de piedra caliza, por las cuales el ka del difunto rey podría pasar al mundo y ser oído. En los monumentos sólo se ilustra el ka del rey, a veces como portaestandarte sosteniendo el bastón de mando de la cabeza y de la pluma del rey, o como ave afianzada atrás de la cabeza del rey. Pero más significativas son las representaciones del ka del rey como su gemelo en las escenas de nacimiento. En una de estas escenas aparece el dios Khnum dando forma al rey y a su ka en un torno de alfarero. Son figuritas idénticas, con la diferencia de que el ka apunta a su boca con la mano izquierda, sugiriendo obviamente que él es lo que podríamos llamar una persona de habla, de lenguaje.[19]

Una prueba de la creciente complejidad en todo esto son los diversos textos provenientes de la decimoctava dinastía o del 1500 a.C. en adelante, que de un

16. *Ibid.*, p. 68.
17. Véase, sin embargo, Alan H. Gardiner, *Egyptian Grammar* (Oxford, 1957), p. 172, nota 12.
18. Frankfort p. 68; cf. también John A. Wilson, "Egypt: The Values of Life", cap. 4 en Frankfort y otros, p. 97.
19. Ilustrada en la figura 23 en Frankfort.

El dios Khnum formando al futuro rey con la mano derecha y el *ka* del rey con la izquierda, en el torno del alfarero. Obsérvese que el *ka* apunta a su boca con la mano izquierda, lo que indica su función verbal. Toda la lateralización ocurre conforme al modelo neurológico presentado en el capítulo I.5.

modo casual dice que ¡el rey tiene catorce *kas*! Esta afirmación verdaderamente pasmosa podría indicar que la estructura del gobierno se había vuelto tan compleja que la voz alucinada del rey se oía como catorce voces diferentes, las cuales eran voces de intermediarios entre el rey y aquellos que directamente cumplían sus órdenes. La tesis de que el rey tuviera catorce kas es inexplicable con cualquier otra definición de ka.

Así pues, cada rey es Horus, su padre muerto se vuelve Osiris, y tiene su ka, o en posteriores tiempos, sus varios kas, que ahora podrían traducirse mejor como voz-persona. Una comprensión de esto es esencial para entender toda la cultura egipcia, puesto que la relación de rey, dios y pueblo se define por medio del ka. El ka del rey es, por supuesto, el ka de un dios, opera como su mensajero, para él es la voz de sus antepasados, y para sus subordinados es la voz que oyen y que les dice lo que deben hacer. Y cuando un súbdito dice en algunos de los textos que "mi ka se deriva del rey" o "el rey hace mi ka" o "el rey es mi ka", esto debe interpretarse como una asimilación de la voz directora interna de la persona, derivada quizá de sus padres, con la voz o la supuesta voz del rey.

En la mentalidad egipcia antigua hay otro concepto afín, el *ba*. Pero al menos en el Antiguo Imperio, el ba no ocupa el mismo nivel que el ka. Es más similar a nuestros fantasmas, una manifestación visual de lo que auditivamente es el ka. En las escenas funerarias se suele representar al ba como una pequeña ave humanoide, probablemente debido a que las alucinaciones visuales suelen revolotear y moverse como aves. Se le suele dibujar como sirviente, o en relación con el cadáver o con estatuas de la persona. Después de la caída del Antiguo Imperio, muy dominado por el rey, el ba asume alguna de las funciones bicamerales del ka, como lo indica un cambio de su jeroglífico, que deja de ser un pajarito y se convierte en uno que está junto a una linterna (para encabezar la marcha), y por su función alucinadora auditiva en el famoso Papiro Berlín 3024, que data de cerca de 1900 a.C. Todas las traducciones de este asombroso texto están plagadas de imposturas mentales modernas, incluso la más reciente, que por lo demás es un fascinante trabajo de erudición.[20] Y ningún comentador o glosador se ha atrevido a enfrentar literalmente esta "Disputa de un hombre con su Ba", como un diálogo con una alucinación auditiva, muy similar a los de los esquizofrénicos de nuestros días.

CAMBIOS TEMPORALES EN LAS TEOCRACIAS

En el capítulo anterior he subrayado las uniformidades existentes entre los reinos bicamerales, los grandes lugares centrales de culto, el trato dado a los muertos — como si siguieran viviendo — y la presencia de ídolos. Pero por encima y más allá de estos aspectos generales de las civilizaciones antiguas hay muchas sutilezas que por falta de espacio he pasado por alto. Porque así como sabemos que culturas y civilizaciones pueden ser sorprendentemente distintas, así también no debemos suponer que la mente bicameral tuvo precisamente el mismo fruto dondequiera que se presentó. Diferencias en poblaciones, ecologías, sacerdocio, jerarquías, ídolos, industrias, todo ello debió dar por resultado, creo, diferencias profundas en la autoridad, frecuencia, ubicuidad y afectación del control alucinatorio.

Por otra parte, en este capítulo he destacado las diferencias entre las dos más importantes de estas civilizaciones. He estado hablando de ellas como si no cambiaran con el paso del tiempo, lo cual no es cierto. Es un error dar la impresión de una estabilidad estática a través del tiempo y del espacio, de las teocracias bicamerales. Deseo restablecer el equilibrio en la última sección de este capítulo, para lo cual mencionaré los cambios y diferencias que hay en la estructura de los reinos bicamerales.

20. Hans Goedicke, *The Report About the Dispute of a Man with his Ba, Papyrus Berlin 3024* (Baltimore: Johns Hopkins Press, 1970).

Las complejidades

El hecho más obvio de las teocracias es su triunfo desde el punto de vista biológico. Su población aumentaba de continuo. Conforme aumentaba, se hacían más y más complejos los problemas de control social por medio de alucinaciones llamadas dioses. Estructurar tal control en una aldea de unos cuantos centenares de habitantes, por ejemplo, en Eynan, allá por el noveno milenio a.C., era algo mucho muy distinto de lo que fue en las civilizaciones que acabamos de estudiar, con sus jerárquicas capas de dioses, sacerdotes y funcionarios.

Independientemente de esto, sugiero que sí existe una periodicidad intrínseca propia de las teocracias bicamerales, que las complejidades del control alucinatorio derivadas de su gran éxito aumentan hasta que el estado civil y las relaciones civilizadas no pueden sostenerse por más tiempo, y se desploma la sociedad bicameral. Como observé en el capítulo anterior, esto ocurrió repetidas veces en las civilizaciones precolombinas de América: estallaron poblaciones completas que de pronto abandonaron sus ciudades, sin causa alguna externa, y anárquicamente se fundieron de vuelta en el vivir tribal de los terrenos circundantes, pero al cabo de cerca de un siglo regresaron a sus dioses y a sus ciudades.

En los milenios que hemos estudiado en este capítulo, las complejidades aparentemente iban en aumento. Muchas de las ceremonias y prácticas que he descrito se iniciaron como medios de reducir esta complejidad. Aun en la escritura, las primeras pictografías eran para nombrar y enumerar y escoger. Y algunos de los primeros escritos sintácticos hablan de la sobrepoblación. La epopeya sumeria conocida por nosotros con el nombre de *Atrahasis* habla abiertamente del problema:

> La gente se multiplicó...
> Al dios deprimió su griterío
> Enlil oyó su ruido,
> Y se quejó ante los grandes dioses
> Se ha vuelto una carga el ruido de la humanidad...[21]

como si las voces hubieran tenido dificultades. La epopeya prosigue y describe cómo los grandes dioses enviaron plagas, hambres y finalmente una gran inundación (el origen del relato del diluvio bíblico) para deshacerse de algunas "cabezas negras", como los dioses mesopotámicos llamaban desdeñosamente a sus esclavos humanos.

El aparato divino se estaba forzando. En los primeros milenios de la era bicameral, la vida había sido más sencilla, circunscrita a un área pequeña, con una organización política mucho más sencilla, amén de que los dioses necesarios no

21. Citado por Saggs, *The Greatness That Was Babylon*, pp. 384-385.

eran muchos. Pero a medida que nos acercamos al fin del tercer milenio a.C. y llegamos a su fin, el ritmo y la complejidad de la organización social exigen un número mucho mayor de decisiones en un número de contextos también mucho mayor, dentro de cualquier semana o mes. Y de aquí también se siguió la proliferación de deidades que podían ser invocadas en cualquier situación que se le presentara al hombre. Desde las casas de los grandes dioses de las ciudades sumerias y babilónicas, a los dioses personales que tenían su capilla en cada casa, el mundo debe haber llegado a ser un hervidero de fuentes de alucinación, lo que a su vez provocó una mayor necesidad de sacerdotes para ordenarlos dentro de jerarquías estrictas. Había dioses para todo lo que se emprendiera. Encontramos, por ejemplo, el nacimiento de capillas a la orilla de los caminos que llegaron a ser muy populares, tales como la de Pa-Sag, donde la estatua-dios Pa-Sag ayudaba a tomar decisiones en los viajes en que se cruzaba el desierto.[22]

La respuesta de estas teocracias del Cercano Oriente a esta complejidad creciente es diversa y a la vez muy iluminadora. En Egipto, la añeja forma de gobierno del dios-rey es menos elástica o flexible, menos propicia al desarrollo del potencial humano, menos apta para la innovación, para el fomento de la individualidad entre dominios subordinados. Pese a todo, se extendió muchísimo a lo largo del Nilo. Cualquiera que sea la teoría de cohesión que tengamos, no hay la menor duda de que en el último siglo del tercer milenio a.C., en Egipto se desmoronó *toda* la autoridad. Bien pudo esto haber sido iniciado por alguna catástrofe geológica: algunos textos antiguos que se refieren al periodo de 2100 a.C., parecen hablar de que el Nilo se secó, de que la gente lo cruzaba a pie, de que el Sol se escondió y de que las cosechas cayeron. Sea cual fuere la causa inmediata, lo cierto es que la pirámide de autoridad encabezada por el dios-rey en Menfis, sencillamente se desplomó por esos días. Las fuentes escritas nos hablan de gente que escapaba de las ciudades, de nobles que desmalezaban los campos en busca de comida, de hermanos que peleaban contra hermanos, de hombres que mataban a sus padres, y de pirámides y tumbas saqueadas. Los especialistas insisten en que esta desaparición total de la autoridad no se debió a una fuerza externa, sino a una debilidad interna inescrutable. Y creo que ésta es sin duda la debilidad de la mente bicameral, su fragilidad frente a una complejidad creciente, y que el colapso tan absoluto de la autoridad sólo así se puede explicar y entender. En aquellos años, Egipto constaba de distritos separados extremadamente importantes que empezaban en el delta y llegaban hasta el alto Nilo, que muy probablemente se autosustentaban. Pero el hecho mismo de que entre tal anarquía no hubiera

22. Según tablillas cuneiformes halladas por sir Leonard Woolley junto con la efigie de Pa-Sag, pobremente esculpida en piedra caliza. Véase C. L. Woolley, *Excavations at Ur: A Record of Twelve Years Work* (Londres: Benn, 1954), pp. 190-192.

rebelión, ni impulso de estas secciones por independizarse, indica, creo, que se trata de una mentalidad muy distinta de la nuestra.

Este derrumbamiento de la mente bicameral en lo que se ha llamado Periodo Intermedio, nos hace pensar cuando menos en esos desplome periódicos de las civilizaciones mayas en que toda autoridad se desmoronaba repentinamente, y en que la población se unía a la vida tribal de las junglas. Y así como las ciudades mayas volvieron a ser habitadas o se fundaron otras nuevas después de un periodo de parálisis, así también Egipto, después de menos de un siglo de letargo se unificó al principio del segundo milenio bajo un nuevo dios-rey, con lo cual empieza lo que se llama el Reino Medio. Este mismo derrumbamiento ocurrió, de cuando en cuando, en otras partes del Cercano Oriente, por ejemplo en Assur, hacia 1700 a.C., como veremos en el capítulo siguiente.

La idea de la ley

Pero nada de tal magnitud ocurre nunca en el sur de Mesopotamia. Claro que hubo guerras. Las ciudades-Estados pelearon entre sí para determinar qué dios y, por tanto, qué administrador debía mandar sobre ciertos campos. Pero no hubo nunca un derrumbe total de la autoridad como ocurrió en Mesoamérica y en Egipto al finalizar el Antiguo Imperio.

Entre las razones que lo explican figura, creo, la mayor flexibilidad de la teocracia del tipo rey-administrador. Y otra razón no ajena fue el uso que se dio a la escritura. A diferencia de Egipto, en Mesopotamia la escritura se puso desde un principio al servicio de lo civil. Hacia el 2100 a.C. empezaron a registrarse en Ur los juicios de los dioses emitidos por medio de sus administradores. Tal es el principio de la idea de ley. Tales juicios escritos podían ocurrir y de hecho ocurrían en diversos lugares y eran continuos en el tiempo, lo cual favoreció la cohesión en el seno de una sociedad más grande. Por lo que sabemos, sólo un milenio después ocurrió algo similar en Egipto.

En 1792 a.C., el uso civil de la escritura en esta forma allana el camino a un nuevo tipo de gobierno encabezado por esa figura señera de la historia de Mesopotamia, el más grande de todos los reyes administradores, Hammurabi, administrador de Marduk, el dios de la ciudad de Babilonia. Su largo gobierno — duró hasta 1750 a.C. — es una aglutinación de la mayor parte de las ciudades-Estados de Mesopotamia en una hegemonía bajo su dios Marduk, ejercida desde Babilonia. Este proceso de conquista e influencia se puede llevar a cabo gracias a cartas, tablillas y estelas que se hicieron tan abundantes como nunca. Se cree, además, que fue el primer rey que supo leer y escribir, y que por consiguiente no necesitó amanuenses: al parecer todas sus cartas cuneiformes están grabadas en arcilla húmeda por la misma mano. La escritura era un nuevo método de dirección civil, ciertamente el modelo que da comienzo a nuestro gobierno a base de comunicaciones memorandos. Sin ella, no se hubiera podido llevar a cabo tal unificación de la Mesopotamia. Es un método de control social, que considerado desde nuestro punto de vista sabemos que pronto suplantará a la mente bicameral.

Sus vestigios más famosos son el probablemente mal llamado Código de Hammurabi,[23] que ha sido interpretado en demasía. Originalmente, fue una estela de basalto negro, de 2.40 metros de altura, erigida al término de su reino junto a una estatua o quizá ídolo de sí mismo. Hasta donde podemos suponer, alguien que buscara reparación o desagravio de otro acudiría a la estatua del administrador, a "oír mis palabras" (según dice la estela en su parte inferior), para luego acercarse a la estela misma, donde están grabados juicios previos del administrador del dios. Su dios, como ya dije, fue Marduk, y la parte superior de la estela tiene esculpida la escena del pronunciamiento del juicio. El dios está sentado en una elevación del terreno, que en las gráficas de Mesopotamia simboliza una montaña. Una aura lanza destellos que salen de sus hombros a la vez que habla (lo cual ha inducido a muchos eruditos a pensar que se trata de Shamash, el Sol-dios). Hammurabi escucha con gran atención, de pie frente a él, un poco más abajo. En su mano derecha el dios sostiene los atributos del poder, el cetro y el círculo, muy

Hammurabi alucinando juicios de su dios Marduk (o posiblemente Shamash, como está esculpido en la parte superior de una estela que da la lista de esos juicios). De hacia el 1750 a.C.

---

23. Para la traducción me valí de *The Code of Hammurabi, King of Babylon* (Chicago: University of Chicago Press, 1904), de Francis Robert Harper.

comunes en estas representaciones divinas. Con estos símbolos, el dios apenas toca el codo izquierdo de su administrador, Hammurabi. Unas de las cosas magníficas de esta escena es la seguridad hipnótica con que dios y rey-administrador se miran uno al otro, con fijeza, impasiblemente majestuosos, la mano derecha del rey-administrador alzada entre nosotros, los observadores, y el plano de comunicación. Aquí no hay humildad, no se mendiga ante un dios, como es común unos cuantos siglos después. Hammurabi no tiene yo subjetivo que narratice en tal relación. Aquí únicamente hay obediencia, y lo que está dictando Marduk son juicios sobre una serie de casos muy concretos.

Tal como están escritos en la estela debajo de este relieve esculpido, los juicios de Marduk están emparedados entre una introducción y un epílogo del propio Hammurabi. Ahí con pompa y furia alardea de sus hazañas, de su poder, de su intimidad con Marduk, describe las conquistas que ha hecho para beneficio de Marduk, la razón de haber erigido esta estela, y termina con horrendas consecuencias e implicaciones del daño que sufrirá todo aquel que arañe su nombre. Tanto por su vanagloria como por su candidez, el prólogo y el epílogo nos recuerdan la *Ilíada*.

Pero en medio hay 282 tranquilos pronunciamientos del dios. Se trata de decisiones serenamente razonadas sobre la repartición o distribución de mercancías entre diversas ocupaciones, de cómo se castigó a esclavos domésticos, ladrones o hijos desobedientes, la compensación del tipo de ojo por ojo y diente por diente, juicios sobre regalos y muertes y adopciones de niños (que al parecer era una costumbre muy extendida), sobre el matrimonio, y sobre siervos y esclavos, todo ello con gran sobriedad de palabras, muy en contraste con la palabrería belicosa del prólogo y del epílogo. En verdad parecen dos "hombres" muy distintos, y en el sentido bicameral, creo que lo fueron. Son dos organizaciones del sistema nervioso de Hammurabi integradas separadamente, una de ellas en el hemisferio izquierdo, escribiendo el prólogo y el epílogo y erguidas de pie en efigie al lado de la estela, y otra situada en el hemisferio derecho, que dicta juicios. Y ninguna de ellas estaba consciente en nuestro sentido actual.

Mientras que la estela en sí es una clara prueba en favor de la existencia en alguna forma de la mente bicameral, los problemas a que se refieren las palabras del dios son, sin duda, complejos. Resulta muy difícil imaginar personas haciendo las cosas que estas leyes dicen que hacían los hombres en el siglo XVIII a.C., sin contar con una conciencia subjetiva en la cual planear e idear, engañar y esperar. Pero no debemos olvidar cuán rudimentario era todo esto y cuán engañosas pueden ser nuestras palabras modernas. La palabra que incorrectamente se traduce como "dinero" o incluso como "préstamo", no es otra cosa que *kaspu*, que significa plata. No puede significar dinero en nuestra acepción, puesto que no se han encontrado monedas. Del mismo modo, lo que se ha traducido como renta es simplemente participación, un convenio marcado en una tablilla de arcilla para entregar una parte del producto de un campo a su propietario. Al vino no se le compraba, sino que se le trocaba, una medida de vino por una medida de grano.

Y el empleo de algunos términos bancarios modernos en algunas traducciones es absolutamente inapropiado. Como ya dije antes en muchas traducciones de material cuneiforme hay el esfuerzo, la tendencia constante por parte de los eruditos de imponer categorías modernas de pensamiento sobre estas culturas antiguas con el fin de hacerlas más familiares a nuestro modo de pensar y, por tanto, supuestamente más interesantes para los lectores modernos.

Las normas que aparecen en la estela no deben considerarse conforme a los términos modernos de leyes que se hacen cumplir por la policía, algo completamente desconocido en esos días. Más bien son listas de costumbres propias de Babilonia, los mandamientos de Marduk que no necesitaban más obligatoriedad que su autenticidad, la cual constaba en la estela misma.

El hecho de que estuvieran escritas y, en términos más generales, el uso extendido de la escritura visual para comunicarse indica, creo, una reducción en el control alucinatorio auditivo de la mente bicameral. Juntos, estos elementos pusieron en marcha determinantes culturales que, al unirse con otras fuerzas unos siglos después, produjeron un cambio en la estructura misma de la mente.

Resumamos. En estos dos capítulos he tratado de examinar los registros, las relaciones, los documentos de un gran lapso con objeto de poder revelar la plausibilidad de que el hombre y sus primeras civilizaciones hayan tenido una mentalidad profundamente distinta de la nuestra, que de hecho hombres y mujeres no eran conscientes como lo somos nosotros, que no eran responsables de sus actos y que, por tanto, no se les puede dar crédito ni culpar por lo que se haya hecho a lo largo de estos vastos milenios; que en vez de todo esto, cada persona tenía una porción de su sistema nervioso que era divina, por medio de la cual se le ordenaba como a cualquier esclavo; voz o voces que ciertamente no eran otra cosa que lo que llamamos volición y que daban fuerza, obligatoriedad a lo que mandaban y que estaban relacionadas con las voces alucinadas de otros, dentro de una jerarquía cuidadosamente establecida.

El resultado total, creo, es un acuerdo o conformidad con este punto de vista. Ciertamente, no es concluyente. Sin embargo, la pasmosa similitud que se halla de Egipto a Perú, de Ur a Yucatán, dondequiera que surgió la civilización, de costumbres funerarias e idolatría, de gobierno divino y voces alucinadas, todo ello atestigua el concepto de la existencia de una mentalidad diferente de la nuestra.

Sería un error, no obstante, como he tratado de mostrar, considerar a la mente bicameral como algo estático. Cierto, se desarrolló a partir del noveno milenio a.C. hasta el segundo milenio, con una lentitud que hace que uno de sus siglos parezca tan estático, tan inmóvil como sus zigurats y templos. Sus unidades de tiempo son los milenios. Pero el ritmo de su desarrollo se acelera, al menos en el Cercano Oriente, al llegar al segundo milenio. Se ha multiplicado la complejidad de los dioses de Acadia, como la de los kas de Egipto. Y a medida que avanza, que se desarrolla esta complejidad, se presenta la primera inseguridad, la primera necesidad de que los dioses personales intercedan ante los dioses más altos, que parecen irse perdiendo entre los cielos, donde al cabo de un breve milenio habrán desaparecido.

Desde el cadáver real recostado sobre sus piedras al abrigo de su parapeto rojo en Eynan, gobernando todavía su aldea natufiense en las alucinaciones de sus súbditos, a los seres poderosos que causan el trueno y crean mundos y que finalmente desaparecen en los cielos, los dioses fueron al mismo tiempo un simple efecto colateral de la evolución del lenguaje y la característica más notable de la evolución de la vida desde la aparición por evolución del propio *Homo sapiens*. Para mí esto es mucho más que simple poesía. Los dioses no fueron en ningún sentido "ficciones de la imaginación" de alguien. *Fueron* la volición del hombre. Ocuparon, se posesionaron de su sistema nervioso, probablemente de su hemisferio derecho, y con base en reservas de experiencia admonitoria y preceptiva, convirtieron esta experiencia en lenguaje articulado que entonces "dijo" al hombre lo que debía hacer. Que estas palabras oídas internamente con frecuencia necesitaban ser inducidas o alentadas con el apoyo del cadáver de un caudillo o el dorado cuerpo de una estatua con joyas en los ojos situada en su propio santuario, de todo esto, no he dicho realmente nada. Es algo que requiere también una explicación. De ningún modo puedo decir que me haya atrevido a tocar el fondo de la cuestión; abrigo la esperanza de que traducciones completas y más correctas de los textos existentes y un aumento del ritmo de las excavaciones arqueológicas nos dé una comprensión, una imagen más verdadera de estos largos, muy largos milenios que civilizaron a la especie humana.

CAPÍTULO 3

Las causas de la conciencia

Un antiguo proverbio sumerio ha sido traducido como "Obra prontamente, haz feliz a tu dios".[1] Si por un momento nos olvidamos de que estas ricas palabras en nuestro idioma no son más que un sondeo aproximado de una cosa sumeria poco accesible, podríamos decir que esta curiosa exigencia presiona sobre nuestra mentalidad subjetiva como diciendo "No pienses: no dejes que haya tiempo entre oír tu voz bicameral y hacer lo que te ordena".

Esto fue muy bueno en una organización jerárquica estable, donde las voces eran las partes siempre correctas y esenciales de esa jerarquía, donde las órdenes divinas de la vida estaban envueltas y ceñidas con un ritual inalterable, no afectado por ninguna gran perturbación social. Empero, en el segundo milenio a.C. no sería siempre así. Sus hechos centrales fueron catástrofes, migraciones de naciones, guerras. El caos empañó el brillo sacro del mundo inconsciente. Las jerarquías se desplomaron. Y entre el acto y su divina fuente se presentó la sombra, la pausa profanadora, el terrible relajamiento que hizo que los dioses se volvieran celosos, infelices, recriminadores. Hasta que, finalmente, el rechazo de su tiranía se llevó a cabo merced a la invención, en las bases mismas del lenguaje, de un espacio análogo con un "yo" análogo. Habían sido quebrantadas las estructuras tan cuidadosamente edificadas de la mente bicameral, desembocando en la conciencia.

Tales son los temas dominantes de este capítulo.

La inestabilidad de los reinos bicamerales

En el mundo contemporáneo, asociamos los gobiernos autoritariamente rígidos con el militarismo y la represión policíaca. Esta asociación no debe aplicarse a los

1. Proverbio 1:145, en Edmund I. Gordon, *Sumerian Proverbs* (Filadelfia: University Museum, 1959), p. 113.

Estados autoritarios de la era bicameral. El militarismo, la policía, el gobierno por el temor, todo esto son las medidas desesperadas que se han aplicado para gobernar un pueblo inquieto, consciente y subjetivo que sufre crisis de identidad y que está dividido entre sus intimidades multitudinarias de esperanzas y odios.

En la era bicameral, la mente bicameral era el control social, no el miedo o la represión y ni siquiera la ley. No había ambiciones privadas codicias privadas, frustraciones privadas ni nada privado, puesto que el hombre bicameral no tenía "espacio" interior en el cual ser privado, ni "yo" análogo con el cual serlo. Toda la iniciativa estaba en las voces de los dioses, y los dioses sólo necesitaron la ayuda de sus leyes divinamente dictadas en las tardías federaciones de Estados del segundo milenio a.C.

Así pues, dentro de cada Estado bicameral probablemente el pueblo era más pacífico y amigable que en ninguna civilización posterior. Pero en las interfaces entre distintas civilizaciones bicamerales había problemas complejos y muy distintos.

Consideremos un encuentro entre dos individuos de dos culturas bicamerales distintas. Supongamos que no conocen el lenguaje del otro y que son propiedad de diversos dioses. El temor de estos encuentros dependería del tipo de admoniciones, advertencias y exigencias con que cada individuo hubiera sido criado.

En tiempos de paz, con el dios de la ciudad nadando en prosperidad, con los hombres cultivando los campos, buenas cosechas, gran almacenamiento y selección de su producto, todo ello marchando sin tropiezos, como en una colonia de hormigas, cabría esperar que su divina voz fuera básicamente amigable, y que las voces-visiones de todos los hombres tendieran a ser bellas y apacibles, de conformidad con la armonía que este método de control social había llegado a conservar.

Así pues, si las teocracias bicamerales de estos dos individuos no habían sufrido ninguna amenaza durante su generación, sus dos dioses directivos tendrían voces amistosas. El resultado sería un intercambio tímido de saludos con ademanes y expresiones faciales, que quizá terminaran en amistad o hasta en intercambio de regalos. Podemos afirmar con cierta certeza que la rareza relativa de las posesiones de cada uno de ellos (que venían de culturas diferentes) haría que este intercambio fuera mutuamente codiciado.

Probablemente, así empezó el comercio. El comienzo de tales intercambios se remonta al compartimiento de comida en el grupo familiar, que luego se convirtió en intercambios de bienes y productos dentro de la misma ciudad. Y así como el grano cosechado en los primeros asentamientos agrícolas tuvo que ser compartido conforme a ciertas reglas dadas por el dios, así también, conforme el trabajo se volvía más especializado, otros productos, vinos, atavíos, ropas y la construcción de casas, todo debió tener sus equivalentes fijados por el dios.

El comercio entre distintos pueblos no es otra cosa que la extensión a otro ámbito de este intercambio de mercancías. Textos de 2500 a.C. hallados en Sumeria hablan de que este intercambio se llevaba a cabo bastante lejos en el valle del Indo. Y el descubrimiento reciente de un nuevo asentamiento en Tepe Yahya, a medio camino entre Sumeria y el valle del Indo, precisamente en la boca del golfo Pérsico, cuyos artefactos indican con claridad que fue la fuente principal de esteatita o jabón de sastre, muy usada en Mesopotamia en la fabricación de utensilios, indica que fue un centro de intercambio entre estos reinos bicamerales.[2] Se han hallado tablillas de cinco centímetros de lado que tienen marcas de haber llevado cuentas, que probablemente eran simples tarifas o tasas de cambio. Todo esto ocurrió durante una era pacífica a mediados del tercer milenio a.C. Más adelante haré ver que un intercambio generalizado de mercancías entre teocracias bicamerales pudo haber sido lo que debilitó la estructura bicameral que hizo posible la civilización.

Pero volvamos a nuestros dos individuos provenientes de culturas distintas. Hemos estado analizando lo que ocurre en un mundo pacífico, con dioses pacíficos. ¿Y si las cosas son a la inversa? Si ambos proceden de culturas amenazadas, lo probable es que oigan voces alucinadas de pelea que los inciten a matarse; entonces llegarán a las vías de hecho. Pero lo mismo ocurriría si uno u otro provinieran de una cultura amenazada; orillaría al otro a una posición de defensa, pues el mismo dios u otro lo induciría a pelear.

Así pues, no hay término medio en las relaciones entre teocracias. No es probable que las voces admonitorias que reflejan reyes, visires, padres, etc., ordenen al individuo buscar una avenencia. Aun hoy día, nuestras ideas de nobleza son más bien residuos de autoridad bicameral: no es noble lloriquear, implorar ni suplicar, pese a que estas actitudes son las formas más morales de arreglar diferencias. Y de aquí la inestabilidad del mundo bicameral, y el hecho de que durante la era bicameral lo probable fue que las relaciones limítrofes terminaran en una amistad total o en una enemistad total, no en algo entre estos dos extremos.

Éste no es el fondo de la cuestión. El limpio desempeño de un reino bicameral debe descansar en su jerarquía autoritaria. Pero en cuanto la jerarquía sacerdotal o secular es puesta en tela de juicio o derribada, sus efectos serán enormes, cosa que en un estado policiaco no es probable que ocurra. En cuanto las ciudades alcanzan cierto tamaño, el control bicameral se vuelve extremadamente precario. La jerarquía de sacerdotes encargados de ordenar las diversas voces y de darles su reconocimiento debió de llegar a ser un gran problema, conforme crecía el tamaño de las ciudades bicamerales. Un tirón a este equilibrio de autoridad humana

2. *New York Times*, 20 de diciembre de 1970, p. 53.

alucina y, como un castillo de naipes, todo el edificio se vendrá abajo. Como ya hice ver en los dos capítulos precedentes, hubo veces en que estas teocracias se desplomaron repentinamente sin que mediara ninguna causa externa conocida.

En comparación con las naciones conscientes, las naciones bicamerales estaban más propensas al desplome, porque las directivas de los dioses eran limitadas; si como remate de esta esencial fragilidad ocurría algo realmente nuevo, por ejemplo, una mezcla forzada de pueblos bicamerales, los dioses se verían en aprietos para salir del paso de un modo pacífico.

El debilitamiento de la autoridad divina debido a la escritura

Estas limitaciones de los dioses se aliviaron mucho pero también se acentuaron en el segundo milenio a.C. con la propagación de la escritura. Por una parte, la escritura daba estabilidad a una estructura civil como la de Hammurabi. Pero por otra, minaba gradualmente la autoridad auditiva de la mente bicameral. Con más y más frecuencia, las cuentas y mensajes del gobierno se ponían sobre todo en tablillas cuneiformes. Todavía se siguen descubriendo bibliotecas completas de ellas; se generalizaron las cartas y comunicados de los funcionarios. Hacia 1500 a.C., hasta los mineros que trabajaban en las pedregosas soledades del Sinaí grababan en los muros de las minas sus nombres y sus relaciones con la diosa de la mina.[3]

El impulso para el aspecto alucinador divino de la mente bicameral fue auditivo. Empleaba las áreas corticales más estrechamente vinculadas con las porciones auditivas del cerebro. Pero en cuanto enmudeció la palabra de los dioses, ante sus mandatos o las directivas del rey, escritos en tablillas de arcilla mudas o grabados en piedras silentes, bastó el sencillo esfuerzo de no verlos para evitarlas, cosa imposible con las alucinaciones auditivas. La palabra del dios tenía ya *una ubicación controlable*, no un poder ubicuo que exigiera obediencia inmediata. Esto es de suma importancia.

El desplome de los dioses

Este relajamiento de la asociación dios-hombre, debido probablemente al comercio y sin duda a la escritura, fue el trasfondo de lo que ocurrió después. La causa inmediata, precipitadora de la desintegración de la mente bicameral, de la inserción de la cuña de la conciencia entre dios y hombre, entre la voz alucinada y

3. Romain F. Butin, "The Sarabit Expedition of 1930: IV, The Protosinaitic Inscriptions", *Harvard Theological Review*, 1932, 25, pp. 130-204.

la acción automática, fue que en medio del caos social los dioses no podían decir al hombre qué hacer, y si le decían lo llevaban a la muerte o cuando menos a un acrecentamiento del estrés que fisiológicamente fue origen de la voz, hasta que, finalmente, las voces se volvieron una impenetrable Babel de confusión.

Fue enorme el contexto histórico de todo esto. El segundo milenio a.C. estuvo preñado de cambios profundos e irreversibles. Hubo grandes catástrofes geológicas. Civilizaciones enteras se hundieron. La mitad de la población del mundo acabó refugiándose, asilándose. Y las guerras, antes esporádicas, se hicieron frecuentes y feroces, en tanto que este importante milenio avanzaba penosamente hacia su fin, oscuro y sangriento.

Es una imagen compleja; sus variables hacen pensar en estos cambios habidos en diversos niveles, y los hechos ocurridos, tal como los conocemos, no son del todo ciertos. Se revisan casi cada año conforme nuevas generaciones de arqueólogos y de especialistas en historia antigua hallan errores en sus predecesores. Para tener cierta idea de estas complejidades, echemos un vistazo a los principales factores de estos sacudimientos. Uno fueron las migraciones e invasiones en masa de pueblos que vivían sobre el Mediterráneo oriental, debidas a la erupción volcánica de Thera, y el otro fue el surgimiento de Asiria, ocurrido en tres grandes fases; guerreando se abrió paso reino por reino por el occidente, hasta Egipto, por el norte hasta el Caspio, se incorporó toda la Mesopotamia y formó un Imperio de una clase distinta de todo lo que el mundo hubiese conocido hasta entonces.

El salto asirio

Primeramente demos un vistazo, al comienzo del segundo milenio a.C., a la situación existente en el norte de Mesopotamia, alrededor de la ciudad que pertenece al dios Assur.[4] Originalmente parte de Acadia, y luego de la Antigua Babilonia, 320 kilómetros al sur; hacia 1950 a.C., esta apacible ciudad bicameral situada en una porción recta del alto Tigris, había sido dejada casi completamente a su suerte. Bajo la guía de Puzen-Assur I, caudillo y siervo humano de Assur, su influencia benevolente y su riqueza, empezaron a extenderse. Más que en ninguna otra nación anterior, la característica de esta expansión es el intercambio de mercancías con otras teocracias. Unos doscientos años después, esta ciudad de Assur se convierte en Asiria, que abre puestos de intercambio comercial hasta a mil cien kilómetros, hacia el noreste, en Anatolia, en lo que hoy es Turquía.

4. Respecto a los contornos generales de la historia asiria, me he basado en varias autoridades, pero particularmente en H. W. F. Saggs, *The Greatness That Was Babylon* (Nueva York: Mentor Books, 1962); y en varios artículos de William F. Albright.

Ya desde hacía tiempo había un buen intercambio de mercancías entre ciudades, pero al parecer no había sido tan vasto como el de los asirios. Excavaciones recientes han descubierto *karums* o en poblaciones menores, *ubartums*, que son puestos de intercambio en las afueras de varias ciudades de Anatolia, en las que se llevaban a cabo las transacciones comerciales. Han sido de particular interés las excavaciones hechas en el *karum* situado en las afueras de Kültepe: pequeñas edificaciones cuyas paredes no tienen ventanas, con repisas de piedra y madera en las cuales hay tablillas cuneiformes aún no traducidas, y a veces jarros que contienen lo que parecen ser fichas.[5] La escritura, no hay duda, es asiria antigua, presumiblemente llevada por estos comerciantes; es la primera escritura conocida en Anatolia.

Este tráfico no era, sin embargo, un verdadero mercado. No había precios sujetos a las presiones de la oferta y la demanda, no había compra y venta, y no había dinero. Era simplemente tráfico en el sentido de equivalencias establecidas por decreto divino. En las tablillas cuneiformes traducidas hasta hoy no hay ninguna referencia a utilidades o pérdidas comerciales. Hay una que otra excepción, incluso alguna sugerencia de "inflación", quizá durante un año de hambruna, cuando los términos del intercambio se alteraron, pero nada de esto llega a afectar la tesis de Polanyi, en que me estoy basando.[6]

Consideremos por un momento a estos mercaderes asirios. Cabe suponer que eran simples agentes, que debían su posición a herencia o a ser aprendices, y que realizaban operaciones en forma muy similar a como sus padres las habían hecho por siglos. Pero en este punto, el psicohistoriador se enfrenta a muchos interrogantes. ¿Qué sucedería a las voces bicamerales de estos mercaderes situados a más de mil kilómetros de la fuente de la voz de su ciudad-dios, que estaban en contacto diario con, y hablando el idioma (aunque no por fuerza) de, hombres bicamerales gobernados por otro olimpo de voces? ¿Es posible que en estos traficantes situados en los linderos de civilizaciones diversas se hubiera presentado algo como una conciencia protosubjetiva? ¿No sucedería que ellos, al regresar periódicamente a Assur, llevaran consigo una bicameralidad debilitada que quizá se propagó entre una nueva generación? ¿Se debilitaron por estas razones los vínculos bicamerales entre dioses y hombres?

Son muchas las causas de la conciencia, pero no creo que haya sido simple azar que la nación clave en esta evolución haya sido también la nación más adentrada en el intercambio de mercancías con otros pueblos. Si es verdad que el poder de los dioses y en particular el de Assur se estaba debilitando por esos días, ello

5. Nimel Osguc, "Assyrian trade colonies in Anatolia", *Archeology*, 1965, 4:250-255.
6. Karl Polanyi, *Trade and Market in the Early Empires* (Glencoe: Free Press, 1957).

podría explicar el desplome absoluto de su ciudad en 1700 a.C., con lo cual dio principio la edad negra de la anarquía asiria, que duró doscientos años. No hay explicación plausible de este acontecimiento. Ningún historiador lo entiende, y hay pocas esperanzas de llegar a entenderlo porque no se ha encontrado ninguna inscripción cuneiforme asiria correspondiente a este periodo.

Después de su desplome tuvieron que producirse otros acontecimientos para llegar a la reorganización de Asiria. En 1450 a.C., Egipto expulsó a los mitanios de Siria hacia la otra ribera del Éufrates, a tierras situadas entre los dos grandes ríos que en otros tiempos habían sido asirias. Pero un siglo después, los mitanios fueron conquistados por los hititas, que llegaron del norte, lo cual permitió la reconstrucción de un Imperio asirio hacia 1380 a.C., después de dos siglos de tinieblas anárquicas.

¡Y vaya imperio! Ninguna nación había sido tan militarista. A diferencia de todas las inscripciones anteriores de cualquier parte del mundo, las de la Asiria media están erizadas de campañas brutales. El cambio es espectacular. Pero el triunfo de las invasiones asirias en su marcha implacable y bárbara hacia el dominio del mundo es comparable a un taladro, que a su paso va produciendo catástrofes de otra índole.

Erupción, migración, conquista

No hay duda de que el colapso de la mente bicameral fue acelerado por el hundimiento, bajo las aguas del mar, de una buena parte de las tierras del pueblo egeo. Esto fue precedido por una erupción o serie de erupciones del volcán de la isla de Thera, llamada también Santorini, que hoy día es una atracción turística, situada unos cien kilómetros al norte de Creta.[7] Después formó parte de lo que Platón[8] y una leyenda posterior llamaron la Atlántida, el continente perdido, que junto con Creta constituyó el Imperio minoico. La mayor parte de él y quizá porciones de Creta se hundieron súbitamente bajo trescientos metros agua. Casi todo el resto de Thera quedó sepultado bajo una capa de cincuenta metros de cenizas volcánicas y piedra pómez.

Los geólogos sostienen la hipótesis de que la nube negra debida a la erupción oscureció el cielo durante días y días y afectó la atmósfera durante años. Se ha calculado que las ondas de choque fueron 350 veces más poderosas que las de una bomba de hidrógeno. Entre las aguas azules del mar y en muchos kilómetros a la

7. Véase Jerome J. Pollit, "Atlantis and Minoan Civilizations: An archeological nexus"; y Robert S. Brumbaugh, "Plato's Atlantis", ambos en el *Yale Alumni Magazine*, 1970, 33, 20-29.
8. Particularmente, véase *Critias*, 108e-119e, *passim*.

redonda surgían espesos vapores venenosos. Vino después una gran *tsunami* u ola gigantesca, que con unos 200 metros de altura y una velocidad de 570 kilómetros por hora, aplastó las frágiles costas de los reinos bicamerales situados a lo largo de la tierra firme egea y de sus islas. Tres kilómetros tierra adentro todo quedó destruido. Tal fue el fin de una civilización y de sus dioses.

Determinar el modo en que todo esto ocurrió, si fue una serie de erupciones o un fenómeno de dos etapas con un año entre la erupción y el desplome, es algo que requerirá métodos científicos mejores de fechamiento de cenizas y de piedra pómez volcánicas. Algunos afirman que ocurrió en 1470 a.C.[9] Otros sitúan el fin de Thera entre 1180 y 1170 a.C., en que todo el Mediterráneo, incluso Chipre, el delta del Nilo y el litoral de Israel, sufrió una calamidad universal de una magnitud tal que empequeñeció la destrucción de 1470 a.C.[10]

Cuandoquiera que haya ocurrido, y si fue una serie de erupciones o una sola, desató una enorme sucesión de migraciones en masa, de invasiones que dieron al traste con los Imperios hitita y micénico, lanzaron al mundo a una decadencia, una edad sombría en cuyo seno se produjo el alborear de la conciencia. Sólo Egipto conservó, según parece, la complejidad de su vida civilizada, aunque el éxodo de los israelitas, por el tiempo de la Guerra de Troya, quizá en 1230 a.C., queda lo bastante cerca para ser considerado parte de este gran devenir mundial. La leyenda de la apertura de las aguas del mar Rojo se refiere probablemente a cambios en las mareas del mar de los Sargazos relacionados con la erupción de Thera.

El resultado de lo anterior es que, en el lapso de un solo día, toda una población o lo que sobrevive de ella de pronto se convierte en población de refugiados. Como fichas de dominó, la anarquía y el caos se propagan como ondas y asuelan la castigada tierra, mientras el vecino invade al vecino. Y en medio de tanta ruina, ¿qué pueden decir los dioses? ¿Qué pueden decir, si el hambre y la muerte son más estrictos que ellos, si gente extraña mira fijamente a gente extraña y si un lenguaje incomprensible llega a oídos extraños? El hombre bicameral se regía en las circunstancias triviales de la vida diaria por el hábito inconsciente, y en sus encuentros con circunstancias nuevas o insólitas en su conducta o en la de los demás, por sus voces-visiones. Desarraigado de este contexto del grupo jerárquico, donde ni el hábito ni la voz bicameral lo pueden ayudar y dirigir, debió de ser lastimero en verdad. ¿De qué podría servirle toda la experiencia admonitoria destilada a lo largo de un proceso autoritario pacífico en el seno de una nación bicameral en esos momentos de confusión extrema?

9. S. Marinatos, *Crete and Mycaenae* (Nueva York: Abrams, 1960).
10. *New York Times*, 28 de septiembre de 1966, p. 34.

Grandes migraciones empiezan a marchar hacia Jonia y luego hacia el sur. Las tierras costeras del Levante son invadidas por tierra y por mar, por pueblos llegados del este de Europa, de los cuales eran parte los filisteos del Antiguo Testamento. Es tan grande la presión de los refugiados sobre Anatolia que en 1200 a.C. se desploma el poderoso Imperio hitita, lo que obliga a los hititas a internarse en Siria, donde otros refugiados están buscando nuevas tierras. Asiria estaba tierra adentro y bien protegida, y el caos resultante de estas invasiones permitió a los crueles ejércitos asirios abrirse paso por Frigia, Siria, Fenicia, y subyugar incluso a los pueblos de Armenia en el norte y de los montes Zagros, por el oriente. ¿Pudo Asiria lograr todo esto con una base estrictamente bicameral?

El rey más poderoso de esta Asiria media fue Tiglath-Pileser I (1115-1077 a.C.). Obsérvese que ahora ya no une el nombre de su dios al suyo. Sus hazañas son bien conocidas debido a un gran prisma de arcilla, lleno de jactancias monstruosas. Sus leyes han llegado a nosotros en una colección de tablillas llenas de crueldades. Los estudiosos dicen que su política fue "una política de terror".[11] Y así fue, en efecto. Los asirios caían como carniceros sobre aldeanos indefensos e inofensivos, esclavizaban a cuanto refugiado podían y por millares mataban a los demás. Unos bajorrelieves muestran lo que parecen ser ciudades enteras cuya población ha sido empalada viva, las estacas penetran por la ingle y salen por los hombros. Sus leyes castigaban transgresiones leves con las penas más sangrientas hasta entonces conocidas en la historia del mundo. Fue un contraste radical con las admoniciones justas que el dios de Babilonia dictó al bicameral Hammurabi seis siglos antes.

¿Por qué esta crueldad, esta violencia? ¿Y por vez primera en la historia de la civilización? A no ser que el método anterior de control social se hubiera desplomado por completo. Y esa forma de control social era la mente bicameral. La sola costumbre de aplicar la crueldad como esfuerzo tendente a gobernar por el temor se encuentra, creo, en el umbral de la conciencia subjetiva.

El caos es general y constante. En Grecia fueron las oscuras invasiones dóricas. La Acrópolis arde al terminar el siglo XIII a.C. Al finalizar el siglo XII a.C., Micenas ha dejado de existir. Se ha perdido en el polvo de la leyenda y del asombro. Y podemos imaginar a los primeros *aoidoi*, todavía bicamerales, vagando hechizados, en trance, de un campo en ruinas de refugiados a otro, cantando a la brillante diosa por medio de sus blancos labios la ira de Aquiles en una edad de oro que había sido y ya no era más.

Aun de las cercanías del mar Negro, hordas que algunos llamaron los mushkus, conocidos en el Antiguo Testamento como mesecs, se lanzaron contra el

11. H. W. F. Saggs, *The Greatness That Was Babylon* (Nueva York: Mentor Books, 1962), p. 101.

ruinoso reino hitita. Veinte mil de ellos siguieron más hacia el sur e invadieron la provincia asiria de Kummuh. Hordas de arameos presionaron continuamente a los asirios desde los desiertos occidentales, y siguieron presionando hasta ya entrado el primer milenio a.C.

En el sur, otros grupos de estos mismos refugiados, que en los jeroglíficos son llamados "Gente Venida del Mar", tratan de invadir Egipto por el delta del Nilo en los comienzos del siglo XI a.C. La derrota que sufren a manos de Ramsés III todavía se puede ver en el muro norte de su templo funeral de Medinet Habu, en el oeste de Tebas.[12] Los invasores que van en barcos, carros de dos ruedas y a pie, con familias y carretas cargadas con sus bienes, marchan por estos murales como si fueran refugiados. De haber triunfado esta invasión, es probable que Egipto hubiera hecho por el intelecto lo que Grecia haría en el siguiente milenio. Entonces, la Gente Venida del Mar se ve empujada hacia el este, hacia las tenazas del militarismo de los asirios.

Finalmente, todas estas presiones resultan excesivas aun para la crueldad asiria. En el siglo X a.C., Asiria no puede dominar la situación y se hunde en la pobreza, al otro lado del Tigris. Pero sólo para cobrar aliento, porque ya en el siglo siguiente los asirios empezarán la reconquista del mundo con ferocidad sádica sin precedente, abriéndose paso acuchillando y aterrorizando hasta llegar a las antiguas fronteras de su Imperio y luego, más allá, por Egipto y siguiendo el curso del fértil Nilo hasta llegar al propio Sol-dios, como Pizarro haría dos mil quinientos años después con el divino Inca cautivo, al otro extremo de la Tierra. Ahora ya había ocurrido el gran salto en la mentalidad. El hombre había adquirido conciencia, se había vuelto consciente de sí y de su mundo.

Cómo empezó la conciencia

Hasta aquí, nuestro análisis ha versado sobre cómo y por qué se produjo el desplome de la mente bicameral. En este momento podría muy bien preguntarse por qué el hombre no regresó a su condición anterior. A veces sí lo hizo, pero la inercia de culturas más complejas impidió el regreso a la vida tribal. El hombre había quedado atrapado en su propia civilización. Grandes ciudades se yerguen, simplemente, y mantienen sus pesados hábitos de trabajo pese a que su control divino decae o se acaba. Por otra parte, el lenguaje es un freno al cambio social. La mente bicameral fue hija de la adquisición del lenguaje, y en aquel momento el

12. Ilustraciones sobre esto se encontrarán en William Stevenson Smith, *Interconnections in the Ancient Near East* (New Haven: Yale University Press, 1965), pp. 220-221.

lenguaje tenía un vocabulario que requería tanta atención a un medio civilizado que se volvió punto menos que imposible pensar siquiera en retroceder unos 5 000 años.

En los dos capítulos siguientes procuraré presentar los hechos que produjeron la transición de la mente bicameral a la mente consciente subjetiva. Pero aquí estamos ocupándonos de cómo ocurrió esto, y ciertamente tal determinación requiere mucha más investigación. Lo que nos hace falta es una paleontología de la conciencia, en la cual podamos distinguir estrato por estrato, cómo fue que se formó este mundo metaforizado que llamamos conciencia subjetiva, y debido a qué presiones particulares. Todo lo que puedo ofrecer aquí son unas cuantas sugerencias.

Debo también rogar al lector que tenga presentes dos cosas. La primera es que no me estoy ocupando aquí de los mecanismos metafóricos por medio de los cuales se generó la conciencia; los hemos visto en I.3. Aquí sólo estoy interesado en su origen en la historia, en por qué esas características fueron generadas por metáforas en un momento determinado. La segunda es que sólo estamos hablando del Cercano Oriente. Una vez que se ha establecido la conciencia, hay muchas y diversas razones que explican su triunfo, y por qué se propaga a los demás pueblos bicamerales; estos problemas los estudiaremos en un capítulo posterior.

La observación de la diferencia puede ser el origen del espacio análogo de la conciencia. Después del desplome de la autoridad y de los dioses, apenas podemos imaginar el pánico y la vacilación que debieron de caracterizar a la conducta humana durante el desorden que hemos descrito. Debemos recordar que, en la época bicameral, los hombres que pertenecían a la misma ciudad-dios pensaban y actuaban más o menos de la misma manera. Pero en el entremezclamiento violento y forzoso de gente de distintas naciones y con diferentes dioses, el observar que los extranjeros, aunque parecidos a nosotros, hablaban de otra manera, sustentaban opiniones contrarias y se comportaban de otra manera, pudo llevar a suponer que dentro de ellos había algo diferente. Esta última opinión ha llegado a nosotros envuelta en las tradiciones de la filosofía, en especial de que los pensamientos, opiniones y errores son fenómenos subjetivos que ocurren dentro de la persona porque no hay cabida para ellos en el mundo "real", "objetivo". Es, pues, muy posible que antes de que un individuo en particular tenga un yo interior, inconscientemente lo haya supuesto en otros, sobre todo en extranjeros contradictorios, como la cosa que causó, que originó su conducta distinta y sorprendente. En otras palabras, la tradición de la filosofía que enuncia el problema como la lógica de inferir o conocer las mentes de los demás basándonos en nuestra propia mente, debe ser a la inversa. Primero debemos suponer inconscientemente (*sic*) otras conciencias, y luego, mediante la generalización, inferir la nuestra.

El origen de la narratización en la épica

Parece extraño hablar de que los dioses aprendan. Pero como ocupan una buena parte de la región temporo-parietal derecha (si es correcto el modelo presentado en I.5), ellos también, como la región temporo-parietal izquierda, o quizá más todavía, deberán aprender nuevas capacidades, almacenar nueva experiencia, reestructurar su función admonitoria de modos nuevos para satisfacer nuevas necesidades.

Narratización es una sola palabra que expresa un conjunto extremadamente complejo de actividades normativas que tienen, pienso, un linaje múltiple. Pero lo esencial en su amplia normatividad, como son cursos de vida, historias, el pasado y el futuro, pudo haber sido aprendido por hombres en los que predominó el hemisferio izquierdo con base en un nuevo tipo de funcionamiento del hemisferio derecho. Este nuevo tipo de funcionamiento fue la narratización, que había sido aprendida antes, sugiero, por los dioses, en cierto periodo de la historia.

¿Cuándo pudo suceder esto? Es de dudar que algún día se pueda dar una respuesta cierta, en parte debido a que no hay un límite bien marcado entre la relación de un acontecimiento que acaba de suceder y una épica. Nuestra búsqueda en el pasado resulta siempre confundida con el desarrollo de la escritura, pero es interesante notar que hacia la mitad del tercer milenio a.C., o poco antes, surgió, al parecer, un nuevo rasgo de civilización en el sur de Mesopotamia. Antes de lo que hoy conocemos como Primer Periodo Dinástico II, las excavaciones muestran que los poblados o las ciudades de esta región no estaban fortificados, no tenían defensas. Pero en lo sucesivo, en las regiones principales de desarrollo urbano, se irguieron ciudades amuralladas a distancias más o menos constantes una de otra; los habitantes cultivaban los campos intermedios y hasta peleaban por su dominio. Por este mismo periodo se presentan las primeras épicas conocidas, por ejemplo, las diversas sobre Emmerkar, el edificador de Uruk, y sus relaciones con la vecina ciudad-Estado de Aratta. Sus temas son, precisamente, su relación entre Estados vecinos.

Mi tesis es que la narratización surgió como una codificación de informes de acontecimientos pasados. Hasta este momento, la escritura, inventada hacía apenas unos siglos, había sido sobre todo un instrumento para hacer inventarios, un modo de registrar o llevar cuenta de los almacenes y trueques de las posesiones de un dios. Pero ahora se convierte en un modo de registrar acontecimientos mandados por los dioses, cuya recitación después del hecho se vuelve narratización de épicas. Dado que el leer, como sugerí en el capítulo precedente, pudo haber sido alucinar a partir del signo cuneiforme, quizá fue una función del lóbulo temporal derecho. Y como éstos eran los registros del pasado, es el hemisferio derecho el que se convierte, cuando menos, en el asiento temporal de la reminiscencia de los dioses.

De paso observaremos cuán distinta fue la lectura de tablillas cuneiformes de Mesopotamia de la recomposición oral de las épicas de Grecia por una sucesión de *aoidoi*. Es posible que la tradición oral de Grecia haya sido un beneficio inmenso porque exigió que "Apolo" o las "Musas" del hemisferio derecho se convirtieran en fuentes de memoria y aprendieran a narratizar y a mantener los recuerdos de Aquiles reunidos en el seno de la composición épica. Y luego, en el caos de la transición a la conciencia, el hombre asimila tanto esta capacidad de memoria como la capacidad de narratizar memorias dentro de pautas determinantes.

El origen del "yo" análogo en el engaño

Otra causa de la conciencia puede ser engañar. Pero debemos empezar nuestro estudio de la materia distinguiendo entre engaño instrumental o a corto plazo y engaño a largo plazo, que más bien se puede llamar deslealtad o traición. En los chimpancés se han descrito varios ejemplos del primero. Las chimpancés se le "ofrecen" al macho en postura sexual para escamotearle su plátano aprovechando que su interés en la comida está distraído. En otro ejemplo, el chimpancé se llenará la boca de agua, engatusará a un vigilante que le sea antipático y le escupirá el agua en la cara. En estos dos casos, el engaño exigió aprendizaje instrumental, una pauta de conducta a la que sigue inmediatamente una situación recompensadora. Y no necesita mayores explicaciones.

Pero el tipo de engaño que es traición o deslealtad es cosa completamente distinta. Le resulta imposible a un animal o a un hombre bicameral. El engaño a largo plazo requiere la invención de un yo análogo que pueda "hacer" o "ser" algo completamente distinto de lo que la persona hace o es, según la ven quienes están con ella. No es difícil imaginar cuán importante para la supervivencia debió de ser este tipo de engaño durante estos siglos. Arrollado por algún invasor, y viendo a su esposa violada, el hombre que hubiera obedecido sus voces habría atacado inmediatamente y sin vacilar, y eso lo habría llevado casi con seguridad a la muerte. Pero si el hombre podía ser una cosa por dentro y otra por fuera, si podía ocultar su odio y deseo de venganza tras una máscara de aceptación de lo inevitable, ese hombre sobreviviría. O, en la situación más usual de recibir órdenes de invasores extranjeros, quizás en una lengua extraña, la persona que obedeciera superficialmente y que tuviera "dentro de sí" otro yo con "pensamientos" contrarios a sus acciones desleales, que pudiera odiar al hombre a quien sonriera, ésa tendría muchas más probabilidades de perpetuarse a sí y a su familia en el nuevo milenio.

La selección natural

Este último comentario mío plantea la posibilidad de que la selección natural haya desempeñado cierto papel en el origen de la conciencia. Pero al plantear esta cuestión, quiero dejar sentado muy claramente que la conciencia es, ante todo, una introducción cultural, aprendida con base en el lenguaje, y que luego se enseña a otros; no es una necesidad biológica. Pero el que haya tenido y siga teniendo un valor de supervivencia indica que el cambio a la conciencia pudo ser ayudado por cierta dosis de selección natural.

Es imposible calcular que porcentaje del mundo civilizado pereció en esos siglos terribles del final del segundo milenio a.C. Sospecho que la mortandad fue enorme. La muerte debió de llegar antes a aquellos que vivían impulsivamente conforme a sus hábitos inconscientes o que no pudieron resistir los mandatos de sus dioses de aplastar a los extranjeros que se interpusieran en su camino. Es posible, pues, que los individuos más obstinadamente bicamerales, los más obedientes a sus divinidades familiares, perecieran, con lo cual los genes de los menos impetuosos, los menos bicamerales, fecundarían a las generaciones siguientes. Y aquí también podríamos referirnos al principio de la evolución baldwiniana, como lo hicimos cuando nos ocupamos del lenguaje. Cada nueva generación debe aprender la conciencia, de modo que aquellos que biológicamente sean más aptos para aprender serán los que tengan más probabilidades de sobrevivir. Hay, incluso testimonio bíblico, como veremos en un capítulo posterior, de que los niños tenazmente bicamerales fueron asesinados.[13]

Conclusión

No debe entenderse que en este capítulo quisimos presentar prueba alguna sobre el origen de la conciencia. Esta carga corresponderá a capítulos posteriores. La meta de este capítulo fue descriptiva y teórica, presentar un cuadro de verosimilitud, de cómo y por qué pudo haber ocurrido una alteración gigantesca en la mentalidad humana hacia el final del segundo milenio a.C.

En resumen, he esbozado los diversos factores que pudieron haber causado la gran transición de la mente bicameral a la conciencia: 1) el debilitamiento de lo auditivo por advenimiento de la escritura; 2) la fragilidad inherente del control alucinatorio; 3) la inutilidad de los dioses en el caos del levantamiento histórico; 4) el planteamiento de una causa interna en la observación de diferencias en otros;

---

13. Zacarías, 13:3-4.

5) la adquisición de la facultad de narratizar de los relatos épicos; 6) el engaño como valor de supervivencia; y 7) una porción de selección natural.

Terminaré planteando la cuestión de la exactitud, del rigor de todo esto. ¿Podemos afirmar que la conciencia hizo su aparición de *novo* en el mundo, sólo en esta época? ¿No es posible que cuando menos algunos individuos hayan tenido conciencia en tiempos mucho muy anteriores? La respuesta es que probablemente sí los hubo. Así como los individuos difieren hoy día en cuanto a su mentalidad, del mismo modo en épocas pasadas pudo ser posible que un hombre aislado, o más posiblemente un culto o una asociación exclusivista empezaran a desarrollar un espacio metaforado con egos análogos. Pero, a mi entender, una mentalidad así, aberrante, anormal en el seno de una teocracia bicameral, sobreviviría con dificultad y no sería lo que hoy día llamamos consciente.

Aquí estamos interesados en la norma cultural; materia de los capítulos siguientes es que esa norma cultural sufrió un cambio espectacular. Las tres porciones del mundo en que se puede observar con más facilidad esta transición son Mesopotamia, Grecia y entre los refugiados bicamerales. Por turno, nos ocuparemos de las tres.

CAPÍTULO 4

Un cambio de la mente en Mesopotamia

HACIA 1230 A.C., TUKULTI-NINURTA I, tirano de Asiria, mandó hacer un altar de piedra que es radicalmente distinto de todo lo precedente en la historia del mundo. En el grabado de su cara, Tukulti aparece dos veces, la primera cuando se acerca al trono del dios y la segunda cuando se arrodilla ante él. Esta doble imagen destaca por sí sola la postura miserable, casi abyecta, desconocida hasta entonces en un rey. Conforme nuestros ojos bajan del rey de pie al rey arrodillado, que está enfrente, percibimos la fuerza del cuadro, similar a la del cine, que en sí es un notable descubrimiento artístico. Pero más notable aún es el hecho de que está vacío el trono ante el cual se arrodilla éste, el primero de los crueles conquistadores asirios.

En la historia, ningún rey apareció antes de rodillas. Ninguna escena de la historia indicó jamás un dios ausente. Se había descompuesto, se había venido abajo la mente bicameral.

Como vimos en II. 2, a Hammurabi se le esculpió de pie y oyendo atentamente a un dios muy presente. E incontables sellos cilíndricos de este periodo muestran a otros personajes escuchando y mirando a los ojos o siendo presentados a las figuras reales, de dioses con figura humana. El altar de Assur de Tukulti está en abierto contraste con todas las anteriores representaciones de las relaciones entre dioses y hombres. No se trata de una simple idiosincrasia artística, pues otras escenas del altar de Tukulti también carecen de dioses. Y los sellos cilíndricos del periodo de Tukulti también muestran al rey aproximándose a otras divinidades no presentes que a veces se representan por medio de un símbolo. Tales comparaciones hacen pensar que la época de la desaparición de la mente bicameral en Mesopotamia ocurrió entre los reinados de Hammurabi y de Tukulti.

Grabado en el frente del Altar Tukulti, hoy en el Museo de Berlín. Tukulti está de pie y luego se arrodilla ante el trono vacío de su dios. Obsérvese el énfasis en el índice que señala.

Esta hipótesis viene a ser confirmada por los restos cuneiformes de Tukulti y su periodo. Lo que se conoce con el nombre de *Epopeya de Tukulti-Ninurta*[1] es el siguiente documento cuneiforme de nota posterior a Hammurabi, claramente fechado y bien conservado. En la época de este último no se duda de la presencia eterna e invariable de los dioses entre los hombres, dirigiéndolos en sus actividades. Pero al comienzo de la epopeya más o menos propagandística de Tukulti, se ve a los dioses de las ciudades de Babilonia disgustados contra el rey de Babilonia porque no les presta atención. Por eso abandonan sus ciudades y dejan a los habitantes sin guía divina, por cuyo motivo se asegura la victoria de los ejércitos asirios de Tukulti. Este concepto de los dioses abandonando a sus esclavos humanos es del todo imposible en cualquier circunstancia en la Babilonia de Hammurabi. Es algo nuevo en el mundo.

Más todavía, se le encuentra en todos los restos de literatura de los tres últimos siglos del segundo milenio que han llegado a nosotros:

> Al que no tiene dios alguno, al marchar sobre la calle, el dolor de cabeza lo envuelve como un ropaje.

1. Traducciones de este y de otros textos tratados en esta sección se hallarán en W. G. Lambert, *Babylonian Wisdom Literature* (Oxford: Clarendon Press, 1960).

Eso dice una tablilla cuneiforme, por la época del reinado de Tukulti.

Si la desaparición de la mente bicameral significó o trajo consigo la inhibición involuntaria de áreas del lóbulo temporal del hemisferio derecho, según supusimos anteriormente, esta aseveración cobra un nuevo interés.

De este mismo periodo son las tres tablillas famosas y una cuarta, dudosa, bautizadas con sus primeras palabras, *Ludlul bel nemeqi*, que generalmente son traducidas como "Alabaré al señor de sabiduría". Aquí "sabiduría" es una interpolación, una interpretación moderna impropia. La traducción debería ser algo más cercano a "destreza" o "capacidad de controlar el infortunio"; aquí, el señor es Marduk, el dios más alto de Babilonia. Las primeras líneas perfectamente legibles de la primera tablilla dicen:

> Mi dios me ha abandonado y ha desaparecido,
> mi diosa me ha fallado y se mantiene a distancia.
> Se ha ido el buen ángel que marchaba a mi lado.

Esto es *de facto* la desaparición de la mente bicameral. Quien habla es un tal Shubshi-Meshre-Shakkan (según se nos dice en la tercera tablilla), un señor feudal dependiente, quizá, de Tukulti. Luego describe cómo, con la partida de sus dioses, su rey se disgusta irreconciliablemente con él, como su posición feudal de gobernante de una ciudad se le arrebata, y luego como, por consecuencia, se convierte en un paria social. La segunda tablilla describe cómo, en este estado sin dios, es blanco de toda suerte de enfermedades e infortunios. ¿Por qué lo han abandonado los dioses? Y enumera las postraciones, los ruegos y los sacrificios que no han bastado para hacerlos volver. Consulta a sacerdotes y a augures, pero

> Mi dios no ha vuelto a mi rescate ni me ha tomado de la mano.
> Ni mi diosa se ha apiadado de mí, caminando a mi lado.

En la tercera tablilla se da cuenta de que es Marduk, el todopoderoso, el responsable de todo lo que le está ocurriendo. En sueños se le aparecen los ángeles de Marduk, a la usanza bicameral, y le llevan mensajes de consolación y promesas de prosperidad de parte del propio Marduk. Ante estas garantías, Shubshi queda libre de sus afanes y enfermedades y va al templo de Marduk a dar gracias al gran dios que "hizo que el viento se llevara mis culpas".

Aquí aparecen enunciados por vez primera los grandes temas de las religiones del mundo. ¿Por qué nos han desamparado los dioses? Deben estar ofendidos, como lo están los amigos que se alejan de nosotros. Nuestras tristezas son nuestro castigo por haberlos ofendido. Nos ponemos de rodillas implorando ser perdonados, y luego hallamos redención en alguna palabra de estímulo de un dios. Estos aspectos de las religiones actuales hallan su explicación en la teoría de la mente bicameral y su descomposición a lo largo de este periodo.

Desde hace mucho tiempo el mundo conoce normas y deberes. Fueron divinamente ordenados, y humanamente obedecidos. Sin embargo, el concepto de lo bueno y de lo malo, de un hombre bueno, de redención del pecado y de perdón divino se inician en el seno de este preguntar por qué las guías alucinadas ya no se oyen más.

El mismo tema dominante de dioses perdidos es el lamento que encontramos en las tablillas conocidas con el nombre de *La teodicea babilónica*.[2] Este diálogo entre un hombre que sufre y su amigo que lo aconseja es, evidentemente, de fecha posterior, quizá del 900 a.C., pero de él salen las mismas quejas. ¿Por qué nos han abandonado los dioses? Y como ellos gobiernan todas las cosas, ¿qué razón tienen para que nos lluevan desgracias? El poema tiene vislumbres de un sentido nuevo individual o de lo que llamaríamos un "me" análogo, que deja entrever una nueva conciencia. Termina con el grito desesperado que ha resonado en toda la historia posterior:

> Que los dioses que me han desconocido me ayuden.
> Que las diosas que me han abandonado tengan piedad de mí.

De aquí a los salmos del Antiguo Testamento no hay gran distancia. No hay ningún vestigio de quejas similares en ninguna literatura anterior a los textos que estoy considerando aquí.

Las consecuencias de la desaparición de las alucinaciones auditivas en la mentalidad humana son profundas y muy generales, y ocurren en muchos niveles distintos. Algo importante es la confusión de la autoridad en sí. ¿Qué es autoridad? Los gobernantes, sin dioses que los guíen, son tornadizos e inseguros. Vuelven la vista a augurios y adivinaciones, de los que nos ocuparemos dentro de poco. Como ya dije antes, a falta de alucinaciones auditivas, la crueldad y la opresión son la forma en que los gobernantes imponen su gobierno sobre sus súbditos. Cuando faltan dioses, la autoridad misma del rey se vuelve dudosa. Surge la posibilidad de la rebelión en el sentido moderno del término.

---

2. Un problema fascinador es por que en este tiempo la referencia a los dioses se vuelve plural aun cuando tome un verbo singular. Esto ocurre en contextos que en la literatura anterior habrían significado que era un dios personal. Así sucede tanto en *Ludlul*, II:12, 53, como a lo largo de la *Teodicea*, y más adelante en el plural de *elohim* de las contribuciones eloístas al Antiguo Testamento. Aquí cabría recordar las musas de los griegos y tal vez el *pankush* de las tablillas hititas. ¿Es que las alucinaciones suenan y sonaron como coros conforme se debilita neurológicamente su confiabilidad?

Es sin duda, este nuevo tipo de rebelión lo que ocurrió a Tukulti. Había fundado toda una nueva capital de Asiria al otro lado del Tigris, frente a Assur, llamándola ateamente, como él — Kar-Tukultini-nurta. Pero, encabezados por su propio hijo y sucesor, sus nobles más conservadores lo encarcelaron en su nueva ciudad, la incendiaron, dejándola arder hasta sus cimientos, y esta muerte feroz llevó a su reinado al terreno de la leyenda. (Brilla en la turbia historia del Antiguo Testamento como Nemrods[3] [Génesis:10] y en los mitos griegos como el rey Ninos.[4])

Evidentemente, antes de esto se produjeron desórdenes y caos social. Pero un motín así premeditado y el parricidio de un rey es algo imposible de imaginar en las jerarquías obedientes de los dioses de la era bicameral.

Pero de mucha mayor importancia son los comienzos de algunas inclinaciones culturales nuevas, que son la reacción a este desplome de la mente bicameral y de su autoridad divina. La historia no avanza a saltos hacia situaciones nuevas no relacionadas, sino más bien por medio del hincapié selectivo de aspectos de su propio pasado inmediato.

Y estos nuevos aspectos de la historia humana que responden a la pérdida de la autoridad divina son todos ellos consecuencias y acentuaciones cuyo origen está en la era bicameral.

La plegaria

En la mente bicameral clásica, es decir, antes de su debilitamiento por la escritura, ocurrido hacia 2500 a.C., creo que no había vacilaciones en la voz alucinada y que, por tanto, no había lugar para la plegaria. Ante una nueva situación o problema una voz decía qué hacer. Ciertamente esto es lo que ocurre en los pacientes esquizofrénicos de nuestros días que están alucinados. No ruegan oír sus voces; no necesitan hacerlo. En los pocos pacientes en que esto sucede, es durante la convalecencia cuando las voces ya no se oyen con la misma frecuencia. Pero cuando a fines del tercer milenio a.C., las civilizaciones y sus interrelaciones se vuelven más y más complejas, de cuando en cuando se empieza a pedir a los dioses que contesten diversas peticiones. Por lo general, sin embargo, estas peticiones no son lo que hoy día llamamos plegaria. Se componen de varias imprecaciones estilizadas, tales como el final común de inscripciones grabadas en estatuas: "¡A quienquiera que mutile esta imagen, que Enlil destruya su nombre y que rompa su arma!"[5]

---

3. E. A. Speiser, "In Search of Nimrod", en *Oriental and Biblical Studies, Collected Writings of E. A. Speiser*, J. J. Finkelstein y Mosh Greenberg, eds. (Filadelfia: University of Pennsylvania Press, 1967), pp. 41-52.
4. H. Lewy, "Nitokoris-Naqi'a", *Journal of Near Eastern Studies*, 1952, 11, 264-286.
5. George A. Barton, *The Royal Inscriptions of Sumer and Akka*d (New Haven: Yale University Press, 1924), p. 113.

O el tipo de oración que Gudea ofrece a sus dioses en las inscripciones del gran cilindro de Lagash. Una excepción notable, sin embargo, son las oraciones muy reales de Gudea que se encuentran en el Cilindro A, dirigidas a su divina madre, pidiéndole que le explique el significado de un sueño. Pero esto, como otras muchas cosas del enigmático Gudea, es excepcional. Las plegarias, acto central e importante de la adoración a los dioses, cobran prominencia únicamente después de que los dioses han dejado de hablar "cara a cara" a los hombres (como lo dice el Deuteronomio, 34:10). Lo que en tiempo de Tukulti fue novedoso, se vuelve cotidiano durante el primer milenio a.C., todo ello, en mi opinión, como resultado del desvanecimiento de la mente bicameral. He aquí el comienzo de una plegaria típica: "Oh, señor, el fuerte, el famoso, el que todo lo sabe, el espléndido, el que renace de sí mismo, el perfecto, hijo primogénito de Marduk..."; y así siguen muchas líneas de títulos y atributos: "el que sostiene los centros de culto, el que recibe en sí todos los cultos...", indicando quizá el caos de jerarquía de divinidades cuando ya no se les oía: "tú vigilas sobre todos los hombres, tú aceptas sus súplicas..."

El suplicante se presenta entonces a sí mismo y a su petición:

> Yo, Balssu, hijo de su dios, cuyo dios es Nabu, cuya diosa es Tashmeturn... Yo soy uno que está cansado, turbado, cuyo cuerpo está muy enfermo, yo me inclino ante ti... Oh, señor, el más sabio de los dioses, por tu boca ordena bien para mí. Oh, Nabu, el más sabio de los dioses, que por tu boca salga yo con vida.[6]

Realmente, la forma general de la plegaria que empieza con una alabanza al dios y termina con una petición personal, no ha cambiado desde los tiempos mesopotámicos. La exaltación misma del dios, y el concepto de adoración divina, contrastan marcadamente con la relación diaria y sin tanta ceremonia de un milenio antes, entre hombre y dios.

Un origen de los ángeles

En el llamado periodo neosumerio, de fines del tercer milenio a.C., las gráficas, y particularmente los sellos cilíndricos, están llenos de escenas de "presentación": un dios menor, a veces mujer, presenta a un individuo, presumiblemente el dueño del sello, a un dios mayor. Esto va muy de acuerdo con lo que hemos sugerido que probablemente ocurría en los reinos bicamerales, sobre todo cuando cada individuo tenía su dios personal que al parecer intercedía ante dioses más altos en favor

6. Traducido por H. W. F. Saggs en su *The Greatness That Was Babylon* (Nueva York: Mentor Books, 1962), p. 312.

del sujeto. Y este tipo de escena de presentación o de intercesión se prolonga hasta bien entrado el segundo milenio a.C.

Entonces viene un cambio dramático. Primeramente, los dioses mayores desaparecen de estas escenas, así como también del mismo altar de Tukulti-Ninurta. Viene luego un periodo en que el dios personal del individuo es dibujado presentando únicamente el símbolo del dios. Luego, al finalizar el segundo milenio, nos hallamos ante el principio de seres híbridos humano-animales que hacen de intermediarios y mensajeros entre los dioses ya idos y sus olvidados y desventurados seguidores. A estos mensajeros se les representó siempre en parte como aves y en parte como humanos, a veces como un hombre barbado con dos pares de alas, coronado como un dios, y sosteniendo con frecuencia una especie de bolso en que presuntamente llevaba ingredientes para una ceremonia de purificación. Estos supuestos personajes de las cortes celestiales se hallan con frecuencia creciente en sellos y grabados cilíndricos asirios. En casos antiguos, estos ángeles o genios, como los asiriólogos suelen llamarlos, se ven presentando a un individuo al símbolo de un dios, como ocurría en las antiguas escenas de presentación. Pero pronto, aun esto se abandonó. Y para el comienzo del primer milenio a.C., encontramos a estos ángeles en una diversidad incontable de escenas, a veces con humanos, a veces enfrascados en luchas de varios tipos con otros seres híbridos. En ocasiones tienen cabezas de aves. O son toros o leones alados con cabezas humanas que actúan como guardianes de palacios tales como el de Nemrod en el siglo IX o de las puertas de Khorsabad, en el siglo VIII a.C. O con cabezas de halcón y anchas alas, revoloteando atrás de un rey, mostrando un cono que ha sido mojado en un pequeño balde, como se ve en un grabado mural de Assurnasirpal del siglo IX a.C., una escena similar al ungimiento del bautismo. En ninguna de estas representaciones se ve que hable el ángel o que el humano escuche. Es una escena visual silenciosa en la cual la realidad auditiva del acto bicameral antiguo se va convirtiendo en una relación supuesta y tácita. Se convierte en lo que después se llamará mitológico.

Demonios

Pero los ángeles no bastaron para llenar el vacío inicial que dejaron tras sí los dioses en su retirada. Y además, como eran mensajeros de los grandes dioses se les vinculaba casi siempre con el rey y sus señores. Y para el común de la gente, de cuyos dioses personales ya no reciben ayuda, un ser semidivino de una clase totalmente distinta proyecta una terrible sombra sobre su vida diaria.

¿Por qué habrían de entrar en este preciso momento los demonios malévolos en la vida humana? El lenguaje, aunque a veces sea incomprensible, es el principal medio de que dispone el hombre para dar la bienvenida a los demás. Y si el otro hombre no responde a una bienvenida, el primero tendrá una reacción de hostilidad. Como los dioses personales son silenciosos, deben ser hostiles y estar enojados. Esta lógica es el origen de la idea del mal que por vez primera aparece en la historia de la humanidad durante la desaparición de la mente bicameral. Como no se duda de que los dioses nos gobiernen a su antojo, ¿qué podemos hacer para aplacar sus deseos de dañarnos y lograr nuevamente su amistad? De aquí se derivaron la oración y el sacrificio a que nos referimos al principio de este capítulo, y de aquí también la virtud de la humildad ante un dios.

Conforme los dioses se retiran en individuos especiales llamados profetas u oráculos, o son orillados a comunicarse a escondidas con los hombres adoptando formas de ángeles o augurios, irrumpe precipitadamente la creencia en demonios para llenar este vacío de poder. Incluso el aire de Mesopotamia se oscureció con ellos. Los fenómenos naturales se apropiaron de sus características de hostilidad hacia los hombres: un demonio furioso encarnó en las tormentas de arena que barrían el desierto, un demonio de fuego, hombres-escorpiones guardando al Sol naciente más allá de las montañas, Pazuzu, el monstruoso viento-demonio, el malo Agazapado, los demonios-plagas y los horribles demonios Asapper que debían ser mantenidos a raya por medio de perros.

Los demonios se hallaban siempre prestos para apoderarse de un hombre o de una mujer en lugares solitarios, mientras dormían, comían o bebían, pero muy en particular al nacer. Se aferraban a los hombres adoptando la forma de todas sus enfermedades. Ni los dioses se libraban del ataque de los demonios, y esto a veces explica su falta de control de los problemas y cuestiones del hombre.

La protección contra estas divinidades del mal — ¡algo inconcebible en la era bicameral! — adoptó muchas formas. Hay muchos miles de amuletos protectores que datan de principios del primer milenio a.C., que debían llevarse alrededor del cuello o de la muñeca. Suelen representar al demonio particular cuyo poder debe ser inhibido, a veces llevan sobrepuestos sacerdotes que gesticulan y espantan al demonio; a menudo, también llevan un sortilegio o encantamiento que invoca a los grandes dioses contra el horror amenazador, tal como:

> *Encantamiento.* Ese que se ha acercado a la casa me asusta cuando estoy en la cama, me lacera, me hace ver pesadillas. Al dios Bine, portero del averno, ojalá lo designen, por virtud del decreto de Ninurta, príncipe del infierno. Por

> decreto de Marduk que habita en Esagilia, en Babilonia. Que la puerta y el cerrojo sepan que estoy bajo la protección de los dos Señores. *Encantamiento.*[7]

Con objeto de contrarrestar estas fuerzas malignas, en toda la Mesopotamia se musitaban y se decían innumerables rituales con ademanes expresivos; esto ocurrió sobre todo durante el primer milenio a.C. A los dioses más altos se les asediaba para que intercedieran. A los demonios malévolos se les consideraba la causa de todas las enfermedades, dolores y sufrimientos hasta que, finalmente, la medicina se convirtió en exorcismo.

La mayor parte de nuestro saber sobre estas prácticas antidemoniacas así como sobre su alcance proviene de la enorme colección hecha hacia 630 a.C. por Asurbanipal en Nínive. En esta biblioteca hay miles de tablillas que describen estos exorcismos, y miles más enumeran augurio tras augurio, lo cual pinta una civilización decadente tan negra y sucia con sus demonios como un trozo de carne putrefacta lleno de moscas.

Un nuevo paraíso

Vimos ya, en capítulos anteriores, que los dioses solían tener una residencia, pese a lo cual sus siervos oían sus voces en todas partes, por lo general vivían en zigurats o en santuarios domésticos. Y aunque algunos dioses se asociaban con cuerpos celestes tales como el Sol, la Luna o las estrellas, y aunque los más grandes, como Anu, vivían en el cielo, la verdad es que la mayoría de ellos vivía en la Tierra junto con los humanos.

Todo esto cambia cuando entramos en el primer milenio a.C., cuando, según estamos proponiendo, ya no se oyen las voces de los dioses. Como la Tierra ha sido abandonada a ángeles y demonios, parece por ello aceptable que la morada de los dioses ahora ausentes esté con Anu, en el cielo. Y por esto las formas de los ángeles siempre tienen alas: son mensajeros que vienen del cielo, donde viven los dioses.[8] El empleo de la palabra para designar cielo o paraíso en conjunción con los dioses se vuelve más y más común en la literatura asiria. Y cuando el relato de la gran inundación (el origen de la narración bíblica) se agrega a los relatos de

7. Traducido por Saggs, p. 291.

8. Si ejemplares posteriores del bien conocido *Enumma Elish*, el nombre neobabilónico de la epopeya de la creación, van a ser aceptados literalmente, entonces esta celestialización de dioses mayores empezó muy temprano, en la segunda mitad del segundo milenio a.C. Véase traducción de E. A. Speiser en *Near Eastern Texts Relating to the Old Testament*, J. B. Pritchard, comp. (Princeton: Princeton University Press, 1950). Su título son sus dos primeras palabras y significa "Cuando en lo alto..." Como otras muchas cosas, fue descubierto en la gran biblioteca de Asurbanipal del siglo VI a.C. Es una copia, y tal vez los originales se remontan al segundo milenio a.C.

Gilgamesh, en el siglo VII a.C., se le usa como racionalización o explicación de la partida de los dioses:

> Aun a los dioses aterrorizó el diluvio.
> Huyeron y ascendieron al paraíso de Anu.[9]

Esta celestialización de los dioses, antes terrestres, se confirma por un cambio importante introducido en la construcción de los zigurats. Según vimos en II.2 los zigurats originales de la historia de Mesopotamia se construyeron alrededor de un gran vestíbulo central, el *gigunu*, que era donde la estatua del dios "vivía" durante los ritos de sus esclavos humanos. Pero al terminar el segundo milenio a.C., se altera todo el concepto de zigurat. Ya no tiene un cuarto central de ninguna especie, y las estatuas de los dioses principales son cada vez menos los centros de un ritual complejo. La torre sagrada del zigurat es ahora una plataforma de aterrizaje cuyo objeto es facilitar que los dioses, provenientes del cielo, donde se habían esfumado, desciendan a tierra. Esto se sabe con certeza pues consta en textos del primer milenio a.C., que incluso hacen referencia a la "barca del cielo". Es difícil determinar la fecha exacta de este cambio, pues los zigurats existentes están gravemente averiados o, lo que es peor, han sido "restaurados". Pero pienso que todos los muchos zigurats que los asirios construyeron a partir del reinado de Tukulti-Ninurta fueron de esta clase, enormes pedestales para facilitar el regreso de los dioses que se habían refugiado en los cielos, y no mansiones terrenales para los dioses, como habían sido antes.

Con base en excavaciones recientes, se calcula que el zigurat construido por Sargón en el siglo VIII a.C., para su enorme y nueva ciudad de Khorsabad, se construyó en siete plantas, sobresalió 43 metros sobre la circundante ciudad, y en su cima destellaba un templo dedicado a Assur, dios dueño todavía, pero desconocido, de Asiria. Es el único templo dedicado a Assur en Khorsabad. Para descender del templo no se disponía de escalera ordinaria, como en los anteriores zigurats, sino oede una larga rampa espiral que circundaba el núcleo de la torre; por ahí bajaría Assur caminando cuando decidiera — si es que decidiera — regresar a la ciudad.

Igualmente, el zigurat de Neobabilonia, la Torre de Babel de la Biblia, no fue morada de dios como habría sido en la era verdaderamente bicameral, sino un sitio de aterrizaje para los dioses, que se habían celestializado. Construido entre los siglos VII y VI a.C., se erguía a noventa metros del suelo, contaba también con siete plantas, y en su pináculo había un brillante templo azul vidriado dedicado

9. Gilgamesh, Tablilla II, líneas 113-114, en Alexander Heidel, *The Gilgamesh Epic and Old Testament Parallels*, 2a. ed. (Chicago: University of Chicago Press, 1949).

a Marduk. Su mismo nombre indica este uso: *E-temen-an-ki,* (*E*) templo, de la plataforma de recibimiento (*temen*) entre el cielo (*an*) y la tierra (*ki*),[10] El pasaje del Génesis (11:2-9), que de otra suerte carece de sentido, es sin duda una repetición de alguna leyenda neobabilónica de un descenso así por Yahvé que en compañía de otros dioses descendió "a ver la ciudad y la torre", y dijo en seguida "confundamos su lenguaje, de modo que no entienda cada cual el de su prójimo". Esto último puede ser una narratización de la confusión de voces alucinadas en su declinación.

Herodoto, el historiador incansablemente curioso del siglo V a.C., subió trabajosamente los empinados escalones y las rampas en espiral de Etemenanki para ver si en su cima había un dios o un ídolo: como ocurre en la cara-altar de Tukulti, no había nada, a excepción de un trono vacío.[11]

LA ADIVINACIÓN

Hasta aquí, sólo hemos buscado testimonios de la desaparición de la mente bicameral. Estos testimonios son, a mi juicio, bastante sólidos. La ausencia de dioses en bajorrelieves y en sellos de cilindros, los gritos sobre dioses perdidos que salen quejumbrosos de las piezas cuneiformes silentes, el énfasis en la plegaria, la introducción de nuevos tipos de divinidades silentes, ángeles y demonios, un nuevo concepto del cielo, todo ello nos indica con gran fuerza que las voces alucinadas denominadas dioses ya no son más los compañeros que guían a los hombres.

¿Qué es, entonces, lo que se hace cargo de su función? ¿Cómo se inicia esta acción? Si las voces alucinadas ya no son adecuadas para las crecientes complejidades de la conducta, ¿cómo se podrán tomar las decisiones?

La conciencia subjetiva, es decir, el desarrollo con base en metáforas lingüísticas de un espacio de operación en el cual un "yo" pueda narratizar diversas acciones respecto a sus consecuencias, fue, ciertamente, el gran mundo que resultó de este dilema. Pero una solución más primitiva, que precede a la conciencia y que a la vez corre paralela a ella a lo largo de la historia, es ese complejo de conducta llamado adivinación.

Estos esfuerzos por adivinar el lenguaje de los dioses, ahora silentes, dan por resultado una variedad y complejidad pasmosas. Pero yo creo que a esta variedad la entenderemos mejor presentándola en cuatro tipos principales, que se pueden

10. Con relación a mi traducción de temen y a posibles opciones, véase el glosario de James B. Nies en *Ur Dynasty Tablets* (Leipzig: Hinrichs, 1920), p. 171.

11. *Histories*, 1:181. Otra escena con un trono vacío se presenta en la Estela 91027 que está en el Museo Británico, en que Esarhadón se halla en una postura similar a la de Tukulti.

ordenar tomando como base su comienzo histórico y que se pueden interpretar como aproximaciones sucesivas hacia la conciencia. Estos cuatro tipos son los presagios, los sortilegios, los augurios y la adivinación espontánea.

Los presagios y los textos de presagios

El método más primitivo y dificultoso, pero perdurable de descubrir la voluntad de los dioses silentes, es el simple registro de secuencias de acontecimientos insólitos o importantes. En contraste con todos los demás tipos de adivinación, es completamente pasivo. No es otra cosa que una extensión o prolongación de algo que es común a los sistemas nerviosos de todos los mamíferos, que en pocas palabras consiste en que si un organismo experimenta B después de A, tenderá a esperar B la próxima vez que ocurra A. Dado que los presagios cuando se expresan en lenguaje no son otra cosa que un ejemplo particular de esto, podemos decir que su origen se halla simplemente en la naturaleza animal, no en la cultura civilizada *per se*.

Presagios o secuencias de acontecimientos que cabría esperar que se repitieran se hallaron presentes, probablemente en forma trivial, a lo largo de los tiempos bicamerales. Pero tuvieron poca importancia. Tampoco hubo ninguna necesidad de estudiar estas secuencias, puesto que las voces alucinadas de los dioses tomaban todas las decisiones en situaciones nuevas. No hay, por ejemplo, textos sumerios acerca de presagios.

Mientras que los primeros vestigios de presagios ocurren entre los acadios semíticos, en realidad es sólo después de la pérdida de la mente bicameral, a fines del segundo milenio a.C., cuando tales textos de presagios aparecen por doquier y se propagan al grado de que llegan a tocar casi todos los aspectos imaginables de la vida. Hacia el primer milenio a.C., se hacen enormes colecciones de ellos. Hacia 650 a.C., cuando menos el 30 por ciento de las veinte a treinta mil tablillas existentes en la biblioteca del rey Asurbanípal, en Nínive, caen en la categoría de literatura de presagios. Cada entrada de estas colecciones tediosas e irracionales se compone de una cláusula "si" o prótasis a la que sigue una cláusula "entonces", o apódosis. Además, había muchas clases de presagios, presagios terrestres que se relacionaban con la vida diaria:

> Si un poblado se halla en una colina, no será bueno para los habitantes del poblado.
>
> Si se hallan hormigas negras en los cimientos que se hayan desplantado, esa casa se edificará; su propietario vivirá hasta su vejez.

> Si un caballo entra en la casa de un hombre y muerde a un asno o a un hombre, el dueño de la casa morirá y su hogar se dispersará.
>
> Si una zorra irrumpe corriendo en la plaza pública, el poblado será devastado.
>
> Si inadvertidamente un hombre pisa una lagartija y la mata, prevalecerá sobre su adversario.[12]

Y así, indefinidamente, ocupándose de todos aquellos aspectos de la vida que en una época anterior habían estado bajo la guía de los dioses. Podrían interpretarse como una especie de primer intento de narratización, haciendo mediante una fórmula verbal lo que la conciencia hace de un modo más complejo. Rara es la vez que se puede apreciar alguna dependencia lógica de predicción respecto a un augurio, pues la conexión suele ser tan simple como asociaciones o connotaciones de palabras.

Hubo también presagios teratológicos que empezaban: "Si un feto, etc.", que se ocupaban de nacimientos anormales tanto humanos como animales.[13] En realidad, la ciencia de la medicina está basada en presagios médicos, en una serie de textos que empiezan: "Cuando el sacerdote conjurador llega a la casa de un hombre enfermo...", y continúan con pronósticos más o menos razonables correlacionados con varios síntomas.[14] Y presagios basados en la apariencia de características faciales y orgánicas tanto en el cliente como en las personas que encuentra, los que, incidentalmente, nos dan la mejor descripción que tenemos de cómo era el aspecto de esa gente.[15] Y los presagios en la dimensión temporal: sucesiones de los meses que indicaban cuáles eran favorables u hostiles para ciertas empresas, y hemerologías que traían los días propicios lo mismo que no propicios de cada mes.

Y presagios que son los comienzos de la meteorología y de la astronomía, series completas de tablillas dedicadas a los fenómenos del Sol, los planetas, las estrellas y la Luna, sus tiempos y circunstancias de desaparición, eclipses, presagios relacionados con halos, formaciones extrañas de nubes, el significado divino del trueno y de la lluvia, el granizo y los sismos como predicciones de paz y guerra, cosechas e inundaciones, o el movimiento de los planetas, en especial de Venus, por entre las estrellas fijas. Hacia el siglo V a.C., este empleo de las estrellas para conocer las intenciones de los silentes dioses, que ahora viven entre ellas, se transforma en nuestros horóscopos familiares, en los cuales la conjunción de las estrellas en el nacimiento anuncia predicciones sobre el futuro y la personalidad

12. Todas estas ilustraciones están tomadas de Saggs, pp. 308-309.
13. Erle Leichty. "Teratological omens", *La Divination en Mesopotamie Ancienne et dans les Regions Voisines*, pp. 131-139.
14. J. V. Kinnier Wilson, "Two medical texts from Nimrud", *Iraq*, 1956, 18:130:146.
15. J. V. Kinnier Wilson, "The Nimrud catalog of medical and physiognomical omnia", *Iraq*, 1962, 24:52-62.

del niño. La historia comienza también, aunque vagamente, en textos de presagios, las apódosis o "cláusulas-entonces" de algunos textos antiguos que quizá conservaron alguna débil información histórica en el seno de una variedad única y característicamente mesopotámica de historiografía.[16] La humanidad privada de sus dioses, como un niño separado de su madre, tiene que aprender acerca del mundo en medio de temores y temblores.

Los presagios de los sueños llegaron a ser (y todavía lo son) fuente principal de adivinación.[17] Particularmente, en el último periodo asirio durante el primer milenio a.C., se reunieron los presagios por sueños en libros de sueños, por ejemplo el *Zigiqu*, donde se encuentra algún principio asociativo entre el hecho soñado y su apódosis: por ejemplo, soñar la pérdida de nuestro sello cilíndrico presagia la muerte de un hijo. Pero los presagios de cualquier tipo no deciden gran cosa. Debe uno esperar a que ocurra el presagio. Las situaciones nuevas no esperan.

El sortilegio

El sortilegio, o echar la suerte, difiere de los presagios porque es activo y tiene por fin provocar las respuestas de los dioses a preguntas específicas en situaciones nuevas. Consiste en echar palitos, piedras, huesos o semillas marcados sobre la tierra, o tomar alguno de varios colocados en un cuenco, o arrojarlos sobre una túnica hasta que uno caiga fuera. A veces debe responder sí o no, otras, escoger uno entre un grupo de hombres, planes u opciones. Pero esta simplicidad — que para nosotros es trivialidad — no debe impedirnos ver el profundo problema psicológico que hay de por medio, así como apreciar su notable importancia histórica. Estamos tan habituados a una gran variedad de juegos de azar, a echar los dados, a la ruleta, etc., todos ellos vestigios de esta antigua costumbre de adivinar por suertes, que se nos dificulta apreciar el significado de esta práctica en la historia. Nos ayudará saber que desde hace muy poco tiempo ha habido concepto de casualidad, de azar. Por tanto, el descubrimiento (¡qué extraño pensar o afirmar que se trató de un descubrimiento!) de decidir un asunto arrojando palitos o semillas sobre la tierra fue algo que tuvo enorme influencia sobre el futuro de la humanidad. Porque, como no había azar, el resultado *debía* ser causado por los dioses, cuyas intenciones se conocían así.

---

16. Véase J. J. Finkelstein, "Mesopotamian historiography", *Proceedings of the American Philosophical Society*, 1963, pp. 461-472.
17. Véase A. Leo Oppenheim, "Mantic dreams in the Ancient Near East", en G. E. von Grunbaum y Roger Caillois, comps., *The Dream and Human Societies* (Berkeley: University of California Press, 1966), pp. 341-350.

Por lo que hace a la psicología del sortilegio, destacaré dos puntos de interés. Primero, esta práctica se inventa muy específicamente en la cultura para suplir la función del hemisferio derecho cuando esa función, después de la desaparición de la mente bicameral, ya no es accesible, como cuando estaba codificada lingüísticamente en las voces de los dioses. Mediante estudios de laboratorio sabemos que es el hemisferio derecho el que predominantemente procesa la información espacial y de pautas. Es mejor cuando se trata de encajar porciones de cosas como en la Prueba de los Dibujos de Koh, o de percibir la ubicación y cantidad de puntitos en un patrón o patrones de sonido que forman melodías.[18] Ahora bien, el problema que se trata de resolver con el sortilegio es algo de la misma especie; digamos, ordenar las partes de un dibujo, o escoger quién va a hacer qué cosa, o qué porción de tierra se entrega a qué persona. Originalmente, creo, tales decisiones se tomaban con facilidad por medio de las voces alucinadas llamadas dioses, que implicaban primordialmente al hemisferio derecho. Y cuando los dioses dejaron de cumplir esta función, debido quizá a la complicación cada vez mayor de tales decisiones, el sortilegio entró en la historia como sustituto de esta función del hemisferio derecho.

El segundo punto de interés psicológico es que el echar suertes tiene al igual que la conciencia, la metáfora en su base. En el lenguaje de I.2 los mandatos no expresados de los dioses componen el metafrando que lexicológicamente debe ampliarse, y el metafor que es el par o suertes reunidas, así sean palitos, semillas o piedrecillas. Los parafores son las marcas o palabras distintivas de las suertes, las cuales se proyectan luego en el metafrando como la orden del dios particular invocado. Lo que importa aquí es entender la adivinación provocada, por ejemplo, el sortilegio, como algo que participa del mismo tipo de procesos generadores que desarrollan la conciencia, pero de modo extrapsíquico, no subjetivo.

Al igual que ocurrió con los augurios, las raíces del sortilegio se remontan a la era bicameral. La primera mención de echar suertes parece ocurrir en tablillas jurídicas que datan de mediados del segundo milenio a.C., aunque sólo en sus finales la práctica se generaliza y se aplica a decisiones importantes: asignar porciones de una sucesión entre los hijos (como en Susa), o porciones de los ingresos de un templo a ciertos funcionarios del santuario, establecer una secuencia entre personas de igual condición para diferentes fines. Esto no sólo se hacía con fines prácticos, como ocurriría entre nosotros, sino siempre para conocer los mandatos de un dios. Hacia 833 a.C., al nuevo año se le dio en Asiria el nombre de un alto funcionario. El funcionario que recibía tal honor era escogido por medio de un

18. D. Kimura, "Functional Asymmetry of the Brain in Dichotic Listening", *Cortex*, 1967, 3:163. *Quarterly Journal of Experimental Psychology*, 1971, 23:46.

dado de arcilla en cuyas caras estaban inscritos los nombres de varios altos funcionarios; en los lados del cubo había inscritas oraciones a Assur, buscando así que ese lado en particular quedará hacia arriba.[19] Aunque a partir de esta época muchos textos asirios hablan de diversos tipos de sortilegio, es difícil determinar cuán extendida estaba esta práctica en la toma de decisiones y si el común de la gente la utilizó en decisiones más triviales. Sabemos que se volvió común entre los hititas, y su presencia en el Nuevo Testamento será un tema que trataremos en un capítulo posterior.

Los augurios

Un tercer tipo de adivinación, que por cierto está más cerca de la estructura de la conciencia, es lo que llamaré augurio cualitativo. El sortilegio es ordenador, pues jerarquiza por su rango un conjunto de posibilidades dadas. En cambio, los muchos métodos del augurio cualitativo tienen como finalidad adivinar mucha más información de los dioses, que ya son mudos. Es la diferencia entre una computadora digital y una analógica. Su primera forma, tal como se describe en tres tablillas cuneiformes que datan de mediados del segundo milenio a.C., consistía en verter aceite en un cuenco de agua sostenido sobre el regazo; el movimiento del aceite en relación con la superficie o con el borde del cuenco auguraba las intenciones de los dioses referentes a la paz, prosperidad, salud o enfermedad. Aquí el metafrando es la intención o incluso la acción de un dios, y no sólo sus palabras como ocurre en el sortilegio. El metafor es el aceite moviéndose en la superficie del agua, que refleja los movimientos y mandatos de los dioses. Los parafores son las formas y aproximaciones específicas del aceite cuyos parafrandos son los contornos de las decisiones y acciones de los dioses.

En Mesopotamia, los augurios tuvieron siempre categoría de culto. Estaban a cargo de un sacerdote especial, el *baru*, que los rodeaba de ritos y los precedía de una oración al dios para rogarle que revelara sus intenciones a través del aceite o del medio que se hubiera escogido.[20] Y al entrar en el primer milenio a.C., los métodos y técnicas del *baru* estallan en una pasmosa diversidad de metafores con los que busca conocer las intenciones de los dioses: no únicamente los movimientos del aceite sino también del humo que sale de un incensario colocado en el regazo del adivinador,[21] o la forma que adopta la cera derretida al ser vertida en agua, o

---

19. Una ilustración de esto se puede hallar en W. W. Hallo y W. K. Simpson, *Ancient Near East* (Nueva York: Harcourt Brace Jovanovich, 1971). p. 150; véase también Oppenheim, p. 100.
20. Véase Oppenheim, pp. 208, 212.
21. Una ausencia de tablillas cuneiformes posteriores referentes al aceite sobre el agua sugiere que esta práctica se desechó prontamente. Una excepción es la referencia de José en Génesis, 44:5, a la preciosa

los dibujos de puntos marcados al azar, o las formas y disposiciones de las cenizas y, finalmente, los animales sacrificados.

La aruspicia, es decir la adivinación basada en las vísceras de animales sacrificados, se convierte durante el primer milenio a.C., en el tipo más importante de augurio análogo inducido. La idea del sacrificio en sí se originó, por supuesto, en el proceso de dar de comer a los ídolos alucinogénicos, según vimos en II.2. Con la desaparición de la mente bicameral, los ídolos perdieron sus propiedades alucinogénicas y se convirtieron en simples estatuas, pero las ceremonias de darles de comer, dirigidas ahora a dioses ausentes, perduraron en forma de sacrificios en varias ceremonias. No tiene, pues, nada de sorprendente que los animales, más que el aceite, la cera, el humo, etc., hayan llegado a ser el medio más importante que hay para comunicarse con los dioses.

La aruspicia difiere de otros métodos en que el metafrando ya no es explícitamente el habla o los actos de los dioses, sino su escritura. Al comenzar, el *baru* se dirigía a los dioses Shamash y Adad pidiéndoles que "escribieran" su mensaje en las vísceras del animal,[22] o también susurraba esta súplica en los oídos del animal antes de sacrificarlo. Luego exploraba, en la forma tradicional, los órganos del animal — tráquea, pulmones, hígado, vesícula biliar, los pliegues y vueltas del intestino — en busca de desviaciones del estado, la forma y el color normales. Cualquier atrofia, hipertrofia, colocación fuera de lugar, marcas especiales u otras anormalidades, particularmente del hígado, eran mensajes divinos relacionados de modo metafórico con actos de los dioses. El conjunto de textos que se ocupan de la aruspicia es mucho mayor que el de otras clases de augurios, y merece un estudio mucho más cuidadoso. Desde su más antigua y superficial mención en el segundo milenio, hasta las amplias colecciones del periodo seléucida (hacia 250 a.C.), la historia y desarrollo local de la aruspicia como medio de pensamiento extrapsíquico son un terreno en el cual las tablillas están esperando una investigación apropiada. De interés muy particular es el hecho de que en el último periodo, las marcas y las decoloraciones son descritas mediante una terminología técnica arcana, similar a la de los alquimistas del Medievo.[23] Porciones de las entrañas del animal sacrificado son mencionadas como "puerta del palacio", "sendero", "yugo", "muelle", y simbolizan estos lugares y objetos, creando así un mundo metafórico en el cual se puede leer lo que se debe hacer. Algunas de las últimas tablillas contienen incluso diagramas de las vueltas de los intestinos así como de sus

---

copa de plata en que bebe y que usa para adivinaciones privadas; data de alrededor de 600 a.C. Véase II.6, nota 4.

22. Véase J. Nougayoral, "Présages médicaux de l'haruspicicine babylonienne", *Semitica*, 1956, 6:5-14.

23. Véase Mary I. Hussey, "Anatomical nomenclature in an Akkadian omen text", *Journal of Cuneiform Studies*, 1948, 2:21-32, mencionado por Oppenheim en p. 216.

significados. En varios lugares se han desenterrado modelos en arcilla y bronce del hígado y los pulmones, algunos muy bien trabajados, otros muy bastos; se cree que algunos se usaron con fines de instrucción. Pero dado que los órganos frescos solían enviarse al rey como prueba de un mensaje divino en particular, es probable que estos modelos hayan servido como medio menos maloliente de informar sobre el resultado de una observación directa.[24]

No debe olvidarse la índole metafórica de todos estos actos, porque aquí las funciones reales son similares — aunque en un nivel diferente — a las funciones más íntimas de la conciencia. Que el tamaño y la forma del hígado o de otro órgano sean un metafor del tamaño y forma de las intenciones del dios es, en un nivel sencillísimo, similar a lo que hacemos en estado de conciencia cuando creamos espacios metafóricos que "contienen" objetos y acciones metafóricas.

La adivinación espontánea

La adivinación espontánea difiere de los tres tipos precedentes porque es libre y no tiene cortapisas impuestas por ningún medio en particular. En realidad, es una generalización de todos los tipos. Como antiguamente, las órdenes, intenciones o propósitos de los dioses son el metafrando, en tanto que el metafor es cualquier cosa que pueda ser vista en el momento y relacionarse con la intención o meta del adivinador. En otras palabras, los resultados de empresas o las intenciones de un dios se leen en cualquier objeto que el adivinador vea u oiga.

El lector puede intentar hacerlo por sí mismo. Piense en algún problema de un modo más o menos vago. En seguida, y repentinamente, mire por la ventana o a su alrededor y quédese en la primera cosa sobre la que caigan sus ojos, y trate de "leer" en ella algo sobre su problema. A veces no pasará nada, pero también puede suceder que el mensaje destelle en su mente. Acabo de hacer esto al escribir estas líneas, y desde mi ventana norte veo una antena aérea de televisión contra el crepúsculo. Puedo interpretar esto como indicio de que estoy siendo muy especulativo, que me baso en sugerencias pasajeras que no tienen cuerpo, lo cual es una triste verdad si es que quiero enfrentar verdaderamente todas estas cuestiones. Nuevamente trato de pensar en mis problemas y, caminando sin rumbo, de pronto fijo la vista en el piso de un cuarto contiguo donde un ayudante está construyendo un aparato, y veo un cable deshilachado con varias puntas en su final. Colijo que mi problema en este capítulo es unir varios hilos y puntas sueltas de pruebas. Y así sucesivamente.

24. Robert H. Pfeiffer, *State Letters of Assyria* (New Haven: American Oriental Society, 1935). Carta 335.

No he encontrado este tipo de adivinación en ningún texto de Mesopotamia; sin embargo, estoy seguro de que debe haber una costumbre generalizada, entre otras causas porque la adivinación espontánea es común e importante en el Antiguo Testamento, como veremos en un capítulo próximo. Y se mantiene como método común entre muchos tipos de adivinadores hasta ya muy avanzada la Edad Media.[25]

Estos son, pues, los cuatro principales tipos de adivinación: presagios, sortilegios, augurios y adivinación espontánea. Debo señalar que se les puede considerar como métodos extrapsíquicos de pensar o de tomar decisiones, y que son aproximaciones cada vez más cercanas a la estructura de la conciencia. El hecho de que todos ellos tengan raigambre que penetra muy profundamente en el periodo bicameral, no restará fuerza a la generalización de que llegaron a ser medios de decisión importantes sólo después de la desaparición de la mente bicameral, según vimos en la primera parte de este capítulo.

EL LÍMITE DE LA SUBJETIVIDAD

Hasta aquí, en este heterogéneo capítulo, nos hemos ocupado de la desaparición de la mente bicameral en Mesopotamia y de las reacciones a esta alteración en la mentalidad humana, de los esfuerzos para saber qué hacer, qué línea de conducta seguir, valiéndose de otros medios cuando ya no se oyen voces alucinadas. Empero, una proposición mucho más llena de dificultades es que un método posterior para hallar esos medios fue la conciencia, y que es aquí en Mesopotamia donde se presenta por primera vez en este planeta, al concluir el segundo milenio a.C. Las razones principales son que no podemos traducir lo cuneiforme con la misma exactitud con que traducimos el griego o el hebreo y, por tanto, realizar el tipo de análisis que trato de poner en práctica en el capítulo siguiente. Las palabras cuneiformes clave que podrían ser conducentes a seguir la pista de la edificación metafórica de la conciencia y de la mente espacio, son precisamente aquellas cuya traducción precisa es muy difícil. Quiero afirmar categóricamente que un estudio verdaderamente definitivo de los cambios habidos en la mentalidad mesopotámica a lo largo de este segundo milenio a.C. tendrá que esperar la llegada de otro nivel — superior — de conocimientos en estudios cuneiformes.

25. Por ejemplo, hacia 1000 d.C. los augures beduinos usaban con frecuencia la adivinación espontánea. Véase Alfred Guillaume, *Prophecy and Divination Among the Hebrews and Other Semites* (Nueva York: Harper, 1938), p. 127. No hay duda de que es un ingrediente de los procesos diarios del pensar así como algo prominente en el descubrimiento intelectual.

Este trabajo tendrá que seguir la pista de cambios en palabras de referencia y frecuencia que más adelante sirvieron para describir acontecimientos o situaciones que llamamos conscientes. Una, por ejemplo, es *Sha* (transcrita también como *Shab* o *Shag*), palabra en lengua acádica, cuyo significado básico parece ser "en" o "dentro". Antepuesta como prefijo al nombre de una ciudad, significa "en la ciudad". Como prefijo del nombre de un hombre, significa "en el hombre", posiblemente un comienzo de interiorización de atribución.

Espero que se me perdone decir, de modo casi trivial, que estas cuestiones y otras más deberán esperar a ser resueltas mediante investigaciones posteriores. Es tal la rapidez con que se están descubriendo nuevos asentamientos y con que se están traduciendo nuevos textos, que en sólo diez años tendremos una imagen mucho más clara, sobre todo si los datos se contemplan desde el punto de vista de este capítulo. Creo que lo más que puedo dejar establecido aquí en este momento son unas cuantas comparaciones de tipo literario que sugieren que en realidad ocurrió el cambio psicológico que significó la conciencia. Haremos comparaciones entre cartas, inscripciones en construcciones y en versiones de *Gilgamesh.*

Comparación entre cartas asirias y de la antigua Babilonia

Mi primera comparación tendente a apoyar este paso de la bicameralidad a la subjetividad es entre las cartas asirias en tablillas cuneiformes del siglo VII a.C., y las de los reyes de la antigua Babilonia, de mil años antes. Las cartas de Hammurabi y su era se refieren a hechos, son concretas, conductistas, formalistas, ordenan y no tienen salutación. No van dirigidas al recipiendario, sino en realidad a la tablilla, y siempre empiezan: a lo que se dice A, contesta B. Y en seguida viene lo que B tiene que decir a A. Debemos recordar aquí lo que dije en otra parte, a saber, que como leer se desarrolló partiendo de alucinaciones provenientes de los ídolos y luego de pictografías, durante los últimos tiempos del bicameralismo se volvió cuestión de *oír* lo cuneiforme. Lo cual explica que el destinatario sean las tablillas.

Los temas de las cartas de la antigua Babilonia son siempre objetivos. Por ejemplo, las cartas de Hammurabi (probablemente escritas en su totalidad por el propio Hammurabi, puesto que están grabadas por la misma mano), están escritas para reyes y funcionarios vasallos de su jurisdicción para que le envíen una persona o indican cuánta leña debe ir a Babilonia, especificando en un caso, "solamente se cortarán troncos vigorosos", o regulando los trueques de maíz para el ganado, o adónde debían enviarse obreros. Muy rara vez se dan razones. Objetivos, nunca.

> A Sin-idinnam digo: esto dice Hammurabi. Te escribí ordenándote enviarme a Enubi-Marduk. ¿Entonces, por qué no me lo has mandado? Al recibir esta

tablilla envíame a Enubi-Marduk. Encárgate de que viaje de día y de noche, para que llegue pronto.[26]

Muy rara vez las cartas son más complicadas que ésta en cuanto a "pensamiento" o relación.

Una carta más interesante manda llevar a Babilonia unos ídolos conquistados:

A Sin-idinnam digo: esto dice Hammurabi. Te estoy enviando ahora a Zikir-ilisu el funcionario, y a Hammarabi-bani el funcionario-Dugab, para que traigan la diosa de Emutbalum. Que la diosa haga el viaje en un barco procesional, como en altar, en su venida a Babilonia. Y las mujeres del templo la seguirán. Para la comida de la diosa, proporcionarás ovejas... Que no tarden, que lleguen pronto a Babilonia.[27]

Esta carta es interesante porque muestra la naturaleza de la relación diaria de dios y el hombre en la antigua Babilonia, así como el hecho de que se supone que las deidades deben comer durante su viaje.

Pasar de las cartas de Hammurabi a las cartas de Estado de la Asiria del siglo VII a.C. es como dejar un tedio irreflexivo de órdenes indesobedecibles y penetrar en un mundo rico, sensitivo, asustado, perceptor, recalcitrante y conocedor, que no se diferencia del nuestro. Las cartas están dirigidas a gente, no a tablillas, y probablemente no se oían, sino que debían leerse en voz alta. En los mil años transcurridos han cambiado los temas y ahora abarcan una lista mucho más amplia de actividades humanas. Pero también están compenetradas de un dejo de engaño y adivinación; hablan de investigaciones de la policía, con tienen quejas de faltas en el ritual, temores paranoides, sobornos y llamamientos patéticos de funcionarios encarcelados, todas ellas cosas desconocidas, no mencionadas e imposibles en el mundo de Hammurabi. Contienen hasta sarcasmos, como se ve en una carta de un rey asirio a sus subalternos ingobernables, que habían asimilado la cultura de la conquistada Babilonia, donde residían hacia 670 a.C.:

Palabra del rey a los pseudobabilonios. Yo estoy bien... Y también vosotros, que el cielo os ayude, ¡os habéis vuelto babilonios! Y seguís presentando cargos contra mis siervos, cargos falsos, que vosotros y vuestro amo habéis inventado... El documento (sólo palabras vacías e importunidades) que me enviasteis, os lo estoy devolviendo, después de volver a ponerlo en sus sellos. Claro que vosotros diréis, "¿Qué nos está mandando?" De los babilonios, mis siervos y amigos dicen y me escriben: Cuando abro y leo, ¡oh!, la bondad de los altares, aves de pecado...[28]

---

26. Transliterado y traducido por L. W. King en *Letters and Inscriptions of Hammurabi* (Londres: Luzac, 1900), vol. 3, Carta 46, pp. 94-95.
27. *Ibid.*, vol. 3, Carta 2. pp. 6-7.
28. Pfeiffer, Carta 80.

Y la tablilla está rota.

Otra diferencia interesante es su descripción de un rey asirio. Los reyes babilonios de principios del segundo milenio eran confiados y no sentían miedo, y probablemente no tuvieron que ser muy militaristas. En cambio, los crueles reyes asirios, cuyos palacios desbordan de representaciones musculosas y viriles de cacerías de leones y de luchas con bestias de garras, en sus cartas parecen indecisos, asustados, y ruegan a sus astrólogos y adivinos que se pongan en contacto con los dioses para que les digan qué hacer y cuándo. Sus adivinos dicen a estos reyes que son mendigos o que sus pecados están enojando a un dios; les dicen cómo vestir, o qué comer o no comer hasta nuevo aviso:[29] "Algo está ocurriendo en los cielos. ¿Ya lo notasteis? Por lo que hace a mí, mi vista está fija. Digo: '¿Qué fenómeno se me ha escapado o de qué cosa no he dado cuenta al rey? ¿He pasado por alto algo que no es de su incumbencia?'... Y respecto al eclipse de Sol del que habló el rey, no hubo tal eclipse. El 27 miraré de nuevo y enviaré un informe. ¿De quién teme el señor mi rey que le traiga la desgracia? No tengo la menor idea."[30]

¿Es o no verdad que la comparación de estas cartas, separadas entre sí por mil años, muestra el cambio de mentalidad de que nos estamos ocupando aquí? Ciertamente, a este interrogante debe seguir una amplia discusión. Y también investigación: análisis de contenido, comparaciones de sintaxis, uso de pronombres, interrogaciones y tiempos futuros, así como de palabras específicas que parecen indicar subjetividades en las cartas asirias, y que están ausentes en las de la antigua Babilonia. Pero en el estado actual de nuestro conocimiento de la escritura cuneiforme no es posible hacer un análisis completo. Incluso las traducciones que he usado tienden a una sintaxis más tersa y familiar, y por eso no son muy de fiar. Sólo es posible una comparación impresionista, cuyo resultado, creo, es claro: que las cartas del siglo VII a.C. son mucho más similares a nuestra conciencia que las de Hammurabi, de mil años atrás.

La espacialización del tiempo

Se puede hacer una segunda comparación literaria sobre el sentido del tiempo según aparece en las inscripciones de los edificios. En I.2 sugerí que una de las propiedades esenciales de la conciencia era la metáfora del tiempo como un espacio que podía ser dividido en regiones de tal modo que acontecimientos y personas se podían situar en él, lo cual daría el sentimiento de pasado, presente y futuro, en los cuales es posible la narratización.

29. Pfeiffer, Cartas 265, 439 y 553.
30. Pfeiffer, Carta 315.

El principio de esta característica de conciencia se puede situar con cierta precisión hacia 1300 a.C. Vimos ya como el desarrollo y evolución de presagios y augurios sugiere esto de un modo inferencial; sin embargo, una prueba más exacta se encuentra en las inscripciones de los edificios. En la inscripción típica anterior a esta fecha, el rey daba su nombre y títulos, prodigaba alabanzas a su dios o dioses particulares, mencionaba brevemente la estación y las circunstancias en que el edificio había sido empezado, y luego describía algo del funcionamiento u operación del edificio; después de 1300 a.C. hay sólo una mención del acontecimiento que precedió inmediatamente al edificio, pero también un resumen de las hazañas militares del rey hasta ese momento. Y en los siglos siguientes, esta información se dispone en forma sistemática conforme a las campañas de cada año, y por último desemboca en la forma detallada de año por año que es casi universal en los registros de los gobernantes asirios del primer milenio a.C. Estos anales crecen todavía más y abarcan algo más que la simple relación de hechos; comprenden también motivos, análisis de las medidas adoptadas, valoraciones de carácter. Y luego, incluyen cambios políticos, estrategias de campaña, notas históricas sobre regiones particulares, todo lo cual prueba, insisto, la presencia de la conciencia. Ninguna de estas características se encuentra en inscripciones anteriores.

Esto es, por supuesto, la invención de la historia, que comienza exactamente en el momento en que aparecen estas inscripciones reales.[31] ¡Qué extraño resulta pensar en la idea de que la historia fue inventada! Herodoto, llamado comúnmente "el padre de la historia", escribió su historia muy poco después de visitar Mesopotamia en el siglo V a.C., y es probable que haya concebido la idea de historia en estas fuentes asirias. En toda esta especulación, lo que más me llama la atención es la posibilidad de que a medida que la conciencia se desarrolla, lo puede hacer en formas ligeramente diferentes; la importancia de los escritos de Herodoto en relación con el posterior desenvolvimiento de la conciencia griega sería un tema muy interesante. Aquí, sin embargo, mi punto esencial es que la historia es imposible sin la espacialización del tiempo que es característica de la conciencia.

Gilgamesh

Para concluir, una comparación tomada de este bien conocido ejemplo de la literatura asiria. La *Epopeya de Gilgamesh* propiamente dicha es una serie de doce tablillas numeradas que se hallaron en Nínive entre las ruinas de la biblioteca del templo del dios Nabu y la biblioteca del palacio del rey asirio Asurbanipal. Fue escrita para el rey hacia 650 a.C. con base en relatos anteriores, y su héroe es un

31. Véase Saggs, pp. 472-473.

semidiós, Gilgamesh, a quien su padre, Esarhaddon, había venerado y adorado. Este nombre de Gilgamesh se remonta mucho en la historia de Mesopotamia; además se han encontrado otras muchas tablillas que de un modo o de otro lo relacionan a él y a esta serie.

Entre ellas destacan tres tablillas aparentemente más antiguas que tienen paralelismo con algunas de las tablillas asirias. No se sabe con precisión dónde fueron halladas ni se conocen sus contextos arqueológicos. No fueron halladas por arqueólogos, sino que compradores privados las adquirieron de un comerciante en Bagdad. Así pues, tanto su fecha como su origen están sujetos a discusión. Con base en pruebas internas, yo las situaría más o menos al mismo tiempo que algunos fragmentos hititas y hurrianos sobre Gilgamesh, que datan tal vez de hacia 1200 a.C. La fecha más usual que se les atribuye es 1700 a.C. Pero sea cual fuere su fecha, ciertamente no hay razón alguna para suponer, como han supuesto algunos popularizadores de la epopeya, que la versión del siglo VII a.C. del relato de Gilgamesh se remonta a la época de la antigua Babilonia.

Lo que aquí nos interesa son los cambios que se han hecho entre las pocas tablillas antiguas y sus versiones asirias de 650 a.C.[32] La comparación más interesante se encuentra en la Tablilla X. En la versión más antigua (llamada Tablilla de Yale, por el lugar donde hoy día se encuentra), el divino Gilgamesh, dolido por la muerte de su amigo mortal Enkidu, sostiene un diálogo con el dios Shamash, y luego con la diosa Siduri. Esta última, llamada la divina cantinera, le dice a Gilgamesh que para los mortales la muerte es inevitable. Estos diálogos son no subjetivos. Pero en la posterior versión asiria, ni siquiera se incluye el diálogo con Shamash, y a la cantinera se la describe en términos muy terrenamente humanos, y hasta se dice que autoconscientemente, por recato, lleva un velo. Para nuestras mentes conscientes, el relato se ha humanizado. En cierto momento en la posterior tablilla asiria, la cantinera ve que Gilgamesh se acerca. Es descrita como mirando a la distancia y hablando *a su propio corazón*, diciéndose a sí misma: "¡No hay duda de que este hombre es un asesino! ¿Adónde va?" Este es un pensamiento subjetivo, que no se encuentra en la tablilla antigua.

La tablilla asiria prosigue con gran laboriosidad (y también con gran belleza) ocupándose de la tristeza subjetiva *del corazón* de Gilgamesh por la pérdida de su amigo. Uno de los recursos literarios en este pasaje (al menos como los traductores han restaurado una parte dañada) es plantear preguntas repetidas que describen retóricamente el semblante externo de Gilgamesh, preguntando por qué su aspecto y conducta son de este modo o aquel, de manera que el lector se está imaginando constantemente el "espacio" interior y el "yo" análogo del héroe:

32. Todas estas referencias son a la traducción de Alexander Heidel.

¿Por qué está tu corazón tan triste y por qué tus facciones están tan deformadas?
¿Por qué hay dolor en tu corazón?
¿Y por qué tu semblante es como el del que ha hecho un largo viaje?

Ninguna de estas penas parecidas a los Salmos se encuentra en la antigua versión de la Tablilla X. Otro personaje es el dios Utnapishtim, el Distante, a quien se menciona muy brevemente en la antigua versión de la Tablilla X. Pero en la versión de 650 a.C. tiene la mirada perdida en la lejanía y dice palabras a su corazón, haciéndole preguntas y sacando sus propias conclusiones.

Conclusión

El testimonio que hemos examinado es vigoroso en unos terrenos y débil en otros. La literatura posterior a la pérdida de los dioses es un cambio innegable en la historia de Mesopotamia, muy diferente de todo lo anterior. Es, no hay duda, el nacimiento de las actitudes religiosas modernas, y es fácil que nos descubramos a nosotros mismos en los anhelos, parecidos a salmos, que buscan la certidumbre religiosa y que por primera vez aparecen en la literatura del tiempo de Tukulti, muy dentro del primer milenio a.C.

El florecimiento súbito de adivinaciones de toda especie y su enorme importancia en la vida política y privada son también un hecho histórico innegable. Y aunque estas prácticas se remontan a una época anterior, sugiriendo con ello quizá que, a medida que la civilización se hacía más compleja al finalizar el tercer milenio a.C., los dioses bicamerales necesitaban un método auxiliar de toma de decisiones, lo cierto es que sólo alcanzaron su posición universal y de dominio en la vida civilizada después de la desaparición de los dioses.

También es indudable que la naturaleza misma de las divinidades fue alterada en estos tiempos, y que la creencia en un mundo ensombrecido por demonios hostiles, que causaban enfermedades y desgracias, solamente se puede entender como expresión de la profunda e irreversible incertidumbre que siguió a la pérdida de las decisiones alucinadas de la mente bicameral.

Nuestra indagación tiene, sin duda, un punto débil: la evidencia de la conciencia misma. Hay algo poco satisfactorio en mis saltarinas comparaciones entre traducciones dudosas de tablillas cuneiformes de diversas épocas. Nos gustaría ver frente a nosotros una literatura continua en la que pudiéramos observar más cuidadosamente el despliegue del espacio mental subjetivo y su función operadora en la decisión de iniciar. Esto es, ciertamente, lo que ocurre en Grecia unos cuantos siglos después; ahora nos ocuparemos de ese análisis.

CAPÍTULO 5

La conciencia intelectual de Grecia

LAS HAN LLAMADO las invasiones dóricas, y los clasicistas nos dirán que también podrían llamarse cualquier cosa o todo: así de escaso es nuestro conocimiento, y oscuras son estas profundidades particulares del pasado. Pero sucesiones ininterrumpidas en diseños de alfarería de un sitio arqueológico a otro encienden algunas luces en esta vasta y silenciosa oscuridad, y revelan, en su brillo mortecino, los enormes bordes dentados de sucesiones complejas de migraciones y desplazamientos que duraron de 1200 a 1000 a.C.[1] Esto es un hecho.

Lo demás son inferencias. Ni siquiera está claro quiénes fueron los llamados dorios. En un capítulo anterior indiqué que el comienzo de todo este caos pudo haber sido la erupción de Thera y sus consecuencias. Tucídides, situado en el borde último de una tradición oral, describe esto diciendo que "las migraciones eran frecuentes y que las diversas tribus abandonaban con presteza sus hogares ante la presión de números superiores". Palacios y aldeas que en un tiempo rindieron lealtad a Agamenón y sus dioses, fueron saqueados e incendiados por otros pueblos bicamerales que, obedeciendo a sus propias visiones admonitorias, probablemente no se podían comunicar ni tener piedad por los naturales. Los sobrevivientes quedaban como esclavos o se iban como refugiados, y estos refugiados conquistaban o morían. Nuestras grandes certidumbres son negativas. Pese a lo mucho que el mundo micénico había producido con tan notable uniformidad en todas partes — la pesada arquitectura de piedra de sus palacios y fortificaciones que los dioses habían ordenado edificar, sus ondulantes frescos de delicada claridad, sus columnas-tumbas con su exquisito contenido, el plano megárico de sus

1. V. R. d'A. Desborough, *The Last Mycenaeans and Their Successors: An Archaeological Survey, c. 1200-c 1000 B.C.* (Oxford: Clarendon Press, 1964).

casas, los ídolos y figurillas de terracota, las mascarillas de oro forjado, los trabajos de bronce y marfil y su alfarería distintiva —, todo ello se detuvo, y jamás volvió a conocerse.

Estas ruinas serían la tierra amarga en que crecería en Grecia la conciencia subjetiva. Es muy distinto de la forma en que las enormes ciudades asirias, movidas por su propio impulso, entraron casi a tientas en una conciencia en que los demonios eran señores. En contraste, el de Micenas había sido un sistema disperso de pequeñas ciudades, gobernadas divinamente. El desplome de la mente bicameral produjo una dispersión aún mayor en el desmembramiento de toda esa sociedad.

Resultó incluso favorable que todo este desorden político fuera el gran reto al que respondieran desafiantes las grandes epopeyas, y que los largos cantos narrativos de los *aoidoi* que iban de un campo de refugiados a otro provocaran un ansia de unidad con el pasado en el seno de este pueblo, que de pronto se había vuelto nómada, pero que seguía anhelando recobrar certezas perdidas. Los poemas son balsas a las que se aferran hombres que se ahogan en el seno de mentes inadecuadas. Y es este factor, único, esta importancia de la poesía en medio de un caos devastador, la razón por la cual la conciencia griega florece y produce esa brillante luz intelectual que todavía ilumina nuestro mundo.

Este capítulo será un viaje narrado en el que conoceremos la literatura primitiva griega. Por desgracia, el material es escaso. Empezando con la *Ilíada*, nuestro viaje abarcará la *Odisea* y los poemas beocios atribuidos a Hesiodo para terminar en los fragmentos de los poemas líricos y elegíacos del siglo VII a.C. y un poco después. En este recorrido no les daré ninguna descripción del escenario. Lo pueden hacer mejor las buenas historias de la poesía antigua griega. Pero antes haremos unas breves excursiones preliminares, y en particular analizaremos más a fondo algunos términos parecidos a la "mente" que aparecen en la *Ilíada.*

MIRANDO A TRAVÉS DE LA "ILÍADA"

En un capítulo precedente, afirmé que la *Ilíada* era nuestra ventana para asomarnos al pasado bicameral inmediato. Pero ahora propongo que nos situemos al otro lado de esa ventana y atisbemos hacia adelante, hacia el lejano futuro consciente; que consideremos a este gran himno misterioso a la ira, no como al extremo final de la tradición verbal que lo precedió, sino más bien como el principio de la nueva mentalidad que estaba por llegar.

En I.3 vimos que las palabras que en el griego posterior indican aspectos de funcionamiento consciente, en la *Ilíada* tienen significados más concretos y más propios del organismo. Sin embargo, el solo hecho de que estas palabras hayan llegado a tener después significados mentales indica que ciertamente debe haber una especie de clave para descifrar el modo en que evolucionó la conciencia en Grecia.

Examinaremos siete palabras, a saber: *thymos*, *phrenes*, *noos* y *psyche*, las cuales se han traducido indistintamente como mente, espíritu o alma, y *kradie*, *ker* y *etor*, traducidas como corazón y también como mente o espíritu. En la *Ilíada*, traducir cualquiera de estas siete como mente o algo similar es un error que no tiene base alguna. Simplemente, y sin posibles equívocos, deben ser vistas como partes objetivas del medio o del cuerpo. Analizaremos con amplitud estos términos.

En primer lugar nos preguntaremos por qué estas entidades aparecen mencionadas en el poema. Ya subrayé antes el hecho de que las principales instigaciones a la acción se hallan en las voces de los dioses, no en el *thymos*, *phrenes*, *etor*, etc. Estos últimos son completamente redundantes. En realidad, parece que con frecuencia se interponen en la relación simple de mandato-obediencia entre dios y hombres, como una cuña entre las dos caras de la mente bicameral. ¿Cómo explicar su presencia?

Examinemos más de cerca lo que debió de ocurrir al comienzo del desvanecimiento de la mente bicameral. En I.4 vimos que el estímulo fisiológico de las voces alucinadas, tanto en un hombre bicameral como en un esquizofrénico de nuestros días, es el estrés debido a alguna decisión o conflicto. Ahora bien, a medida que las voces de los dioses se vuelven más inadecuadas o apagadas a lo largo de este caos social, es de suponer que debió aumentar considerablemente el monto de la tensión necesaria para que se produjeran voces alucinadas.

Por consiguiente, es muy probable que a medida que disminuía la organización bicameral de la mente, el estrés de decisión fuera mucho mayor dentro de estas nuevas situaciones, y que tanto el grado como la duración de esa tensión aumentarían progresivamente hasta que por fin ocurriera la alucinación de un dios. Esta tensión mayor iría acompañada por concomitantes fisiológicos, cambios vasculares que producirían sensaciones de ardor, cambios súbitos de respiración, latir violento del corazón, etc., o sea, reacciones que en la *Ilíada* reciben el nombre de *thymos*, *phrenes* y *kradie*, respectivamente. Y eso es lo que significan estas palabras, no mente ni nada parecido. A medida que se va apagando la voz de los dioses, estas respuestas-estímulos internas a un estrés creciente se asocian más y más a las acciones ulteriores de los hombres, cualesquiera que sean, y pueden llegar a asumir la función divina de parecer iniciar la acción.

En la propia *Ilíada* hallamos pruebas de que estamos avanzando por el buen camino. Al principio de la obra, las voces de Agamenón, rey de hombres pero esclavo de dioses, le dicen que despoje a Aquiles de Briseida, la de suaves mejillas, a quien Aquiles había capturado. La reacción de Aquiles empieza en su *etor*, que a mi parecer es un cólico debido al conflicto de elegir entre dos partes (*mermerizo*), si obedecer a su *thymos*, es decir, las sensaciones inmediatas de ira, y matar al rey o no. Y sólo después de este intervalo de vacilación y de sensaciones en el estómago y oleadas de sangre Aquiles desenfunda su poderosa espada, pero ya para entonces el estrés o su ira son tales que alucina a Atenea, la temible y brillante diosa, que se hace cargo de la acción (1:188 ss.) y ordena a Aquiles lo que debe hacer.

Lo que quiero indicar aquí es que el grado y la extensión de estas sensaciones internas no fueron ni tan evidentes ni nombradas de ese modo en el periodo verdaderamente bicameral. Quisiéramos proponer que hubo una *Ilíada* primigenia (*Ur-Ilíada*), o sea, la epopeya verbal tal como salió de los labios de las primeras generaciones de *aoidoi*; de ser esto cierto, podríamos suponer que no hubo este intervalo ni *etor* o *thymos* anteriores a la voz del dios, y que el uso, y como veremos, el uso creciente de estas palabras en este sentido, refleja la alteración de la mentalidad, la cuña entre dios y hombre de la cual resulta la conciencia.

Hipóstasis preconsciente

Podríamos llamar hipóstasis preconsciente a esas palabras mentales que luego adquieren un significado como de funcionamiento consciente. Hipóstasis quiere decir, en griego, lo que debe estar debajo de algo. Las hipóstasis preconscientes son supuestas causas de acción cuando ya han desaparecido otras causas. En todas las situaciones nuevas, cuando ya no hay dioses, no es un hombre el que actúa; lo que causa su acción es una de las hipóstasis preconscientes. Son, pues, sedes o asientos de reacción y de respuesta que se presentan en la transición de la mente bicameral a la conciencia subjetiva. Veremos que la frecuencia y el significado de estos términos cambian gradualmente conforme avanzamos de texto en texto de 850 a 600 a.C.; veremos también cómo en el siglo VI a.C. se conjuntan sus referentes y forman lo que podríamos llamar la mente consciente subjetiva.[2]

Deseo volver a presentar y ampliar lo que acaba de decir valiéndome de un enunciado más claro, e indicando que este desarrollo en el tiempo de la hipóstasis de la preconciencia se puede subdividir en cuatro fases más o menos distinguibles:

> Fase I: *Objetiva*: Ocurrió en la era bicameral cuando estos términos designaban observaciones externas simples.
>
> Fase II: *Interna*: Ocurrió cuando estos términos significaban ya cosas que estaban dentro del cuerpo, en particular algunas sensaciones internas.

2. El profesor A. D. H. Adkins ha hecho de este dibujar en una sola las diversas palabras mentales, el tema de su libro *From the Many to the One* (Ithaca: Cornell University Press, 1970).

Fase III: *Subjetiva*: Cuando estos términos se refieren a procesos que nosotros llamaríamos mentales; habían dejado atrás estímulos internos que, se supondría, causan acciones y abarcarían espacios internos en los que pueden ocurrir acciones de metáfora.

Fase IV: *Sintética*: Cuando las diversas hipóstasis se unen en una conciencia capaz de introspección.

La razón de que esté presentando este proceso, quizá presuntuosamente, en cuatro fases separadas, es que quiero destacar las importantes diferencias psicológicas de la transición entre estas fases.

La transición de la Fase I a la Fase II ocurrió al principio del periodo del derrumbe. Se debe a la falta de aptitud de los dioses y de sus normas alucinadas. La acumulación de estrés debido a la falta o necesidad de decisiones divinas adecuadas acrecienta los concomitantes psicológicos de este estrés hasta que se les designa con términos que antes se aplicaban tan sólo a percepciones externas.

La transición de la Fase II a la III es cuestión mucho más complicada, y también mucho más interesante. Se debe al parafrando generador de metáforas que describimos en I.2. En ese capítulo se delinearon las cuatro partes del proceso de la metáfora; cómo se empieza con un término menos conocido, al que llamamos metafrando y al cual queremos describir; luego lo describimos aplicándole un metafor más conocido con el que tiene alguna similitud. Por lo general hay asociaciones sencillas del metafor, a las que he llamado parafores, que luego se proyectan de regreso como asociadas con el metafrando original; a estas nuevas asociadas se les llama parafrandos. Estos parafrandos son generadores en cuanto que son nuevos en su asociación con el metafrando. Así es como podemos generar el tipo de "espacio" que introspeccionamos y que constituye el sustrato necesario de la conciencia. Se trata de un proceso bastante simple, como veremos enseguida.

Y, finalmente, la síntesis de las hipóstasis separadas en el seno de la conciencia unitaria de la Fase IV, también es un proceso distinto. Sugiero que conforme se van estableciendo los significados subjetivos de la Fase III de *thymos*, *phrenes*, y otros, se desvanecen progresivamente sus bases anatómicas originales en diferentes sensaciones internas, y acaban por confundirse y conjuntarse con base en los metafores que comparten, por ejemplo, como "contenedores" o "personas". Sin embargo, esta unidad sintética de la conciencia pudo haber sido ayudada por lo que podríamos llamar la laicización o secularización de la atención y su consiguiente reconocimiento de diferencias individuales; este proceso, ocurrido en el siglo VII a.C., dio por resultado un nuevo concepto del yo.

Antes de ocuparnos de la comprobación de estas cuestiones, investiguemos primero con más detalle las hipóstasis preconscientes y sus significados en la *Ilíada* en estas fases. Son, de acuerdo con el orden general de su importancia en la *Ilíada*:

Thymos

Ésta es, con mucho, la palabra hipostática más común e importante de todo el poema. Aparece tres veces más que cualquiera de las otras. Creo que en la Fase Objetiva significó simplemente actividad percibida externamente. Nada interno en relación con ella. Este significado micénico se halla a menudo en la *Ilíada*, sobre todo en las escenas de batalla; ahí, el guerrero que hiere con su lanza en el lugar adecuado hace que el *thymos* o la actividad del herido cese.

La Fase Interna (número II), como hemos visto en la cólera de Aquiles, se presenta en una situación nueva llena de estrés durante el periodo de derrumbe, cuando el umbral del estrés para que ocurriera la voz alucinada fue más alto. En este caso, el *thymos* se refiere a una masa de sensaciones internas que son la respuesta a crisis ambientales. Fue, creo, una pauta de estimulación que ahora es familiar en la psicología moderna; es la llamada respuesta de estrés o de emergencia del sistema nervioso simpático y la liberación de adrenalina y noradrenalina por las glándulas suprarrenales. Incluye la dilatación de los vasos sanguíneos de los músculos estriados y del corazón, un aumento en el temblor de los músculos estriados, un aumento rapidísimo de la presión sanguínea, la constricción de los vasos sanguíneos de las vísceras abdominales y de la piel, el relajamiento de los músculos lisos y el aumento súbito de energía debido al azúcar que el hígado lanza a la sangre así como probables cambios perceptuales debidos a la dilatación de la pupila del ojo. Este cuadro fue, pues, la pauta interna de sensación en una situación crítica de actividad particularmente violenta. Al cabo de varias repeticiones, la pauta de sensación empieza a ser llamada con la misma palabra que la actividad. Así pues, en lo sucesivo será el *thymos* el que dé fuerza al guerrero en la batalla, etc. Todas las referencias al *thymos* que se encuentran en la *Ilíada* son congruentes con esta interpretación.

Ahora bien, la muy importante transición a la Fase Subjetiva (III) asoma aun en la propia *Ilíada*, aunque no de modo muy conspicuo. La vemos en la metáfora no dicha en la que el *thymos* es como un contenedor o recipiente: en varios pasajes se "pone" en el *thymos* de alguien, vigor o *menos* (16:5-8; 17:451; 22:312). También se compara implícitamente al *thymos* con alguna persona: no es Ayax el que está ansioso por pelear, sino su *thymos* (13:73); ni es Eneas el que se regocija sino su *thymos* (13:494; véase también 14:156). Cuando no es un dios, es el *thymos* el que "insta" a un hombre a la acción. Y como si fuera otra persona, un hombre puede hablar a su *thymos* (11:403), y puede oír lo que le dice (7:68), o hacer que le conteste como si fuera un dios (9:702).

Todas estas metáforas son extremadamente importantes. Decir que las sensaciones internas de los grandes cambios circulatorios y musculares son una cosa en que se puede poner fuerza es crear un "espacio" imaginado, el cual se sitúa siempre en el pecho, y que es el precursor del espacio mental de la conciencia contemporánea. Y, luego, comparar la función de esa sensación con la de otra persona o incluso con la de los dioses — cada vez menos frecuentes — es poner en marcha esos procesos metafóricos que más adelante se convertirán en el "yo" análogo.

Phrenes

Por grado de frecuencia, en la *Ilíada* viene en seguida la palabra *phrenes*. No es muy claro su origen en la Fase Objetiva, pero el hecho de que casi siempre sea plural puede indicar que objetivamente se refiere a los pulmones y que quizá estuvo asociada con *phrasis* o el habla.

En la Fase Interna, *phrenes* se convierte en la pauta temporal de sensaciones asociadas con cambios respiratorios. Estos cambios se originan en el diafragma, en los músculos intercostales de la caja torácica y en los músculos lisos que rodean los tubos bronquiales cuyo calibre regula, por tanto, la resistencia que ofrecen al paso del aire; este mecanismo está controlado por el sistema nervioso simpático. No hay que olvidar lo muy sensible que es nuestra respiración a los diversos tipos de estímulos externos. Ante un estímulo súbito podemos "quedarnos sin aliento". Sollozar y reír originan estímulos internos muy diferentes en el diafragma y en los músculos intercostales. En situaciones de gran actividad o emoción aumentan la frecuencia y la profundidad de la respiración, con el consiguiente estímulo interno. Tanto el agrado como el desagrado aumentan la respiración. A una atención momentánea corresponde una inhibición total o parcial en la respiración. Ante una sorpresa, la respiración aumenta y se vuelve irregular.

Aparte del ritmo, hay también cambios únicos en la proporción de tiempo dedicada a la inhalación y expiración en un ciclo respiratorio dado. Como mejor se mide esto es determinando el porcentaje que recibe la inhalación en la duración total del ciclo respiratorio. Este porcentaje es de cerca de 16 por ciento al hablar, 23 al reír, 30 en trabajo mental activo, 43 en descanso, 60 o más en estado de emoción, 71 en sujetos que se imaginan una situación maravillosa o sorprendente, y 75 por ciento ante un terror súbito.[3]

Lo que estoy queriendo poner de manifiesto es que nuestros *phrenes* o aparato respiratorio son punto menos que un registro de lo que hacemos en situaciones distintas y distinguibles. Es muy probable que este espejo interno de la conducta haya tenido mucha mayor importancia en el mundo total de estímulos de la mente preconsciente que en nuestro mundo. Y sin duda su pauta cambiante de estímulos internos nos permite entender por qué los *phrenes* son tan importantes durante la transición a la conciencia, y por qué esta palabra se usa en la poesía que estamos examinando en este capítulo de muchos modos funcionalmente distintos.

En la *Ilíada* se le suele traducir simplemente como pulmones. Los negros *phrenes* de Agamenón se llenan de ira (1:103) y podemos visualizar el respirar profundo del rey conforme su furia aumenta. Automodón llena sus oscuros *phrenes* con valor y fortaleza, o inhala profundamente (17:499). Después de correr, los asustados cervatillos quedan sin fuerza en sus *phrenes*; quedan sin aliento (4:245). Al sollozar, la pena "llega" a los *phrenes* (1:362; 8:124) o bien, los *phrenes* respiratorios "albergan" temor (10:10), o alegría (9:186). Estas afirmaciones son parcialmente metafóricas, y por tanto asocian una especie de espacio contenedor en los *phrenes*.

En la Fase III se encuentra un puñado de ejemplos en la acepción de mente-espacio interior. Se trata del lugar en que se dice que los *phrenes* "contienen" o quizá "retienen" información. A veces, esta información proviene de un dios (1:55), pero también puede provenir de un ser humano (1:297).

Estudios de laboratorio revelan que aun la simple experiencia sensorial de un objeto, reconocerlo o recordar el nombre asociado con él, son observables en registros de respiración tomados simultáneamente.[4] No tiene, pues, nada de sorprendente que, cuando alguna sensación interna se relaciona primeramente con funciones tales como reconocimiento y recuerdo, se sitúa en los *phrenes*. En una ocasión se dice que los *phrenes* pueden reconocer acontecimientos (22:296): se trata de una metáfora de los *phrenes* con una persona, y los parafrandos de "persona", es decir, algo que puede obrar en un espacio se proyecta hacia atrás en los *phrenes* para hacerlos metafóricamente espaciales y capaces de realizar metafóricamente otras actividades humanas. Del mismo modo, hallamos también que como si fueran una persona es posible que *los phrenes de un hombre* "sean persuadidos" por otro hombre (7:120), y hasta por un dios (4:104). Y hasta pueden "hablar" como un

3. Por inspiración quiero significar aquí el lapso desde el principio de inhalar aire hasta el principio de exhalarlo. Por tanto, la medida entraña retener el aliento. Estas determinaciones provienen de varias fuentes. Véase Robert S. Woodworth, *Experimental Psychology* (Nueva York: Holt, 1938), p. 264.

4. Mario Ponzo, "La misura del decorso di processi psichici eseguita per mezzo delle grafiche del respiro", *Archives Italiennes de Psicologia*, 1920-1921, 1:214-238.

dios, como cuando Agamenón dice que obedeció a sus dañinos *phrenes* (9:119). Estos ejemplos, muy raros en la *Ilíada*, apuntan hacia lo que terminará siendo conciencia en los dos siglos siguientes.

Kradie

Esta palabra, que tiempo después se escribió *kardia* y que ahora es nuestro familiar "cardiaco", no es tan importante o misteriosa como otras hipóstasis. Se refiere al corazón. Es la más común hipóstasis todavía en uso. Cuando nosotros, los hombres del siglo XX, deseamos ser sinceros, hablamos con el corazón, no con la conciencia. Es en nuestros corazones donde albergamos nuestros pensamientos más profundos y nuestras creencias más caras; y amamos con el corazón. Es cosa curiosa que ni los pulmones o los *phrenes* hayan conservado su función hipostática como ha sucedido con el *kradie*.

Creo que originalmente sólo significó palpitar o estremecerse, que se derivó del verbo *kroteo*, batir, latir. En algunos pasajes de griego antiguo, *kradie* significa también una rama que se mece. Después, durante la internalización de la Fase II ocurrida durante las invasiones de los dorios, el palpitar que se veía con los ojos y se sentía externamente con la mano se convierte en el nombre de la sensación interna del latir del corazón en respuesta a situaciones externas. Con pocas excepciones, éste es su referente en la *Ilíada*. Antes de eso, nadie cree que haya nada en su corazón.

Nuevamente debo mencionar la extensa literatura moderna sobre la sensibilidad de nuestros corazones a la percepción del mundo. Al igual que la respiración o la acción del sistema nervioso simpático, el sistema cardiaco es muy sensible a ciertos aspectos del medio. Hay, cuando menos, un comentarista que acepta el concepto de *mente cardiaca*, que el corazón es el órgano sensorial específico de la angustia, así como los ojos son los órganos sensoriales de la vista.[5] Según este modo de ver las cosas, la angustia no es ninguno de los homólogos poéticos que usamos en nuestra conciencia para describirla. Es, antes bien, una sensación táctil de las terminales nerviosas sensoriales del tejido cardiaco que lee la ansiedad potencial del medio.

Así enunciado, este concepto resulta dudoso, pero es válido dentro de la psicología homérica. En la *Ilíada*, no son cobardes los que tienen miedo sino aquellos cuyo *kradie* late sonoramente (13:282). El único remedio es que Atenea "ponga" fuerza en el *kradie* (2:452), o que Apolo "ponga" atrevimiento en él (21:547).

5. Ludwig Braun, *Herz und Angst* (Viena: Deuticke, 1932), p. 38.

Aquí, el metafor de un contenedor es crear un "espacio" en el corazón en el cual más adelante los hombres puedan creer, sentir y meditar profundamente.

Etor

Los filólogos suelen traducir *kradie* y *etor* como corazón; ciertamente, no es posible negar la existencia de sinónimos, pero en casos tan importantes como asignar ubicaciones concretas a sensaciones y fuerzas de acción, objetaré tal cosa *a priori*, e insistiré en que para los antiguos griegos estos términos debieron representar diferentes lugares y sensaciones. Veces hay en que están distinguidos con gran claridad en el texto (20:169). Me aventuro, pues, a sugerir que en la Fase I *etor* es una palabra derivada de *etron*, vientre, y que en la Fase II se internaliza en sensaciones del tracto gastrointestinal, sobre todo en el estómago. En la *Ilíada* hay buenas pruebas de esto; ahí se dice con toda claridad que la comida y la bebida se toman para satisfacer el *etor* (19:307).[6] Esta traducción se adecua más a otras situaciones, como cuando un guerrero pierde su *etor* o intestinos en las filas delanteras de la batalla porque lo destripen (5:215).

Pero más importante es el estímulo que proporciona al funcionamiento mental. Hoy sabemos que el tracto gastrointestinal tiene un amplio repertorio de respuestas a las situaciones humanas. Todos conocemos lo que es el sentimiento de vacío que nos producen las malas noticias o la contracción del epigastrio ante la inminencia de un accidente automovilístico. El intestino es igualmente sensible a los estímulos emocionales de menor fuerza; estas respuestas son fácilmente observables en la pantalla fluoroscópica.[7] Las contracciones del estómago y los movimientos peristálticos se detienen cuando se presenta un estímulo desagradable e incluso se invierten cuando aumenta lo desagradable. La actividad secretora del estómago es también muy susceptible a la experiencia emocional. Sin duda, el estómago es uno de los órganos más sensibles: con sus espasmos, vaciamiento, contracciones y actividad secretora reacciona a casi todas las emociones y sensaciones. Esto explica por qué razón las enfermedades del aparato gastrointestinal fueron las primeras en clasificarse como psicosomáticas.

Es, por tanto, muy lógico que a este conjunto de sensaciones gastrointestinales se le haya dado el nombre de *etor*. Cuando Andrómaca oye los gemidos de Hécuba, su *etor* le salta hacia la boca; y casi la hace vomitar (22:452).[8] Cuando

6. Véase también *Hesíodo: Los trabajos y los días*, 593.
7. Howard E. Ruggles, "Emotional influence on the gastro-intestinal tract", *California and Western Medicine*, 1928, 29:221-223.
8. Y como el estómago pulsa como el corazón, a veces se confundían, como cuando en el *kradie* del león herido se queja su valeroso *etor* (20:169).

Aquiles se burla de la súplica de Licaón, es el *etor* de este último, junto con sus rodillas, lo que se "afloja" y lo debilita (21:114). Nosotros diríamos que tiene una sensación de vacío en la boca del estómago. Y cuando los propios dioses entran en el combate, es el *etor* de Zeus el que ríe con alegría, en lo que llamaríamos reírse con todas sus ganas (21:389).

La metáfora del contenedor no se usa como respecto a las demás hipóstasis, probablemente debido a que el estómago contiene, de por sí, comida. Por esta misma razón veremos que en la literatura ulterior no llega a convertirse en parte importante de ninguna mentalidad consciente.

Creo que para el lector con conocimientos médicos resultará obvio que estas cuestiones que estamos estudiando bajo el rubro de hipóstasis preconscientes están profundamente relacionadas con las teorías sobre las enfermedades psicosomáticas. En *thymos*, *phrenes*, *kradie* y *etor*, hemos cubierto, creo, los cuatro sistemas principales afectados por tales enfermedades. Y el que constituyan el fundamento mismo de la conciencia, que sean un tipo primitivo y parcial de su formación, tiene consecuencias importantísimas en la teoría médica.

Sólo de pasada hablaré del *ker*, en parte porque su papel va en disminución en este relato de la conciencia, pero también, y muy principalmente, porque su origen y su significado es impreciso. Aunque es posible que haya procedido de *cheir* y que luego haya evolucionado y llegara a significar temblor de manos y miembros, es más probable que tenga la misma raíz que *kardia* en un dialecto distinto. Ciertamente, el pasaje de la *Odisea* en que a un guerrero lo hieren donde los *phrenes* o los pulmones están cerca del palpitante *ker*, deja poca duda. Casi siempre se le considera como el órgano del pesar, y su importancia es bastante limitada.

En cambio, la siguiente hipóstasis es importantísima. Por de pronto indicaré que se trata de un término poco común en la *Ilíada*, tan poco común que nos hace sospechar que pudo haber sido agregado por generaciones posteriores de *aoidoi*. Pero aun con tan modestos comienzos en la *Ilíada*, pronto llega a ocupar el lugar central de nuestro tema. Éste es:

Noos

Hasta aquí nos hemos ocupado de sensaciones internas grandes e inconfundibles, que sólo en tiempos de disturbios y crisis era necesario nombrar, y que luego tomaban sus nombres de la percepción externa objetiva. *Noos*, que se deriva de *noeo* = ver, es, en sí, percepción. Al ocuparnos de él en nuestros viajes intelectuales resulta que nos hallamos en una región de mucho más poder.

Porque, como vimos en un capítulo anterior, la gran mayoría de los términos que usamos para describir nuestras vidas conscientes son visuales. Con los "ojos" de la mente "vemos" soluciones que pueden ser "brillantes" u "oscuras", etc. La visión es nuestro receptor de distancia por excelencia. Es nuestro sentido del espacio de un modo tal, que ningún otro medio puede ni siquiera aproximársele. Y, según hemos visto, es esta cualidad espacial la que constituye el fundamento y la urdimbre de la conciencia.

Entre paréntesis, es interesante destacar que para el oído no hay hipóstasis, como la hay para la vista. Ni siquiera hoy en día oímos con los oídos de la mente como vemos con sus ojos. Tampoco hablamos de mentes inteligentes diciendo que son fuertes en el mismo sentido en que decimos que son brillantes. Esto se debe, con toda probabilidad, a que el oído fue la esencia misma de la mente bicameral, y que como tal tuvo con relación a la visión las diferencias de que hablé en I.4. En un sentido un poco vago o impreciso se puede decir que la llegada de la conciencia es el paso que se lleva a cabo de la mente auditiva a la mente visual.

Este cambio aparece por vez primera, pero de modo irregular, en la *Ilíada*. El origen objetivo y micénico del término se encuentra en frases objetivas sobre ver, o en *noos* como en una vista o en un espectáculo. Al instar a sus hombres a ir al combate, su jefe quizá les diga que no hay mejor *noos* que un combate cuerpo a cuerpo con el enemigo (15:510). Y Zeus conserva a Héctor en su *noos* (15:461).

En la *Ilíada*, empero, se evidencia la segunda fase de la internalización del *noos*. Está situado en el pecho (3:63). Para nosotros resulta muy extraño que no esté en los ojos. Quizá se deba esto a que en su nuevo papel se estaba mezclando o fundiendo con el *thymos*. Ciertamente, el *noos* acepta adjetivos más apropiados al *thymos*, tales como intrépido (3:63) y fuerte (16:688). Y Ulises disuade a los aqueos de hacerse a la mar diciéndoles que no conocen todavía qué clase de *noos* está en Agamenón (2:192). Y uno de los ejemplos con sabor más "moderno" ocurre en el primer episodio, cuando Tetis, mientras consuela el llanto de Aquiles, le pregunta: "¿Qué pesar ha llegado a tus *phrenes*? Habla, no lo ocultes en tu *noos*, así lo sabremos los dos" (1:363).[9] Fuera de ésta, no hay en la *Ilíada* ninguna otra subjetivación. Nadie más toma decisiones en su *noos*. El pensamiento no ocurre en el *noos*, ni siquiera la memoria. Los dos están aún en las voces de las estructuras orgánicas del lóbulo temporal derecho que se llaman dioses.

Las causas precisas de esta internalización de la vista en un contenedor o recipiente en cuyo interior se pueda "realizar" la visión, requiere un estudio mucho

9. Otra excepción a lo que estoy diciendo podría encontrarse en la comparación de la rapidez de Hera con la rapidez del *nous* de un hombre que desea en sus *phrenes* estar en lugares distantes que alguna vez visitó (15:80-81). Sobre la peculiaridad de esta expresión en Homero, véase Walter Leaf, *A Companion to the Iliad* (Londres: Macmillan, 1892), p. 257. Evidentemente, ésta es una intercalación posterior.

más cuidadoso del que podemos hacer aquí. Sugiero que quizá fue simplemente la generalización de la internalización lo que había ocurrido antes en esas internalizaciones correlacionadas con grandes sensaciones internas. O también pudo haber sido que el observar diferencias externas cuando hubo grandes mezclas de refugiados, según vimos en II.3, exigió postular la hipótesis de esta hipóstasis visual, la cual podía ser diferente en cada hombre: esto haría que cada quien viera diferentes cosas.

Psyche

Llegamos, finalmente, a la palabra que da su nombre a la psicología. Derivada probablemente del término *psychein* = respirar, en el uso principal que se hace de ella en la *Ilíada* se la internaliza en el seno, en la forma de sustancias vitales. Con mucha frecuencia, *psyche* se usa, al parecer, justamente en la forma en que usamos "vida", cosa que puede resultar muy engañosa, debido a que para nosotros "vida" puede significar un lapso, el tiempo que media entre nacimiento y muerte, lleno de acontecimientos y hechos de un determinado carácter. En la *Ilíada*, sin embargo, no hay nada que se parezca a esto. Cuando un lanzazo da en el corazón de un guerrero, y su *psyche* se disuelve (5:296), es destruida (22:325), o simplemente lo abandona (16:453), o es expelida por la boca (9:409), o escapa en forma de sangre por una herida (14:518; 16:505); no se dice nada sobre tiempo o sobre el final de algo. En el Canto 23 hay un significado diferente de *psyche*, cuyo estudio hemos diferido para el final de este capítulo. En lo general, es simplemente una propiedad que se puede perder, y su pérdida es similar a la pérdida, en las mismas condiciones, del *thymos* o actividad, palabra ésta que con frecuencia se une a *psyche*.

En nuestro esfuerzo por tratar de comprender estos términos, no debemos dejarnos llevar por nuestro hábito de construir espacio en ellos antes de que esto haya sucedido históricamente. En cierto sentido, *psyche* es la más primitiva de estas hipóstasis preconscientes; es simplemente la propiedad de respirar o sangrar o algo parecido de ese objeto físico llamado hombre o animal, una propiedad que se le puede arrebatar como un premio o trofeo (22:161) por una lanza atinada en el lugar debido. Y en general, es decir, con las excepciones que trataré al final de este capítulo, el principal uso de *psyche* en la *Ilíada* no va más allá de esto. Nadie, en ninguna forma ve jamás o decide, piensa, conoce, teme o recuerda nada en su *psyche*.

Estas son, pues, las supuestas entidades del interior del cuerpo que por medio de metáforas literarias, por ser comparadas con contenedores y personas, se apropian de cualidades espaciales y conductuales que en la literatura posterior se convierten en la mente-espacio unificada con su "yo" análogo, que hemos llamado conciencia. Empero, al señalar estos comienzos en la *Ilíada*, debo recordar al lector que la configuración de las principales acciones del poema es dictada divinamente, y que tales acciones, según observé repetidas veces en I.3, no son conscientes. Estas hipóstasis preconscientes no entran en las decisiones de gran envergadura, aunque, sin la menor duda, en ese terreno desempeñan un papel subsidiario. Es como si la mente consciente unitaria de las épocas posteriores estuviera frente a nosotros en la *Ilíada* como siete entidades diferentes, cada una de ellas con funciones ligeramente distintas. Esta diferenciación es cosa muy difícil de apreciar en la actualidad por cualquiera de nosotros.

LOS ARDIDES DE LA "ODISEA"

Después de la *Ilíada* viene la *Odisea*. Todo aquel que lea por vez primera estos poemas de modo consecutivo percibe el salto gigantesco que hay entre ellos. No faltan estudiosos, ciertamente, que siguen pensando que estas dos grandes epopeyas las escribió e incluso las compuso un solo hombre, Homero, la primera en su juventud y la segunda en su madurez. En mi opinión, lo más razonable es suponer que entre una y otra hay no menos de un siglo, y que la *Odisea*, como su predecesora, fue el trabajo de una sucesión de *aoidoi*, no de un solo hombre.

Pero, a diferencia de su antecesora, la *Odisea* no es una epopeya, sino varias. Originalmente versaron sobre varios héroes, y más adelante se reunieron alrededor de Ulises u Odiseo. No es difícil determinar por qué ocurrió esto. Ulises, al menos en algunas partes de Grecia, había llegado a ser el centro de un culto gracias al cual sobrevivieron los pueblos conquistados. Se convierte en el "astuto Ulises" y quizá más adelante los *aoidoi* insertaron este epíteto en la *Ilíada* para que sus oyentes recordaran la *Odisea*. Testimonios arqueológicos muestran ofrendas importantes dedicadas a Odiseo (o Ulises) poco después de 1000 a.C. y seguramente antes de 800 a.C.[10] Estas ofrendas fueron a veces pailas de cobre en un trípode que de algún modo se relacionaron con el culto. Al principio fueron ofrendas como las que se hacían a los dioses. En Itaca se celebraron certámenes en su honor a partir (cuando menos) del siglo IX a.C., pese a que la isla estaba a punto de ser invadida nuevamente por los corintios. En pocas palabras, Ulises, el de los muchos recursos, es el héroe de la nueva mentalidad de cómo salir adelante en un mundo arruinado y con dioses debilitados.

10. S. Benton, citado en T. B. L. Webster, *From Mycenae to Homer* (Londres: Methuen, 1958), p. 138.

La *Odisea* anuncia esto en una de sus primeras palabras, *polutropon* = mucha vuelta. Es un viaje de descarrío, es el descubrimiento del dolo, su invención y su celebración. Canta tortuosidades y disfraces y subterfugios, transformaciones y reconocimientos, pócimas y olvidos, habla de personas que ocupan el lugar de otras, de relatos dentro de relatos y de hombres dentro de hombres.

Asombra su gran contraste con la *Ilíada*. Tanto en palabras, como en hazañas, como en personajes, la *Odisea* transcurre en un mundo nuevo y distinto, poblado por seres nuevos y diferentes. Los dioses bicamerales de la *Ilíada*, al llegar a la *Odisea* se ponen a la defensiva y son débiles. Se disfrazan más y hasta recurren a varitas mágicas. La mente bicameral ya dirige una porción mucho menor de los actos. Los dioses tienen ya muy poco que hacer, y como fantasmas que se desvanecen, hablan mucho entre sí, pero ¡qué tediosamente! La iniciativa se les escapa, a veces se vuelve contra ellos, o se encauza hacia los actos de personajes más humanos y conscientes, a los que vigila Zeus, el cual, al ir perdiendo facultades ha adquirido un interés en la justicia como el del rey Lear. Se vuelven más comunes los adivinadores y los augurios, lo cual es característico del desplome de la bicameralidad. Semidioses, hechiceros deshumanizadores, cíclopes y sirenas, que recuerdan a los genios que según vimos caracterizaron el fin de la bicameralidad en los bajorrelieves asirios de unos siglos antes, evidencian una profunda alteración en la mentalidad. Y los grandes temas odiseicos de vagabundeos de gente sin hogar, de raptos y esclavizaciones, de cosas escondidas y de cosas recuperadas, ciertamente son el eco de la descomposición social que siguió a las invasiones dóricas cuando la conciencia cobró importancia en Grecia.

Técnicamente, lo primero que se observa es el cambio en la frecuencia con que se usan las hipóstasis preconscientes. Estos datos se obtienen con facilidad estableciendo concordancias entre la *Ilíada* y la *Odisea*; se obtienen resultados notabilísimos que muestran una frecuencia mucho mayor en el uso de *phrenes*, *noos* y *psyche*, y una caída acentuada en el de la palabra *thymos*. Podría sostenerse que este poco frecuente empleo de *thymos* en la *Odisea* se debe al tema o trama del poema, lo cual es más bien una petición de principio, porque en verdad el cambio en el tema es parte de esta transición total en la naturaleza misma del hombre. Las otras hipóstasis son pasivas. El *thymos*, o sea, la reacción del sistema nervioso simpático productora de adrenalina ante situaciones nuevas, es la antítesis de lo pasivo. El tipo de metáforas que pueden construirse alrededor de este metafrando de un estallido súbito de energía, no son las pasivas y visuales que se avienen mejor a la solución de problemas.

En contraste, a lo largo de este periodo, se duplica la frecuencia de *phrenes* y se triplica la de *noos* y *psyche*. Y también puede sostenerse que el mayor uso de estas palabras no es más un eco del cambio de tema, y también cabe replicar que ése es precisamente el punto. La poesía está dejando de describir objetivamente acontecimientos externos y está subjetivizándose, volviéndose poesía de expresión de conciencia personal.

Mas no es sólo en su frecuencia en lo que estamos interesados. Mucho nos incumbe también el cambio en sus significados inherentes y los metafores que se les aplican. Conforme disminuye la dirección de los asuntos humanos por los dioses, las hipóstasis de preconciencia se van haciendo cargo de su función divina, por lo cual los acercan a la conciencia. *Thymos*, aunque menguada, sigue siendo la palabra hipostática más común. Su función es distinta, pues ha alcanzado la fase subjetiva y es como otra persona. Es el *thymos* del porquerizo el que le "manda" regresar a Telémaco (16:466). En la *Ilíada*, eso lo habría hecho un dios que hablara. En este poema, los dioses pueden "poner" *menos* vigor en el "contenedor" del *thymos*; pero en la *Odisea* es todo un reconocimiento lo que se puede "poner" ahí dentro. Euriclea reconoce a Ulises pese a su disfraz, debido a que un dios "puso" ese reconocimiento en su *thymos* (19:485). (Obsérvese que tiene reconocimiento pero no recordación.) Y los siervos de Penélope saben que ha partido el hijo de ella, porque lo sienten en sus *thymos* (4:730).

En la Fase III, *phrenes* adquiere cualidades espaciales. En los phrenes se puede poner incluso la descripción de un acontecimiento futuro, como ocurre cuando a Telémaco, como pretexto para quitar sus armas a los pretendientes, se le pide que diga que un *daimon* (en la *Ilíada* habría sido cuando menos un dios) ha puesto temores de riñas entre ellos, en sus *phrenes* (19:10). En la *Ilíada* no hay secretos; en cambio, en la *Odisea* hay muchos que se guardan en los *phrenes* (16:459). En tanto que en la *Ilíada* las hipóstasis preconscientes están siempre claramente localizadas, en la *Odisea* su naturaleza metafórica cada vez más marcada enturbia y confunde su diferenciación anatómica. En un pasaje se sitúa al *thymos* en el interior de los *phrenes* o pulmones (22:38).

Phrenes, esa palabra que originalmente designó a los pulmones y luego las complejas sensaciones de la respiración, tiene un uso aún más importante: en los primeros comienzos de la moralidad. Entre los hombres, peleles de los dioses de la *Ilíada*, nadie es moral. No hay bueno y malo. Pero en la *Odisea*, Clitemnestra puede resistir a Egisto porque sus *phrenes* son *agathai*, palabra que quizá se derive de raíces que le darían el significado "muy parecido a un dios". Y en otro pasaje, son los *agathai*, divinos, o los buenos *phrenes* de Eumeo los que le recuerdan que haga ofrendas a los dioses (14:421). Igualmente, son los *agathai* o buenos *phrenes* los causantes de la castidad de Penélope y de su fidelidad al ausente Ulises

(12:194). Sin embargo, no es Penélope la que está *agathe*, sólo el espacio metafórico de sus pulmones.

Lo mismo ocurre con otras hipóstasis preconscientes. Cuando Ulises naufraga y es lanzado al seno de mares tempestuosos, su *kradie* o latir de corazón le hace "oír" advertencias de destrucción (5:389). Y es su *ker*, aquí también su tembloroso corazón o tal vez sus temblorosas manos, el que hace planes para lograr la destrucción de los pretendientes (18:344). En la *Ilíada* esto habría estado a cargo de las voces de los dioses. El *noos*, aunque se menciona con más frecuencia, a veces no cambia, pero a menudo se le encuentra en la Fase III de subjetivización. En un pasaje, Ulises está engañando a Atenea (algo impensable en la *Ilíada*) y la mira revolviendo en el *noos* de él pensamientos de gran astucia (13:255). *Noos* puede ser también como una persona alegre (8:78) o cruel (18:381) o a la que se puede engañar (10:329), o de la que no se tienen noticias (1:3). También *psyche* suele significar vida, aunque también, con más sentido, espacio de tiempo. Luego mencionaremos algunas excepciones referentes a esto.

Y este acercamiento a la conciencia subjetiva en la *Odisea* no sólo se encuentra en el uso cada vez mayor de la interioridad espacial y en la personificación de sus hipóstasis preconscientes, sino además y con más claridad en sus incidentes y sus interrelaciones sociales. Entre éstas figuran el engaño y el dolo, a los que ya me referí. Cuando en la *Ilíada* se menciona el tiempo, se hace de un modo impreciso. En cambio en la *Odisea* se halla una creciente espacialización del tiempo, pues se usan palabras que lo implican, como empezar, vacilar, rápidamente, perseverar, etc., amén de una referencia más frecuente al futuro. Hay también un aumento en la proporción de términos abstractos en relación con los concretos, en especial de aquellos que en español terminan en "dad" como oscuridad, bondad, generosidad, etc. A resultas de esto y como era de esperar, se reduce el número de símiles usados: ya no se les necesita tanto. La frecuencia y el modo en que Ulises se refiere a sí mismo indican un nivel distinto del de casos de autorreferencia en la *Ilíada*. Todo esto está relacionado con el desarrollo de una mentalidad nueva.

No quiero cerrar esta breve referencia a un poema importantísimo sin llamar la atención del lector hacia un misterio, que no es otro que el hecho de que el contorno general de la narración es un mito de la mismísima cuestión que estamos estudiando. Es un relato sobre identidad, sobre un viaje hacia el yo que se está creando conforme desaparece la mente bicameral. No es mi pretensión responder aquí al interrogante profundo de por qué esto resultó así, de por qué las musas, esas modeladoras del lóbulo temporal derecho, que cantan esta epopeya por boca de los *aoidoi*, debieron narratizar su propia caída, su propia desaparición en el seno del pensar subjetivo, y celebrar, cantar el nacimiento de una nueva mentalidad que arrollará sus cantos. Porque esto parece ser lo que está sucediendo.

Estoy diciendo — y estoy acabando por creerlo — que toda esta compleja leyenda, que se puede tomar como prueba clara de una metáfora del gran paso a la conciencia, no fue compuesta, ni planeada ni unida por poetas que tuvieran conciencia de lo que estaban haciendo. Es como si el lado divino de la mente bicameral se fuera acercando a la conciencia antes que el lado humano, el hemisferio derecho antes que el izquierdo. Y si esta creencia se afianza donde está, aquí, entonces, nos sentiremos inclinados a preguntar burlona y retóricamente, ¿cómo se explica que una epopeya que intrínsecamente puede ser vista como un avance hacia la conciencia haya sido compuesta por hombres no conscientes? Pero, con un fervor igualmente retórico, podríamos preguntarnos si pudo ser compuesta por hombres conscientes. Y tendríamos el mismo silencio por respuesta. No sabemos cuál es la contestación a estas preguntas.

Pero las cosas son así. Y mientras esta serie de relatos nos lleva velozmente de su héroe perdido y sollozante en una playa extraña, sumido en trance bicameral, hasta Calipso, su bella diosa, serpenteando entre un mundo de demiurgos, pruebas y engaños para llegar con sus desafiantes gritos de guerra a un hogar asediado por sus rivales, todo ello pasando — a través del disfraz — del arrobamiento al reconocimiento por la amada, del mar a la tierra, del orto al ocaso, de la humillación a la prerrogativa, todo este largo cantar es una odisea hacia la identidad subjetiva y a su triunfal aceptación, libre ya de los alucinadores grilletes del pasado. Dejando de ser el *gigolo* sin voluntad de una divinidad y convirtiéndose en el león ensangrentado de su propio corazón, Odiseo se convierte en "Odiseo".

EL BOBO PERSES

Cronológicamente sigue ahora un grupo de poemas del que nos ocuparemos muy superficialmente. Entre ellos figuran los llamados Himnos Homéricos, que en su mayor parte son de fecha muy posterior. Figuran también unos poemas oriundos de Beocia, al noreste de Atenas, que datan del siglo VIII a.C., muchos de los cuales se atribuyeron en un tiempo a una figura culta, Hesiodo. Por desgracia, los textos que de ellos han llegado a nosotros suelen ser mezclas de partes de poemas de fuentes muy diversas, y que fueron reunidos de mala manera. Pocos son los que podemos usar para nuestros fines. La enunciación casi siempre tediosa de las relaciones de los dioses que se encuentra en la *Teogonía* suele fecharse poco después de la *Odisea*, pese a que sus palabras hipostáticas no son muchas y carecen de desarrollo. Su principal interés radica en que puede pensarse que su dedicación a las vidas íntimas de los dioses puede ser resultado de su silencio; sería otra expresión de la nostalgia sentida por la Edad de Oro, antes de las invasiones dóricas.

Pero de mucho mayor interés es el problema fascinante que presenta el texto atribuido a Hesíodo, conocido con el nombre de *Los trabajos y los días*.[11] Salta a la vista que es una mezcla de varias cosas, una especie de Calendario para los campesinos beocios, que por lo demás eran muy pobres y muy poco capaces. Su mundo está a una enorme distancia del mundo de las grandes epopeyas homéricas. En vez de un héroe que a la voz de mando de sus dioses nos ofrece una narración grandiosa, tenemos consejos para los labriegos, que quedan en libertad de obedecer o no a sus dioses, de elegir sus modos de trabajar, de determinar qué días son de buen agüero y que, finalmente, ofrece un nuevo sentimiento de justicia muy interesante.

A primera vista, este caos de detalles de la vida del campo y de nostalgia por la Edad de Oro, ida para siempre, parece haber sido escrito por un labriego a quien los estudiosos confunden con Hesíodo. Se supone que está quejándose de su hermano Perses, por la parcialidad e injusticia de un fallo que dividió la finca paterna; curiosamente da a Perses consejos sobre todo, desde moralidad hasta matrimonio, sobre cómo tratar a los esclavos, como resolver los problemas de la siembra y deshacerse de los desperdicios y la basura. Está lleno de cosas tales como: "¡Oh, tonto Perses! Haz el trabajo que los dioses ordenaron a los hombres, no sea que por amarga angustia del *thymos*, tú y tu mujer y tus hijos vayan a ganarse la vida entre tus vecinos" (397 ss.).

Esto es, al menos, lo que el poema significa para la mayoría de los especialistas, si bien hay cuando menos una interpretación más. Según ella, las porciones más antiguas del poema no fueron escritas por Hesíodo, al cual no se menciona nunca en el poema, sino nada menos que por el bobo Perses mismo, y que estas partes principales del poema son los consejos y exhortaciones de su voz bicameral divina que le indica qué debe hacer. Si esta interpretación ofende el sentido de verosimilitud del lector, cabe recordarle que hay pacientes esquizofrénicos que se pasan todo el día oyendo voces críticas igualmente autoritarias, que constantemente les dan orientaciones, de modo muy similar.

Quizás usé mal el verbo escribir. Lo más probable es que el poema haya sido dictado a un escriba, tal como ocurrió con las exhortaciones bicamerales de Amós, el pastor de Israel, contemporáneo de Perses. Y también debí hablar de una revisión anterior del poema principal, y decir que la protesta contenida en los muy importantes versos 37-39 fue un agregado posterior (del mismo modo que todo el mundo después de Plutarco acepta que lo fueron también los versos 654-662).

11. Sólo he usado la edición Loeb de Hesíodo (Londres: Heinemann, 1936).

También es posible que esas líneas se hayan referido originalmente a alguna especie de lucha bicameral por el control de la conducta de Perses, demasiado subjetiva y por consiguiente (en ese tiempo) inútil.

Las hipóstasis preconscientes de *Los trabajos y los días* se presentan más o menos con la misma frecuencia que en la *Odisea.* La más común es *thymos,* y cerca de la mitad de las dieciocho veces que se cita es un simple impulso interno de la Fase II hacia alguna actividad o lugar de alegría o tristeza. Pero el resto del tiempo es un espacio de la Fase III en el cual se puede "poner", "mantener" o "retener" información (27), consejos (297, 491), pareceres (296) o algún agravio (499). Los *phrenes* son también como un aparador, en el cual los consejos que se dan de continuo en el poema (107, 274) deben guardarse, y donde el bobo Perses debe "buscar" con gran cuidado (688). El *kradie* tiene el metafor de una persona, más que un contenedor, y puede mostrarse afable (340), irritado (451), o puede sentir gusto o disgusto por las cosas (681). En cambio *psyche* (686) y *etor* (360, 593) no se han desarrollado y simplemente son vida y tripas, respectivamente.

En *Los trabajos y los días,* es interesante el *noos* porque en los cuatro casos en que aparece es como una persona en relación con la conducta moral. En dos pasajes (67, 714) siente vergüenza o no, y en otro, es *adikon,* sin buena dirección (260). Un estudio apropiado de esta cuestión señalaría en detalle el desarrollo del término *dike.* Su significado original fue señalar hacia (de donde proviene el significado original de dígito: dedo), y en la *Ilíada* su traducción más parsimoniosa o conservadora es como "dirección" en el sentido de indicar qué hacer. Sarpedón gobernaba Licia por medio de su *dike* (*Ilíada,* 16:542). Pero en *Los trabajos y los días* acaba por significar direcciones o justicia rectas dadas por los dioses, quizá como remplazo de la voz del dios.[12] Aquí es un Zeus silencioso, hijo de un tiempo ahora espacializado, el que por vez primera dispensa *dike* o justicia más o menos en la misma forma en que la administra en la literatura griega posterior. (Por ejemplo, véanse 267 ss.) ¡Cuán absolutamente ajeno al mundo amoral de la *Ilíada,* que toda una ciudad pueda sufrir por un hombre malo (240)!

Nuestro sentido de la justicia depende de nuestro sentido del tiempo. La justicia es un fenómeno privativo de la conciencia, porque su esencia misma es una colocación del tiempo en una sucesión espacial; y esto sólo es posible en una metáfora espacial del tiempo. Abundan los ejemplos de esta creciente espacialización. Cometer un acto violento en cierto tiempo provoca el castigo en un tiempo

12. Pero que el origen de este nuevo sentido de justicia enviada por dios es posiblemente un mensajero alucinado venido de Zeus se sugiere donde se dice que *Dike* gime y solloza cuando los hombres aceptan cohechos y son malos (220-221). La derivación que empleo aquí de *dike* no es la usual.

posterior (245 s.). Larga y escabrosa es la senda de la bondad (290). El hombre bueno es aquel que ve lo que será mejor después (294). Sumando de muy poco en muy poco se llega a la grandeza (362). Trabajo sumado a más trabajo produce riquezas (382). Estos conceptos no pueden existir, son imposibles, a menos que se metaforice un antes y un después en una sucesión espacial. Este ingrediente básico de la conciencia, que empezó en 1300 a.C., en las inscripciones asirias (véase el capítulo anterior), ha recorrido ya un largo camino.

Es muy importante para nosotros comprender cuán estrechamente vinculado está este nuevo sentimiento de tiempo y justicia con respecto a lo que podría llamarse la secularización de la atención. Por esto último quiero significar poner la atención en los problemas diarios propios del vivir, algo que es totalmente ajeno a las vigorosas epopeyas ideadas por los dioses que lo precedieron. Sea que el poema fuera inspirado divinamente, o que, como opinan la mayoría de los especialistas, no es otra cosa que las malhumoradas exhortaciones de Hesíodo, el hermano de Perses, el hecho es que se trata de un importantísimo cambio de rumbo en dirección de la percepción humana. En vez de una narración impersonal y grandiosa, aquí tenemos una expresión personal detallada. En vez de un pasado intemporal, tenemos la expresión vívida de un presente encajado entre un pasado y un futuro. Se trata de un presente de gran rudeza que describe la dura realidad posterior a los dorios, llena de pequeñas y mezquinas luchas y porfías para arrancar el sustento a la tierra, en tanto que alrededor se cierne la nostalgia del gran mundo micenio de los tiempos bicamerales, cuya gente fue una raza "con más rectitud y equidad, una raza semidivina de héroes-hombres llamados también semidioses, la raza que nos precedió, en toda la Tierra ilímite" (158 ss.).

LÍRICA Y ELEGÍA DE 700 A 600 A.C.

Estuve a punto de escribir que la conciencia está llegando a su plenitud en *Los trabajos y los días*, pero sería una metáfora muy engañosa decir que la conciencia es algo que se construye, edifica y forma, algo que se puede terminar. El caso es que no existe lo que podríamos llamar conciencia completa.

En realidad, lo que debo indicar es que las metáforas básicas de tiempo con espacio, de hipóstasis internas como personas dentro de un espacio mental han empezado a evolucionar y a convertirse en guías y guardianes de la vida diaria.

Contra esta evolución, la poesía griega del siglo VII a.C., que cronológicamente sigue, es algo parecido a un anticlímax; esto se debe a que ha llegado a nuestros días una pequeñísima parte de la obra de estos poetas líricos y elegiacos. Únicamente de siete de estos poetas conocemos doce o más versos.

Lo primero que cabe decir sobre ellos es que no son simplemente poetas, según nuestra acepción de la palabra. Como grupo se parecen mucho a sus contemporáneos, los profetas de Israel, sagrados maestros de los hombres que los reyes llamaban para decidir las disputas y dirigir ejércitos, con funciones similares a los hechiceros de culturas tribales contemporáneas. Al comenzar el siglo, es muy probable que todavía hayan estado vinculados con las danzas sagradas, pero gradualmente las danzas y su aura religiosa se disuelven en un secularismo que se canta con la lira o con los sonidos de las flautas. Estos cambios artísticos, sin embargo, no pasan de ser simples coincidencias con otros cambios mucho más importantes.

Los trabajos y los días expresaba el presente. La nueva poesía expresa la persona en ese presente, el individuo en particular, y cómo se diferencia de los demás; de paso, celebra esa diferencia, y al hacerlo, nos permite llenar progresivamente y ensanchar las primitivas hipóstasis preconscientes y llevarlas al mundo-espacio de la conciencia.

En la primera parte del siglo, es Terpandro, que según Píndaro fue el inventor de los cantos de borrachera, quien a través de los siglos hace oír su voz en uno de los trece versos que de él nos han llegado: "Del Distante Señor venid a cantarme, ¡Oh Frenes!"[13] Esto es interesante. Aquí, el Señor es Apolo, pero obsérvese que aunque en sí el poema es nostálgico, a un dios perdido, no se invoca a un dios o a una musa para componerlo. En la *Odisea*, es un dios el que pone cantos en los phrenes que luego el bardo canta como si estuviera leyendo la música (22:347). Pero tratándose de Terpandro, que no oye dioses, él ruega a sus propios *phrenes* que compongan un canto, como si los *phrenes* fueran un dios. Y creo que esta comparación implícita, con sus parafrandos asociados de un espacio en que puedan existir los divinos *phrenes*, avanza hacia la meta de crear el espacio mental con su "yo" análogo de conciencia.

Esta transición ocurrida en el siglo VII no se percibe únicamente en el uso de las palabras, sino también en los temas. Porque la secularización y personificación de contenido iniciadas en *Los trabajos y los días*, estalla al mediar el siglo en los versos yámbicos de Arquíloco, el vagabundo soldado-poeta de Paros. Según reza la inscripción de su tumba, fue él quien "por primera vez mojó a una amarga Musa en veneno de serpiente y que manchó con sangre al propicio monte Helicón", lo cual es una referencia a la leyenda de que podía provocar suicidios con el poder de

13. Fragmento 2 en la edición de Loeb, *Lyra Graeca*, editada por J. M. Edmonds (Londres: Heinemann, 1928). Todas las referencias hechas en esta sección son a este volumen o a los volúmenes gemelos de Loeb, *Elegy and Iambus*, vols. 1 y 2, editados también por Edmonds (Londres: Heinemann, 1931).

sus versos yámbicos.[14] Incluso esta aplicación de la poesía, para llevar a cabo venganzas y declarar preferencias personales, es algo nuevo en el mundo de entonces. Algunos de estos fragmentos se aproximan tanto a la conciencia moderna que la pérdida de la mayor parte de las obras de Arquíloco puede considerarse como una de las mayores lagunas en la literatura antigua.

Pero aunque Arquíloco nunca los oyó, los dioses siguieron controlando al mundo. "Los fines de la victoria están entre los dioses" (Fragmento 55). Y la hipóstasis continúa. Los malos efectos del beber (Fragmento 77) o de la ancianidad (Fragmento 94) ocurren en los *phrenes*; pero cuando se encuentra en problemas, es su *thymos* el que es derribado como si fuera un guerrero débil, y se le ordena que "se levante y se defienda de sus enemigos" (Fragmento 66). Arquíloco habla a su *thymos* como si fuera otra persona, de modo tal que la comparación implícita y sus parafrandos de espacio y del "yo" auto "observado" son un paso más hacia la conciencia que se presentará en el siglo siguiente.

Cronológicamente siguen otros dos soldados-poetas, Tirteo y Calino, pero por desgracia los fragmentos que de sus poemas nos han llegado son de poco interés. Su hipóstasis más común es *thymos*; en general, se limitan a instarnos a mantener un *thymos* resuelto en el fragor de la batalla.

Y luego, hacia 630 a.C., vienen dos poetas de diferente especie, Alcman y Mimnermo. No instan a nada pero encomian sus sentimientos subjetivos de un modo desconocido hasta entonces. "¿Quién puede conocer el *noos* de otro?" (Fragmento 55), pregunta Alcman, haciendo que la metáfora de *noos* sea un acontecimiento con sus consecuencias obvias de parafrando. Y Mimnermo se queja de los cuidados que desgastan y desgastan sus *phrenes* (Fragmento 1) y de las "penas que surgen en el *thymos*" (Fragmento 2). Esto está muy lejos ya de las sencillas hipóstasis de las epopeyas homéricas.

Al fin de este siglo, tan lleno de presagios, vienen los poemas de Alceo y, en particular, las desnudas pasiones de la viril Safo, que según Platón es la décima musa. Estos dos poetas de Lesbos dicen las cosas usuales sobre su *thymos* y sus *phrenes*, y emplean ambas palabras casi igualmente. Safo canta los *theloi* o estados de su *thymos*, que se convierten en nuestros deseos y voliciones (Fragmento 36:3). De hecho, se la puede considerar inventora del amor en su moderno sentido romántico. El amor estruja a su *thymos* con sus angustias (Fragmento 43) y sacude a sus *phrenes* como el huracán sacude al encino (Fragmento 54).

14. Según la *Palatine Anthology* reunida hacia 920 d.C. con base en fuentes anteriores. Véase Edmonds, *Elegy and Iambus*, 2:97.

Más importante, empero, es la evolución del término *noema.* No hay duda alguna de que a fines del siglo VII había llegado a significar una mezcla de lo que hoy llamamos pensamientos, deseos, intenciones etc., y que se conjuntó con los *theloi* del *thymos.* Alceo dice: "Si Zeus cumpliera nuestro *noema*" (Fragmento 43). Describe a un personaje diciendo que no "prevaricará (o excusará) en absoluto a su *noema*" (Fragmento 144). En los fragmentos de Safo que han llegado a nosotros se usa tres veces la palabra: hacia quienes ella ama, "mi *noema* nunca cambiará" (Fragmento 14); su "*noema* no está dispuesto tan suavemente a la cólera de un niño" (Fragmento 35); y en su queja, "No sé qué hacer; mis *noemata* están divididos en dos..." (Fragmento 52). Esto coloca el énfasis sobre la metáfora-cosa interna e imaginada que se halla hipostatizada dentro de un pensamiento. El amor es lo que está enseñando a la humanidad a introspeccionar. En Safo hay otra palabra más, *sunoida,* cuyas raíces indicarían que significa conocer juntos, lo cual, al latinizarse, se convierte en la palabra "cons-ciente" (Fragmento 15).

En estos siete poetas del siglo VII hallamos, pues, un notable adelanto según el cual, conforme iban cambiando los temas — de exhortaciones marciales a expresiones personales de amor —, así también cambiaba el modo en que se empleaban las hipóstasis mentales y sus contextos, pues ahora se hallan ya mucho más cerca de lo que hoy día consideramos conciencia subjetiva.

Son éstas aguas históricas muy turbias; podemos estar seguros de que estos siete poetas, con sus contados fragmentos frente a nosotros en la superficie conocida del siglo VII a.C., son simplemente un vislumbre del abundantísimo material que existió y que ayudó a crear la nueva mentalidad que estamos llamando conciencia.

LA MENTE DE SOLÓN

En lo personal creo que estos siete no pueden ser representativos de esa época, por la sencilla razón de que el inmediato poeta conocido que les sigue cronológicamente es absolutamente distinto de cualquiera de ellos. Es la estrella matutina del intelecto griego, el hombre que por sí solo (por lo que sabemos) satisfizo en verdad la idea de la justicia humana. Hablamos de Solón de Atenas, que se yergue al comienzo del gran siglo VI a.C., el siglo de Tales, Anaximandro y Pitágoras. Es éste el siglo en que por primera vez nos sentimos mentalmente en casa, entre personas que piensan más o menos del mismo modo que nosotros.

Pasma la rapidez con que se desplegaron las grandezas de esta cultura griega. Y si no hubiera otras razones, Solón, en el comienzo de todo esto, nos asombra por cómo usó la palabra *noos.* Muy rara vez la usan los poetas de que acabamos de ocuparnos. Pero Solón, en los 280 renglones (aproximadamente) que conocemos de él, la emplea ocho veces. Es una frecuencia altísima, de 44 por 10 mil palabras. Indica la presencia de la Fase IV, en la cual varias hipóstasis se juntan y forman una. *Thymos* se usa sólo dos veces, y *phrenes* y *etor* una cada una.

Pero sucede también que el modo en que habla del *noos* es el primer enunciado real de la mente subjetiva consciente. Habla de aquellos cuyo *noos* no está *artios*, que significa intacto o completo (Fragmento 6). ¡Cuán imposible es hallar aquí un reconocimiento o similitud!

Un mal jefe tiene un *noos* equivocado (Fragmento 4). El significado homérico de *noos* no admitía epítetos morales. Hacia los cuarenta y dos años "el *noos* de un hombre es diestro en todas las cosas". Evidentemente no se trata de su percepción visual. Y después, en sus cincuentas "está en la cumbre de su *noos* y de su lengua" (Fragmento 27).

Otro fragmento describe el verdadero origen de la responsabilidad personal; advierte a sus conciudadanos atenienses que no culpen de sus desgracias a los dioses, sino a ellos mismos. ¡Absolutamente contrario a la mente de la *Ilíada*! En seguida agrega: "Cada uno de vosotros camina con pasos de zorra; el *noos* de todos vosotros está *chaunos* [poroso, esponjoso, o es de grano suelto, como en la madera]: porque miráis la lengua del hombre y su habla, que cambia rápidamente, pero nunca a sus hechos" (Fragmento 10). Ni Aquiles, ni el ladino Ulises, ni siquiera el bobo Perses (ni su hermano) habrían "entendido" esta exhortación.

La conciencia y la moral se desarrollan simultáneamente. Sin dioses, una moral basada en la conciencia de las consecuencias de nuestros actos debe decirnos qué hacer. En Solón aparece aún más evolucionado el *dike* o magistrado de *Los trabajos y los días*. Ahora es el derecho natural el que debe conjuntarse con el poder en el gobierno (Fragmento 36); ésta es la base del derecho y de los actos legítimos.

Hay otros apotegmas que se suelen atribuir a Solón, por ejemplo su exhortación a guardar "moderación en todas las cosas". Pero más afín al presente tema es el famoso "Conócete a ti mismo", que con frecuencia se le atribuye pero que tal vez sea de alguno de sus contemporáneos. Igualmente, esto hubiera sido inconcebible en los héroes homéricos. ¿Cómo podemos conocernos a nosotros mismos? Inicialmente por medio de los recuerdos de nuestros actos y sentimientos, considerandolos junto con un "yo" análogo, conceptualizándolos, clasificándolos conforme a sus características y narratizando todo ello de tal modo que sepamos lo que probablemente haremos. Debemos "vernos" a "nosotros mismos" como si estuviéramos en un "espacio" imaginario, exactamente en lo que en un capítulo anterior llamamos ilusiones autoscópicas.

De este modo, nos encontramos de pronto en la era subjetiva moderna. Es una lástima que la literatura del siglo VII a.C, sea tan fragmentaria y escasa que haga parecer inverosímil esta aparición casi completa de la conciencia subjetiva en

Solón, al cual estamos viendo simplemente como una parte de la tradición griega. Abundan las leyendas sobre Solón, y en varias de ellas se dice que viajó mucho, que antes de regresar a establecerse en Atenas, donde escribió la mayor parte de sus poemas, visitó varios países del Asia Menor. Es, pues, una buena sugerencia decir que el empleo que dio a la palabra *noos* y la reificación del término dentro del espacio mental imaginario de la conciencia se debió a la influencia de estas naciones que estaban más adelantadas.

Con Solón, y en parte debido a que fue el jefe político de su tiempo, se establece firmemente en Grecia el operador de la conciencia. Tiene un espacio mental llamado *noos* en el cual un análogo de sí mismo puede narratizar lo que es conducta buena o *dike* para su pueblo. Una vez establecido esto, una vez que el hombre puede "conocerse a sí mismo", según el consejo de Solón, y que puede agregar "tiempos" al lado del espacio mental, y "ver" dentro de sí mismo y de su mundo con los "ojos" de su *noos*, ya salen sobrando las voces divinas, al menos en la vida diaria. Han sido arrinconadas en lugares especiales llamados templos, en personas especiales llamadas oráculos. Y el triunfo de este nuevo *nous* (así se escribió después) unitario, que absorbió las funciones de las otras hipóstasis, se ve patentemente en toda la literatura que siguió; también se ve la reorganización de la conducta lo mismo que de la sociedad.

Pero nos estamos adelantando, porque en este siglo VI a.C., tan importante, hay otro acontecimiento, que en el futuro significaría una terrible complicación. Se trata del viejo término *psyche* al que se le da un uso del todo impredecible. A veces marcha paralelo con *nous* y luego se vuelve intercambiable con él, pero también al mismo tiempo engendra esa conciencia de la conciencia que al principio del libro I sostuvimos que era falsa. Más todavía, sugeriré que este nuevo concepto es un resultado casi artificioso de un encuentro entre las culturas griega y egipcia.

LA INVENCIÓN DEL ALMA

Psyche es la última de las palabras que llegan a tener "espacio" en su interior. Esto se debe, creo, al hecho de que *psyche* o vitalidad no se presta a una metáfora del tipo de contenedor sino hasta que la espacialización del tiempo se ha desarrollado lo bastante para que el hombre tenga una vida en el sentido de lapso o transcurso de tiempo, más que en el sentido de tener respiración y sangre. Sin embargo, la evolución de *psyche* hacia el concepto de alma no está del todo clara.

Más que las otras hipóstasis, *psyche* se usa de un modo confuso, que superficialmente parece desafiar todo ordenamiento cronológico. Su uso primario es siempre para indicar vida, según mencioné ya. Después de los poemas homéricos, Tirteo usa, por ejemplo, *psyche* en ese sentido (Fragmentos 10 y 11), y ese mismo sentido le da Alceo (Fragmento 77B). E incluso, todavía a fines del siglo V a.C., Eurípides usa la frase "estar encariñado con la propia *psyche*", en el sentido de aferrarse a la vida (*Ifigenia en Áulide*, 1385). En algunos de los escritos aristotélicos se usa también *psyche* como vida; esta acepción también aparece en buena parte del Nuevo Testamento: "Yo soy el buen pastor. El buen pastor da su *psyche* por las ovejas" (San Juan, 10:11). Jesús no quiso decir ni su mente ni su alma.

Pero al principio del Canto Vigésimo Tercero de la *Ilíada*, la *psyche* del *difunto* Patroclo visita a Aquiles, en sueños, y cuando él trata de abrazarlo, se hunde, farfullando, en la tierra. Las cruentas escenas del Hades, de los Cantos Undécimo y Vigésimo Cuarto de la *Odisea* usan *psyche* de un modo similar. En estos casos, el término tiene un significado casi opuesto al del resto de la *Ilíada* y la *Odisea*. No es la vida la que ha cesado, sino que existe después de ella. No lo que sale de las venas en la batalla, sino el alma o espíritu que va al Hades, concepto éste del que no se oyó nada en la literatura griega hasta Píndaro, hacia 500 a.C. En todos los autores intermedios que hemos leído de los siglos VIII y VII a.C., *psyche* nunca es espíritu-alma, sino que siempre tiene su significado original de vida o viviente.

Ahora bien, por más que tratemos de retorcer sus orígenes semánticos, no podremos reconciliar estos dos significados discordantemente distintos de *psyche*, uno de los cuales se refiere a vida y el otro a muerte. La sugerencia obvia es que estas incongruencias extrañas en Homero son interpolaciones hechas en época muy posterior a aquella en que se compusieron los poemas. Tal es la opinión de la mayoría de los expertos, fundada en razonamientos más amplios de los que podemos analizar aquí. Dado que esta acepción de *psyche* sólo aparece hasta Píndaro, podemos estar razonablemente seguros de que estos pasajes sobre el Hades y las almas de los muertos que allí moran en sus sombras fueron agregados a los poemas homéricos poco antes de Píndaro, en el siglo VI a.C.

Pero el problema es determinar cómo y por qué nació este concepto de *psyche*, tan marcadamente distinto. Permítaseme dejar bien claro que de lo único que estamos hablando es de la aplicación de la antigua palabra que designaba vida a lo que sobrevive después de la muerte y a su separabilidad del cuerpo. Según hemos visto en capítulos anteriores no se pone en duda la supervivencia. Conforme a la teoría de la mente bicameral, las alucinaciones de una persona con cierta autoridad pueden continuar después de la muerte, en forma completamente rutinaria. De ahí la costumbre casi universal de dar de comer a los cuerpos después de la muerte y de enterrarlos con sus pertenencias.

No me siento capaz de sugerir una solución verdaderamente satisfactoria. Pero como parte de ella figura la influencia de Pitágoras, esa figura cimera de la antigüedad, cargada de leyendas. Vivió y conoció su esplendor a mediados del siglo VI a.C.; se cree que viajó, como Solón, por diversos países del Asia Menor, particularmente por Egipto. A su regreso estableció en Crotona, en el sur de Italia, una especie de sociedad secreta mística. Sus miembros conocieron las matemáticas, fueron vegetarianos e iletrados por principio: anotar cosas era una fuente de error. Entre estas enseñanzas, que han llegado a nosotros de tercera o cuarta mano, figuró la doctrina de la transmigración de las almas. Después de la muerte, el alma del hombre entra en el cuerpo de un niño recién nacido o de un animal; y vive otra vida.

A Herodoto se le ha escarnecido por decir que Pitágoras aprendió esto en Egipto. Pero si aceptamos la teoría de la mente bicameral, no es difícil remontar el origen de la transmigración de las almas hasta Egipto. Creo que fue una mala interpretación de los griegos a las funciones del *ba*, que, según vimos en II.2, fue con frecuencia la aparente encarnación física del *ka*, o voz alucinada después de la muerte. Con frecuencia el *ba* adoptaba la forma de un ave. El griego, sin embargo, no tenía palabra para *ka* (además de un dios, que era evidentemente inapropiada), o para *ba*, ni tampoco palabra para una "vida" que pudiera transferirse de un cuerpo material a otro. Por tanto, a *psyche* se le obligó a prestar este servicio. Todas las referencias o menciones a esta enseñanza pitagórica usan *psyche* en este nuevo sentido, como un alma claramente separable que puede emigrar de un cuerpo a otro como podían hacerlo las voces alucinadas en Egipto.

Pero en realidad nada de esto resuelve nuestro problema, porque aquí no hay nada de almas muertas e inertes que gimen en otro mundo, que sorben sangre tibia para recuperar sus fuerzas, lo cual es la vívida escena agregada a la *Odisea* como Canto Undécimo. Sin embargo, aquí la *psyche* es más o menos lo mismo, una parte de un hombre que deja al cuerpo después de la muerte. Y sea cual fuere la relación de Hades con *psyche*, es un injerto de la enseñanza pitagórica y de la opinión temprana de la antigüedad griega sobre los entierros de los muertos.

Es importantísimo para la psicología todo este singular desarrollo ocurrido en el siglo VI a.C., porque con este retorcimiento de *psyche* = vida posterior o al otro lado, a *psyche* = alma, vinieron otros cambios para contrapesarlo como hacen siempre las enormes tensiones internas de un léxico. La palabra *soma* había significado cadáver o muerte, lo contrario de *psyche*, que había significado vitalidad, calidad de vivo. Y así, ahora, como *psyche* se convierte en alma, así también *soma* sigue siendo su opuesto, es decir, se vuelve cuerpo. Ha empezado el dualismo, la supuesta separación de cuerpo y alma.

Pero esto no es todo. En Píndaro, Heráclito y otros autores cerca de 500 a. C., *psyche* y *nous* empiezan a soldarse. Ahora al cuerpo material se le opone el espacio mental subjetivo y consciente y su yo. Empiezan a surgir cultos alrededor de esta división entre *psyche* y *soma* que origina verdaderas maravillas: excita y parece explicar la nueva experiencia consciente, con lo cual refuerza su propia existencia. La *psyche* consciente está aprisionada en el cuerpo como en una tumba. Se convierte en objeto de gran controversia. ¿Dónde está? Varían sus ubicaciones dentro del cuerpo o fuera de él. ¿De qué está hecha? De agua (Tales), de sangre, aire (Anaxímenes), aliento (Jenófanes), fuego (Heráclito), etc.; la ciencia de todo ello empieza en una ciénaga de pseudopreguntas.

De este modo, el dualismo, ese tropiezo central en este problema de la conciencia, inicia su enorme y fantasmal carrera por la historia; Platón lo entroniza firmemente en el firmamento del pensamiento; por medio del gnosticismo penetra en las grandes religiones y llega hasta las arrogantes seguridades de Descartes, y se convierte, finalmente, en uno de los grandes interrogantes espurios de la psicología moderna.

Este ha sido un capítulo largo y técnico que se puede condensar brevemente en una metáfora. Al principio de él observamos que los arqueólogos, al quitar el polvo de los siglos de los fragmentos de alfarería del periodo de las invasiones dóricas, estuvieron en condiciones de descubrir continuidades y cambios de un sitio arqueológico a otro, y probar así que había habido una compleja serie de migraciones. En cierto sentido, en este capítulo hemos venido haciendo esto mismo con el lenguaje. Hemos tomado porciones aisladas de vocabulario, concretamente las que han designado alguna función mental, y con base en sus contextos, yendo de un texto a otro, procuramos demostrar que durante los oscuros períodos que siguieron a las invasiones dóricas de Grecia hubo cambios muy profundos en la mentalidad.

Que no se crea que se trató *únicamente* de cambios de palabras. Los cambios de palabras son cambios en conceptos, y los cambios en conceptos son cambios en la conducta. Toda la historia de la religión y de la política e incluso de la ciencia es testigo claro de esto. Sin palabras como alma, libertad o verdad, el desfile de esta condición humana habría estado lleno de papeles, funciones y clímax diferentes. Y esto mismo es aplicable a las palabras que hemos designado como hipóstasis preconscientes, que por medio del proceso generador de la metáfora a lo largo de estos pocos siglos se unieron en el seno del operador de la conciencia.

De este modo he dado cima a la parte de la historia griega que debía narrar. Podría agregar mucho; por ejemplo: cómo las dos hipóstasis no unidas por estímulos acabaron por eclipsar al resto, cómo *nous* y *psyche* acabaron siendo casi intercambiables en autores posteriores, como Parménides y Demócrito, y cómo se produjeron nuevas honduras de metáfora con la invención de *logos*, y de las formas de verdad, virtud y belleza.

Pero se trata de otra tarea. La mente consciente subjetiva de los griegos, muy aparte de su seudoestructura de alma, fue hija del cantar y de la poesía. Partiendo de aquí avanza al interior de su propia historia, a las introspecciones narratizantes de un Sócrates y a las clasificaciones y análisis especializados de un Aristóteles, y de allí al pensar hebreo, alejandrino y romano. Y luego, al seno de la historia de un mundo que, por causa de ella, de la mente consciente subjetiva, nunca volverá a ser el mismo que fue.

CAPÍTULO 6

La conciencia moral de los "Jabirus"

El tercer gran ámbito donde podemos buscar y observar el desarrollo de la conciencia es, ciertamente, el más interesante y profundo. A fines del segundo milenio a.C. y por todo el Medio Oriente hubo grandes masas amorfas de pueblos seminómadas que no tenían *dira* o tierra de pastoreo fija. Unos de ellos fueron simplemente los refugiados de la destrucción ocasionada en Thera y de la terrible invasión dórica que siguió. Una tablilla cuneiforme habla concretamente de migraciones que llegaron cruzando el Líbano. Es probable que otros fueran refugiados de las invasiones asirias a los cuales se unieron los refugiados hititas que salieron huyendo cuando su Imperio cedió ante una invasión proveniente del norte. Y otros más debieron de ser los individuos bicamerales provenientes de las ciudades, que no pudieron acallar con facilidad a sus dioses, y que, cuando no fueron asesinados, fueron enviados progresivamente a terrenos deshabitados.

Una mezcla de hombres se reunió precariamente, por un tiempo, y luego sus componentes se separaron; algunos perecieron y otros se organizaron en tribus inestables; otros incursionaron en terrenos semi colonizados, o pelearon por pozos y a veces fueron atrapados como animales y quedaron sometidos a la voluntad de sus captores o, en la desesperación del hambre, entregaron el dominio de sus vidas a cambio de pan y semillas, como se describe en algunas tablillas del siglo XV a.C., desenterradas en Nuzi, así como en el Génesis (47:18-26). Probablemente otros más trataron de obedecer voces bicamerales inadecuadas, o se aferraron a los bordes de tierras ya colonizadas, pues tenían miedo de alejarse de ellas y convertirse en criadores de ovejas y camellos, en tanto que otros más, habiendo intentado vanamente mezclarse con pueblos más establecidos, se lanzaron al desierto, donde sólo sobreviven los despiadados, los más duros, quizá persiguiendo precariamente alguna visión alucinada, algunos restos de un dios, alguna ciudad nueva o tierra prometida.

Para las ciudades-Estados ya establecidas, estos refugiados eran los parias desesperados de los yermos desiertos. Los habitantes de estas ciudades los juzgaban — a todos ellos — como ladrones y vagabundos. Por eso con frecuencia se vieron orillados a robar, ya fuera solitariamente y de noche las uvas que los viñadores desdeñaban, o bien, unidos en tribus, irrumpían en la periferia de las ciudades en busca de animales y productos, tal como hoy día lo hacen beduinos nómadas. La palabra para designar vagabundos en el idioma acádico, el de Babilonia, es *jabiru*, que es como se designa a estos refugiados del desierto en las tablillas cuneiformes.[1] Y *jabiru*, suavizado por los aires del desierto, se transforma en *hebreo*.

El relato real o imaginado de los posteriores *jabirus* o hebreos aparece en lo que ha llegado a nosotros con el nombre de Antiguo Testamento. La tesis a que dedicaremos este capítulo es que esa magnífica colección de historia y peroraciones, de cánticos, sermones y relatos es, dentro de su grandioso contorno general, la descripción de la pérdida de la mente bicameral, y su sustitución por la subjetividad a lo largo del primer milenio a.C.

Al punto nos topamos con un problema ortológico de inmensas proporciones, pues una porción grande del Antiguo Testamento, en particular los primeros libros, tan importantes para nuestra tesis, son, como es bien sabido, falsificaciones hechas en los siglos VII, VI y V a.C., obras magníficas salpicadas de brillantes colores, provenientes de diversos lugares y periodos.[2] Por ejemplo, en el Génesis, los capítulos primero y segundo contienen dos relatos distintos de la creación; el relato del diluvio es un refrito monoteísta de las antiguas inscripciones sumerias,[3] la narración de Jacob tal vez sea anterior a 1000 a.C., pero la de José, su supuesto hijo, que viene en las páginas inmediatamente posteriores, es cuando menos de 500 años después.[4] Todo esto empezó en 621 a.C., con el descubrimiento en Jerusalén del manuscrito del Deuteronomio por el rey Josías, que ordenó limpiar el templo y retirar los ritos bicamerales que quedaban en él. Y entonces, la historia *jabiru*, como un nómada que se posesiona tambaleante, titubeante, de una

1. Buena parte de esta información se puede hallar en las conferencias Bampton de Alfred Guillaume, *Prophecy and Divination among the Hebrews and Other Semites* (Nueva York: Harper, 1938). Este capítulo reconoce una deuda muy particular con la riqueza del análisis de Guillaume sobre estas cuestiones.
2. En cuestiones de fechamiento, paternidad de los materiales, así como en material exegético sobre el Antiguo Testamento, me he atenido a diversas autoridades, pero primordialmente a los artículos correspondientes de la *Encyclopaedia Britannica*.
3. Alexander Heidel, *The Gilgamesh Epic and Old Testament Parallels*, 2a. ed. (Chicago: University of Chicago Press, 1949), pp. 224 ss.
4. Donald B. Redford, *A Study of the Biblical Story of Joseph, Genesis 37-50* (Leiden: Brill, 1970). El original puede ser un relato secular tomado de Mesopotamia sobre el arte de la adivinación.

herencia inmensa, se atavía con estas ricas vestiduras, algunas de las cuales no le pertenecen, y las rodea con el aura de un linaje imaginario. Vemos, pues, que este variado material no es un cimiento muy sólido para edificar sobre él ninguna teoría sobre la mente.

Comparación entre Amós y el Eclesiastés

Para empezar voy a ocuparme de estos escépticos. Acabamos de ver que la mayoría de los libros del Antiguo Testamento fueron entretejidos sacándolos de varias fuentes y a lo largo de varios siglos. Sin embargo, algunos de sus libros son tenidos por puros en el sentido de que no son compilaciones, sino hechos de una sola pieza, por lo que en su mayor parte son lo que dicen ser, amén de que se les puede atribuir una fecha de origen. Si por el momento nos circunscribimos a estos libros, y comparamos el más antiguo con el más reciente, tendremos entonces una comparación bastante auténtica que nos dará pruebas en uno o en otro terreno. Entre estos libros puros figura el de Amós, el más antiguo de ellos, que data del siglo VIII a.C.; el más reciente es el Eclesiastés, del siglo II a.C. Ambos son cortos, y ruego al lector les eche un vistazo antes de seguir leyendo, con lo cual percibirá con claridad la diferencia entre un hombre casi bicameral y otro con conciencia subjetiva.

Estos testimonios están en completo acuerdo con nuestra hipótesis. El habla de Amós es casi únicamente bicameral, oída por un pastor analfabeto del desierto, y dictada a un escriba. Por el contrario, en el Eclesiastés, rara vez se menciona a Dios, y mucho menos se dice que habló a su culto autor. Y según algunos autores, incluso estas menciones son interpolaciones posteriores hechas con el fin de que esta magnífica obra estuviera conforme con ciertas normas.

En Amós no se encuentran palabras para mente o para pensar o sentir o entender o cualquier cosa similar; Amós nunca valora o medita nada dentro de su corazón; no puede; no sabría qué significa nada de eso. En las pocas veces en que se refiere a sí mismo es súbito y da información sin condiciones; no es profeta sino simple "recolector del fruto del sicomoro"; antes de hablar no piensa conscientemente; en realidad, no piensa como nosotros pensamos: le hacen su pensamiento. Siente cuando va a hablarle su voz bicameral y acalla a las que lo rodean diciendo: "Así ha dicho el Señor", para seguir con un lenguaje violento y fuerte, que probablemente no entiende.

El Eclesiastés es lo contrario en todos estos puntos. En los parafrandos de su hipostático corazón medita cosas con tanta profundidad como le es posible. Y quién si no un hombre muy subjetivo podría decir cosas como "Vanidad de vanidades, todo es vanidad" (1:2), o decir que *ve* que la sabiduría sobrepuja a la necedad (2:13). Es preciso tener un "yo" análogo por encima del espacio mental para *ver* así. Y el muy famoso capítulo tercero: "Todo tiene su momento, y cada cosa su tiempo bajo el cielo..."; esto es precisamente la espacialización del tiempo, el extenderlo por el espacio mental, lo que es muy característico de la conciencia, según vimos en 1.2. El Eclesiastés piensa, considera, en todo momento está comparando una cosa con otra, y de paso hace brillantes metáforas. Amós se vale de la adivinación externa, el Eclesiastés nunca. Amós es ferozmente recto, totalmente seguro, noblemente rudo; habla un lenguaje jactancioso con la retórica inconsciente de un Aquiles o de un Hammurabi. El Eclesiastés sería una excelente compañía junto a la chimenea, suave, bondadoso, interesado en nuestras cosas, titubeante, y contemplaría la vida de un modo muy distinto del de Amós.

Se trata, entonces, de extremos del Antiguo Testamento. Comparaciones similares se pueden hacer con otros libros antiguos y recientes, o con porciones antiguas y recientes del mismo libro, que revelarían esta misma pauta, muy difícil de explicar por algo que no sea la teoría de la mente bicameral.

Algunas observaciones sobre el Pentateuco

Estamos tan acostumbrados a los maravillosos relatos de los cinco primeros libros (en particular) que nos resulta casi imposible verlos tal como son. Al tratar de hacerlo, nos sentimos, independientemente de nuestras creencias religiosas, si no blasfemos, cuando menos irrespetuosos de los más profundos significados de los demás. No es mi intención mostrarme irrespetuoso; sólo quiero hacer una fría lectura no religiosa de esas vigorosas páginas, pues sólo de ese modo podremos apreciar la magnitud del esfuerzo mental que siguió a la desaparición de la mente bicameral.

¿Por qué están juntos estos libros? Lo primero que percibimos es que el verdadero motivo de su composición alrededor del Deuteronomio en esa época fue la angustia nostálgica producida por la pérdida de la mente bicameral de un pueblo subjetivamente consciente. Esto es la religión. Y esto fue hecho precisamente cuando la voz de Yahvé en particular ya no se oía ni con gran claridad ni con gran frecuencia. Sean cuales fueren sus fuentes, los relatos en sí, tal como han sido dispuestos, reflejan psicologías humanas, desde el siglo IX al siglo V a.C., que es precisamente el periodo en que disminuye progresivamente la bicameralidad.

El Elohim. Me gustaría hacer otra observación sobre *elohim*, palabra importantísima que rige todo el primer capítulo del Génesis. Suele traducirse en singular como Dios, pero resulta que es una forma plural; puede usarse colectivamente tomando un verbo singular, o como plural regular tomando un verbo plural. Proviene de la raíz "ser poderoso", y se puede traducir mejor como los grandes, los prominentes, las majestades, los jueces, los muy fuertes, etc.

Desde el punto de vista de la presente teoría, es evidente que *elohim* es un término general que se refiere a las voces-visiones de la mente bicameral. La historia de la creación, del primer capítulo del Génesis, pues, una racionalización de las voces bicamerales al borde mismo de la subjetividad. "En el principio las voces crearon los cielos y la tierra". Así tomado, se vuelve el mito más general que pudo haber sido común a todas las civilizaciones bicamerales antiguas.

"El que es". En el momento particular de la historia en que tomamos el relato que en el Pentateuco es ya uno solo, quedan ya muy pocos *elohims* en contraste con los muchos que seguramente hubo antes. El más importante es el que se reconoce como Yahvé, el cual es traducido con más frecuencia como "El que es".[5] Evidentemente un grupo particular de los *jabirus* iba siguiendo (conforme se acercaba la era profética subjetiva) únicamente la voz de "El que es", y reescribió el relato *elohim* de la creación en un estilo mucho más tibio y humano, que hizo de "El que es" el único *elohah* real. Y esto se convierte en el relato de la creación según se cuenta en el Génesis (2:4 ss.). Y estas dos narraciones se entretejen con otros elementos de otras fuentes y forman los primeros cinco libros de la Biblia.

En las partes más antiguas del Antiguo Testamento se mencionan ocasionalmente otros *elohims*. El más importante es Ba'al, traducido comúnmente como el propietario, el Dueño. En el Canaán de aquellos tiempos había muchos Dueños, uno por cada poblado, del mismo modo que hoy día muchas ciudades católicas tienen su propia Virgen María, pese a que todas ellas son la misma.

El paraíso perdido. Podríamos hacer una observación posterior sobre la narración de la Caída y cómo es posible considerarla como un mito sobre la desaparición de la mente bicameral. La palabra hebrea *arum*, que significa astuto o engañador — ciertamente una palabra subjetiva y consciente — se usa no más de tres o cuatro veces en todo el Antiguo Testamento. Aquí se emplea para describir la fuente de la tentación. La capacidad de engañar, recordémoslo, es uno de los rasgos característicos de la conciencia. La serpiente promete que "seréis como el

5. La derivación del Éxodo, 3:14, de que Yahvé significa YO SOY EL QUE SOY, es considerado por la mayoría de los expertos como una desviación, como si alguien afirmara que la derivación de Manhattan provino de un hombre [*man*] en la isla con un sombrero [*hat*] puesto [*on*]. Un saber más serio remonta el nombre a un epíteto, como el que echa hacia abajo o el Downcaster [*down*: abajo, o hacia abajo; y *caster*: que echa]. Pero el sentir de la mayoría, incluso de la Versión de los Setenta y de la Vulgata latina, parece estar más cerca de "El que es". Cf. William Gesenius, *Hebrew and English Lexicon of the Old Testament*, trad. E. Robinson, F. Brown, ed. (Oxford: Clarendon Press, 1952), p. 218. Debo rogar la benevolencia de los estudiosos profesionales por mi inconsistencia en emplear términos traducidos al mismo tiempo que conservo otros, como *elohim* y *nabi*, en hebreo. Busco la desfamiliarización que creo es esencial para mi objetivo principal.

propio *elohim*, conocedores del bien y del mal" (Génesis, 3:5). cualidades éstas de las que sólo es capaz una mente consciente. Y cuando estos primeros humanos hubieron comido del árbol del saber de pronto "se les abrieron a entrambos los ojos", sus ojos análogos en su metaforizado espacio mental, "y se dieron cuenta de que estaban desnudos" (Génesis, 3:7), o tuvieron visiones autoscópicas narratizantes, viéndose a sí mismos como los veían los demás.[6] Y así se multiplicaron grandemente sus dolores (Génesis, 3:16), y son expulsados del jardín donde "El que es" podía ser visto y oído como otro hombre.

Como narratización de la desaparición de la mente bicameral y de la llegada de la conciencia, este relato se puede contrastar racionalmente con el de la *Odisea* que vimos en el capítulo precedente. Los problemas, sin embargo, son similares, como es el temor reverencial que debemos sentir hacia su desconocida composición.

El nabi que naba. La palabra hebrea *nabi*,[7] que ha sido traducida erróneamente por la designación griega de "profeta", presenta una dificultad interesantísima. En sus connotaciones modernas, profetizar es predecir el futuro, pero no es eso lo que indica el verbo *naba*, cuyos practicantes o profesionales eran los *nabiim* (plural de *nabi*). Estos términos provienen de un grupo de palabras emparentadas que no tienen nada que ver con el tiempo sino más bien con el fluir, y con adquirir brillo. De este modo podemos considerar que un *nabi* es un individuo que metafóricamente fluía hacia adelante o que estaba llenándose de palabras y visiones, que a su vez desbordaban de él. Fueron éstos hombres de transición, parcialmente subjetivos y parcialmente bicamerales. Pero una vez que el brillante torrente se desató y llegó la llamada, el *nabi* debió comunicar su mensaje bicameral, aunque no sospecharan de él (Amós, 7:14-15), aunque el *nabi* se sintiera indigno (Éxodo, 3:11; Isaías, 6; Jeremías, 1:6), aunque a veces desconfiara de lo que oía (Jeremías, 20:7-10). ¿Qué se siente ser un *nabi* al principio de uno de sus periodos bicamerales? Como tener un carbón al rojo en la boca (Isaías, 6:7), o un incendio furioso encerrado en los propios huesos, que no es posible contener (Jeremías, 20:9) y que sólo puede apagar el fluir de la palabra divina.

La historia de los *nabiim* se puede contar de dos modos. Uno es externo, y consiste en seguir la pista de su papel inicial y la aceptación de su guía hasta llegar a su matanza y supresión total, cerca del siglo IV a.C. Pero como testimonio en favor de la teoría sostenida en este libro, resulta mucho más instructivo considerar las cosas desde un punto de vista interno, es decir, de los cambios habidos en la experiencia bicameral misma. Estos cambios son: la pérdida gradual del

6. Resultará interesante leer a este respecto Maimonides, *Guía de descarriados*, I:2.

7. La transliteración del hebreo al español suele llevar a engaños. Quizá más apropiado sería *nbi* o *nvi*. Su significado fue ambiguo aun en su época como se ve en I Samuel, 9:9. Véase también John L. McKenzie, *A Theology of the Old Testament* (Nueva York: Doubleday, 1974), p. 85.

componente visual, la creciente incongruencia de las voces oídas por diferentes personas, y la creciente incongruencia de las voces dentro de la misma persona, hasta que finalmente desaparecen de la historia las voces de *elohim*. Uno por uno estudiaremos estos tres cambios.

La pérdida del componente visual

En el periodo verdaderamente bicameral, hubo casi siempre un componente visual referido a la voz alucinada, que pudo ser también alucinado autónomamente, o como la estatua en frente de la cual estaba el individuo. La calidad y frecuencia del componente visual varió indudablemente entre diversas culturas, como lo demuestra la presencia en algunas culturas de la estatuaria alucinogénica y en otras no.

Precisamente porque sus fuentes son tan diversas cronológicamente, asombra descubrir en el Pentateuco que en forma congruente y sucesiva se describe la pérdida de este contenido visual. Al principio, "El que es" es una presencia visual física, el duplicado de su creación. Camina en su jardín en el frescor del día y habla a Adán, a quien acaba de crear. Está presente y visible en el sacrificio de Caín y Abel, cierra la puerta del Arca de Noé — con sus propias manos —, habla con Abraham en Sichem, Bethel y Hebrón, y toda la noche forcejea con Jacob como si fuera un pillo.

Ya para el tiempo de Moisés, ha cambiado muchísimo el componente visual. Solamente en un caso habla Moisés con "El que es" "cara a cara, como habla un hombre con su amigo" (Éxodo, 33:11). En otro momento, se produce la alucinación de un grupo, cuando Moisés y los setenta ancianos ven a lo lejos a "El que es" de pie sobre un embaldosado de zafiro (Éxodo, 24:9-10). Pero en todos los demás casos, los encuentros alucinados son menos íntimos. Visualmente, "El que es" es una zarza en llamas, o una nube, o una gran columna de fuego. Y conforme la experiencia bicameral visual retrocede hacia las espesas negruras, donde se juntan truenos, relámpagos, y nubarrones sombríos se apelmazan en las inaccesibles alturas del Sinaí, nosotros nos acercamos a la más grande enseñanza del Antiguo Testamento, en tanto que éste, el último *elohim*, pierde sus propiedades alucinatorias y deja de ser la voz inaccesible que se halla en el sistema nervioso de un puñado de hombres semibicamerales, y se transforma en algo escrito en tablilla, se vuelve ley, algo inmutable, al alcance de todos los hombres por igual, de reyes y pastores, universal y trascendente.

El propio Moisés reacciona a esta pérdida de la calidad visual ocultando su rostro ante un brillo supuesto. En otras ocasiones, su voz bicameral racionaliza por sí la pérdida de sus componentes visuales alucinatorios, diciendo a Moisés:

"No puede verme el hombre y seguir viviendo... te pondré en una hendidura de la peña y te cubriré con mi mano hasta que yo haya pasado. Luego apartaré mi mano, para que veas mis espaldas; pero mi rostro no se puede ver" (Éxodo, 33:20-23).

El concepto mismo del Arca de la Alianza, el arca en que los israelitas guardaban las tablas de las palabras escritas y que fue un sustituto de una imagen alucinogénica más común, como un becerro de oro, viene a ilustrar este mismo punto. La importancia de la escritura en la desaparición de las voces bicamerales es algo importantísimo. Lo que debía decirse hablando, se dice en silencio grabado sobre una piedra y puede ser asimilado con sólo verlo.

Y después del Pentateuco, la voz bicameral retrocede aún más. Cuando el autor del Deuteronomio dice (34:10) que ningún *nabi* ha sido como Moisés "a quien 'El que es' trataba cara a cara", está indicando la pérdida de la mente bicameral. Las voces se oyen cada vez con menos frecuencia y cada vez con menos aire de conversación. Josué habla con su voz menos de lo que la oye: situado a medio camino entre la bicameralidad y la subjetividad, debe echar suertes para poder tomar decisiones.

Incongruencia entre personas

En el periodo bicameral, la estricta jerarquía de la sociedad, la geografía bien establecida de sus límites, sus zigurats, templos y estatuaria y la crianza o educación común de sus ciudadanos fue un conjunto de elementos que determinaron la organización de voces bicamerales de distintos hombres en el seno de una jerarquía estable. Esta jerarquía decidía al punto qué voz bicameral era la correcta, y la aceptación de las señales que indicaban qué dios estaba hablando era algo que todos conocían y aceptaban y que los sacerdotes reforzaban.

Pero con la desaparición de la bicameralidad, sobre todo cuando un pueblo bicameral se vuelve nómada, como en el Éxodo, las voces empiezan a decir cosas distintas, y el problema de la autoridad se torna difícil. Algo así parece ocurrir en el libro de los Números (12:1-2), en que Miriam, Aarón y Moisés oyen la voz de "El que es", y no están seguros de cuál es la más auténtica.

El problema se agudiza aún más en libros posteriores, particularmente en la competencia entre las voces bicamerales restantes. Joás oye una voz bicameral que él reconoce como la del Dueño a quien edifica un altar; pero su hijo Gedeon oye una voz a la que reconoce como de "El que es", que le ordena derribar el altar de su padre dedicado al Dueño y edificar otro para él (Jueces, 6:25-26). Este celo del *elohim* restante es resultado necesario y directo de la desorganización social.

Esta disonancia de las voces bicamerales en este periodo de desvanecimiento de ellas, que careció de organización, anuncia la importancia de los signos o de pruebas mágicas para decidir cuál voz es válida. Por eso Moisés se ve apremiado constantemente para presentar pruebas mágicas de su misión. Estas señales, por supuesto, se continúan a lo largo del primer milenio y llegan hasta nuestros días. Actualmente los milagros que son necesarios como criterios o pruebas de santidad son hechos de la misma especie que cuando Moisés alucinó que su vara se transformó en serpiente y luego en vara, o bien que su mano sana quedara leprosa y luego se curara (Éxodo, 4:1-7).

El que actualmente disfrutemos de la magia y de la prestidigitación puede ser un resto de este anhelo de signos, en el cual una parte de nosotros está disfrutando de la emoción de aceptar al mago como probable autoridad bicameral.

Y si no hay signos, ¿qué pasa? Éste es el problema que en el siglo VII a.C. aqueja a Jeremías, el analfabeto, que se lamenta ante el muro de la iniquidad de Israel. Aunque ha sentido la mano de "El que es" sobre él (1:9; 25:17), ha oído la palabra de "El que es" continuamente, como un fuego en sus huesos, y ha sido enviado (23:21, 32, etc.), con todo, no está seguro: ¿la voz de quién es la verdadera? "¿Me tomarás por mentiroso?" Desconfiado, Jeremías retrocede ante su voz bicameral (15-19). Pero en este punto está seguro de su respuesta. Rompe la autoridad que la conciencia racional de Jeremías pueda haber tenido, y le ordena denunciar a las demás voces. El capítulo 28 es un buen ejemplo; presenta la ridícula competencia entre Hananías y Jeremías respecto a cuál voz bicameral es la buena. Y fue la muerte de Hananías, ocurrida dos meses después, el signo que determinó quién estaba en lo cierto. De haber muerto Jeremías, muy probablemente tendríamos el libro de Hananías en vez del de su competidor.

Incongruencia dentro de las personas

A falta de una jerarquía social que proporcione estabilidad y reconocimientos, las voces bicamerales se vuelven incongruentes no sólo entre personas, sino también dentro de una misma persona. En particular en el Pentateuco, la voz bicameral suele ser tan mezquina y tan ruidosamente petulante como la de cualquier tirano humano: "...hago gracia a quien hago gracia y tengo misericordia con quien tengo misericordia" (Éxodo, 33:19). No se cuestiona la justicia o la virtud. Vemos así que "El que es" prefiere a Abel sobre Caín; mata a Er, el primogénito de Judá, porque le había tomado ojeriza; primero ordena a Abraham tener un hijo, y más adelante le ordena matarlo, como en nuestros días se podría ordenar a criminales psicóticos. Del mismo modo, la voz bicameral de Moisés parece sentir el impulso súbito de matarlo (Éxodo, 4:24) sin que mediara ninguna razón.

Una incongruencia similar se encuentra en Ballam, profeta no israelita. Su voz bicameral le ordena primero no ir con los príncipes de Moab (Números, 22:12), luego da contraorden (22:20). Entonces, cuando Balaam acata su orden, él se enfurece. Luego, una alucinación visual-auditiva le cierra el paso ordenándole matar a Ballam, pero luego da contraorden (Números, 22:35). Del mismo modo, en la categoría de autorrecriminación está la voz autocastigadora del *nabi* con el rostro velado que pide a un viajero que lo lastime porque su voz así se lo ordena (I Reyes, 20:35-38). Y también el "*nabi* de Judá" cuya voz bicameral lo saca de la ciudad y trata de matarlo de hambre (I Reyes, 13:9-17). Todas estas voces incongruentes están muy cerca de las voces que oyen los esquizofrénicos, de las cuales hablamos en el capítulo 4 del libro I.

Adivinación por los dioses

Decidir cosas echando suertes o *gorals*, o también dados, huesos o semillas es algo que se encuentra en casi todo el Antiguo Testamento. Como vimos en II.4, es como hacer un dios análogo. Por un proceso de metáfora, el *goral* llega a ser la palabra de dios que rige tierras y tribus, dice qué hacer o qué destruir y toma el lugar de la antigua autoridad bicameral. Como dijimos ya, mucho nos ayudará a apreciar cuán autoritarias podían ser esas costumbres, si tenemos en cuenta que el concepto de azar sólo existió hasta muy avanzadas ya las edades subjetivas.

Pero de mucho mayor interés es el acaecimiento de la adivinación espontánea partiendo de la experiencia sensorial inmediata, que a la larga se convierte en la mente consciente subjetiva. Nuestro interés por ella se debe a que no empieza en el lado-hombre de la mente bicameral, sino en las propias voces bicamerales.

Es, pues, otra forma de que las voces bicamerales revelen su inseguridad cuando ellas, al igual que los hombres, recurren a la adivinación, y necesitan ser inducidas o instigadas. En el siglo IX a.C., la voz de uno de los *nabiim* que estaba ante Ahab, adivina por metáfora usando un par de cuernos cómo se podría derrotar a un ejército (I Reyes, 22:11). Varias veces la voz bicameral de Jeremías adivina lo que debe decirse basándose en lo que Jeremías está mirando. Cuando Jeremías ve una olla que hierve, con el haz hacia el norte, hacia el aquilón, "El que es" la metaforiza en una mala invasión proveniente del norte, que consumirá todo lo que encuentre delante, como un incendio avivado por el viento (Jeremías, 1:13-15). Cuando ve dos cestas de higos, unos buenos y otros malos, su hemisferio derecho hace que "El que es" hable sobre escoger gente buena y mala (Jeremías, 24:1-10).

Y cuando Amós ve a un constructor juzgando la verticalidad de un muro por medio de una plomada, su mente alucina al constructor dentro de "El que es", el cual en seguida metaforiza el acto juzgando a la gente por su rectitud (Amós, 7:8).

Particularmente cuando se hacen adivinaciones espontáneas por los dioses (que después de todo no pueden hacer otro tipo de adivinación), mediante retorcidos retruécanos se puede "sembrar" la analogía. Así, cuando Amós se queda mirando una cesta con frutas de verano, su voz bicameral hace juegos de palabras con la palabra hebrea *qayits* (fruta de verano) y *qets* (fin), y empieza a hablar del fin de Israel (Amós, 8:1-2). O cuando Jeremías ve una rama de almendro (*shaqad*), su voz bicameral dice que velará por él (*shaqad*) porque las palabras hebreas para ambas cosas son iguales (Jeremías, 1:11-12).

El libro primero de Samuel

El libro primero de Samuel es un registro instructivo de todo esto, y su lectura nos hace sentir cómo era la cosa en este mundo parcialmente bicameral y parcialmente subjetivo que en el primer milenio a.C., avanzaba hacia la conciencia. A lo largo de sus seductores capítulos encontramos casi toda la gama de mentalidades de transición en lo que probablemente es la primera tragedia escrita de la literatura. La bicameralidad en su decadencia está representada en los grupos fogosos de *nabiim*, las selectas burlas bicamerales de los *jabirus*, de las que hablamos al comenzar este capítulo, que vagaban por las afueras de las ciudades pronunciando las voces que oían dentro de ellos, pero que creían que les llegaban de fuera, contestando estas voces y tocando música y tambores para acrecentar su excitación.

Parcialmente bicameral es Samuel, el muchacho al que saca de su sueño una voz que, se le dice, es la voz de "El que es"; en esta edad crítica lo alienta y lo adiestra en el modo bicameral el viejo sacerdote Eli, y luego es aceptado desde Dan hasta Beersheba como el medio de "El que es". Hay veces en que aun el mismo Samuel tiene que recurrir a la adivinación, como cuando adivina fundándose en su capa rasgada (15:27-29).

Sigue en cuanto a bicameralidad David, a quien Samuel escoge entre todos los hijos de Isaí, de un modo bicameral, y que resulta tan bicameral que obtiene un breve "Arriba" de parte de "El que es". Su conciencia subjetiva se revela en su habilidad para engañar a Achis (1 Samuel, 21:13). Y luego viene Jonatán, subjetivamente capaz de engañar a su padre, pero que tiene que atenerse a la cledonomancia, o adivinación por medio de las primeras palabras que se le digan, para tomar decisiones de índole militar (14:8-13). Los ídolos fueron comunes en este periodo, como lo indica la referencia accidental a una "imagen" de tamaño natural que con ayuda de barbas de chivo se hace parecer a David en su cama (19:13). La presencia accidental de este ídolo en la casa de David puede indicar alguna práctica alucinógena común en esos días, que se eliminó del texto.

Y, finalmente, el subjetivo Saúl, el delgaducho y salvaje muchacho campesino, empujado a la política a instancias de la voz bicameral de Samuel, esforzándose por llegar a ser bicameral, para lo que se une a una banda de *nabiim* hasta que al son de tambores y cítaras siente que oye voces divinas (10:5). Pero resultan tan poco convincentes a su propia conciencia que, aun con tres signos de confirmación, trata de esconderse de su destino. El subjetivo Saúl busca desesperadamente en él, qué debe hacer. Se trata de una nueva situación como cuando el irresponsable Samuel no acude a una cita, los israelitas están refugiados en cuevas y los filisteos se unen contra él, y él trata de forzar una voz con holocaustos (15:12) sólo para que lo llamara loco Samuel, el incumplido. Y Saúl construyó un altar a "El que es", al cual nunca había oído, y le hizo preguntas, pero en vano (14:37). ¿Por qué no le habla el dios? Saúl, adivinando por suertes quién es el supuesto culpable que debe ser causa del silencio divino, y obedeciendo a su adivinación, aunque se trata de su propio hijo, lo condena a muerte. Pero aun esto debe ser un error, pues su pueblo se rebela y se niega a llevar a cabo la ejecución, conducta ésta que sería imposible en tiempos bicamerales. Y cuando los celos de Saúl por David y el amor de su hijo por David llegan al extremo, de pronto Saúl pierde su mente consciente, se vuelve bicameral, se despoja de sus vestiduras, *nabi*-endo con los hombres bicamerales de las colinas (19:23-24). Pero cuando estos *nabiim* no le pueden decir qué hacer, los expulsa junto con otros hechiceros bicamerales (28:3), y busca algo de certeza divina en sueños o en mirar dentro de un cristal (si podemos traducir *urim* así) (28:6). Y desesperado Saúl, ya al final de su conciencia, se disfraza, lo que solamente podría hacer un hombre subjetivo, y consulta de noche a ese último recurso, la Pitonisa de Endor, o más bien, la voz bicameral que se posesiona de ella, mientras el confundido y consciente Saúl se humilla y rebaja, gritando que no sabe qué hacer; entonces escucha en los labios de la extraña mujer lo que él toma por palabras del difunto Samuel: que él morirá y que Israel caerá (28:19). Y entonces, cuando los filisteos han capturado a casi todos los restos del ejército de Israel, cuando sus hijos y sus esperanzas han muerto, viene la comisión del acto subjetivo más terrible, el primero de la historia: el suicidio, al que sigue inmediatamente otro más, el segundo, el de su escudero.

La fecha de estos acontecimientos es el siglo XI a.C.; fueron escritos en el siglo VI a.C.; la psicología de esto data, probablemente, del siglo VII a.C.

Los ídolos de los "jabirus"

Como prolongación del periodo bicameral se presenta la estatuaria alucinógena que se menciona en todo el Antiguo Testamento. Como cabría esperar en este avanzado estado de la civilización, hay muchos tipos de ella. Aunque hay algunos términos generales para designar ídolos, tales como *elil*, que es la palabra con que Isaías los designa, o *matstsebah* para indicar cualquier cosa puesta en un pilar o altar, lo que más nos interesa en este estudio son las palabras más específicas.

El tipo de ídolo más importante fue el *tselem*, estatua fraguada o fundida terminada usualmente con un instrumento cincelador, con frecuencia de oro o plata, hecha por algún fundidor con monedas fundidas (Jueces, 17:4) o con joyas fundidas (Éxodo, 32:4), y que a veces fue vestida con gran lujo (Ezequiel, 16:17). Burlonamente, Isaías describe su construcción en Judá hacia 700 a.C. (44:12). Podían ser imágenes de animales o de hombres. A veces no fue más que una cabeza colocada en lo alto de un pedestal o en un altar alto (II Crónicas, 14:3), o incluso la gran estatua *tselem* de oro que Nabucodonosor colocó sobre un pilar de 27 metros de altura (Daniel, 3:1). Parece que con más frecuencia se colocaron en una *asherah*, probablemente uno de los santuarios de madera suspendidos con la rica tela que los eruditos del rey Jacobo tradujeron como "bosquecillos".

Sigue en importancia la estatua esculpida o *pesel*, sobre la que se sabe muy poco. Probablemente fue cincelada en madera y fue la misma cosa que el *atsab*, que adoraron los filisteos que destruyeron el ejército de Saúl. Después de la muerte de Saúl y de la derrota de Israel, los filisteos corrieron a informar a su *atsabim* de su victoria y luego a su pueblo (I Samuel, 31:9; I Crónicas, 10:9). Que estaban revestidas o pintadas de oro o plata se deduce de varias referencias de los Salmos, y que fueron de madera lo indica el hecho de que David al vengarse de los filisteos hace una hoguera con ellas (II Samuel, 5:21). Hubo también un tipo de ídolos del Sol de forma no conocida llamados *chammanim*, que seguramente estuvieron en pedestales, pues se ordena derribarlos en el Levítico (26:30), en Isaías (27:9) y en Ezequiel (6:6).

El *terap* fue tal vez el ídolo alucinógeno más común aunque quizá no el más importante. Directamente se nos dice que los *teraps* parecían hablar, puesto que el rey de Babilonia, en un pasaje, consulta a varios de ellos (Ezequiel, 21:21). Es posible que en ocasiones fueran figurillas pequeñas, pues una vez Raquel roba un grupo de valiosos *teraphim* (usando el plural hebreo) a su furibundo padre y los esconde (Génesis, 31-19). Pero también los hubo de tamaño natural, pues uno de ellos sustituye a David que duerme (I Samuel, 19:13). Como ya vimos, la misma falta de importancia de esta última referencia parece indicar que estos *teraphim* eran cosa común en las casas de los dirigentes. En cambio, en las colinas, estos ídolos deben haber sido cosa rara y apreciada. En Jueces se nos dice que Micah construye una casa de *elohim* que contiene un *tselem*, un *pesel*, un *terap* y un *ephod*; esto último era usualmente una enorme capa ritual de adorno, la cual, colocada quizá sobre un marco, podría volverse ídolo. Y a éstos los llama su *elohim*, pero se los roban los hijos de Dan (Jueces: 17 y 18 en varias partes). Hoy tendríamos más testimonios de estos ídolos alucinógenos de no haber sido porque el rey Josías los mandó destruir en 641 a.C. (II Crónicas, 34:3-7).

Un vestigio más de la era bicameral es la palabra *ob*, traducida con frecuencia como "un espíritu familiar". "El hombre o la mujer en que haya *ob*... morirá sin remedio", dice el Levítico (20:27). Igualmente, Saúl expulsa de Israel a todos aquellos que tuvieren un *ob* (I Samuel, 28:3). Aunque el *ob* es probablemente algo que se consulta (Deuteronomio, 18:11), probablemente no tenía corporalidad física. Siempre está sujeto por medio de hechiceras o hechiceros, y por ello es de suponer que se refiera a alguna voz bicameral que los autores del Antiguo Testamento no reconocieron como religiosa. Esta palabra ha confundido a tal grado a los traductores, que en Job (32:19) la traducen absurdamente como "botella", cuando el contexto indica claramente que es Elihu, el joven frustrado, que siente tener una voz bicameral que está a punto de hacerlo estallar de impaciencia como si fuera un odre que no tiene respiradero.

El último de los "nabiim"

Empezamos este capítulo hablando de la situación de los refugiados en el Cercano Oriente hacia la segunda mitad del segundo milenio a.C., y de las tribus errantes arrancadas de sus tierras por diversas catástrofes. Algunas de estas tribus fueron ciertamente bicamerales y no pudieron dar el paso hacia la conciencia subjetiva. Es muy probable que al editar los libros históricos del Antiguo Testamento, y hacer con ellos un solo relato a lo largo de los siglos VI o V a.C., se haya suprimido muchísimo material. Y entre estas porciones de información que nos gustaría tener se encuentra el relato claro de lo que ocurrió con estas últimas comunidades de hombres bicamerales. Aquí y allá, a lo largo del Antiguo Testamento, aparecen como chispazos repentinos de un mundo extraño y ajeno durante estos periodos a los cuales han prestado poca atención los historiadores.

Ciertamente hubo grupos de hombres bicamerales que persistieron hasta la caída de la monarquía judea, pero no sabemos si asociados con otras tribus o teniendo una organización con sus voces alucinadas en forma de dioses. Con frecuencia se les llama "los hijos de nabiim", lo cual tal vez indique que hubo una fuerte base genética para la permanencia de este tipo de bicameralidad. Es, creo, la misma base genética que perdura entre nosotros como parte de la etiología de la esquizofrenia.

Reyes irritados los consultaban. En 835 a.C., Ahab, rey de Israel, juntó a 400 de ellos como si fueran ganado para oír su clamor y su vocerío (I Reyes, 22:6). Después, con todas sus ropas, él y el rey de Judá sentados en tonos ante las puertas de Samaria hicieron acorralar a centenares de estos infelices bicamerales, que desvariaban y se copiaban unos a otros como esquizofrénicos en una sala de hospital (I Reyes, 22:10).

¿Qué fue de ellos? De tiempo en tiempo se les cazaba y exterminaba como animales dañinos. Parece que en el Libro Primero de los Reyes (18:4) se habla de una matanza así ocurrida en el siglo IX a.C. Se dice ahí que de un número mucho mayor, Abdías tomó a un ciento de *nabiim* y los escondió en cuevas y los sustentó con pan y agua hasta que terminó la matanza. Otra carnicería similar organizó Elias pocos años después (I Reyes, 18:40).

Ya no volvemos a oír nada de estos grupos bicamerales. Perduraron unos cuantos siglos *nabiim* aislados, hombres cuyas voces no necesitaban el apoyo del grupo de otros hombres alucinados, hombres que eran parcialmente subjetivos pero que seguían oyendo voces bicamerales. Son ellos los famosos *nabiim* cuyos mensajes bicamerales hemos mencionado selectivamente: Amós, el que recogía frutos de sicomoros; Jeremías, tambaleando bajo su yugo, de poblado en poblado; Ezequiel, con sus visiones de altivos tronos rodando entre las nubes; los varios *nabiim* cuyas agonías religiosas se atribuyen a Isaías. Por supuesto, éstos no son más que un simple puñado de un número mucho mayor de voces bicamerales que estuvieron muy en armonía con el Deuteronomio. Y luego, las voces, como norma, ya no se oyen más.

Su lugar lo viene a ocupar el pensamiento subjetivo considerado de los maestros morales, quizá los hombres siguieron soñando visiones y oyendo un hablar confuso y oscuro. Pero tanto el Eclesiastés como Ezra buscan el saber, no un dios. Estudian la ley. No vagan por los campos "buscando a Yahvé". Hacia el 400 a.C., ha muerto la profecía bicameral: "...Se avergonzarán los *nabiim*, cada cual de su visión". Si los padres sorprenden a sus hijos *nab*-ando o en diálogo con voces bicamerales los alancearán allí mismo (Zacarías, 13:3-4).[8] Se trata de una durísima orden. Si fue cumplida, fue una selección evolucionaria que ayudó a que los genes de la humanidad avanzaran hacia la subjetividad.

8. La fecha de Zacarías fluctúa alrededor de 520 a.C., pero los expertos están de acuerdo en que los capítulos finales del libro atribuidos a él son adiciones posteriores de otra fuente. La fecha de estas inserciones fluctúa entre los siglos IV y III a.C.

Los estudiosos han debatido desde hace mucho la razón de la declinación y caída de la profecía en el periodo del judaísmo que siguió al exilio. Sugieren que como los *nabiim* habían hecho ya su trabajo no había necesidad de ellos. También se dice que hubo el peligro de que la profecía llegara a ser un culto; hay quien diga que fue la corrupción o contagio de los israelitas por los babilonios, que para esos días estaban ya tiranizados por los augurios, desde la cuna a la tumba. Todas estas tesis tienen su parte de verdad, pero a mi entender, la declinación de la profecía es parte de ese fenómeno mucho más amplio que iba cobrando fuerza por todo el mundo: la pérdida de la mente bicameral.

En cuanto leemos el Antiguo Testamento teniendo en mente este punto de vista, toda la sucesión de obras y libros adquiere majestad y grandeza cual corresponde a los dolores del parto de nuestra conciencia subjetiva. Ninguna otra literatura ha registrado este importantísimo acontecimiento con tal extensión, con tal integridad. La literatura china salta a la subjetividad en las enseñanzas de Confucio, pero dando muy pocos antecedentes. La India se lanza desde el bicameral Veda a los ultrasubjetivos Upanishads, ninguno de los cuales corresponde a sus tiempos. La literatura griega es como una serie de piedras entre la corriente de un riachuelo que nos lleva de la *Ilíada* a la *Odisea* y luego por entre los rotos fragmentos de Safo y Solón hasta llegar a Platón; es un registro magnífico, pero muy incompleto. Y Egipto poco nos dice. Pero el Antiguo Testamento, aunque está lleno de grandes problemas de exactitud histórica, sigue siendo la fuente más rica de nuestros conocimientos sobre cómo fue el periodo de transición. Esencialmente es la narración de la pérdida de la mente bicameral, la lenta retirada hacia el silencio de los últimos *elohim*, la confusión y la violencia trágica que siguieron, y luego, una nueva búsqueda — vana — entre los profetas, hasta que por fin se encuentra un sustituto, su sustituto en el obrar bien.

Pero la mente sigue estando obsesionada por sus antiguos hábitos inconscientes; se cobija en autoridades perdidas; y el anhelo, el profundo e incumplible anhelo de una volición y servicio divinos sigue estando entre nosotros:

> Como jadea la cierva, tras las corrientes de agua,
> así jadea mi alma en pos de ti, mi Dios.
> Tiene mi alma sed de Dios, del Dios vivo;
> ¿Cuándo veré frente a mí la faz de Dios?
>
> [Salmo 42.]

Libro Tercero

VESTIGIOS DE LA MENTE BICAMERAL EN EL MUNDO MODERNO

CAPÍTULO 1

La búsqueda de la autorización

Por fin nos hallamos en una posición que nos permite dirigir la vista hacia atrás, contemplar la historia de la humanidad en este planeta y comprender por vez primera algunas de sus características sobresalientes a lo largo de los últimos tres mil años, considerándolas como vestigios de una mentalidad previa. Desde nuestra posición, la historia humana se contempla en toda su grandeza. Debemos ver al hombre poniendo como trasfondo toda su evolución; así visto, sus civilizaciones, inclusive la nuestra, no son más que simples cumbres de una cordillera que se destacan contra el cielo; desde estas alturas debemos proyectarnos intelectualmente y formarnos una imagen correcta de sus contornos. Desde este mirador, un milenio es un lapso demasiado breve para que haya ocurrido el trascendental cambio de la bicameralidad a la conciencia.

Nosotros, en este final del segundo milenio d.C., en cierto sentido seguimos inmersos en esta transición hacia una nueva mentalidad. Pero a nuestro alrededor se ven por doquier los restos de nuestro pasado bicameral, tan reciente. Tenemos nuestras mansiones de dioses que registran nuestros nacimientos, nos circunscriben, nos casan y nos sepultan, que reciben nuestras confesiones e interceden ante los dioses para que perdonen nuestros pecados. Nuestras leyes están basadas en valores que sin su fundamento divino quedarían sin materia y sin sanción. Nuestros himnos y lemas nacionales suelen ser invocaciones a la divinidad. Nuestros reyes, presidentes, magistrados y funcionarios toman posesión de sus cargos jurando y protestando ante deidades hoy día silentes y sobre los escritos mismos de aquellos que las oyeron por última vez.

El residuo más obvio e importante de la mentalidad previa es, pues, nuestra herencia religiosa en toda su laberíntica belleza y variedad de formas. La abrumadora importancia de la religión, tanto en la historia general del mundo como en la historia del mundo del individuo medio es innegable, clarísima desde un punto de vista objetivo, pese a lo cual el concepto científico del hombre suele no aceptar de buen grado este hecho tan obvio. Porque a pesar de cuanto la ciencia materialista y racionalista ha dado por sentado desde la Revolución Científica, la humanidad considerada en conjunto no ha renunciado, quizá porque no ha podido, a la fascinación que sobre ella ejerce algún tipo de relación del hombre con algo mayor y total, algún *mysterium tremendum*, dotado de poderes e inteligencia que están más allá de todas las categorías del hemisferio izquierdo, de algo que por necesidad es indefinido y desdibujado, a lo cual se acerca uno y siente pasmo y admiración, no como un concepto claro, sino como algo que según los individuos religiosos modernos se comunica o se hace sentir mediante verdades de sentimiento y no en lo que puede ser verbalizado por el hemisferio izquierdo, y lo que en esta época nuestra se siente con más verdad cuanto menos se le nombra, un modelo de yo y de sobrenaturalidad o misterio, diferente de aquello de que en nuestros momentos más negros *ninguno* de nosotros escapa, a pesar de que el sufrimiento incomparablemente menor de la toma de decisiones dio origen a esa relación hace tres milenios.

Muchas, muchísimas cosas se podrían decir sobre este particular. Un análisis profundo concluiría que la reforma del judaísmo intentada por Jesucristo se tradujo en una religión necesariamente nueva destinada a hombres conscientes, no a hombres bicamerales. Ahora la conducta debía cambiar y provenir del interior de la nueva conciencia y no de las Leyes Mosaicas que modelaban la conducta desde el exterior. El pecado y la penitencia se encuentran ahora dentro del deseo consciente y de la contrición consciente y no en las conductas externas del decálogo y las penitencias de los sacrificios en el templo y del castigo de la comunidad. El reino divino que hay que volver a ganar es psicológico, no físico. Es metafórico, no literal. Está “dentro”, no *in extenso*.

Pero ni siquiera la historia del cristianismo se ha quedado ni puede quedarse como lo pensó su originador. La Iglesia cristiana regresa una y otra vez a este mismo anhelo de absolutos bicamerales, lejos de los problemáticos reinos interiores de *agapes*, hacia una jerarquía externa que cruzando una nube de milagros e infalibilidad llega a una autorización arcaica en un amplio cielo. En capítulos anteriores resalté los paralelismos entre antiguas costumbres bicamerales y algunas religiosas de hoy día, por cuya razón no insistiré en tales comparaciones.

Igualmente, está fuera del alcance de esta obra explorar a fondo el modo en que los acontecimientos más seculares de los tres últimos milenios están vinculados con el hecho de que surgieron de una mentalidad distinta. En particular, estoy pensando en la historia de la lógica y del razonamiento consciente desde que los griegos desarrollaron el *Logos* hasta las modernas computadoras, así como en el soberbio desfile histórico de la filosofía, y de sus esfuerzos por hallar una metáfora que abarcara toda la existencia, en cuyo seno podríamos hallar alguna familiaridad consciente y sentirnos a gusto, en casa, dentro del universo. Tengo también en mente nuestros forcejeos por hallar sistemas de ética, por hallar a través de la conciencia racional un sustituto de nuestra anterior voluntad divina, que podría tener en sí algún sentimiento de obligación que cuando menos fuera un vestigio de nuestra antigua obediencia a voces alucinadas. Y también pienso en esa historia cíclica de las medidas políticas, los vaivenes de nuestros intentos por constituir gobiernos de hombres, no de dioses, sistemas seculares de derecho que desempeñaran esa función, antes divina, de aglutinarnos en un orden, una estabilidad y un bien público.

Estas son cuestiones importantes. Sin embargo, en este capítulo deseo traer a colación las cuestiones de este libro III; para ello voy a considerar un puñado de temas más antiguos pero de menor importancia, que son residuos precisos y claros de nuestra mentalidad anterior. La razón que tengo para hacerlo se debe a que estos fenómenos históricos arrojan una luz muy necesaria y clarificadora sobre algunos de los problemas más oscuros de los libros I y II.

Una característica distintiva de estos vestigios es que se vuelven más obvios contra el trasfondo de complejidad de la historia cuanto más nos acercamos al desvanecimiento o desaparición de la mente bicameral. La razón de esto es muy clara. Sucede que mientras las características universales de la nueva conciencia, tales como autorreferencia, espacio mental y narratización, pueden evolucionar con rapidez y pisándole los talones a la nueva construcción del lenguaje, los grandes contornos de la civilización, el inmenso ámbito de cultura en que esto ocurre cambia, sí, pero con lentitud geológica. La materia y la técnica de antiguas edades de la civilización sobreviven sin el menor desgaste dentro de las nuevas, arrastrando tras de sí las viejas y gastadas formas en que necesariamente debe vivir la nueva mentalidad.

Sin embargo, el sólo vivir en el seno de estas formas es una fervorosa búsqueda de lo que llamaré autorización arcaica. Después del colapso de la mente bicameral y pese a todo, el mundo sigue estando regido — en cierto sentido — por dioses, por enunciados y leyes y ordenamientos esculpidos en estelas o escritos en papiros o recordados por ancianos, que se remontan a los tiempos bicamerales. Aquí es donde está la disonancia. ¿Por qué ya no se oye ni se ve a los dioses? Los Salmos claman por respuestas. Y se necesitan cosas más seguras que las reliquias de la historia o las pagadas insistencias de los sacerdotes. ¡Algo palpable, algo directo, algo inmediato! Alguna seguridad razonable, sensata, de que no estamos solos, de que los dioses han callado pero no están muertos, de que detrás de toda esta búsqueda subjetiva, vacilante y a tientas de signos de certidumbre, nos espera una certeza.

De este modo, conforme la marea de voces y de presencias divinas encalla cada vez más a las diversas poblaciones en las arenas de las incertidumbres subjetivas, se amplía el número de técnicas mediante las cuales el hombre intenta establecer contacto con su perdido océano de autoridad. Profetas, poetas, oráculos, adivinadores, cultos a estatuas, mediums, astrólogos, santos inspirados, posesión por el demonio, naipes de tarot, tablas ouijas, Papas y peyote, todo ello y más no es otra cosa que el residuo de la bicameralidad que fue progresivamente arrinconada a medida que las incertidumbres se apilaban una sobre otra. En este y en el capítulo siguiente examinaremos algunos de estos vestigios arcaicos de la mente bicameral.

LOS ORÁCULOS

El residuo más inmediato de la bicameralidad no es otro que su perpetuación en ciertas personas, en particular en profetas errantes, de los que hablamos en II.6, o en aquellas institucionalizadas como oráculos, que describiré aquí. Aunque hay toda una serie de tablillas cuneiformes que describen a los oráculos asirios[1] que datan del siglo VII a.C. y al oráculo aún más antiguo de Amón de Tebas en Egipto, en realidad es en Grecia donde se encuentra con más claridad a esta institución. En Grecia, los oráculos fueron el método central de tomar decisiones importantes a lo largo de todo un milenio después del derrumbe de la mente bicameral. El racionalismo estridente de historiadores modernos oscurece con frecuencia este hecho. Los oráculos fueron el cordón umbilical de la subjetividad, que se remontaba muy lejos, hasta el pasado sustentador no subjetivo.

El oráculo de Delfos

Coincide con mi metáfora y le da fuerza el hecho de que en el oráculo más famoso, el de Apolo en Delfos, hubo una singular estructura de piedra en forma de cono a la que se dio el nombre de *omphalos* u ombligo. Se erguía en lo que se decía era el centro de la Tierra. Allí presidía en ciertos días — o en algunos siglos todos los días del año — una sacerdotisa suprema, o a veces dos o tres en rotación, a las cuales se escogía, hasta donde sabemos, sin ningún criterio particular (en tiempos

1. Alfred Guillaume, *Prophecy and Divination among the Hebrews and Other Semites* (Nueva York, Harper, 1938), pp. 42 ss.

de Plutarco, en el siglo I a.C., fue la hija de un labriego pobre).[2] Primero se bañaba y bebía de un arroyuelo sagrado, y luego establecía contacto con el dios, por medio de su árbol sagrado, el laurel, en forma muy similar a como se representa a los reyes asirios conscientes siendo frotados por genios con piñas (de pino). Este contacto lo establecía o sosteniendo una rama de laurel o inhalando y ahumándose con hojas de laurel quemadas (como dice Plutarco), o quizá masticando las hojas (según afirma Luciano).

De inmediato se daba respuesta a las preguntas, ininterrumpidamente y sin que mediara ninguna reflexión. Aún se debate cómo hacía su anuncio,[3] si estaba sentada en un trípode — que se consideraba el asiento ritual de Apolo — o simplemente de pie a la entrada de una cueva. Pero las referencias antiguas, a partir del siglo V a.C., convienen uniformemente con lo dicho por Heráclito de que hablaba "con su boca delirante y con diversas contorsiones de su cuerpo". Estaba *entheos*, *plena deo*. Hablando por conducto de sus sacerdotisas, pero siempre en primera persona, respondiendo a reyes o a hombres libres, "Apolo" ordenaba dónde establecer nuevas colonias (así lo hizo respecto a Estambul), decretaba qué naciones eran amigas, qué gobernantes eran mejores, qué leyes debían promulgarse, las causas de pestes o hambrunas, las mejores rutas del tráfico, cuál de los muchos cultos nuevos o qué música o arte debían ser aceptados como gratos a Apolo; todo esto decidían estas mujeres con sus bocas delirantes.

En verdad, ¡qué cosa tan pasmosa! Desde los primeros textos de la escuela oímos hablar del oráculo de Delfos, de modo que acabamos por pensar en él con un simple encogimiento de hombros. ¿Cómo es posible, cómo es concebible que a unas simples campesinas se les pudiera adiestrar de modo que quedaran en un estado psicológico tal que podían tomar decisiones *inmediatas* con las que se gobernaba el mundo?

Los obstinados racionalistas simplemente se ríen, ¡claro! Así como a los mediums de nuestros días se les tacha de timadores, así también a estos llamados oráculos se les acusa de ser actores manipulados por otros, actuando ante un pueblo analfabeto, movidos por fines políticos o económicos.

Pero esta fría actitud es, en el mejor de los casos, simplemente doctrinaria. Quizá en los últimos días del oráculo hubo alguna trapacería, incluso sobornos a los *prophetes*, esos sacerdotes subsidiarios (también sacerdotisas) que interpretaban las palabras del oráculo. Pero antes, sostener un engaño tan grande durante todo un milenio, a lo largo de la civilización intelectual más brillante que el

2. Plutarco, *Pyth. rac.* 22, 405C.
3. Véase E. R. Dodds, *The Greeks and the Irrational* (Berkeley: University of California Press 1968), que en estas materias he usado como manual de consulta.

mundo hubiese conocido, es imposible, sencillamente imposible. No es posible burlarse del oráculo si consideramos que no fue criticado en absoluto hasta el periodo romano. El propio Platón, tan sensato en lo político y frecuentemente cínico, llamó reverentemente al oráculo de Delfos "el intérprete de la religión para toda la humanidad".[4]

Otro tipo de explicación, en realidad, una casi explicación, todavía muy común en la literatura popular y a veces profesional, es bioquímica. Según ella, los trances eran reales, pero causados por vapores de alguna clase desconocida que se elevaban desde un *casium* que estaba situado bajo el piso de la cueva. Pero excavaciones francesas realizadas en 1903 y otras más recientes han revelado con toda claridad que no hubo tal *casium*.[5]

Pudo ser también que hubiera una droga en el laurel que produjera este apolíneo efecto. Para comprobarlo machaqué hojas de laurel y fumé buenas cantidades de ellas en una pipa, y aunque me sentí indispuesto, no tuve más inspiración que la de costumbre. Y al masticarlas por más de una hora, me sentí más y más jaynesiano, pero, ¡ay!, no más apolíneo.[6] El buen humor con que se buscan explicaciones externas a tales fenómenos indica simplemente que en ciertos círculos no se admite que existan fenómenos psicológicos así.

En cambio, yo sugiero una explicación del todo distinta. Y con ese propósito, voy a introducir aquí el concepto de:

El paradigma bicameral general

Con esta frase me refiero a una estructura hipotética que se halla detrás de una amplia clase de fenómenos de conciencia disminuida a los que estoy interpretando como residuos parciales de nuestra antigua mentalidad. El paradigma tiene cuatro aspectos:

> el *imperativo cognoscitivo colectivo*, o sistema de creencias, una expectativa o precepto aceptado culturalmente que define la forma particular de un fenómeno y los papeles o funciones que deben representarse dentro de esa forma;

4. Platón, *La República*, 4.427B. Es bueno recordar que Sócrates derivó del oráculo algo de lo que estoy a punto de llamar su "autorización arcaica", Véase *Apología*, 20E.
5. A. P. Oppé, "The Chasm at Delphi", *Journal of Historical Studies*, 1904. 24: 214-215.
6. Estoy muy agradecido con Evelynn McGuinness por mucho en mi vida y aquí por obrar como observadora, aunque su papel tuvo sus tintes de avenencia, tanto por su participación como por cierta dosis de respeto. Nuestros resultados negativos coinciden con T. K. Oesterreich. Véase su *Possession, Demoniacal and Other*, traducción al inglés, 1930, p. 319, nota 3.

una *inducción* o procedimiento ritualizado formalmente, cuya función es angostar la conciencia, para lo cual enfoca la atención en una estrecha gama de preocupaciones;

el *trance* mismo, que es una respuesta a los dos precedentes; se caracteriza por un aflojamiento o incluso la pérdida de la conciencia, la disminución del "yo" análogo o su pérdida, de lo cual resulta un papel o función que es aceptada, tolerada o alentada por el grupo; y

la *autorización arcaica* hacia la cual está dirigido o relacionado el trance, por lo común un dios, aunque a veces es una persona a quien el individuo y su cultura aceptan como autoridad sobre el individuo, a la cual por medio del imperativo cognoscitivo colectivo se le ordena responsabilizarse de controlar el estado de trance.

Ahora bien, no quiero que se considere a estos cuatro aspectos del paradigma bicameral general como una sucesión necesariamente temporal, aunque la inducción y el trance casi siempre se siguen uno al otro. Sin embargo, el imperativo cognoscitivo y la autorización arcaica penetran y abarcan toda esta cuestión. Más todavía, hay una especie de equilibrio o de adición entre estos elementos, de modo que cuando uno de ellos es débil los otros tres deben ser fuertes pues de otro modo el fenómeno no ocurre. Así pues, a medida que al transcurrir el tiempo, particularmente en el milenio que siguió al comienzo de la conciencia, se va debilitando el imperativo cognoscitivo colectivo (es decir, la población en general tiende a ver con escepticismo la autorización arcaica), encontramos un acento creciente y una mayor complejidad en el procedimiento de inducción y también en el propio estado de trance, el cual se vuelve más profundo.

Al decir que el paradigma bicameral general es una estructura, no sólo quiero significar una estructura lógica en cuyo seno se puedan analizar estos fenómenos, sino también una estructura neurológica no especificada en este momento o relaciones entre áreas del cerebro, quizá algo similar al modelo de mente bicameral que presentamos en I.5. Podríamos esperar o suponer que en todos los fenómenos mencionados en el libro III participe de algún modo la función hemisférica derecha aunque en forma distinta a la vida consciente ordinaria. Incluso es posible que en algunos de estos fenómenos tengamos una dominación periódica y parcial del hemisferio derecho a la que podríamos considerar como el residuo neurológico de nueve milenios de selección en favor de la mente bicameral.

Es obvia la aplicación al oráculo de Delfos de este paradigma bicameral general: los complejos procedimientos de inducción, el trance en que se pierde la conciencia, la autorización de Apolo, buscada tan celosamente. Sin embargo, lo que quiero resaltar es el imperativo cognoscitivo colectivo o creencia del grupo o prescripción cultural o expectación (todos estos términos indican mi significado).

No es posible exagerar la inmensidad de la exigencia cultural que debían soportar las sacerdotisas arrebatadas o en trance. Todo el mundo griego *creyó* y tuvo que creer durante casi un milenio. Hasta treinta y cinco mil personas al día provenientes de todos los rincones del mundo mediterráneo llegaban trabajosamente por mar al puertecillo de Itea que abriga el receptivo litoral, debajo de Delfos. Y también ellos pasaban por procedimientos de inducción, se purificaban en el manantial castilio y conforme avanzaban por la Senda Sagrada hacían ofrendas a Apolo y a otros dioses. En los últimos siglos del oráculo, más de cuatro mil estatuas votivas atestaban esta subida de 200 metros por la ladera del monte Parnaso al templo del oráculo. Creo que fue esta confluencia de enorme prescripción y expectación social, más cercana a la definición que la simple creencia, la que puede explicar la psicología del oráculo y lo instantáneo de sus respuestas. Fue algo ante lo cual todo escepticismo sería tan imposible como que nosotros dudáramos de que el hablar de un aparato de radio se origina en un estudio que no vemos. Y es algo ante lo cual la psicología moderna debe sentir admiración, temor reverente.

A esta expectación causal debería agregarse algo sobre el propio escenario natural. Los oráculos se inician en lugares que cuentan con ciertas condiciones específicas, formaciones naturales de montañas o gargantas, de vientos u oleajes alucinogénicos, de resplandores, reflejos y paisajes simbólicos que creo son más apropiadas para inducir la actividad del hemisferio derecho que los planos analíticos de la vida diaria. Quizá podamos decir que la geografía de la mente bicameral de la primera parte del primer milenio a.C. se estaba encogiendo y concentrándose en lugares cuyo pasmo y belleza ayudaban a que se siguieran oyendo las voces de los dioses.

Ciertamente, los vastos acantilados de Delfos inducen una sugestión así y la cumplen por completo: una elevada caldera estallada en las rocas sobre la cual los vientos del mar aúllan, a la que se pegan las saladas neblinas, como si la naturaleza despertara dificultosamente adoptando ángulos extraños, para ir a perderse en el fondo azul de temblorosas hojas de olivos y el gris del mar inmortal.

(Sin embargo, nos resulta difícil apreciar hoy día tal maravilla escénica: así de enturbiada está la pureza de nuestra respuesta al paisaje por causa de nuestros mundos "internos" conscientes y de nuestra experiencia con los rápidos cambios geográficos. Por si fuera poco, Delfos ya no es lo que fue. Sus dos hectáreas de columnas rotas, con frases escritas por los visitantes, turistas que toman fotos y fragmentos de mármol blanco sobre los cuales las hormigas se arrastran indecisas, no son exactamente el material apropiado para alcanzar la inspiración divina.)

Otros oráculos

Una cosa que da fuerza a esta explicación cultural de Delfos es el hecho de que en todo el mundo civilizado había en ese entonces oráculos similares, aunque no tan importantes. Apolo tenía otros: en Ptoa, en Beocia, y en Branquide y Patara, en Asia Menor. En este último sitio, la profetisa, como parte de la inducción, quedaba encerrada bajo llave en el templo durante la noche para que tuviera unión connubial con su dios alucinado y pudiera desempeñar mejor el papel de médium.[7] El gran oráculo de Claros tenía sacerdotes que le servían de mediums, de cuyo frenesí fue testigo Tácito en el siglo I d.C.[8] El dios Pan tuvo un oráculo en Acacesio, pero duró poco.[9] El oráculo dorado de Éfeso, famoso por su enorme riqueza, tenía eunucos en trance que servían de voceros de la diosa Artemisa.[10] (Cabe decir que el estilo de sus vestimentas lo usa todavía la Iglesia ortodoxa griega.) Y el baile sobre la punta de los dedos de las bailarinas modernas se cree que se deriva de las danzas realizadas ante el altar de la diosa.[11] Todo lo que fuera opuesto a la rutina diaria podría servir como acicate a la vinculación con el paradigma bicameral general.

La voz de Zeus en Dodona debió de ser de los oráculos más antiguos, ya que Ulises lo consultó para saber si regresaba a Ítaca abiertamente o con cautela.[12] Por aquellos días probablemente no era más que un gran encino sagrado y la voz olímpica era alucinada con base en el viento que cruzaba entre las hojas y las hacía temblar; esto nos hace suponer que algo similar ocurrió entre los druidas, para quienes el encino era sagrado. Pero ya en el siglo V a.C. no se oye directamente la voz de Zeus, sino que en Dodona hay un templo y una sacerdotisa que habla por él, en trances inconscientes,[13] todo lo cual se aviene a la secuencia temporal que predecía la teoría bicameral.

No sólo las voces de los dioses, sino también las de los reyes muertos se podían seguir oyendo bicameralmente, lo cual, como sugerimos anteriormente, fue el origen de los dioses. Anfiaro fue el príncipe heroico de Argos que halló la muerte al caer en un abismo de Beocia, supuestamente porque Zeus lo empujó en un arranque de ira. Su voz se "oyó" durante siglos; salía del abismo y respondía a las preguntas de sus peticionarios. Pero, igualmente, con el paso de los siglos, la "voz" acabó por ser alucinada únicamente por ciertas sacerdotisas en trance que

7. Herodoto, 1:182.
8. Tácito, *Anales*, 2:54.
9. Pausanias, *Description of Greece*, trad. J. E. Fraser (Londres: Macmillan, 1898). 37:8.
10. Charles Picard, *Ephèse et Claros* (París: De Bocard, 1922).
11. Louis Sechan, *La Danse Grecque Antique* (París: De Bocard, 1930); y también Lincoln Kirstein, *The Book of the Dance* (Garden City: Garden City Publishing Co., 1942).
12. *La Odisea*, 14:327; 19:296.
13. Aelius Aristides, *Orationes*, 45:11.

vivían allí. Ya para entonces, su ocupación no era tanto contestar preguntas cuanto interpretar sueños de todos quienes consultaban la voz.[14]

En cierto sentido, la más interesante desde el punto de vista de la hipótesis de la mente bicameral es la voz alucinada de Trofonio de Lebadea, treinta kilómetros al oriente de Delfos, porque fue la que más duró de las "voces" directas, o sea, de las que no tuvieron sacerdotes o sacerdotisas intermediarios. La sede del oráculo conserva todavía restos de su antigua grandeza y majestuosidad; allí se encuentran tres grandes precipicios, con susurrantes manantiales que salen con fuerza entre el solemne lugar pero que en seguida se arrastran sumisamente entre los valles pedregosos. Y un poco más arriba, donde una cañada empieza a culebrear por entre el corazón de la montaña, hubo en un tiempo una cavidad en forma de celda, excavada en la roca que se adelgazaba y formaba un altarcillo, por encima de una corriente subterránea.

Cuando disminuye el imperativo colectivo del paradigma bicameral general, cuando la fe y la confianza en estos fenómenos se van desvaneciendo en el racionalismo, y particularmente cuando se aplica no a una sacerdotisa bien capacitada sino a cualquier suplicante, es preciso aplicar, para compensar esta falla, una inducción más prolongada y más intrincada. Esto es precisamente lo que tuvo lugar en Lebadea.

Pausanias, el viajero romano, describe el complejísimo procedimiento de inducción que halló allí en 150 d.C.[15] Después de días de espera, purificación y presagios y expectación, refiere que una noche, de repente dos chicos sagrados lo bañaron y ungieron, que luego bebió del manantial del Leteo para olvidar quién era (la pérdida del "yo" análogo), que luego dio un sorbo en el manantial de Mnemosina para después poder recordar lo que se le iba a revelar (como una sugestión poshipnótica).

Con posterioridad lo hicieron adorar una imagen secreta, lo vistieron con lino sagrado, lo ciñeron con listones consagrados, le pusieron botas especiales y luego, tras nuevos presagios, como resultaron favorables, lo empujaron hacia abajo por una escala sin ninguna señal particular al interior del nicho con su oscuro torrente donde el mensaje divino se articulaba con gran rapidez.

Los seis pasos de los oráculos

Conforme la mentalidad griega va de lo universalmente bicameral a lo universalmente consciente, estos vestigios oraculares del mundo bicameral, así como su

14. Pausanias, *op. cit.*, 1, 34:5.
15. *Ibid.*, 9. 39:11.

autoridad, cambian hasta que se hace más y más precario y difícil conseguirlos. Hay, creo, en todo esto, una pauta más o menos fija, y es que a lo largo de los diez siglos de su existencia, los oráculos sufrieron una decadencia continuada que puede condensarse o entenderse conforme a seis pasos. Son seis etapas o escalones que descienden de la mente bicameral conforme se debilitaba más y más su imperativo cognoscitivo colectivo.

1) El oráculo de la *localidad*. Los oráculos empezaron simplemente como lugares concretos en los que, por causa de alguna majestuosidad de los alrededores, de algún incidente importante, de algún sonido alucinógeno, olas, aguas o viento, las suplicantes, cualquier suplicante, podían "oír" todavía directamente voces bicamerales. Lebadea permaneció en ese paso probablemente porque era notablemente inducible.

2) El oráculo *profeta*. De cuando en cuando se daba el caso de que sólo ciertas personas, sacerdotes o sacerdotisas, pudieran "oír" la voz del dios en esa localidad.

3) El oráculo *profeta entrenado*. Cuando estas personas, sacerdotes o sacerdotisas, podían "oír" solamente después de una larga preparación y de complejas inducciones. Hasta este momento, la persona seguía siendo ella "misma" y se limitaba a transmitir a los demás la voz del dios.

4) El oráculo *poseído*. Y entonces, cuando menos desde el siglo V a.C., llega el término de posesión, de la boca con frenesí y el cuerpo contorsionado; la persona ha recibido más entrenamiento e inducciones muchísimo más complejas.

5) El oráculo *poseso interpretado*. Según se iba debilitando el imperativo cognitivo, las palabras se iban haciendo confusas y debían ser interpretadas por sacerdotes o sacerdotisas auxiliares que a su vez debían someterse a procedimientos de inducción.

6) El oráculo *errático*. Pero llegó el momento en que aun esto se hizo difícil. Las voces se volvieron espasmódicas, las interpretaciones se tornaron imposibles, y los oráculos se acabaron.

El que más duró fue el de Delfos. Es una prueba notable de la importancia suprema que le atribuyó la nostálgica subjetividad por dios de Grecia en su edad de oro el que haya durado tanto tiempo, particularmente si consideramos que en casi todas las invasiones que sufrió el país se alineó del lado de los invasores: con Jerjes I a principios del siglo V a.C., con Filipo II en el siglo IV a.C., y hasta en las Guerras del Peloponeso, habló del lado de Esparta. Tal fue la fuerza, el vigor de los fenómenos bicamerales ante las fuerzas de la historia. Incluso sobrevivió a las burlas patrióticas, hilarantes y tristes de Eurípides en los anfiteatros.

Pero hacia el siglo I d.C., el oráculo estaba en su sexto paso. La bicameralidad había retrocedido más y más hacia el seno del no recordado pasado, y el escepticismo había crecido tanto que ahogaba la creencia. El poderoso imperativo cognoscitivo cultural de lo oracular fue desechado y arrinconado, y cada vez fallaría más. Un ejemplo así, ocurrido en 60 d.C., lo relata Plutarco. A regañadientes, la profetisa se puso en trance, pues los presagios eran terribles. Empezó a hablar con voz ronca como si estuviera angustiada, luego se presentó llena de un "espíritu bestial y perverso", y en seguida se precipitó hacia la entrada, donde cayó. Todos los presentes, incluso su *prophetes*, huyeron aterrorizados. La información sigue diciendo que al regresar la encontraron parcialmente recuperada, pero que a los pocos días murió.[16] Como todo lo anterior fue observado por un *prophetes* que fue amigo personal de Plutarco, no tenemos razones para que dudemos de su autenticidad.[17]

Pese a estas fallas neuróticas, el oráculo fue consultado todavía por los romanos, obsesionados por lo griego y hambrientos de tradición. El último en consultarlo fue el emperador Juliano, el cual, siguiendo los pasos de su tocayo Juliano (que había escrito sus *Oráculos caldeos* basado en lo que le habían dicho dioses alucinados), se esforzaba por resucitar a los antiguos dioses. Como parte de su búsqueda de autorización, quiso rehabilitar al de Delfos en 363 d.C., tres años después de haber sido saqueado por Constantino. Por boca de sus últimas sacerdotisas, Apolo profetizó que jamás volvería a profetizar. Y la profecía resultó cierta. La mente bicameral había llegado a uno de sus muchos fines.

Las sibilas

La Era de los Oráculos ocupa todo el milenio que siguió al derrumbe de la mente bicameral. A medida que lentamente va desapareciendo, aquí y allá aparecen lo que podría llamarse oráculos aficionados, personas no entrenadas o capacitadas y tampoco institucionalizadas, que de modo espontáneo se sintieron poseídas por los dioses. Por supuesto, algunos sólo decían tonterías de tipo esquizofrénico. Probablemente fueron la mayoría; pero otros tuvieron tal autenticidad que la gente les creyó. Entre estas personas figuraron cierto número de mujeres extrañas y maravillosas a las que se dio el nombre de sibilas (del eólico *sios* = dios + *boule* = consejo). En el siglo I a.C., Varrón dice que en cierto momento había no menos de diez en el mundo mediterráneo, aunque sin duda en regiones más remotas había otras más. Llevaban una vida solitaria, a veces en capillas que se les construían reverentemente en las montañas, o bien en grutas subterráneas de piedra caliza,

16. Plutarco, *Def. Orac.*, 51, 438C.
17. Dodds, *The Greeks and the Irrational*, p. 72.

cerca del gemido del océano, como la gran sibila Cumana a la cual probablemente visitó Virgilio hacia el 40 a.C., en el Libro VI de la *Eneida* describe su frenética relación con Apolo, que la posee.

Como a los oráculos, a las sibilas se les pedía que decidieran toda clase de cuestiones; esto ocurrió hasta ya entrado el siglo III d.C. Sus respuestas estaban tan empapadas de fervor moral que aun los primeros Padres del cristianismo y los judíos helenísticos se inclinaban ante ellas como si fueran profetas similares a los del Antiguo Testamento. La primitiva Iglesia cristiana usó muy en particular sus profecías (a menudo falsificadas) para apuntalar su propia autenticidad divina. Todavía mil años después, Miguel Angel pintó en el Vaticano, en nichos prominentes de la Capilla Sixtina, cuatro sibilas. Y varios siglos después, copias de estas fornidas damas, con sus libros oraculares abiertos, veían desde arriba al sorprendido e inquieto autor de esta obra desde una escuela dominical unitaria de la Nueva Inglaterra. Tal es el ansia de autorización de nuestras instituciones.

Y cuando también las sibilas cesan, cuando ya los dioses no adoptarán, no habitarán formas humanas vivientes en profecías y en oráculos, la humanidad buscará otros modos de hallar comunicación entre el cielo y la tierra. Se presentan nuevas religiones — cristianismo, gnosticismo y neoplatonismo. Se presentan nuevas órdenes de conducta que vinculan a hombres tonsurados, dedicados a dios, con el inmenso paisaje consciente de un tiempo ya espacializado, como ocurre en el estoicismo y en el epicureísmo. Hay una institucionalización y esmero en la adivinación, que rebasa a todo lo hecho en Asiria; la adivinación se finca oficialmente en el seno mismo del Estado político para generar decisiones sobre cuestiones importantes. Así como las civilizaciones griegas se edificaron en lo divino por medio de los oráculos, así la romana se establece a la sombra de auspicios y agoreros.

Regresan los ídolos

Pero tampoco éstos pueden satisfacer la necesidad de trascendencia del hombre común. Después del fracaso de los oráculos y profetas y en un esfuerzo por sustituirlos se produce un intento para revivir ídolos similares a los de los tiempos bicamerales.

Las grandes civilizaciones bicamerales usaron, ya lo vimos, una amplia variedad de efigies para ayudar a las voces bicamerales alucinadas. Pero cuando estas voces se apagaron en el proceso de ajuste a la conciencia subjetiva, todo eso se oscureció. Casi todos los ídolos fueron destruidos. Los últimos reinos bicamerales, a instancias de sus celosos dioses, destrozaron y quemaron los ídolos de los dioses o reyes rivales; y esto cobró más bríos cuando ya no se oyó ni se adoró a los ídolos. En el siglo VII a.C., el rey Josías mandó destruir todos los ídolos de su reino. El

Antiguo Testamento está lleno de casos de destrucción de ídolos, así como de imprecaciones contra aquellos que hicieran otros nuevos. A mediados del primer milenio a.C., la idolatría se presenta aisladamente, sin importancia y a intervalos.

Cosa curiosa, en estos tiempos ocurre un culto muy reducido de alucinación procedente de cabezas cortadas. Herodoto (4:26) habla de la costumbre de los oscuros isedones de dorar una cabeza y de ofrecerle sacrificios. Se dice que Cleómenes de Esparta preservó en miel de abejas la cabeza de Arcónides a la cual consultaba antes de emprender ningún trabajo importante. Varios vasos del siglo IV a.C., representan escenas en Etruria de personas que interrogan a cabezas oraculares.[18] Y Aristóteles habla burlonamente de la cabeza cortada del rústico Carias que sigue "hablando".[19] Y esto es casi todo. O sea, que ya después de establecida firmemente la conciencia subjetiva se presenta en forma esporádica la práctica de alucinar con ídolos.

Pero al acercarnos al comienzo de la era cristiana, ya con los oráculos reducidos burlonamente al silencio, nos encontramos con un verdadero regreso de la idolatría. Los templos que tachonaban las colinas y ciudades de la decadente Grecia y de la pujante Roma, ahora estaban atestados con más y más estatuas de dioses. Hacia el siglo I d.C., el apóstol San Pablo halló con desesperación que Atenas estaba llena de ídolos (Hechos, 17), y Pausanias, a quien conocimos hace unas páginas en Lebadea, afirma que en sus viajes los halló de toda especie y en todas partes: de mármol y marfil, dorados y pintados, de tamaño natural y hasta de dos o tres pisos de altura.

¿Será cierto que estos ídolos "hablaban" a quienes los adoraban? No hay la menor duda de que tal cosa ocurrió algunas veces, justamente como en tiempos bicamerales. Pero en general, en la era subjetiva, es muy dudoso que esto haya ocurrido espontáneamente con frecuencia. De otra suerte no habría habido la creciente atención a medios artificiales, mágicos y químicos, para obtener mensajes alucinados de dioses de piedra y marfil. Y aquí también presenciamos la entrada en la historia del paradigma bicameral general: imperativo cognoscitivo colectivo, inducción, trance y autorización arcaica.

Y en Egipto, donde el punto de rompimiento entre la bicameralidad y la subjetividad es mucho menos acentuado que en otras naciones más inestables, esto fue producido por el desarrollo o crecimiento de la llamada literatura hermética. Se trata de una serie de papiros que describen varios procedimientos de inducción que cobraron vida en el borde mismo de la certidumbre bicameral y que se propagaron por todo el mundo consciente. En uno de ellos está el diálogo llamado

18. Véase John Cohen, "Human Robots and Computer Art", *History Today*, 1970, 8:562.
19. *De Partibus Animalium*, III, 10:9-12.

Asklepios (por el dios griego de la medicina) que describe el arte de aprisionar las almas de demonios o de ángeles dentro de estatuas con ayuda de yerbas, gemas y olores, de modo que la estatua podría hablar y profetizar.[20] En otros papiros se encuentran recetas para construir estas imágenes y animarlas; por ejemplo, cuando las imágenes deben ser huecas para que guarden un nombre mágico inscrito en hoja de oro.

Hacia el siglo I d.C., esta costumbre se había propagado por casi todo el mundo civilizado. En Grecia corrieron rumores que se volvieron leyendas sobre el milagroso proceder de estatuas del culto público. En Roma, Nerón premió a una estatua que le advirtió de una conspiración.[21] A Apuleyo se le acusó de poseer una.[22] En el siglo II d.C. llegaron a ser tan comunes los ídolos alucinogénicos, que Luciano en su obra *Filopseudes* satiriza a quienes creen en ellos. Y Yámblico, el apóstol neoplatónico de la teurgia, como se llamó en su obra *Peri agalmaton*, se esforzó por probar "que los ídolos son divinos y están llenos de la divina presencia", y estableció la moda de tales ídolos, ante el enojo de los censores cristianos. Sus discípulos obtuvieron de los ídolos presagios y augurios de toda especie y calidad. Un alucinador alardeó de que podía hacer que una estatua de Hécate riera y que las antorchas que llevaba en la mano se encendieran. Y hay otro que afirma que puede distinguir si una estatua está animada o inanimada por la sensación que le produce. Aun Cipriano, el bueno y gris obispo de Cartago, se quejaba en el siglo III de los "espíritus que merodean y acechan bajo estatuas e imágenes consagradas".[23] En este esfuerzo por recobrar la mente bicameral después del fracaso de oráculos y profecías, todo el mundo civilizado se llenó de epifanías o manifestaciones de estatuas de toda especie y descripción como resultado de este notable resurgimiento de la idolatría.

¿Cómo fue posible todo esto? Dado que esto ocurrió ya bien entrada la era subjetiva, en que los hombres se enorgullecían de la razón y del sentido común y que al fin sabían que había experiencias tales como alucinaciones falsas, ¿cómo fue posible que creyeran que realmente las estatuas encarnaban dioses reales? ¿Y que hablaban?

Recordemos la creencia casi universal a lo largo de estos siglos en un dualismo absoluto de espíritu y materia. Espíritu o alma o espíritu o conciencia (todo esto se mezclaba) era una cosa impuesta por el cielo sobre la materia corporal para

20. Los registros de varios templos dedicados a Asklepios, dios de la medicina, están llenos de diagnósticos y directivas terapéuticas dichas a los enfermos mientras dormían allí. Las reunieron y tradujeron E. J. y L. Edelstein, *Asclepius: A Collection and Interpretation of the Testimonies*, 2 vols., 1945.
21. Suetonio, *Nerón*, 56.
22. Apuleyo, *Apol.*, 63.
23. E. R. Dodds, *The Greeks and the Irrational*, menciona otros ejemplos.

darle vida. Todas las religiones nuevas de esta era abundaban sobre este punto. Y si se podía infundir un alma en una cosa tan frágil como la carne para hacerla vivir, en un cuerpo al que se puede herir con facilidad, que debe tener materia vegetal y animal que le entra por un extremo y que le sale maloliente por el otro, en esta nave pecadora, llena de sensaciones, que los años marchitan y los vientos desgastan, y en que las enfermedades se ensañan cruelmente y que puede ser privada del alma que la anima por el mismo acto que acuchilla a una cebolla, ¡cuánto más posible no será que la vida, la vida divina, sea infundida por el cielo en una estatua de belleza ajena a la sangre, con un cuerpo sin tacha e inmaculado, de mármol que no se arrugará o de oro que no enfermará! Veamos, por ejemplo, a Calístrato, que es el siglo IV d.C. escribe sobre una estatua de marfil y oro del dios Asklepios:

> ¿Vamos a reconocer que el espíritu divino desciende a cuerpos humanos donde incluso será corrompido por pasiones, y que, sin embargo, no creamos en ello en el caso de que no haya posibilidad de engendrar mal?... porque veamos como una imagen después de que el arte ha retratado un dios en ella, ¡pasa por ser el mismo dios! Aunque es materia, de ella emana inteligencia divina.[24]

Y él y casi todo el mundo lo creyeron.

La prueba de todo esto sería hoy día mucho más obvia de no haber sido porque Constantino envió en el siglo IV, como lo había hecho un milenio antes el rey Josías en Israel, a sus ejércitos de conversos cristianos armados de mandarrias a destruir por todo el mundo, que otrora había sido bicameral, sus últimos vestigios físicos. Después del desvanecimiento de la mente bicameral cada dios es celosísimo de los demás.

Pero ni siquiera esta destrucción pudo desterrar las prácticas idólatras; así de vital es la necesidad de tener algún tipo de autorización de nuestra conducta. En la Italia medieval y en Bizancio se creyó en ídolos encantados que tenían el poder de evitar o alejar desastres. A los famosos caballeros templarios se les acusó, cuando menos, de recibir órdenes de una cabeza de oro llamada Bafomet. Se habían vuelto tan comunes los ídolos alucinogénicos al finalizar la Edad Media que una bula del papa Juan XXII de 1326 acusa a aquellos que por medio de la magia aprisionan demonios en imágenes u otros objetos, los interrogan y logran que les contesten. Hasta la mismísima Reforma, los monasterios y las iglesias competían entre sí para atraerse peregrinos (y sus ofrendas) por medio de estatuas milagrosas.

En algunas épocas, quizá cuando los imperativos cognitivos que apoyaban estas experiencias neobicamerales empezaron a marchitarse bajo la fuerte luz del

---

24. Calistrato, *Descriptions*, 10, trad. A. Fairbanks (Loeb Classic Library, 1902).

racionalismo, hubo veces en que la creencia en la animación de las estatuas se sostuvo merced al uso de artilugios fraudulentos.[25] En un ejemplo entre muchos, de una cruz de Jesús crucificado existente en Boxley, que movía los ojos ante los penitentes, derramaba lágrimas y echaba espuma por la boca, se vino a descubrir en el siglo XVI que tenía "ciertos artificios y alambres viejos junto con varas ya podridas en la parte posterior del mismo".[26] No ahondaremos demasiado en este terreno. Tal vez fuera pecar de cinismo. Aunque esta animación artificial fue casi siempre un engaño sucio para embaucar a peregrinos sedientos de milagros, quizá también tuvo en mente inducir al dios a encarnar en una estatua más natural. En un tratado del siglo XIV sobre esta cuestión se explicaba: "El poder de Dios en cuanto a hacer milagros disminuyó más en una imagen que en otra".[27] En algunas tribus contemporáneas los adoradores de ídolos animados los explican del mismo modo.

La idolatría sigue siendo una fuerza cohesiva social, que fue su función original. Nuestros parques y jardines públicos siguen siendo los hogares floridos de efigies heroicas de líderes del pasado. Aunque muy pocos de nosotros podemos alucinar su habla, todavía, en ocasiones apropiadas, les ofrecemos guirnaldas, del mismo modo que regalos mayores se ofrecían al *gigunus* de Ur. En iglesias, templos y capillas de todo el mundo se siguen esculpiendo y pintando imágenes religiosas, a las que, además, se les reza. De los espejos retrovisores de muchos automóviles entre los norteamericanos cuelgan protectoramente figurillas de la Reina del Cielo. He entrevistado e interrogado a chicas adolescentes, que vivían en conventos profundamente religiosos, y me han confesado que en el silencio de la noche se escurren con frecuencia a la capilla; me han hablado de su emoción por haber "oído" hablar a la estatua de la Virgen María y haber "visto" que movía los labios, que inclinaba la cabeza o que — a veces — lloraba. Ídolos benevolentes de Jesús, María y los santos siguen siendo bañados, vestidos, incensados, cubiertos con flores y joyas, y sacados a hombros de las iglesias cuyas campanas son echadas a vuelo en días festivos de poblados y aldeas del mundo católico. Poner frente a ellos alimentos especiales o bailarles y hacerles reverencias sigue produciendo una emoción misteriosa.[28] Estas devociones se distinguen de las procesiones divinas similares habidas hace cuatro mil años en la bicameral Mesopotamia, casi únicamente por el silencio relativo de los ídolos.

25. Véase F. Poulsen, "Talking, weeping, and bleeding sculptures", *Acta Archeologica*, 1945, 16:178-179.
26. Véase Jonathan Sumption, *Pilgrimage: An Image of Medical Religion* (Totawa, Nueva Jersey: Rowman and Littlefield, 1975), p. 56; también Julia Holloway, *The Pilgrim*. Le agradezco haberme llamado la atención sobre esto.
27. Citado del manuscrito Lollard *Lanterne of Light*, por Sumption, p. 270.
28. Como en el bello cuento de Flaubert *Un Coeur Simple*.

CAPÍTULO 2

De los profetas y de la posesión

SEGURAMENTE, EL LECTOR NOTÓ un salto profundo en mi anterior razonamiento sobre los oráculos. Al paradigma bicameral general lo he llamado vestigio de la mente bicameral. Y sin embargo, el estado de trance de la conciencia estrechada o ausente no es, al menos a partir del cuarto término o paso oracular, un duplicado de la mente bicameral. En vez de eso, para el resto de la existencia de los oráculos se presenta una dominación absoluta de la persona y de su habla por parte del lado-dios, una dominación que habla por boca de la persona, pero que no le permite recordar después lo que ha ocurrido. A este fenómeno se le conoce con el nombre de *posesión*.

El problema que significa no está circunscrito a los remotos oráculos; ocurre en nuestros días y ha ocurrido a lo largo de la historia. Adopta una forma negatoria que parece haber sido una de las enfermedades más comunes en la Galilea del Nuevo Testamento. Y podría sostenerse con buena base que cuando menos algunos de los profetas vagabundos de Mesopotamia, Israel, Grecia y de otras partes no simplemente transmitían o comunicaban algo que oían en alucinación; más bien el mensaje divino llegaba directamente al aparato vocal del profeta sin cognición de "su" parte durante el tiempo que hablaba ni tampoco memoria o recuerdo posterior de ello. Y si a esto lo llamamos pérdida de la conciencia (y así lo llamaré) tendremos un enunciado muy problemático. ¿No será posible decir también que no se trata de una pérdida de la conciencia sino de su sustitución por una conciencia nueva y diferente? Y esto, ¿qué significaría? ¿O es que esa organización lingüística que habla a través de la persona supuestamente poseída *no* está consciente en absoluto en el sentido de narratizar en un espacio mental como el que describimos en I.2?

Estas preguntas no se resuelven mediante respuestas simples. El hecho de que podemos considerar a la posesión por esencias metafísicas como una insensatez ontológica, no debe impedirnos ver las interioridades psicológicas e históricas que el examen de tales idiosincrasias de la historia y de la fe puedan darnos. Indudablemente, cualquier teoría sobre la conciencia y su origen en el tiempo debe enfrentar tales vaguedades o imprecisiones; y yo digo que la teoría sostenida en esta obra es una mejor antorcha para conocer esos rincones oscuros del tiempo y de la mente que cualquier otra teoría. Porque si seguimos apegándonos a una evolución puramente biológica de la conciencia que se remonte a los vertebrados inferiores, ¿cómo podremos enfocar estos fenómenos o empezar siquiera a entender su índole histórica y culturalmente segregada? Sólo podremos encarar estas cuestiones si admitimos que la conciencia es algo aprendido en el seno de un imperativo cognoscitivo colectivo.

Para entender cualquier fenómeno mental, lo primero que debemos hacer es delimitar su existencia dentro del tiempo histórico. O sea, determinar cuándo ocurrió por vez primera.

Al menos en Grecia, la respuesta es muy clara. Ni en la *Ilíada* ni en la *Odisea* ni en ninguna poesía primitiva hay posesión ni vestigios de algo similar. Ningún "dios" habla por labios humanos en la edad verdaderamente bicameral. Pero hacia 400 a.C., al parecer es cosa tan común como las iglesias son ahora, tanto en los muchos oráculos que había en Grecia por todas partes, como en los individuos. La mente bicameral ha desaparecido y en su lugar queda la posesión.

En el siglo IV a.C., Platón atribuye a Sócrates haber dicho en medio de una discusión política que "Hombres poseídos por dios dicen mucha verdad, pero no saben nada de lo que dicen",[1] como si tales profetas anduvieran como si tal cosa por las calles de Atenas. Y fue muy claro en cuanto a la pérdida de la conciencia por los oráculos de sus días:

> porque la profecía es una locura, y las profetisas de Delfos y las sacerdotisas de Dodona han conferido grandes beneficios a la Hélade, tanto en la vida pública y privada, cuando no están en su juicio, pero cuando lo están, han dado poco o nada.[2]

Y así también, en los siglos siguientes, la posesión supuesta es la falta absoluta de la conciencia ordinaria. Cuatrocientos años después de Platón, en el siglo I d.C., Filón afirma categóricamente,

1. Menón 99C. Véase también *Timeo*, 71E-72A, donde se dice que "ningún hombre en sus cabales alcanza la verdad e inspiraciones proféticas".
2. Fedro, 224B.

> Cuando él [un profeta] se inspira, se torna inconsciente; el pensamiento se desvanece y abandona la fortaleza del alma; pero ahora el espíritu divino ha entrado allí y se ha apoderado de su morada; y éste hace que todos los órganos resuenen en forma tal que el hombre expresa con claridad lo que el espíritu le infunde para que diga.[3]

Y esto mismo se ve en el siglo siguiente, como cuando Arístides dice que las sacerdotisas del oráculo de Dodona "no saben, antes de que los después de haber recobrado el sentido natural no recuerdan lo que han dicho, o sea, que todo el mundo sabe lo que dijeron, pero no ellas".[4]

Y Yámblico, el destacado neoplatónico de principios del siglo III, sostuvo de divina posesión "participaba" de la divinidad, tenía una "energía común" con un dios, y "comprende o abarca todo lo que hay en nosotros, pero extermina nuestra conciencia y movimiento".[5] Esta posesión no es, pues, un regreso a la mente bicameral propiamente dicha. Porque cuando Aquiles oyó a Atenea un milenio antes, supo con certeza qué se le dijo: ésa era la función de la mente bicameral.

Vemos, entonces, que este es el nudo mismo del problema. El habla de los profetas posesos no es una alucinación propiamente dicha, ni algo oído por un hombre consciente, semiconsciente o incluso inconsciente, como ocurría en la auténtica mente bicameral. Es algo que se pronuncia o articula externamente y que es oído por los demás. Se presenta en hombres normalmente conscientes y coincide con una pérdida de la conciencia. Entonces, ¿qué justificación tenemos para afirmar que los dos fenómenos, las alucinaciones de la mente bicameral y el habla de los poseídos, están relacionados?

No tengo una respuesta en verdad contundente. Con toda modestia me limito a decir que están relacionados: 1) porque sirven a la misma función social; 2) porque proporcionan o dan comunicaciones similares de autorización, y 3) porque las escasas pruebas que tenemos sobre la historia antigua de los oráculos indica que la posesión en unas cuantas personas institucionalizadas en ciertos lugares es una consecuencia gradual de las alucinaciones de dioses por cualquier individuo de esos lugares. Podemos, por tanto, sugerir cuando menos que la posesión es una transformación de una especie particular, un derivado de la bicameralidad en el cual los rituales de inducción y los diferentes imperativos colectivos cognitivos y de las expectativas adiestradas dan por resultado la posesión ostensible de la

3. Filón, *De Special Legibus*, 4, 343M, Cohn y Wendland, comps., que en otro lugar dice: "El que en verdad está inspirado y lleno de dios no puede comprender, no puede abarcar con su inteligencia lo que dice: únicamente repite lo que se le sugiere, como si otro lo indujera" (222M).
4. Arístides, *Opera*, 213.
5. Yámblico, *De Mysteriis*, 3:8, o la traducción al inglés por Thomas Taylor (Londres: Theosophical Society, 1895), pp. 128-129.

persona particular por el lado-dios de la mente bicameral. Quizá podríamos decir que para recuperar la antigua mentalidad, debería borrarse más y más la conciencia en desarrollo, debería inhibirse el lado humano de ella y dejar el control del habla al lado divino.

¿Qué podríamos decir de la neurología de una mentalidad así? Del modelo que presenté en I.5, podríamos aventurar la hipótesis de que en la posesión hay una especie de perturbación de las relaciones de dominio hemisférico normales, en la cual el hemisferio derecho está de algún modo más activo que en el estado normal. En otras palabras, si hubiéramos podido colocar electrodos en un oráculo de Delfos durante su frenesí, ¿habríamos hallado un EEG relativamente más rápido (y por tanto, mayor actividad) en el hemisferio derecho, en relación con la posesión de la mujer? ¿Lo encontraríamos más particularmente sobre su lóbulo temporal derecho?

Creo que sí lo encontraríamos. Hay cuando menos la posibilidad de que las relaciones de dominio de los dos hemisferios se alterarán, y de que el adiestramiento anterior del oráculo exigiera una relación más elevada de actividad del hemisferio derecho en relación con el izquierdo como respuesta a los estímulos complejos de los procedimientos de inducción. Esta hipótesis podría explicar además la contracción de las facciones, la presencia del frenesí y de los ojos nistágmicos como una interferencia anormal del hemisferio derecho o como una actividad inhibitoria por parte del hemisferio izquierdo.[6]

Podríamos agregar un comentario sobre diferencias sexuales. Hoy es un hecho sabido que, biológicamente, las mujeres tienen funciones cerebrales un poco menos lateralizadas que los hombres. Esto significa, en pocas palabras, que las funciones psicológicas de las mujeres no están ubicadas en uno u otro hemisferio del cerebro tan claramente como en los hombres. En las mujeres, las aptitudes mentales están más extendidas sobre ambos hemisferios. Ya desde los seis años, por ejemplo, un niño reconoce objetos tocándolos con la mano izquierda; con la mano derecha el reconocimiento no es tan preciso. En las niñas las dos manos son iguales. Esto muestra que el reconocimiento áptico (como se le llama) se ha ubicado primariamente en los niños en el hemisferio derecho, no así en las niñas.[7]

---

6. Es probable que no sea la corteza motora derecha la que controla los gestos faciales sino que la desusada actividad del lóbulo temporal-parietal derecho distorsiona la simetría del efecto de los ganglios basales sobre la expresión facial.

7. Sandra F. Witelson, "Sex and the Single Hemisphere", *Science*, 1976, 193:425-427. Una comparación de otros treinta estudios sobre este tema se encuentra en Richard A. Harshman y Roger Remington, "Sex, Language, and the Brain, Part I: A Review of the Literature on Adult Sex Differences in Lateralization", preimpresión de los autores, 1975; véase también Stevan Harnard; "On Gender Differences in Language", *Contemporary Anthropology*, 1976, 17:327-328.

También es cosa común que un ataque o hemorragia en el hemisferio izquierdo límite más el habla en los hombres de edad que en las mujeres. Consecuentemente, cabe esperar más función residual de lenguaje en el hemisferio derecho de las mujeres, lo cual les facilitaba muchísimo llegar a ser oráculos. De hecho, la mayoría de los oráculos y sibilas, cuando menos en las culturas europeas, fueron mujeres.

La posesión inducida

Vimos en III.1, que el habla inconsciente institucionalizada en los profetas de oráculos y también en la de un dios se torna más errática y silenciosa al concluir los primeros siglos de la era cristiana. No resiste el asedio del racionalismo, las andanadas de la crítica y la irreverencia demoledora del teatro y de la literatura cómicos. Esta supresión pública (ciertamente urbana) de una característica cultural general suele producir que se convierta en una costumbre privada, que se refugie en sectas abstrusas y cultos esotéricos en cuyo seno estará protegido de tales críticas su imperativo cognitivo. Y esto mismo reza con la posesión inducida. Con los oráculos reducidos burlonamente al silencio y con ello la búsqueda de autorización, se produce un movimiento general en los grupos privados para hacer volver a los dioses y para conseguir que hablen a través de casi cualquier individuo.

El siglo II de nuestra era fue testigo de un número cada vez mayor de estos cultos. A veces sesionaban en capillas oficiales, aunque iban predominando los círculos privados. Usualmente, una persona llamada *pelestike* u operador trataba de encarnar temporalmente al dios en otra llamada *katochos*, o más especialmente en un *docheus*, o sea, en lo que en la jerga contemporánea se llama médium.[8] No tardó en descubrirse que para que se produjera el fenómeno, el *katochos* debía provenir de un medio sencillo; este hecho es común en toda la literatura sobre posesión. Desde el siglo III, Yámblico, el verdadero apóstol de todo esto, dice que los mediums más aptos son "personas jóvenes y sencillas". Y así eran, recordémoslo, las incultas labriegas escogidas como sacerdotisas del oráculo de Delfos. En otros escritos se habla de adolescentes, como el muchacho Edesio que "con sólo ponerse la guirnalda y mirar al Sol producía inmediatamente oráculos confiables en el más inspirado estilo". Es de suponer que esto se debía a un cuidadoso entrenamiento. Esta posesión bicameral inducida debe ser aprendida como lo demuestra la preparación de los oráculos así como un comentario de Pitágoras de Rodas, del

8. En esta parte de mi estudio mucho es lo que debo al raudal de información de E. R. Dodds, *The Greeks and the Irrational* (Berkeley: University of California Press, 1968). Apéndice II, "Theurgy", donde se pueden encontrar otras muchas referencias.

siglo III, de que al principio los dioses llegan renuentemente, luego cada vez con más facilidad conforme adquieren la costumbre de entrar en la misma persona.

Creo que lo que se aprendía como resultado de la inducción era un estado muy cercano a la mente bicameral. Esto es importante. De ordinario no pensamos en aprender una nueva mentalidad inconsciente, ni tampoco una nueva relación completa entre nuestros hemisferios cerebrales, del mismo modo en que pensamos en aprender a andar en bicicleta.

Dado que se trata del aprendizaje de un estado neurológico difícil, tan diferente de la vida ordinaria, no es de sorprender que los elementos de inducción deban ser violentamente distintos y tener diferencias extremas con la vida ordinaria.

¡Y vaya si eran distintos! Todo singular, todo extraño: bañarse en humo o en agua consagrada, ataviarse y envolverse en túnicas encantadas con fajas mágicas, usar guirnaldas extrañas o símbolos misteriosos, estar de pie en un círculo mágico encantado, tal como lo hicieron los magos de la Edad Media, o en *charakteres* como lo hizo Fausto para alucinar a Mefistófeles, o embarrarse estricnina en los ojos para procurarse visiones como se hacía en Egipto, o lavarse con azufre y agua de mar, un método muy antiguo iniciado en Grecia, según testimonio de Porfirio del siglo II d.C., para preparar el *anima spiritalis* para recibir un ser superior. Por supuesto, para que todo esto surtiera efecto era preciso que se creyera que sí ocurriría así, del mismo modo que nosotros, en esta era muy posterior, no tenemos "libre albedrío" a menos que creamos que lo tenemos.

Y lo que se hacía, o sea, esta "recepción del dios", psicológicamente no era diferente de las otras formas de posesión que hemos examinado. En el *katochos*, tanto la conciencia como la reactividad normal solían estar en completa suspensión, de modo que era necesario que otros vieran por él; y en un trance así de profundo, supuestamente el "dios" revelaría el pasado o el futuro, o contestaría preguntas o tomaría decisiones, como ocurría con los antiguos oráculos griegos.

¿Cómo se explicaba el caso de que estos dioses se equivocaran? Bueno, tal vez se había invocado a los malos espíritus en vez de los buenos, o bien, unos espíritus intrusos, entrometidos, entraron en el médium. El propio Yámblico afirma haber desenmascarado en su médium a un falso Apolo que no era otra cosa que el espíritu de un gladiador. Estas excusas son cosa común en la decadente literatura posterior del espiritualismo.

Y cuando la sesión no parecía estar dando resultado, el propio operador se sometía a una inducción de ritos purificadores que lo ponían en estado alucinatorio, de tal modo que pudiera "ver" u "oír" más claramente en el inconsciente médium algo que quizá el médium ni siquiera diría. Este tipo de doblamiento es similar a la relación del *prophetes* con sus oráculos, y explica algunas levitaciones, alargamientos o dilataciones del cuerpo del médium.[9]

Al finalizar el siglo III, el cristianismo ya había anegado el mundo pagano con sus propias pretensiones de autorización, y empezó a disolver en sí mismo muchas de las prácticas paganas existentes. Una de ellas fue la idea de la posesión, la cual fue absorbida de un modo trascendental. Casi al mismo tiempo que Yámblico enseñaba la inducción de dioses dentro de estatuas, o a jóvenes y analfabetos *katochoi* a "participar" en la divinidad y a tener "una energía común" con un dios, Atanasio, el emprendedor obispo de Alejandría, empezó a pretender, a reclamar la misma cosa para el analfabeto Jesús. Hasta ese momento, el Mesías cristiano había sido visto *como* Yahvé, quizá un semidiós, mitad humano, mitad divino, que reflejaba su supuesta ascendencia. Pero Atanasio persuadió a Constantino, a su Concilio de Nicea y a la mayor parte de la ulterior cristiandad, de que Jesús *participaba* de Yahvé, era la *misma* sustancia, el Mundo Bicameral hecho Carne. Creo que podemos afirmar que la creciente Iglesia, en peligro de fraccionarse en sectas, exageró el fenómeno subjetivo de posesión y de ahí sacó un dogma teológico objetivo. Lo hizo para afirmar, para hacer valer una pretensión aún mayor a una autorización *absoluta*. Para los cristianos atanasianos los dioses reales habían vuelto a la Tierra y volverían otra vez.

Cosa curiosa, esta Iglesia cristiana en expansión no puso en duda que el oráculo de Delfos o las sibilas estuvieran en contacto con una realidad celestial. Pero esas sesiones paganas y la posesión divina inducida en donceles parecieron teológicamente peligrosas, obra de diablos y de espíritus sombríos. Y sucedió que mientras la Iglesia se aprestaba a hacerse de la autoridad política en la Edad Media, desaparecía, al menos de la observación pública, la posesión inducida voluntariamente. Se volvió más oculta, más subterránea; se inclina hacia la hechicería y a las necromancias y sólo muy de vez en cuando se deja ver.

Dentro de un momento me ocuparé de su práctica contemporánea. Examinaremos antes un efecto cultural colateral de la posesión inducida, un fenómeno perturbador al que llamaré.

La posesión negatoria

Este vestigio vigorosamente extraño de la mente bicameral tiene otra faceta, que es diferente de otros temas tratados en este capítulo. No es una respuesta a una

9. Puede afirmarse que muchas hazañas de los magos de los teatros de hoy día tienen sus orígenes en la repetición de estas "pruebas" de intervención divina.

inducción ritual tendente a recobrar la mente bicameral. Es una enfermedad que es respuesta al estrés. En efecto, el estrés emocional toma el lugar de la inducción en el paradigma bicameral general, igual que en la antigüedad. Y cuando eso ocurre, la autorización es de una especie diferente.

La diferencia ofrece un problema fascinante. En el Nuevo Testamento, cuando oímos por primera vez de tal posesión espontánea, se le da el nombre en griego de *daemonizomai* o demonización.[10] Y desde ese momento hasta el presente, los ejemplos del fenómeno suelen tener la calidad adversa que el término lleva en sí. Ya no está muy clara la razón de la cualidad adversa. En un capítulo anterior (II.4), traté de insinuar el origen del "mal" en el vacío volitivo de las voces bicamerales silentes. Y el que esto haya ocurrido en Mesopotamia, y particularmente en Babilonia, donde los judíos fueron desterrados en el siglo VI a.C., puede explicar el predominio de esta cualidad en el mundo de Jesús al comienzo de este síndrome.

Sean cuales fueren las razones, en el individuo deben ser similares a aquellas que fundamentan la cualidad predominantemente negatoria de las alucinaciones esquizofrénicas. Y es indudable que es obvia la relación de este tipo de posesión con la esquizofrenia.

Como la esquizofrenia, la posesión negatoria suele empezar con algún tipo de alucinación.[11] Suele ser una "voz" o un "demonio" u otro ser que castigan y que se "oyen" tras un lapso de considerable tensión. Pero luego, a diferencia de la esquizofrenia, debido probablemente al fuerte imperativo cognoscitivo colectivo de un determinado grupo o religión, la voz se convierte en un sistema secundario de personalidad; entonces el sujeto pierde el control y periódicamente entra en estados de trance en los cuales pierde la conciencia, y se hace cargo de la situación el lado o aspecto "demonio" de la personalidad.

Invariablemente, los pacientes no tienen instrucción, casi siempre son analfabetos, y todos ellos creen de corazón en espíritus, demonios o seres similares, y viven en una sociedad que también cree en ellos. Los ataques o accesos duran desde unos minutos hasta una o dos horas; entre un ataque y otro el paciente se ve relativamente normal y recuerda poco de tales ataques. Al contrario de lo que dicen los cuentos de horror, la posesión negatoria es más bien un fenómeno de tipo lingüístico, no conductual. En los casos que he estudiado, es raro encontrar alguno de conducta delictiva hacia otras personas. El individuo afectado no sale disparado ni se comporta como demonio; pero habla como tal.

10. Además, ejemplos de esta posesión ocurren con más frecuencia en los más antiguos y auténticos de los Evangelios: Marcos, 1:32. 5:15-18; y Mateo (que según los especialistas está basado en Marcos y también en algún otro Evangelio desconocido y más antiguo), 4:24, 8:16, 8:28, 9:32, 12:22.

11. Aquí estoy resumiendo casos de la literatura sobre el particular. Para un estudio más amplio de este tema, así como para descripciones de otros casos (no muy completas), véase Oesterreich, *Possession*; y también J. L. Nevius, *Demon Possession and Allied Themes* (Chicago: Revell, 1896).

Estos episodios suelen venir acompañados por retorcimientos y visajes, como en la posesión inducida. La voz está deformada, es a menudo gutural, llena de gritos, quejidos y vulgaridades, y en general se lanza contra los dioses institucionalizados de la época. Casi siempre hay una pérdida de la conciencia, en razón directa a como la persona se comporta diferentemente de como es. Puede calificarse a sí mismo como un dios, un demonio, un espíritu, un fantasma o un animal (en el Oriente suele ser "la zorra"), exigir un altar o capilla y que se le adore, y hundir al paciente en convulsiones si se le niegan estas cosas. Por lo general describe su yo natural en tercera persona, como un extranjero despreciado, como Yahvé despreció a veces a sus profetas o como las Musas se mofaron de sus poetas.[12] Y parece más inteligente y despierto que el paciente en su estado normal, al igual que las Musas y Yahvé eran más inteligentes y despiertos que el profeta o el poeta.

Como en la esquizofrenia, el paciente puede representar las sugerencias o indicaciones de otros, y, cosa aún más curiosa, interesarse en contratos o tratados con observadores; por ejemplo, la promesa de que "dejará" al paciente si hace tal o cual cosa; estos tratos los cumplirá tan fielmente el "demonio" como los pactos similares de Yahvé en el Antiguo Testamento. Relacionado con esta sugestibilidad e interés en los contratos está el hecho de que el exorcismo, que es la cura de la posesión espontánea producida por el estrés, no ha variado desde el Nuevo Testamento hasta nuestros días. Se realiza mediante la orden de una persona más autoritaria, con frecuencia después de un ritual de inducción, hablando en nombre de un dios más poderoso. Puede decirse que el exorcista encuadra dentro del elemento autorización del paradigma bicameral general y que reemplaza al "demonio". Los imperativos cognoscitivos del sistema de creencias que determinaron la forma de la enfermedad inicialmente, determinarán la forma de su curación.

El fenómeno no depende de la edad; en cambio las diferencias entre los sexos, dependiendo de la época histórica, son pronunciadas, lo cual muestra su base de expectación cultural. De entre los poseídos por "demonios" a quienes Cristo o sus discípulos curaron en el Nuevo Testamento, la gran mayoría fueron hombres. Sin embargo, en la Edad Media y después, la gran mayoría fueron mujeres. Como prueba de su base en un imperativo cognitivo colectivo citaremos sus epidemias periódicas, como las ocurridas en conventos de monjas en la Edad Media, en Salem, Massachusetts, en el siglo XVIII, o las del siglo XIX en Saboya, en los Alpes. Y hoy día, de cuando en cuando.

12. Quizá no debía hacer estas comparaciones cruzadas, pero al menos estoy descubriendo mi modo de pensar. ¿Será posible que lo que corresponde al área de Wernicke en el hemisferio derecho siempre "mire de arriba abajo" al área de Wernicke del izquierdo? Las referencias son al Éxodo, 4:24, y a la *Teogonía* de Hesíodo, línea 26, respectivamente.

Y aquí también, con una alteración de la mentalidad tan pronunciada como ésta, no podemos librarnos de la cuestión neurológica. ¿Qué es lo que ocurre? ¿Es que las áreas del lenguaje del hemisferio derecho no dominante se activan en la posesión espontánea, como sugerí que sucedía en la posesión inducida de los oráculos? ¿Las facciones retorcidas se deben a la intrusión del control del hemisferio derecho? El hecho de que la mayoría de los casos fueran de mujeres (así como la mayoría de los oráculos y sibilas), y que las mujeres están (todavía en nuestra cultura) menos lateralizadas que los hombres, no deja de ser sugerente.

Al menos algunos ejemplos de posesión comienzan con contorsiones en el lado izquierdo del cuerpo, lo cual parece indicar que esto es cierto. En seguida presentaremos un caso ocurrido al comenzar nuestro siglo. La paciente fue una japonesa inculta de cuarenta y siete años a quien poseía lo que ella llamaba el zorro, de seis a siete veces al día, siempre con los mismos fenómenos de lateralidad. Según las observaciones de sus médicos:

> Al principio aparecían ligeras crispaduras de la boca y del brazo del lado izquierdo. A medida que éstas se volvían más violentas, se golpeaba con fuerza con el puño el lado izquierdo, que para entonces estaba enrojecido e hinchado con golpes similares que ella misma se había dado; luego me decía: "Ay, señor, ya me volvió esa irritación en el pecho". Y de su boca salía una voz extraña e incisiva: "Sí, es verdad, ya estoy aquí. ¿Creíste, gansa estúpida, que podrías detenerme?" En seguida, la mujer se dirigía a nosotros: "¡Por favor, caballeros, perdónenme, no puedo evitarlo!"
>
> Sigue golpeándose el pecho y contrayendo el lado izquierdo de la cara... la mujer lo amenazó, lo conjuró rogándole que guardara silencio, pero al poco tiempo la interrumpió, y ya sólo él habló y pensó. Ahora la mujer estaba pasiva, como autómata, evidentemente sin entender lo que se le decía. En lugar de ella, respondía maliciosamente el zorro. Al cabo de diez minutos, el zorro habló de un modo confuso, la mujer gradualmente volvió en sí y recuperó su estado normal. Recordó la primera parte del ataque y con lágrimas en los ojos nos pidió perdón por la desaforada conducta del zorro.[13]

Pero fue un caso único. No he encontrado ningún otro paciente en que se manifestaran fenómenos de lateralidad tan evidentes.

Al cavilar sobre la neurología de la posesión negatoria, puede ayudar, creo,considerar la enfermedad contemporánea conocida como Síndrome de Gilles de la Tourette,[14] o también, ocasionalmente, "enfermedad de la boca obscena". Este

---

13. E. Balz, *Ueber Besessenheit* (Leipzig, 1907), traducido al inglés por Oesterreich como *Possession*, p. 227. Los médicos que la rodeaban quedaban asombrados por la agudeza de su habla, el ingenio de su irónico lenguaje, tan diferente al de la paciente, de que el "zorro" hacía gala.
14. Para un trabajo reciente sobre este tema y su historia, véanse las referencias y datos en A. K. Shapiro,

extraño grupo de síntomas suele empezar en la niñez, tal vez a los cinco años o antes, con una contracción facial repetida o una palabrota fuera de contexto. Luego esto se vuelve una incontrolable emisión de obscenidades, gruñidos, gritos o blasfemias a la mitad de una conversación que si no fuera por eso sería normal, así como varios tics faciales, chasquidos de lengua, etc. Todo esto se prolonga en la vida adulta, para mayor pena del paciente. Con frecuencia estas personas se niegan a salir por el horror y la pena que sienten por su vulgaridad intermitente e incontrolable. En un caso que conocí hace poco, el hombre inventó el pretexto de tener un mal de la vejiga que lo obligaba a orinar con frecuencia. En realidad, cada vez que iba al retrete de hombres de los restaurantes o al de una casa en que estuviera de visita, era para desahogar el torrente de obscenidades que pugnaban por salir de su boca.[15] Permítaseme ser irreverente y comentar que el ansia lingüista que lo aquejaba no debió de ser muy diferente de la que sintió el profeta Jeremías, un fuego en sus huesos (véase II.6), aunque el producto semántico fue un poco (pero no totalmente) diferente.

Por lo que hace a nosotros, el Síndrome de la Tourette nos interesa porque se parece muchísimo a la fase inicial de la posesión producida por el estrés, al grado de que fuerza en nuestro ánimo la sospecha de que comparten un mismo mecanismo fisiológico. Y esto puede ser muy bien el dominio hemisférico incompleto, en el cual las áreas del lenguaje del hemisferio derecho (estimuladas quizá por impulsos provenientes de los ganglios basales) irrumpen periódicamente en el lenguaje en condiciones que en el hombre bicameral habrían producido alucinaciones. Por consiguiente, no es nada raro que casi todos los que tienen el Síndrome de Gilles de la Tourette tengan también pautas anormales de ondas cerebrales, algún daño en el sistema nervioso central, y que de ordinario sean zurdos (en la mayoría de los zurdos hay una dominancia mezclada o mixta), y que los síntomas comiencen hacia los cinco años, edad en que se ha terminado el desarrollo neurológico de la dominancia hemisférica en relación con el lenguaje.

Todo esto revela algo importante pero intranquilizador sobre nuestro sistema nervioso, pues aunque creo que es correcto, que apunta en la dirección apropiada el modelo neurológico que ofrecimos en I.5, lo cierto es que nos estamos alejando más y más de él. Es muy poco probable que la moderna posesión del espíritu abarque o use en todas partes centros del habla del hemisferio derecho para la propia

E. Shapiro, H. L. Wayne, J. Clarkin y R. D. Bruun, "Tourette's Syndrome: summary of data on 34 patients", *Psychosomatic Medicine*, 1973, 35:419-435.

15. Es común que el Síndrome de Tourette se diagnostique como una forma de locura, lo que no es. Sin embargo, afortunada e interesantemente, uno de los nuevos tranquilizantes antipsicóticos, el haloperidol, suprime los síntomas, cosa que hizo en los casos arriba mencionados. Agradezco al doctor Shapiro su ilustración sobre estos puntos.

habla *articulada*. Esta hipótesis contradice a tantos hechos clínicos que eso mismo la descarta excepto en casos rarísimos.

Una posibilidad más verosímil es que la diferencia neurológica entre la mente bicameral y la posesión moderna esté en que, en la primera, las alucinaciones fueron organizadas y oídas desde el hemisferio derecho; en tanto que, en la posesión, el habla articulada es nuestra habla normal del hemisferio izquierdo pero controlada o bajo la guía del hemisferio derecho. En otras palabras, lo que corresponde al área de Wernicke del hemisferio derecho está usando el área de Broca del hemisferio izquierdo, de lo cual resulta el estado de trance y su despersonalización. Este control cruzado podría ser el sustrato neurológico de la pérdida de la conciencia normal.

La posesión en el mundo moderno

Quiero ahora volver la vista a la posesión inducida en nuestros días para demostrar casi concluyentemente que es un fenómeno aprendido. El mejor ejemplo que he encontrado es el de la religión umbanda, la más numerosa, con mucho, entre las religiones afrobrasileñas que hoy día practica más de la mitad de la población de Brasil. Personas provenientes de todo tipo de antecedentes étnicos creen en ella como fuente de decisiones, y ciertamente es el caso más general de posesión inducida desde el siglo III.

Veamos una gira típica o "vuelta" alrededor, como se llama con tanta propiedad a las sesiones umbandas.[16] Hoy día puede tener lugar en un salón situado sobre una tienda o en un estacionamiento de autos abandonado. Tal vez unas diez o doce mediums (70 por ciento son mujeres), vestidas ceremonialmente de blanco, salgan de una sala de descanso y se coloquen frente a un altar con colgaduras blancas, lleno de flores, velas, estatuas y pinturas de santos cristianos; al otro lado del salón y separada por una barandilla está una audiencia de un centenar de personas. Los tambores tocan y el público canta, mientras las mediums comienzan a balancearse o a bailar. Este balanceo y baile es un movimiento contrario al de las manecillas del reloj, es decir, que empieza con impulsos motores provenientes del hemisferio derecho. Sigue luego un servicio de tipo cristiano. En seguida se vuelven a tocar los tambores, esta vez furiosamente, todo el mundo canta y las mediums empiezan a llamar a sus espíritus; algunas giran hacia la izquierda como santones remolineantes, con lo cual vuelven a excitar sus hemisferios derechos.

16. Toda esta parte sobre Umbanda está basada en el estudio riquísimo y definitivo de Esther Pressel, "Umbanda Trance and Possession. São Paulo, Brazil", en Felicitas Goodman y otros, *Trance, Healing, and Hallucination* (Nueva York: Wiley, 1974).

Aquí se encuentra la metáfora explícita de la médium como *cavalo* o caballo. Se supone que un espíritu particular se baja y se introduce en este su *cavalo*. Mientras esto sucede, la cabeza y el pecho del *cavalo*, o médium, se sacuden de atrás hacia adelante en direcciones opuestas, como cuando se monta un caballo bronco. El pelo cae desarregladamente. Las expresiones faciales se deforman como en los ejemplos antiguos que ya citamos. La postura cambia imitando cualquiera de los muchos espíritus posesionadores. Una vez consumada la posesión, los "espíritus" bailarán unos minutos, se saludarán unos a otros en el estado de posesión, quizá hagan alguna otra cosa apropiada al tipo de espíritu y luego, al cesar los tambores, ocuparán sus lugares preasignados, y, cosa curiosa, mientras esperan que miembros del público se adelanten para una *consulta*, chasquean los dedos impacientemente mientras sus manos descansan al lado del cuerpo, con las palmas hacia afuera. En la consulta se le puede preguntar a la médium poseída, y ella resolverá cuestiones sobre cualquier enfermedad o problema personal, sobre cómo obtener o conservar un empleo, sobre finanzas y negocios, querellas familiares, problemas de amor o, incluso, entre estudiantes, cuestiones académicas.

Que la posesión es una mentalidad aprendida, se ve con claridad en estos cultos brasileños. En un campo de juego cualquiera se ve a niños que durante el juego imitan los movimientos de atrás y adelante de la cabeza y del pecho que se usan para inducir y terminar la posesión por el espíritu. Si un niño desea ser médium, se le alienta y se le da un tratamiento especial tal como ocurrió con las labriegas que llegaron a los oráculos en Delfos y en otras partes. Algunos de los muchos centros umbanda (hay unos cuatro mil tan sólo en São Paulo) realizan sesiones regulares de entrenamiento, entre cuyos procedimientos figuran varios modos de hacer que los novicios se aturdan para enseñarles (a ellos o a ellas) el estado de trance, así como técnicas similares a las usadas en la hipnosis. En este estado de trance se enseña a los novicios como se comportan diversos espíritus. Este hecho de diferenciar a los espíritus poseedores es importante; por ello, comentaré un poco más sobre él y sobre su función en la cultura.

Los vestigios de la mente bicameral no pueden existir en un espacio psicológico vacío. Es decir, no se les debe considerar como fenómenos aislados que simplemente aparecen en una cultura y vagabundean un rato sin hacer otra cosa que alardear de sus antiguos méritos. Todo lo contrario, siempre viven en el corazón mismo de una cultura o subcultura, y se desplazan para llenar lo implícito o sobreentendido y lo no racionalizado. Se convierten, ciertamente, en el sostén incuestionable e irracional y en la integridad estructural de la cultura. Y a su vez, la cultura es el sustrato de su conciencia individual, de cómo la metáfora "me" es "percibida" por el "yo" análogo, de la naturaleza de la fragmentación y de las limitaciones y frenos a la narratización y a la conciliación.

Estos vestigios de la mente bicameral, tal como los estamos viendo aquí, no son excepcionales. Una religión de posesión como la umbanda funciona como poderoso apoyo psicológico a las heterogéneas masas de sus pobres, ignorantes y menesterosos. La penetra un sentimiento de *caridade*, que consuela y vincula a esta mezcolanza de seres políticamente impotentes, cuya urbanización y diversidad étnica los ha dejado en el desamparo y sin raíces. Y veamos la pauta de organizaciones neurológicas particulares que surgen como divinidades poseedoras. Nos recuerdan a los dioses personales de Sumeria y Babilonia que halagaban a los dioses que estaban encima de ellos e intercedían ante ellos. Todos los mediums pueden ser poseídos todas las noches por un espíritu individual, perteneciente a uno de cuatro grandes grupos, que en orden de frecuencia son:

los *caboclos*, espíritus de guerreros indobrasileños, que aconsejan en situaciones que requieran acción pronta y decisiva, por ejemplo, obtener un trabajo o conservarlo;

los *pretos velhos*, espíritus de esclavos afrobrasileños, propios para manejar problemas personales añejos y fastidiosos;

las *crianças*, espíritus de niños muertos, cuyos mediums hacen sugerencias juguetonas;

los *exus* (demonios) o, si son femeninos, *pombagiras* (palomas volteadoras), espíritus de extranjeros perversos, cuyos mediums hacen sugerencias vulgares y agresivas.

Cada uno de estos cuatro tipos principales de espíritus poseedores representa un grupo étnico diferente que corresponde al hibridismo étnico de los fieles: indio, africano, brasileño (las *crianças* son "como nosotros"), y europeo, respectivamente. Cada uno representa una diferente relación familiar con el peticionario: padre, abuelo, hermano y extranjero, respectivamente. Y cada uno representa un diferente ámbito de decisión: decisiones rápidas para elecciones de acción, consejo reconfortante tratándose de problemas personales, sugerencias juguetonas, y decisiones en cuestiones de agresión o conflicto, respectivamente. Así como los dioses griegos se distinguieron originalmente como ámbitos de decisión, así también se distinguen los espíritus umbandas. Y el todo es como una red o metáfora matriz de distinción de cuatro vías o carriles relacionada internamente que vincula a los individuos y los mantiene unidos en una cultura.

Y yo sugiero que todo esto es un vestigio de la mente bicameral, que nos llega a través de estos milenios de ajuste a una nueva mentalidad.

La verdadera posesión, tal como la describen Platón y otros autores, sigue su curso sin conciencia, lo cual la diferencia de la acción. El entrenamiento de los candidatos a oráculos debe haber admitido grados y etapas en la marcha hacia ese estado. Al parecer, esto mismo sucede en las religiones brasileñas de posesión. El joven novicio puede empezar representando o dramatizando la posesión, y luego continuar preparándose hasta que por último pueda separar lo que el espíritu diría de lo que él diría normalmente. Viene enseguida una etapa en que se va y viene entre la conciencia y la no conciencia. Hasta que, finalmente, en la posesión completa, tal vez llegue la unión del área de Wernicke en el hemisferio derecho con la de Broca en el izquierdo, o sea, el muy ansiado estado de inconsciencia, en que no se recuerde lo que ocurre. Esto, sin embargo, únicamente sucede a muy pocos mediums. Y en una práctica seudobicameral tan extensa como ésta, es de esperar que habrá muchas diferentes calidades y grados de actuación y de trance aun tratándose del mismo individuo.

Glosolalia

Un fenómeno final que es ligeramente similar a la posesión inducida es la glosolalia, o lo que el apóstol San Pablo llamó "don de lenguas". Es un hablar fluido en lo que suena como un lenguaje extraño que no entiende nadie, ni quien lo habla, el cual rara vez recuerda lo que dijo. Parece haber empezado con la primitiva Iglesia cristiana[17] cuando la venida del Espíritu Santo sobre los apóstoles reunidos. A este acontecimiento se le considera como el nacimiento de la Iglesia cristiana y se conmemora en la fiesta de Pentecostés, el quincuagésimo día después de Pascua.[18] En Hechos 2 se describe lo que probablemente es el primer caso en la historia como un viento recio rugiendo con lenguas de fuego hendidas; luego los apóstoles empezaron idiomas que nunca habían aprendido.

Cuando esta alteración de la mentalidad ocurría a los símiles de los apóstoles, se convertía en su propia autorización. La costumbre se generalizó. Muy pronto, los primeros cristianos lo hacían donde quiera. Pablo incluso lo pone en el nivel de la profecía (I Corintios. 14:27, 29). De tiempo en tiempo en los siglos que

17. Las referencias del Antiguo Testamento de que Yahvé infundió su espíritu, se interpretan a veces como referencias a la glosolalia, pero a mi juicio esto no tiene nada de persuasivo. Se puede ver a este fenómeno como de origen peculiarmente cristiano, en particular en los escritos de Pablo o en los que vienen influencia de él.

18. Hoy día, en las celebraciones de Pentecostés en el Vaticano, se lleva el rojo para simbolizar las lenguas de fuego; y en las iglesias protestantes, el blanco, para simbolizar al Espíritu Santo, de aquí la expresión inglesa *Whitsuntide:* alrededor del domingo blanco.

siguieron a Pablo, la glosolalia como búsqueda de autorización después de la desaparición de la mente bicameral, ha tenido sus períodos de moda.

Su práctica reciente, no solamente por parte de sectas que teológicamente son conservadoras en extremo, sino también por miembros de la línea principal de Iglesias protestantes, ha inducido alguna investigación científica, la cual ha dado resultados muy interesantes. La glosolalia ocurre por primera vez siempre en grupos y *siempre* dentro del contexto de los servicios religiosos. Estoy destacando el factor grupo porque creo que este fortalecimiento del imperativo cognoscitivo colectivo es necesario para un tipo de trance particularmente profundo. Con frecuencia se presentará lo que corresponde a una inducción, particularmente cantos de himnos del tipo estimulante, seguidos por exhortaciones de un líder carismático: "Si sientes que tu idioma cambia, no resistas, deja que ocurra."[19]

El devoto o fiel, merced a su repetida asistencia a tales reuniones, en que observa a otros en glosolalia, primeramente aprende a entrar en un estado de trance profundo, de conciencia ausente o disminuida, en cuyo seno él no responde a estímulos exteroceptivos. En este caso, el trance es casi autonómico: estremecimientos, temblores, sudor y lágrimas. En ese momento, de algún modo puede aprender a "dejar que ocurra". Y lo hace, fuerte y claro, cada frase terminando en un gemido: *aria ariari isa, vena amiria asaria!*[20] El ritmo golpea, probablemente en la misma forma que los dáctilos de las epopeyas golpeaban a los oyentes de los *aoidoi*. Y esta cualidad de alternación regular de sílabas acentuadas y no acentuadas, tan similar a la de las epopeyas homéricas, así como el alza y luego el descenso de la entonación al final de cada frase, no varía — y esto es sorprendente — sea cual fuere el idioma nativo del que habla. Si el individuo es inglés, portugués, español, indonesio, africano o maya, o lo que sea, es igual la pauta de la glosolalia.[21]

Después de la glosolalia, el individuo abre los ojos y lentamente regresa de las alturas inconscientes a la prosaica realidad, recordando poco de lo que ha ocurrido. Pero se le dice. Ha sido poseído por el Espíritu Santo; Dios lo ha escogido como su siervo. Sus problemas han desembocado en la esperanza y sus penas han sido envueltas en gozo. Es lo último en autorización puesto que el Espíritu Santo es la fuente más alta de todo ser. Dios quiso entrar en el humilde sujeto y articuló su habla con la lengua del sujeto. El individuo se volvió dios, por un breve tiempo.

19. Felicitas D. Goodman, "Disturbances in the Apostolic Church: A Trance-Based Upheaval in Yucatan", en Goodman y otros, *Trance, Healing, and Hallucination*, pp. 227-364.
20. De una grabación en cinta de la doctora Goodman de un glosolálico varón de ascendencia maya en Yucatán. *Ibid.*, pp. 262-263.
21. El resultado importante del estudio anterior de la doctora Goodman titulado *Speaking in Tongues: A Cross-Cultural Study of Glossolalia* (Chicago: University of Chicago Press, 1972).

La luz del día de todo esto es cruel y menos inspiradora. Aunque el fenómeno no es un simple galimatías, ni la persona media puede reproducir la fluidez y estructura de lo que se habla, lo cierto es que carece en absoluto de significado semántico. Grabaciones de glosolalia presentadas ante otros miembros del mismo grupo religioso son interpretadas de un modo del todo incongruente.[22] Pero el hecho de que las vocalizaciones medidas sean similares independientemente de la cultura y lengua de los que hablan, indica tal vez que intervienen descargas rítmicas provenientes de estructuras subcorticales, las cuales son emitidas o liberadas por el estado de trance del control cortical disminuido.[23]

Esta habilidad no es duradera. Se atenúa. Cuanto más se practica, más consciente se vuelve, lo cual destruye el trance. Un ingrediente esencial del fenómeno, al menos dentro de grupos con más instrucción en los que el imperativo cognoscitivo debe ser más débil, es la presencia de un líder carismático que sea quien enseñe primeramente el fenómeno. Si se quiere que continúe esta habla y si la euforia resultante hace de ella un estado o condición de la mente deseado devotamente, es preciso que no se rompa la relación con el autoritario líder. En la realidad el elemento esencial es esta capacidad de abandonar la dirección consciente de nuestros controles del habla ante una figura autoritaria y a la vez benévola. Como podría esperarse, los glosolalistas sometidos a la Prueba de Apercepción Temática se revelan más dóciles, sugestionables y dependientes en presencia de figuras de autoridad que aquellos individuos que no producen el fenómeno.[24]

Es, entonces, este conjunto de ingredientes esenciales, a saber, el fuerte imperativo cognoscitivo de creencia religiosa en un grupo coherente, los procedimientos de inducción de oración y ritual, el estrechamiento o angostamiento de la conciencia hacia un estado de trance, y la autorización arcaica en el espíritu divino y en el líder carismático, lo que denota que este fenómeno es otro ejemplo, otro caso del paradigma bicameral general y, por consiguiente, un vestigio de la mente bicameral:

22. Esta es una generalización tomada de un estudio cuidadoso de John P. Kildahl en veintiséis glosolálicos norteamericanos, todos ellos pertenecientes a muy principales Iglesias protestantes. Véase su *The Psychology of Speaking in Tongues* (Nueva York: Harper & Row, 1972). Además, da una bibliografía completa sobre el tema.

23. "La estructura superficial de una estructura profunda no lingüística", como lo expresa la doctora Goodman en términos estructuralistas (pp. 151-152). Pero la idea de una descarga de energía proveniente de estructuras subcorticales en condiciones de conciencia disminuida ha sido criticada acerbamente, en particular por el lingüista W. J. Samarin en su juicio crítico de Goodman, en *Language*, 1974, 50:207-212. Véase también su *Tongues of Men and Angels: The Religious Language of Pentecostalism* (Nueva York: Macmillan, 1972). Agradezco a Ronald Baker de la University of Prince Edward Island hacerme ver esta cuestión.

24. John P. Kildahl, *The Final Progress Report; Glossolalia and Mental Health* (para NIMH), circulado privadamente.

Aria ariari isa, vena amiria asaria
Menin aeide thea Peleiadeo Achilleos

Mi comparación del sonido del habla en lenguas con el sonido de las epopeyas griegas (el segundo verso es la primera línea de la *Ilíada*) no es sólo un adorno vano de mi estilo, sino una comparación deliberada, que voy a tomar como punto de partida para el capítulo siguiente. Porque no quiero que dejemos nuestra indagación, nuestro estudio de estas antigüedades culturales sin observar, cuando menos, la singularidad, la verdadera profundidad, la diferencia, y, a final de cuentas, la cuestión del porqué y del para qué de la poesía.

CAPÍTULO 3

De poesía y música

¿POR QUÉ HA SIDO POESÍA una parte considerable del material escrito que hemos usado hasta aquí? Y ¿por qué, particularmente en tiempos de estrés, una gran proporción de los lectores de esta página ha escrito poemas? ¿Qué luz no vista nos induce a esta enigmática costumbre? Y ¿por qué la poesía nos destella con reconocimientos de pensamientos que no sabíamos que teníamos, pero que vacilantemente hallan su senda hacia algo que está en nosotros que conoce y que ha conocido todo el tiempo, desde siempre, algo, siento, que es más antiguo que la organización actual de nuestra naturaleza?

Presentar en este momento un análisis de este tema opcional y poco socorrido, en lo que hasta aquí ha sido una argumentación ordenada, podría parecer una injustificada falta de dirección. Pero sucede que los capítulos de este libro III, no son, en contraste con los dos anteriores, una procesión consecutiva. Más bien son una selección de trayectorias diferentes que partiendo de nuestro pasado bicameral llegan al presente. Y creo que se verá con claridad que el estudio anterior, en particular el referente a las epopeyas griegas, necesitaba redondearse, lo cual pretende hacer este capítulo.

Enunciaré con sencillez mi tesis. Los primeros poetas fueron dioses. La poesía empezó en la mente bicameral. El lado-dios de nuestra antigua mentalidad, al menos en cierto periodo de la historia, habló siempre o casi siempre en verso. Esto significa que hubo un tiempo en que la mayoría de los hombres, a lo largo de todo el día, oían poesía (de alguna especie) compuesta y hablada en el seno de sus propias mentes.

Se trata, por supuesto, de un testimonio del todo inferencial. Significa que todos aquellos individuos que en la edad consciente siguieron siendo bicamerales, cuando lo que hablaban provenía del lado divino de sus mentes, era en verso. Obviamente, las grandes epopeyas de Grecia eran poesía, pues así las recitaban los *aoidoi*. Los antiguos escritos de Mesopotamia y Egipto sufren el velo de nuestra ignorancia de cómo se pronunciaban esas lenguas; pero según lo que colegimos por su transliteración, cabe afirmar que esos escritos también estuvieron en verso. En la India, la literatura más antigua son los *Vedas*, dictados por dioses a los *rishi* o profetas, y también son poesía. Los oráculos hablaban en verso. De cuando en cuando, se escribió lo dicho por el de Delfos y por otros más, y todos los que han llegado a nosotros, no como frases aisladas, sino como algo más, están en hexámetros dactílicos, el mismo de las epopeyas. Y también los profetas hebreos, al transmitir las palabras alucinadas de Yahvé, lo hacían casi siempre en poesía, pero sus escribas no conservaron sus dichos en verso.

Conforme la mente bicameral retrocede más y más en la historia, y cuando los oráculos llegan a su quinto término o paso, surgen excepciones; aquí y allá desaparecen las frases poéticas. Es evidente que el oráculo de Delfos habló en el siglo I d.C. tanto en verso como en prosa; los poetas que estaban al servicio de los templos se encargaban de versificar la prosa.[1] Pero, a mi juicio, el solo deseo o impulso de convertir la prosa oracular en versos hexámetros dactílicos es parte de la nostalgia por lo divino que se sintió en este último periodo; demuestra que la norma había sido el verso medido. Incluso después, algunos oráculos siguieron hablando exclusivamente en hexámetros dactílicos. En el año 100 d.C., por ejemplo, Tácito visitó el oráculo de Apolo en Claros y describió cómo el sacerdote en trance escuchaba a los peticionarios que buscaban decisiones; entonces, él "toma un trago de agua de un misterioso manantial y — aunque desconocedor de la escritura y del metro — da su respuesta en versos medidos".[2]

En ese entonces, la poesía era saber divino. Y después del desvanecimiento de la mente bicameral, la poesía fue el sonido y el tenor de la autorización. La poesía ordenaba cuando la prosa sólo podía pedir. Se sentía bien. En las errancias de los hebreos después del éxodo de Egipto, el pueblo seguía el tabernáculo sagrado que era llevado ante la multitud, pero era la poesía de Moisés lo que determinaba cuándo debían iniciar la marcha y cuándo debían detenerse, adónde irían y adónde se detendrían.[3]

---

1. Estrabón, *Geografía*, 9.3.5, o traducida por H. L. Jones en la edición Loeb, p. 353. Esta observación fue hecha hacia 30 d.C. La sugerencia de Plutarco, en el siglo II d.C., de que todo el material profético sin pulir de los oráculos *siempre* debía ser versificado por *prophetes* va en contra de todos los primeros escritos y de los testimonios sacados de los propios oráculos. Véanse sus *Oráculos de Delfos* en el vol. 5 de *The Moralia*, edición Loeb. No estoy seguro de hasta qué punto se debe tomar en serio este deshilvanado pasaje de Plutarco.
2. Tácito, *Anales*, 2:54, o en la traducción al inglés de John Jackson en la edición Loeb, p. 471.
3. Números, 10:35, 36. Mi autoridad de que estas líneas en hebreo caen bajo el rubro de poesía es Alfred Guillaume, *Prophecy and Divination among the Hebrews and Other Semites* (Nueva York: Harper, 1938), p. 244.

La asociación de frases dispuestas rítmica o repetitivamente con el conocimiento sobrenatural perdura ya bien entrado el periodo consciente. Entre los primitivos árabes, la palabra que designaba poeta era *sha'ir*, "el que sabe", una persona a quien los espíritus habían dotado de conocimientos; la señal de su origen divino era su recitación en habla medida. El poeta y el vidente divino tienen una larga tradición de asociación en el mundo antiguo, al grado de que varias lenguas indoeuropeas los designan con la misma palabra. Rima y aliteración fueron siempre el terreno lingüista de los dioses y de sus profetas.[4] Pero también, cuando menos en algunos casos de posesión espontánea, el demonio habla en metro.[5] Y hoy día, la misma glosolalia, como vimos en III.2, tiende a caer en pautas métricas, sobre todo en dáctilos.

O sea, que en ese entonces la poesía fue el lenguaje de los dioses.

Poesía y canto

Todo lo que acabamos de decir es simple tradición literaria que más parece argumentación que prueba. Debemos, pues, investigar si hay otro modo de enfocar la cuestión para mostrar más científicamente la relación de la poesía con la mente bicameral. Si lo hay, y creo que para ello es necesario que tomemos en cuenta la relación que existe entre la poesía y la música.

En primer lugar, la poesía antigua era canto. La diferencia entre canto y habla es cuestión de discontinuidades de tono. En el habla normal, cambiamos constantemente el tono, aún en la pronunciación de una sola sílaba. Pero en el canto, el cambio de tono es separado y discontinuo. El habla tiene una gama de poco menos de una octava (en el habla tranquila, alrededor de una quinta). El canto salta de nota a nota con pies estrictos y delimitados pero sobre una gama más amplia.

La poesía moderna es híbrida. Tiene los pies métricos del canto pero con los glisandos de tono del habla. La poesía antigua está mucho más cerca del canto. Los acentos se marcaban no por intensidad del énfasis como ocurre en nuestro hablar ordinario, sino por tono.[6] Se cree que en la Grecia antigua este tono fue precisamente el intervalo de una quinta por encima de la nota base del poema, o

4. Guillaume, p. 245.
5. Por ejemplo, una poseída en China que vivió a principios de este siglo, hablaba en verso horas y horas: "Todo cuanto decía estaba en verso medido, y lo entonaba según una cantilena invariable... el fraseo rápido, perfectamente uniforme y largo no permitía pensar que se tratara de una mentira o que fuera premeditado" (J. L. Nevius, *Demon Possession and Allied Themes*, pp. 37-38).
6. Fue Thomas Day, cuya traducción nueva y sintácticamente vigorosa de la *Ilíada* es esperada ansiosamente, el primero que me recitó o más bien canto griego épico como debió ser dicho. En cuanto a la teoría sobre esto, véase W. B. Stanford, *The Sound of Greek* (Berkeley: University of California Press, 1967), y tóquese el disco insertado en la cubierta posterior.

sea que, en las notas de nuestra escala, los dáctilos serían sol, do, do, sol, do, do, sin ningún énfasis adicional en sol. Además, los tres acentos adicionales, agudo, circunflejo y grave, fueron, como lo implican sus símbolos /,^,\ un tono que subía dentro de la sílaba, un alza y un descenso en la misma sílaba y un tono hacia abajo, respectivamente. El resultado fue una poesía cantada como una canción sencilla, con varios adornos auditivos que le daban variedad y belleza.

Ahora bien, ¿qué relación tiene todo esto con la mente bicameral? El habla, como se sabe desde hace mucho, es primordialmente una función del hemisferio cerebral izquierdo. Pero el canto, como estamos descubriendo ahora, es primordialmente una función del hemisferio cerebral derecho. Las pruebas son varias y consistentes:

• Forma parte del saber médico el hecho de que muchos pacientes de edad avanzada que han sufrido hemorragias cerebrales en el hemisferio izquierdo no pueden hablar, pero sí cantar.

• Con frecuencia se busca el dominio cerebral de una persona por medio de la Prueba de Wada. Se inyecta amital sódico en la arteria carótida de un lado, lo cual produce una sedación profunda en el hemisferio correspondiente, pero dejando al otro alerta y despierto. Cuando la inyección se aplica al lado izquierdo, es decir, que se afecte el hemisferio izquierdo pero dejando activo el derecho, el individuo no puede hablar, pero sí podrá cantar. Y a la inversa, cuando se inyecta el lado derecho y sólo queda en actividad el izquierdo, la persona hablará, pero no cantará.[7]

• Los enfermos a los que se ha extirpado todo el hemisferio izquierdo por causa de un glioma, apenas dicen una cuantas palabras, a veces ninguna, después de la operación; pero algunos pueden cantar, cuando menos.[8] Uno de tales pacientes, que sólo tenía el hemisferio derecho (sin habla) "podía cantar 'América' y 'Home on the Range', apenas sin perder palabra, y con una enunciación casi perfecta".[9]

• La estimulación eléctrica del hemisferio derecho en regiones adyacentes al lóbulo temporal posterior, particularmente en el lóbulo temporal anterior, suele producir alucinaciones de música y canto. En I.5 describí algunos de estos pacientes. En general, ésta es el área que corresponde a la de Wernicke en el hemisferio izquierdo, de la cual dije, hipotéticamente, que era el sitio en que se organizaban las alucinaciones auditivas de la mente bicameral.

---

7. H. W. Gordon y J. E. Bogen, "Hemispheric Lateralization of Singing after Intracarotid Sodium Ammo-barbitol", *Journal of Neurology, Neurosurgery and Psychiatry*, 1974, 37:727-739.
8. H. W. Gordon, "Auditory Specialization of Right and Left Hemispheres", en M. Kinsbourne y W. Lynn Smith, eds., *Hemispheric Disconnections and Cerebral Function* (Springfield: Thomas, 1974), pp. 126-136.
9. Charles W. Burklund, "Cerebral Hemisphere Function in the Humans", en W. L. Smith, comps., *Drug Development and Cerebral Function* (Springfield: Thomas, 1972), p. 22.

Así pues, el canto y la melodía son actividades que pertenecen primordialmente al hemisferio derecho. Y dado que en la antigüedad la poesía se cantaba más que se hablaba, probablemente fue una función más bien propia del hemisferio derecho, como la predeciría la teoría de la mente bicameral enunciada en I.5. Más específicamente, la poesía antigua se situó en la parte posterior del lóbulo temporal derecho, del cual he supuesto que tenía la responsabilidad de organizar las alucinaciones divinas, junto con áreas adyacentes que todavía en nuestros días están relacionadas con la música.

Para aquellos que estén escépticos, he ideado un experimento con el cual pueden sentir por sí mismos, y en este momento, la verdad de lo que estoy diciendo. Primeramente, piense el lector en dos temas, cualquier cosa, personal o general, sobre los cuales le gustaría decir un par de párrafos. Ahora, imagine que está con un amigo y hable en voz alta sobre uno de los temas. En seguida, imaginando que está con un amigo, cante en voz alta sobre el otro tema. Dedique todo un minuto a cada uno de ellos, obligándose usted mismo a no detenerse. Haga una comparación introspectiva. ¿Por qué es tan difícil el segundo? ¿Por qué el canto se desmorona en clichés, en frases hechas? O, ¿por qué la melodía se vuelve recitativa? ¿Por qué el tema lo abandona a la mitad de la melodía? ¿Cuál es la naturaleza de sus esfuerzos por lograr que la canción o el canto vuelvan al tema? O más bien, y creo que ése sea el sentir dominante, ¿por lograr que el tema regrese a la canción?

La respuesta es que su tópico se halla "en" el área de Wernicke de su hemisferio izquierdo, en tanto que su canción está "en" lo que corresponde al área de Wernicke de su hemisferio derecho. Permítaseme apresurarme a agregar que neurológicamente este enunciado es una aproximación, y que por "tema" y "canción" estoy significando sus sustratos neurales. Pero esta aproximación tiene suficiente verdad como para dar fuerza a mi tesis. Es como si el habla volicional estuviera celosa del hemisferio derecho y quisiera que el lector se dedicara a ella, del mismo modo que su canción está celosa del hemisferio izquierdo y quisiera que el lector dejara atrás al tema de su hemisferio izquierdo. Llevar a buen término el canto improvisado de un tema decidido con anticipación produce la sensación de estar saltando de atrás adelante entre los hemisferios. Y así, en cierto sentido "nosotros" estamos decidiendo sobre las palabras en el izquierdo y luego tratando de volver a la canción con ellas al derecho antes de que otras palabras lleguen ahí. Y por lo general sucede esto último, las palabras ya no son sobre el tema, salen corriendo, disparándose sin control, o sin coherencia consecutiva, o bien se esfuman y tenemos que dejar de cantar.

Es un hecho que podemos aprender a cantar nuestros pensamientos verbales, cuando menos hasta cierto punto; los músicos suelen hacerlo. A las mujeres se les debe facilitar hacerlo porque están menos lateralizadas que los hombres. Si el lector lo practica como ejercicio dos veces al día, un mes, un año o la vida entera, evitando auténticamente el material memorizado o ya hecho en el lado de la letra, y el simplemente recitativo en el lado de la melodía, creo que ganará en eficiencia. Si el lector tiene diez años, este aprendizaje será seguramente más fácil y quizá haga de él un poeta. Y si tiene la desgracia de sufrir un accidente en el hemisferio izquierdo, le ayudará en mucho su pensar cantado. En realidad, lo que aquí se aprende es más bien una relación nueva entre los hemisferios, tal vez muy similar a la de algunos fenómenos aprendidos que vimos en el capítulo anterior.

La naturaleza de la música

Deseo extenderme un poco más sobre la función de la música instrumental en todo esto, porque también oímos y apreciamos la música con nuestros hemisferios derechos.

Esta lateralización de la música se ve aun en niños muy pequeños. A niños de seis meses de nacidos se les pueden poner electrodos registradores, mientras sus madres los acunan en su regazo, directamente, sobre el área de Wernicke del hemisferio izquierdo y sobre lo que corresponde al área de Wernicke del derecho. Después al hacerle oír grabaciones de lenguaje, el hemisferio izquierdo mostrará gran actividad. Pero si se tocan grabaciones de una cajita de música o de alguien cantando, la actividad será mayor en el hemisferio *derecho*. En el experimento que estoy describiendo,[10] los niños que estaban inquietos o llorando no sólo se aquietaron al sonido de la música, sino que también sonrieron y miraron al frente, dejando de ver los ojos de su madre, y hasta actuaron como nosotros cuando tratamos de evitar distracciones. Este descubrimiento tiene una significación inmensa, pues muestra la posibilidad de que el cerebro esté organizado al nacer para "obedecer" estímulos musicales en lo que corresponde al área de Wernicke en el hemisferio derecho, y a que nada lo distraiga de ellos, del mismo modo que — como dije anteriormente — neurológicamente el hombre bicameral tenía que obedecer alucinaciones provenientes de la misma área. También muestra (el experimento) la gran significación de las canciones de cuna en el desarrollo y que quizá hasta influyan en la creatividad posterior del niño.

10. Me refiero al interesante y reciente trabajo de Martin Gardine, del Boston Children's Hospital. Va a ser publicado como "EEG Indicators of Lateralization in Human Infants", en S. Harnard, R. Doty, L. Goldstein, J. Jaynes y G. Krauthammer, eds., *Lateralization in the Nervous System* (Nueva York: Academic Press, 1976).

El lector mismo puede probar esta lateralidad de la música. Mediante dos audífonos, con la misma intensidad trate de oír músicas diferentes. Percibirá y recordará mejor la música del audífono izquierdo,[11] debido a que el oído izquierdo tiene mayor representación neural en el hemisferio derecho. Al parecer, su ubicación se encuentra en el lóbulo temporal anterior derecho, pues pacientes a los que se ha extirpado esa parte del hemisferio derecho no distinguen con facilidad una melodía de otra. Y a la inversa, pacientes a los que se extirpa el lóbulo temporal izquierdo no tienen problemas posoperatorios con estas pruebas.[12]

Sabemos que neurológicamente puede propagarse una excitación de un punto de la corteza a otros adyacentes. Por ello es muy posible que una concentración de excitación en esas áreas del hemisferio derecho que atienden a música instrumental se propague al área adyacente que se encarga de las alucinaciones auditivas divinas, o viceversa. De aquí se deriva esta relación estrecha entre música instrumental y poesía, y de ambas con las voces de los dioses. Estoy sugiriendo aquí que la invención de la música pudo haber sido, en ausencia de la conciencia, un excitante neural de las alucinaciones de los dioses en la toma de decisiones.

Por tanto, no tiene nada de accidental que el mismo nombre de música provenga de las diosas sagradas llamadas Musas, pues la música también se origina en la mente bicameral.

Tenemos, pues, alguna base para decir que el uso de la lira entre los primeros poetas fue para propagar excitación al área del habla divina, la parte posterior del lóbulo temporal derecho, proveniente de las áreas inmediatamente adyacentes. Esa fue también la función de las flautas que acompañaban a los poetas líricos y elegiacos de los siglos VIII y VII a.C. Y cuando deja de usarse este acompañamiento musical, como ocurre en la poesía griega posterior, se debe, creo, a que el poema ya no es cantado por el hemisferio derecho donde ayudaría esta propagación de la excitación. Ahora es recitado únicamente con base en la memoria hemisférica izquierda, en vez de ser recreado en un trance verdaderamente profético.

Este cambio en el acompañamiento musical se refleja también en la forma en que se hace referencia a la poesía, aunque hay una gran dosis de sobreposición histórica que le quita claridad al caso. A la poesía más antigua suele llamársele canto

---

11. El experimento lo hizo Doreen Kimura con los conciertos de Vivaldi: "Functional Asymmetry of the Brain in Dichotic Listening", *Cortex*, 1967, 3:163-178. Pero hay pruebas de que esto no sucede con músicos cuya preparación ha hecho que la música sea representada en ambos hemisferios. Esto fue descubierto por R. C. Oldfield, "Handedness and the Nature of Dominance", conferencia en el Educational Testing Service, Princeton, septiembre de 1969. Véase también Thomas G. Bever y R. J. Chiarello, "Cerebral Dominance in Musicians and Non Musicians", *Science* (1974), vol. 185, pp. 137-139.

12. D. Shakweiler, "Effects of Temporal-Lobe Damage on Perception of Dichotically Presented Melodies", *Journal of Comparative and Physiological Psychology*, 1966, 62: 115-119.

(como, por ejemplo, en la *Ilíada* y la *Teogonía*), en tanto que a la poesía posterior se le llama hablada o contada.

Este camino corresponde tal vez aproximadamente al cambio de los *aoidoi* con sus liras a los *rhapsodes* con sus *rhapsodoi* (palillos brillantes con que tal vez se llevaba el ritmo) que tuvo lugar más o menos en los siglos VIII o VII a.C. Y tras estas particularidades se encuentra el cambio psicológico más profundo de composición bicameral a recitación consciente y de recuerdo oral a escrito. Sin embargo, en gran parte de la poesía posterior, se reúne metafóricamente al poeta como cantor y a su poema como canto, y se les considera como un arcaísmo consciente, que concede su autorización al ya consciente poeta.[13]

Poesía y posesión

Un tercer modo de examinar esta transformación de la poesía durante el surgimiento y propagación de la conciencia es considerar al poeta mismo y a su mentalidad. Concretamente, ¿fueron las relaciones de los poetas con las musas las mismas que la relación de los oráculos con dioses mayores?

Cuando menos para Platón, esta cuestión fue muy clara. La poesía era una locura divina. Era la *katokoche* o posesión por las musas;

> todos los buenos poetas, tanto épicos como líricos, compusieron sus bellos poemas no por arte sino porque estuvieron inspirados y poseídos... no hay invención en él sino hasta que ha sido inspirado, ha perdido el sentido y su mente ya no está en él.[14]

Así pues, alrededor de 400 a.C., la mentalidad de los poetas era comparable a la de los oráculos del mismo periodo, y sufrían una transformación psicológica similar cuando actuaban.

Ahora podemos sentirnos tentados a afirmar junto con Platón que esta posesión caracterizó a la poesía hasta llegar, hacia atrás, a la tradición épica. Sin embargo, las pruebas no autorizan semejante generalización. En la propia *Ilíada*, muchos siglos antes de que se mencione la existencia de la *katokoche*, se podría sostener con cierta base que los *aoidoi* primitivos "no estaban en sus cabales ni en posesión de su mente". En varios pasajes, el poema se detiene porque el poeta se atranca y tiene que suplicar a las musas que sigan (2:483, 11:218, 14:508, 16:112).

Entre paréntesis, debo recalcar que las musas no fueron inventos de la imaginación de nadie. Ruego al lector que recorra las primeras páginas de la *Teogonía*

13. Véase T. B. L. Webster, *From Mycenae to Homer* (Londres: Methuen, 1958), pp. 271-272.
14. Platón, *Ión*, 534.

de Hesíodo y que se dé cuenta de que probablemente toda ella fue vista y oída en alucinación, tal como hoy puede ocurrir en la esquizofrenia o bajo el efecto de ciertas drogas. Los hombres bicamerales no imaginaban, experimentaban. Las hermosas musas con sus voces "de azucena" que cantaban al unísono, bailando entre las espesas nieblas de la noche, hiriendo el suelo con sus ligeros pies junto al solitario pastor embelesado, estas arrogancias de delicadeza fueron las fuentes alucinatorias de la memoria en los últimos hombres bicamerales, hombres que no vivían en un marco de acontecimientos pasados, que no tenían "épocas de su vida", como nosotros, en el sentido que damos a la expresión, y que no podían hacer reminiscencias porque no eran totalmente conscientes. Esto se pone en la mitología por el medio más obvio, el propio pastorcillo de Helicón: las musas, que, nos dice, siempre cantan juntas con los mismos *phrenes*[15] y en "raudales incansables" de canto, este grupo especial de divinidades que, en vez de decir a los hombres qué hacer, se especializaba en decir a ciertos hombres qué había sido hecho, son hijas de Mnemosina, la Titán cuyo nombre significará más tarde *memoria*: la primera palabra con ese significado en el mundo.

Estos llamamientos a las musas tienen una función idéntica a nuestros llamamientos a la memoria, a "lo tengo en la punta de la lengua", etc. No parecen llamamientos de un hombre que haya perdido el sentido o que no sepa lo que está haciendo. En un pasaje de la *Ilíada*, el poeta empieza a tener dificultades e invoca a las musas:

> Decidme ahora, musas que poseéis olímpicos palacios y como diosas lo presenciais y conocéis todo; mientras que nosotros oímos tan sólo la fama y nada cierto sabemos, ¿cuáles eran los caudillos y príncipes de los dánaos? (2:483-487).

Y luego sigue diciendo que él, el poeta, no podría enumerarlos ni nombrarlos aunque tuviera "diez lenguas, diez bocas y voz infatigable", a menos que las musas empezaran a cantar el material para que él lo conociera. He puesto en cursivas una frase de la cita, para destacar la realidad que tiene para el poeta.

Tampoco parece que hubo posesión en Hesíodo en su primer encuentro con ellas en las sagradas laderas del monte Helicón mientras cuidaba de sus ovejas. Describe cómo las musas

> insuflaron en mí una voz divina para celebrar cosas que serán y cosas que ya fueron; y me rogaron que cantara sobre la raza de los benditos dioses que son eternos, pero a los que hay que cantar al principio y al último.[16]

15. La palabra griega para cantar juntos es *homophronas*, según se ve en Hesíodo, *Teogonía*, línea 60. No tengo conocimiento de grabaciones de alucinaciones contemporáneas que suenen como un grupo de gente al unísono. Es un problema interesante por qué musas es plural. Véase II.4, nota 2.

16. Hesíodo, *Teogonía*, traducida al inglés por H. G. Evelyn-White, Loeb Classical Library. Otra razón

Aquí también creo que esto debe ser creído literalmente como la experiencia vivida por alguien, exactamente del mismo modo que creemos en la experiencia de Amós, el contemporáneo de Hesíodo, en su encuentro con Yahvé en los campos de Tekoa mientras él también guardaba su rebaño.[17] Tampoco parece haber posesión cuando se detiene la musa de la *Teogonía* (verso 104) y Hesíodo vuelve a clamar en su propia voz, alabando a las musas y rogándoles de nueva cuanta que sigan con el poema: "Decidme estas cosas desde su principio, ¡oh musas!", después de dar una larga lista de los temas de los cuales el poeta quiere que verse el poema (verso 114).

Y tampoco la regia y cuidadosa descripción de Demódoco en la *Odisea* permite interpretar al poeta como poseído. Evidentemente, Demódoco, si en verdad existió, debe haber sufrido algún accidente cerebral que lo dejó ciego, pero con la facultad de oír cantar a las musas una poesía tan encantadora que hizo que Ulises se cubriera la cabeza y gimiera y llorara (8:63-92). Es indudable que Ulises comprende que Demódoco, el de la vista perdida, que no pudo presenciar la guerra de Troya, pudo cantar sobre ella únicamente porque las musas, o Apolo, le hablaban. Su canto fue *hormetheis theou*, dado constantemente por el propio dios (8:499).

Vemos, entonces, que los testimonios sugieren que hasta el siglo VIII y, probablemente, hasta el VII a.C., los poetas estaban en posesión de sus facultades mentales, cosa que no ocurrió en tiempos de Platón. Parece ser que su creatividad estuvo mucho más cerca de lo que hemos venido a llamar bicameral. El hecho mismo de que tales poetas fueran "despreciables objetos de vergüenza, sólo tripas", según palabras burlonas de las musas refiriéndose a sus adoradores médiums humanos,[18] palurdos ignorantes llegados de los niveles más primitivos y aislados de la estructura social, por ejemplo, pastores, está muy de acuerdo con esta sugerencia. *Sólo tripas*, en la campiña tenían menos oportunidades de ser cambiados por la nueva mentalidad. Por otra parte, la soledad o el aislamiento pueden llevar a la alucinación.

En tiempos de Solón, siglo VI a.C., ocurre algo diferente. Al poeta ya no se le dan simplemente sus dones; debe tener "*conocimientos* en el don de las musas" (Fragmento 13:51). Y entonces, en el siglo V a.C., tenemos el primer asomo de poetas que tienen la peculiaridad del éxtasis poético. ¡Qué contraste con el modo tranquilo y solemne de los primeros *aoidoi*, por ejemplo, Demódoco! El propio Demócrito recalca que nadie puede ser un gran poeta si no cae en el desvarío y en un estado de furia (Fragmento 18). Y luego, en el siglo IV a.C., el poeta poseso y

para suponer que este Hesíodo no es el autor de *Los trabajos y los días*, como sugerí en II.5, es la última frase transcrita. Ciertamente el trabajo que he atribuido a Perses no cumple su promesa de cantar únicamente sobre los dioses "al principio y al último".

17. Tampoco Amós se hallaba en estado de posesión, dado que dialogó con su dios. Véase Amós, 7:5-8, 8:1-2. En algunas de mis expresiones trato de recordar al lector a Lucas, 2:8-14.

18. Hesíodo, *Teogonía*, 1. 26.

loco "no en posesión de sus facultades mentales" que ya describí siguiendo a Platón. Así como los oráculos evolucionaron del profeta que oía sus alucinaciones a la persona poseída en un trance impetuoso, así también tuvo que cambiar el poeta.

¿Este cambio espectacular se debió a que el imperativo cognoscitivo colectivo había hecho que las musas fueran menos creíbles como entidades externas reales? ¿O se debió a que la reorganización neurológica de las relaciones hemisféricas ocasionada por el desarrollo de la conciencia impidió esta intervención, o sea que la conciencia debía hacerse a un lado para permitir que la poesía existiera? ¿O que el área de Wernicke del hemisferio derecho que usaba el área de Broca del izquierdo, hacía corto circuito (como si dijéramos) con la conciencia normal? ¿O resulta que estas tres hipótesis son la misma cosa (como creo que son en realidad)?

El hecho fue que, en el curso de los siglos siguientes la declinación prosiguió, lenta pero incontenible. Del mismo modo que los oráculos farfullaban a lo largo de sus años últimos hasta que la posesión fue un fenómeno parcial y errático, así también, creo, los poetas cambiaron lentamente hasta que la furia y la posesión por parte de las musas fueron también parciales y erráticas. Y luego las musas guardan silencio, se pasman y se vuelven mitos. Ya no bailan las ninfas y los pastores. La conciencia es una hechicera bajo cuyos encantos la inspiración boquea y muere, y se vuelve invención. Lo oral se torna escrito, escrito por el propio poeta, y, debemos agregar, por su mano derecha, por orden del hemisferio izquierdo. Las musas se han vuelto imaginarias y el hombre las invoca en su silencio como muestra y parte de su nostalgia por la mente bicameral.

En pocas palabras, la teoría de la poesía que estoy tratando de enunciar en esta deshilvanada serie de pasajes es similar a la teoría que presenté respecto a los oráculos. La poesía empieza como el habla divina de la mente bicameral, pero cuando la mente bicameral se desvanece quedan los profetas, algunos de los cuales se vuelven institucionalizados y se transforman en oráculos que toman decisiones para el futuro, en tanto que otros se especializan, se hacen poetas, y se dedican a relatar lo que dicen los dioses sobre el pasado. Entonces, conforme la mente bicameral se retrae y pierde su impulsividad, y conforme cae cierta reticencia sobre el hemisferio derecho, los poetas que de verdad quieran llegar a ser poetas deben aprender el camino. Esto se hace más y más difícil, y entonces la situación o condición se vuelve furia y luego posesión extática, justamente como ocurrió con los oráculos. Y entonces, al finalizar el primer milenio a.C., cuando los oráculos se tornan prosaicos y versifican conscientemente sus enunciados, la poesía sufre el mismo fenómeno. Se ha desvanecido su unión con las musas y, por tanto, su gratuidad. Y los hombres conscientes escriben, tachan, intercalan y reescriben sus composiciones en laboriosas mimesis de las antiguas inspiraciones divinas.

¿Por qué a medida que los dioses se retiraban hacia sus cielos silenciosos o, dicho de un modo lingüístico, a medida que las alucinaciones auditivas iban quedando fuera del acceso de los mecanismos monitores del hemisferio izquierdo, por qué no desapareció simplemente el dialecto de los dioses? ¿Por qué razón simplemente los poetas no dejaron sus rapsodias como lo hicieron los sacerdotes y sacerdotisas de los grandes oráculos? La respuesta es clarísima. La persistencia de la poesía, su transformación de don divino en arte humano es parte de la nostalgia por lo absoluto. La búsqueda de la relación con la identidad perdida de directivas divinas no permitiría su desaparición. Y de aquí la frecuencia con que — aún hoy día — los poemas son apóstrofes a entidades en las que ni siquiera se cree, oraciones y ruegos a imaginados desconocidos. Y de aquí el párrafo inicial de esta obra. Ahí están todavía las formas, para que el "yo" análogo de un poeta consciente trabaje con ellas. Ahora su tarea es una imitación o mímesis[19] del primer tipo de expresión poética y de la realidad que expresó. Mímesis en el sentido bicameral de imitar lo que se oía en alucinación, se ha convertido, después de pasar por la mímesis de Platón como representación de la realidad, en mímesis como imitación con invención en su adusto servicio.

Ha habido poetas bastante recientes que han sido muy concretos respecto a alucinaciones auditivas verdaderas. Milton habla de su "Patrona Celestial, la cual... sin implorarle... me dicta mis no meditados versos", en tanto que él, ya ciego, se los dicta a sus hijas.[20] Son muy conocidas las extraordinarias visiones y alucinaciones auditivas de Blake, que a veces duraban días e iban contra su voluntad, como fuente de sus cuadros y de su poesía. Y se dice que Rilke copió febrilmente la larga secuencia de un soneto que oyó en una alucinación.

Pero la mayoría de nosotros somos más ordinarios, más de nuestro tiempo y más conformes con él. Ya no oímos poemas en alucinaciones directas. Ahora es el sentimiento de algo que se da y a lo que se da el ser, de que el poema sucede al poeta y que luego es creado por él. "Surgirán" trocitos de líneas en el cerebro de Houseman después de tomar una cerveza y de dar un paseo "con emociones repentinas e inexpresables" que luego "deben ser aceptadas y terminadas por el cerebro". "Los cantos me hacen a mí, no yo a ellos", decía Goethe. "No soy yo el que piensa — dijo Lamartine —, son mis ideas las que piensan por mí". Y el amable Shelley lo expresó con más claridad:

19. Sobre la historia de esta palabra, véase Eric A. Havelock, *Preface to Plato* (Nueva York: Grosset & Dunlap, 1967). p. 57, n. 22, así como el cap. 2.
20. *Paradise Lost*, 9:21-24.

> Un hombre no puede decir: "Voy a componer poesía". Ni siquiera los grandes poetas lo pueden decir; porque la mente, cuando crea es como un carbón encendido que se desvanece, al cual una influencia invisible, como viento inconstante despierta y le da un brillo transitorio... y las porciones conscientes de nuestras naturalezas no pueden profetizar ni su llegada ni su partida.[21]

¿Es el carbón que se desvanece el hemisferio izquierdo y el viento inconstante el derecho, que rehacen vestigialmente la añeja relación de hombres y dioses?

En este terreno no hay, por supuesto, ninguna norma universal. Los sistemas nerviosos de los poetas vienen como los zapatos, de todos tipos y tamaños, pero con cierta topología irreductible. Sabemos que las relaciones de los hemisferios no son iguales en todos nosotros. Es posible escribir poesía aun sin sistema nervioso. Se pueden insertar en una computadora algo de vocabulario, de sintaxis, algunas normas de ajuste de léxico y de medida, y en seguida tendremos versos muy "inspirados" pero surrealistas. Esto no será más que una copia de lo que nosotros, con dos hemisferios cerebrales y sistemas nerviosos, ya hacemos. Tanto las computadoras como los hombres pueden escribir poesía sin ninguna inspiración vestigial bicameral; mas cuando lo hagan estarán imitando a una poesía más antigua y más auténtica que se encuentra allá en la historia. La poesía, una vez iniciada en la humanidad, ya no requiere los mismos medios para ser producida. Empezó como el habla divina de la mente bicameral. Y aún hoy día, por entre sus mímesis infinitas, la gran poesía, no importa cómo esté hecha, sigue conservando para quien la escucha esa cualidad de la otra totalidad, de una dicción y un mensaje, un consuelo y una inspiración que en otro tiempo fue nuestra relación con los dioses.

Una homilía sobre Tamiris

Me gustaría terminar estos esbozos sobre la biología de la poesía con unos sentimientos de homilía sobre la verdadera tragedia de Tamiris. En la *Ilíada* es un poeta (2:594-600) que alardea de que con su poesía puede conquistar y dominar a las musas. Como ya vimos anteriormente, los dioses, cuando mueren en la transición a la conciencia, son muy celosos, y las Nueve Sagradas no son una excepción. Se enfurecen al conocer la hermosa ambición de Tamiris. Lo baldan (probablemente una parálisis de su lado izquierdo), lo privan para siempre de su expresión poética, y hacen que olvide su aptitud para tocar el arpa.

No sabemos a ciencia cierta, claro está, si hubo o no un Tamiris, ni tampoco qué señala este relato, pero creo que fue uno de los últimos agregados de la *Ilíada*

21. Percy Bysshe Shelley, "A Defense of Poetry", en *The Portable Romantic Reader*, H. E. Hugo, comp. (Nueva York: Viking Press, 1957), p. 536.

y que su inserción quizá indique las dificultades que significaba la cooperación entre los hemisferios en el terreno de la expresión artística al terminar la mente bicameral. La parábola de Tamiris puede narratizar lo que para nosotros es la pérdida de la conciencia en nuestra inspiración y luego perder esa inspiración en nuestra conciencia de esa pérdida. La conciencia imita a los dioses y es tan celosa como ellos y no tolerará que algo esté sobre ella.

Recuerdo que cuando era más joven, o cuando menos menor de treinta años, caminaba casi siempre a solas por los bosques, una playa o subiendo colinas, y de pronto me daba cuenta de que en mi cabeza resonaban sinfonías improvisadas de innegable belleza. Pero en el momento mismo de adquirir conciencia del hecho, ¡ni un compás más!, la música se desvanecía. Por más que me esforzaba por recobrarla, nada, sólo un profundo silencio. Dado que indudablemente la música estaba siendo compuesta en mi hemisferio derecho y oía algo así como una semialucinación, y como mi "yo" análogo con sus verbalizaciones era probablemente, al menos en ese momento, una función hemisférica más bien izquierda, sugiero que esta oposición fue algo más o menos similar a lo que se halla tras el relato de Tamiris. El "yo" se esforzaba demasiado. No tengo hemiplejía izquierda, pero ya no oigo mi música, y temo que no volveré a oírla.

Los poetas modernos se encuentran en un brete similar. Hubo un tiempo en que las lenguas literarias y el habla arcaica acudieron prestamente en su ayuda en esa otra forma y grandiosidad de que la verdadera poesía debe hablar. Pero las desgastadoras mareas del naturalismo irreversible han barrido a las musas y las han desterrado aún más profundamente en el seno de la noche del hemisferio derecho. Y sin embargo, de algún modo, desamparados en nuestra búsqueda de autorización, seguimos siendo "los hierofantes de una inspiración no alcanzada". Y la inspiración huye cuando tratamos de aprehenderla, hasta que quizá desaparece del todo. No tenemos la fe suficiente. Se disuelve el imperativo cognoscitivo. La historia pone cuidadosamente su dedo sobre los labios de las musas. La mente bicameral guarda silencio. Y puesto que

La presencia del dios se disipa en el aire,
imaginate, pues, milagrosamente, conmigo
(dones ambiguos, como debe ser lo que dan los dioses)
lo cual no es posible que ocurra,
y aprende una lección de la desesperación.

CAPÍTULO 4

La hipnosis

SI LE PIDIERA YO AL LECTOR que el vinagre le supiera a champaña, que sintiera placer cuando le encajan un alfiler en el brazo, que mirara fijamente en la oscuridad y contrajera las pupilas como si tuviera enfrente una luz fuerte, o que aceptara de buen grado algo que ordinariamente no cree, pensaría que tales cosas son imposibles, o punto menos. Pero si previamente, y por medio de procedimientos de inducción, lo pongo en trance hipnótico, realizará todo lo anterior con sólo que yo se lo pida y sin ningún esfuerzo.

¿Por qué? ¿Cómo es posible que exista tal capacitación supererogatoria?

Cuando pasamos de la familiaridad de la poesía a la rareza de la hipnosis, sentimos que nos hallamos en un terreno muy diferente. Esto se debe a que la hipnosis es la oveja negra de los problemas que son la materia de la psicología. Vagabundea y entra y sale de los laboratorios, de los carnavales y clínicas y de los teatros de pueblo como si fuera una anomalía indeseable. Parece que nunca madurará y se decidirá a entrar a los terrenos firmes de la teoría científica. El caso es que la sola posibilidad de su existencia parece negar nuestros conceptos inmediatos sobre, por una parte, el autocontrol consciente, y por la otra, nuestras ideas científicas sobre la personalidad. Pero es preciso destacar que cualquier teoría de la conciencia y de su origen, si queremos que sea completa, responsable, *deberá* enfrentar las dificultades y problemas de este desviado tipo de control de la conducta.

Creo que será obvia mi respuesta a la pregunta inicial: *¿la hipnosis puede causar estas facultades extraordinarias porque en ella interviene el paradigma bicameral general que permite un control más absoluto sobre la conducta del que es posible con conciencia?*

En este capítulo llegaré al extremo de sostener que ninguna otra teoría tiene sentido en cuanto al problema básico. Porque si nuestra mentalidad actual es, como supone la mayoría de la gente, una característica inmutable determinada genéticamente evolucionada en alguna parte de la evolución de los mamíferos, o tal vez antes, ¿cómo es posible que la hipnosis la altere a ese grado? Y esta tan grande alteración, ¡debida tan sólo a una insignificante intervención de otra persona! Estas alteraciones de la mente sólo empiezan a tener sentido si rechazamos la hipótesis genética y tratamos a la conciencia como una capacidad cultural aprendida y sobrepuesta al sustrato vestigial de un tipo más autoritario de control conductual.

Evidentemente, la estructura central de este capítulo será mostrar lo bien que embonan en la hipnosis los cuatro aspectos del paradigma bicameral. Pero antes, quiero mostrar con claridad una característica importantísima de cómo empezó la hipnosis. Se trata de lo que destaqué en los capítulos I.2 y II.5, o sea, la fuerza generadora de la metáfora en la creación de una mentalidad nueva.

Los parafrandos de las fuerzas newtonianas

La hipnosis, como la conciencia, empieza en un punto particular de la historia, en los parafrandos de unas cuantas metáforas nuevas. La primera de estas metáforas siguió al descubrimiento de sir Isaac Newton de las leyes de la gravitación universal y el uso que de ellas hizo para explicar las mareas del océano por la atracción de la Luna. Luego, se compararon con las influencias gravitacionales newtonianas las misteriosas atracciones, influencias y controles que existen entre la gente. Y de la comparación resultó una hipótesis, nueva (y ridícula), de que entre todos los cuerpos, vivos e inanimados, hay mareas de atracción, a las que se puede llamar *gravitación animal*, de las que la gravitación de Newton es un caso especial.[1]

Esto está expuesto muy claramente en los escritos turbios y románticos de un entusiasta admirador de Newton llamado Anton Mesmer, que fue quien empezó todo esto. Vino luego otra metáfora, o más bien, dos. La atracción gravitacional es similar a la atracción magnética. Por tanto, dado que (en el pensar retórico de Mesmer) dos cosas similares a una tercera son similares entre sí, la gravitación animal es similar a la atracción magnética, y por eso le cambia el nombre y la llama *magnetismo animal*.

1. No se ha escrito aún una historia completa del hipnotismo. Pero vease F. A. Pattie, "Brief History of Hypnotism", en J. E. Gordon, comp., *Handbook of Clinical and Experimental Hypnosis* (Nueva York: Macmillan, 1967). Véase también un trabajo histórico por uno de los experimentadores más destacados en hipnotismo, Theodore Sarbin, titulado "Attempts to Understand Hypnotic Phenomena", en Leo Postman, comp., *Psychology in the Making* (Nueva York: Knopf, 1964), pp. 745-784.

Finalmente, ahora era posible someter a prueba a la teoría de un modo científico. Para demostrar la existencia de estas vibrantes mareas magnéticas, similares a la gravitación celestial, que ocurrían en y por entre las cosas vivientes, Mesmer aplicó imanes a varios pacientes histéricos, e incluso les administró medicamentos que contenían hierro con objeto de que el magnetismo obrara mejor. ¡Y dio resultado! Este efecto no pudo ser puesto en duda con los conocimientos que se tenían en esos días. Los imanes producían ataques convulsivos, creando, en palabras del propio Mesmer, "un flujo y reflujo artificial" en el organismo, y corrigiendo por medio de su atracción magnética "la distribución desigual del movimiento confuso de los fluidos magnéticos", lo cual, a su vez, tenía como consecuencia una "armonía en los nervios". Había "demostrado" que entre las personas hay flujos de fuerzas tan poderosos como los que mantienen a los planetas en sus órbitas.

Por supuesto, no había probado nada sobre ningún tipo de magnetismo. Había descubierto el metafor del sueño al que posteriormente sir James Braid llamó hipnosis. Las curaciones fueron reales porque con vigorosa convicción había explicado a sus pacientes su teoría exótica. Los accesos violentos y los retorcimientos peculiares de sensaciones como consecuencia de la aplicación de imanes se debieron — todos ellos — al imperativo cognoscitivo de que ocurrirían tales cosas, como si ocurrieron, lo cual constituyó una especie de "prueba" en ascenso y autoperpetuadora de que los imanes si funcionaban y curaban. Aquí debemos recordar que del mismo modo que en la antigua Asiria no había conceptos del azar por cuya razón el echar suertes era algo que "debía" quedar bajo el control de los dioses, así también en el siglo XVIII no existía el concepto de la sugestión por cuya razón el resultado *debía* ser causado por los imanes.

Luego, cuando se halló que no solamente los imanes, sino que tazas, pan, madera, personas y animales que hubieran sido tocados por un imán eran también eficaces (esto muestra cómo los errores crean otros errores), toda esta cuestión dio un salto hacia otra metáfora (la cuarta), de la electricidad estática, la cual — con la cometa de Benjamin Franklin y otras cosas — estaba siendo asiduamente estudiada por aquellos días. Por todo esto, Mesmer pensó que había "un material magnético" que podía ser transferido a un incontable número de objetos, exactamente como se podía hacer con la electricidad estática. En particular, los seres humanos podían almacenar y absorber magnetismo, pero muy principalmente el propio Mesmer. Así como una varilla de carbón a la que se frota con una piel produce electricidad estática, así también Mesmer frotaba a sus pacientes. Ahora podía prescindir de imanes reales y emplear su propio magnetismo animal. Frotando suavemente o haciendo pases sobre los cuerpos de sus pacientes, como si fueran varillas de carbón, obtuvo los mismos resultados: convulsiones y retorcimientos debidos a sensaciones peculiares, y la curación de lo que posteriormente se llamó enfermedades histéricas.

Resulta capital entender en este punto y percibir lo que podríamos llamar los cambios parafrándicos que se iban presentando debido a estas metáforas en las personas participantes. Recordemos que un parafrando es la proyección en un metafrando de las asociaciones o parafores de un metafor. Aquí, el metafrando son las influencias entre la gente. Los metafores, es decir, aquellas cosas con que se están comparando estas influencias, son las inexorables fuerzas de gravitación, magnetismo y electricidad. Y sus parafores de compulsiones absolutas entre cuerpos celestes, de corrientes arrolladoras (imparables) provenientes de grupos de botellas de Leyden, o de irresistibles mareas oceánicas de magnetismo, todo esto proyectado hacia atrás, hacia el metafrando de relaciones interpersonales, a las que de hecho cambiaba, alterando la naturaleza psicológica de las personas participantes, sumergiéndolas en un mar de control incontrolable que emanaba de los "fluidos magnéticos" del cuerpo del médico, o de objetos que lo habían "absorbido" de él.

Es concebible, por decir lo menos, que lo que Mesmer estaba descubriendo era una clase diferente de mentalidad que, dándole local adecuado en que desenvolverse, una educación especial en la niñez, un sistema de creencias circundante y aislamiento del resto de nosotros, hubiera podido, quizá, sostenerse por sí misma como una sociedad no basada en la conciencia ordinaria, en la cual las metáforas de energía y de control irresistible adoptarían algunas de las funciones de la conciencia.

¿Cómo es posible todo esto? Como ya he mencionado, creo que Mesmer estaba irrumpiendo torpemente en un nuevo modo de enfrentar esa pauta o disposición neurológica a la que he dado el nombre de paradigma bicameral general con sus cuatro aspectos: imperativo cognoscitivo colectivo, inducción, trance y autorización arcaica. Ahora me ocuparé de cada uno.

La naturaleza cambiante del hombre hipnótico

Los cambios continuos que ha sufrido en la historia el fenómeno de la hipnosis indican claramente que está bajo el control de un imperativo cognoscitivo colectivo o sistema de creencias de grupo. Conforme cambiaban las creencias sobre la hipnosis, así también cambiaba su misma naturaleza. Unos cuantos decenios después de Mesmer, ya los sujetos no se retorcían con extrañas convulsiones y sensaciones; durante su estado de trance, empezaron a hablar espontáneamente y a responder preguntas. Antes, nada similar había ocurrido. Luego, a principios del siglo XIX, los pacientes empezaron a olvidar espontáneamente lo que había ocurrido durante el trance,[2] fenómeno que nunca antes se había visto. Hacia 1825 y por una razón desconocida, las personas bajo hipnosis empezaron a diagnosticar espontáneamente sus propias enfermedades. Al mediar el siglo, alcanzó tal popularidad la frenología — el concepto equivocado de que las conformaciones del cráneo indican facultades mentales —, que por un tiempo ahogó a la hipnosis.

Oprimiendo el cuero cabelludo sobre una área frenológica durante la hipnosis se hacía que el sujeto expresara la facultad controlada por esa área (sí, esto sucedió realmente), fenómeno que no se había visto antes ni se volvió a ver jamás. Cuando se oprimía la porción del cuero cabelludo que estaba sobre la porción del cerebro que supuestamente era responsable de la "veneración", ¡el sujeto hipnotizado caía de rodillas y se ponía a orar![3] Esto sucedía porque se creía que debía suceder.

Poco después, Charcot, el médico más grande de su época, demostró ante públicos profesionales numerosos reunidos en la Salpêtrière que ¡la hipnosis era — nuevamente — una cosa totalmente distinta! Ahora se componía de tres etapas o pasos sucesivos: catalepsia, letargo y sonambulismo. Mediante manipulaciones de los músculos, opresiones diversas o frotaciones en la parte superior de la cabeza, era posible cambiar o pasar de uno a otro de estos "estados físicos". ¡Incluso frotar la cabeza sobre el área de Broca, producía afasia! Y luego, Binet, que llegó a la Salpêtrière a comprobar los descubrimientos de Charcot, complicó aún más el problema, pues volvió a los imanes de Mesmer, amén de que descubrió una conducta todavía más extraña.[4] Colocando imanes en uno o en otro lado de una persona hipnotizada, Binet podía hacer que sus percepciones, parálisis histéricas, supuestas alucinaciones y movimientos en general, saltaran de uno a otro lado, como si tales fenómenos se debieran a la presencia de limaduras de hierro. Ninguno de estos absurdos resultados se presentó jamás, ni antes ni después.

No se trata simplemente de que el operador, Mesmer, Charcot, o quien fuera, estuviera sugiriendo al dócil paciente qué era la hipnosis a juicio o en opinión de dicho operador. Más bien, en el seno del grupo en que trabajaba se había desarrollado un imperativo cognoscitivo sobre lo que se "sabía" que el fenómeno debía ser.

2. Tal como se presenta en los importantes escritos de A.-M.-J. Chastenet, marqués de Puysegur, *Memoires pour Servir à L'Histoire et à L'Établissement du Magnétisme Animale*, 2. ed. (Paris, 1809).

3. Estas demostraciones de sir James Braid, que por lo demás fue el primer estudioso cauto del tema, posteriormente lo turbaron. Después de 1845 no se refirió más a estos resultados, que probablemente nunca entendió. Un relato detallado del papel clave de Braid en la historia del hipnotismo se encontrará en J. M. Bramwell, *Hypnotism: Its History, Practice, and Theory* (Londres: 1903; Nueva York: Julian Press, 1956).

4. Véase Alfred Biner y C. Féré, *Le Magnétisme Animale* (París: Alcan, 1897). Vinieron luego el trabajo autoengañador, la polémica con Delboeuf y la Escuela de Nancy, más correcta, así como el reconocimiento de Binet de su insensato error, todo o cual está descrito en la excelente biografía de Theta Wolf, *Alfred Binet* (Chicago: University of Chicago Press, 1973), pp. 40-78.

O sea, que estos cambios históricos muestran con toda claridad que la hipnosis no es una respuesta a un estímulo determinado, sino que, por lo contrario, cambia a la par de como cambian las expectativas y preconcepciones de cada época.

Y lo que es obvio en la historia se puede hacer ver de un modo más controlado experimentalmente. Se pueden producir manifestaciones, desconocidas hasta ese momento en la hipnosis, informando de antemano a los sujetos que tales manifestaciones son propias de la hipnosis, es decir, que son parte del imperativo cognoscitivo colectivo sobre esa cuestión. Por ejemplo, a una clase de introducción a la psicología se le dijo, sin darle importancia, que bajo hipnosis no es posible mover la mano dominante de un sujeto. Esto no ha ocurrido nunca, en ninguna época, se dice. Pero es mentira, claro. Sin embargo, cuando con posterioridad se hipnotizó a los miembros de la clase, la mayoría de ellos sin ninguna insinuación o sugerencia posterior, no pudieron mover su mano dominante. De estos estudios se ha sacado el concepto de las "características de demanda" de la situación hipnótica que dice que el sujeto hipnotizado presenta los fenómenos que cree que espera el hipnotizador.[5] Esto, sin embargo, expresa las cosas demasiado personalmente. Se trata más bien de lo que cree que es la hipnosis. Y estas "características de demanda", tomadas en este sentido, son precisamente de la misma naturaleza de lo que he venido llamando imperativo cognoscitivo colectivo.

Otra forma de apreciar la fuerza del imperativo colectivo es observar cómo lo refuerzan las multitudes. Así como el sentimiento y la fe religiosos son realzados en las iglesias por las multitudes que : ellas concurren, o en los oráculos por las muchedumbres que los visitaban, así también ocurre con la hipnosis en los teatros. Es cosa sabida que los hipnotizadores de teatro, cuando el público abarrota el lugar, lo que refuerza el imperativo colectivo o la expectación de que haya hipnosis, pueden producir fenómenos hipnóticos que resultan ser mucho más exóticos que los que se encuentran en el aislamiento del laboratorio de la clínica.

La inducción

En segundo lugar, en la hipnosis es evidente la influencia que ejerce el lugar en que ocurre el procedimiento de inducción.[6] Esto no requiere un gran comentario.

5. Se trata de uno de los conceptos importantes en la historia de la hipnosis. Véanse los trabajos de Martin Orne, en particular, "Nature of Hypnosis: Artifact and Essence", *Journal of Abnormal and Social Psychology*, 1959, 58:277-299, y también el importante y sobrio trabajo de David Rosenhan, "On the Social Psychology of Hypnosis Research", en J. E. Gordon, comp., *Handbook of Clinical and Experimental Psychology*.

6. El mejor estudio sobre los procedimientos de inducción es el de Perry London, "The Induction of Hypnosis", en J. E. Gordon, pp. 44-79. En cuanto a estudios de la hipnosis en general, véanse

Es enorme la variedad de técnicas usadas actualmente, pero todas ellas tienen en común el estrechamiento o angostamiento de la conciencia, que es similar a los procedimientos de inducción de los oráculos o a la relación entre un *pelestike* y un *katochos* que vimos en capítulos anteriores. El sujeto puede estar sentado, de pie o acostado, puede ser tocado o no, mirado con fijeza o no, pedírsele que mire a una lucecita, llamita o gema, o quizá a una chinche en la pared, o a la uña del pulgar de sus manos entrelazadas, o no... hay cientos de variaciones; pero siempre el operador trata de circunscribir la atención del sujeto en su propia voz. "Solamente oyes mi voz y cada vez tienes más y más sueño", etc., es una forma común, que se repite hasta que el sujeto, si queda hipnotizado, ya no puede abrir sus entrelazadas manos si el operador le dice que no puede hacerlo, ni mover el brazo que tiene suelto si así se lo indica el operador, ni siquiera recordar cómo se llama si eso se le sugiere. Sugerencias así de sencillas suelen usarse como indicios del triunfo de la hipnosis en sus etapas iniciales.

Si el sujeto no puede estrechar su conciencia de este modo, si no puede olvidarse de la situación en general, si permanece en un estado de conciencia de otras consideraciones, como, por ejemplo, el cuarto y su relación con el operador, si todavía sigue narratizando su "yo" análogo o "viendo" su metáfora "me" como que está siendo hipnotizada, la hipnosis fallará. Pero tras varios intentos con estos sujetos suele tenerse éxito, lo cual viene a mostrar que el "estrechamiento" de la conciencia en la inducción hipnótica es, en parte, una capacidad aprendida; aprendida, agregaría yo, sobre la base de la estructura áptica a la que he llamado paradigma bicameral general. Ya hemos visto que con la práctica aumenta la facilidad con que un *katochos* se pone en trance alucinatorio; pues eso mismo ocurre con la hipnosis: aun en los más susceptibles, la duración de la inducción y sus accesorios puede reducirse muchísimo mediante la repetición de las sesiones.

Trance y sumisión paralógica

En tercer lugar, viene el trance hipnótico, que es lo que indica su nombre. Es diferente, claro, del tipo de trance que se presenta en otros vestigios de la mente bicameral. Los individuos no tienen verdaderas alucinaciones auditivas, como en los trances de los oráculos o mediums. En el paradigma, este lugar lo ocupa el operador. Pero hay la misma disminución y luego la ausencia de la conciencia normal. La narratización se restringe muchísimo. Se desvanece más o menos el

---

los trabajos de Ronald Shor, en particular su "Hypnosis and the Concept of the Generalized Reality-Orientation", *American Journal of Psychotherapy*, 1959, 19: 582-602, y "Three Dimensions of Hypnotic Depth", *International Journal of Clinical and Experimental Hypnosis*, 1962, 10:23-58.

"yo" análogo. El individuo hipnotizado no vive en un mundo subjetivo. No sabe que está hipnotizado, y no está observándose ni introspeccionándose ni supervisándose continuamente, como lo hace cuando no está hipnotizado.

Últimamente se usa casi siempre la metáfora de la inmersión en agua para hablar sobre el trance. Hay, por tanto, referencias para "someterse" a trances "profundos" o "superficiales". Es frecuente que el hipnotista diga al sujeto que se está hundiendo "más y más". Es muy posible que sin el metafor de inmersión o sumersión, todo el fenómeno fuera distinto, particularmente por lo que hace a la amnesia poshipnótica. Los parafores de arriba y abajo de la superficie del agua, con sus diversos campos visuales y táctiles, podrían estar creando algo así como dos mundos, y de ello resultaría algo parecido a una memoria dependiente de la situación. Y la aparición repentina de la amnesia poshipnótica espontánea a principios del siglo XIX pudo muy bien haberse debido a este cambio de las metáforas gravitacionales a las metáforas de inmersión. En otras palabras, la amnesia poshipnótica espontánea pudo haber sido un parafrando de la metáfora de inmersión. (Es interesante observar que esta amnesia espontánea está empezando a desaparecer de los fenómenos hipnóticos. Es muy posible que como la hipnosis se ha vuelto tan común que se ha hecho un fenómeno con vida propia, esté desgastándose con el uso su base metafórica, lo cual reduciría el poder de sus parafrandos.)

Los fenómenos más interesantes sólo se pueden inducir (actualmente) en las etapas "más profundas" del trance. Son importantísimos para elaborar una teoría de la mente que los pueda explicar. A menos que se sugiera otra cosa, el sujeto está "sordo" a todo lo que no sea la voz del operador; no "oye" a nadie más; el dolor se puede "bloquear" o acrecentar por encima de lo normal; igualmente, la experiencia sensorial. Mediante la sugestión es posible estructurar totalmente las emociones: si se le dice que va a oír un chiste muy gracioso, el sujeto se desternillará de risa con sólo oír "la yerba es verde". A sugerencia del operador, el sujeto puede controlar ciertas respuestas automáticas mejor que en su estado normal. Puede alterársele radicalmente su sentido de identidad. Puede hacerse que actúe como si fuera un animal, un viejo o un niño.

Pero se trata de un *como-si* con una supresión de un *no-es*. Algunos extremistas de la hipnosis han llegado a sugerir que, cuando a un sujeto en trance se le dice que en ese momento tiene cinco o seis años, se produce en él una *verdadera* regresión a esa edad de su niñez. Esto no es cierto. Voy a citar un ejemplo. El sujeto había nacido en Alemania, pero a los ocho años su familia y él se fueron a vivir a un país de habla inglesa, donde aprendió inglés pero olvidó casi todo el alemán. Cuando al sujeto se le sugirió, estando en hipnosis "profunda", que sólo tenía seis años, hizo gala de toda clase de manerismos infantiles, incluso escribió con letra de niño en un pizarrón. Al preguntársele en inglés si entendía inglés, contestó infantilmente en inglés que no entendía ni hablaba inglés, ¡sólo alemán! Incluso escribió en un pizarrón — en inglés — que no entendía ¡una palabra de inglés![7] El fenómeno es, pues, parecido al juego de la actuación, no una regresión verdadera. Es una obediencia, podríamos decir, ciega e ilógica al operador y a sus expectativas, y es algo similar a la obediencia de un hombre bicameral a un dios.

Otro error común sobre la hipnosis, que aparece aun en los mejores libros de texto modernos, es suponer que el operador puede inducir verdaderas alucinaciones. Algunas observaciones mías, todavía no publicadas, indican lo contrario. En cuanto un sujeto quedó en hipnosis profunda, hice los movimientos de darle un florero inexistente y le pedí que pusiera en él unas flores inexistentes que estaban sobre una mesa, incluso le dije en voz alta el color de cada una. Hasta aquí todo fue fácil. Estaba jugando a actuar. Pero darle un libro inexistente, pedirle que lo sostuviera con las manos, que lo abriera en la página uno y que empezara a leer fue otro cantar. Eso no se puede fingir a menos que se tenga más creatividad que la mayoría de la gente. El sujeto realizó con presteza los movimientos sugeridos de tomar el libro, quizá farfulló alguna frase inicial común, pero en seguida se quejó de que la impresión era borrosa, o muy difícil de leer, o emitió alguna racionalización similar. O cuando se le pidió describir un cuadro (inexistente) sobre una hoja de papel en blanco, el sujeto replicaría de un modo vacilante a lo más, y daría únicamente respuestas breves cuando se le aguijoneara a contestar qué veía. Si se hubiera tratado de una verdadera alucinación, sus ojos habrían recorrido el papel, y hacer una descripción cabal habría sido de lo más simple, como ocurre cuando los esquizofrénicos describen sus alucinaciones visuales. Como era de esperar, hubo aquí grandes diferencias individuales, pero la conducta es mucho más congruente con una vacilante aceptación de papel del tipo "como-si" que con la fácil entrega con que se experimentan las alucinaciones verdaderas.

Este punto lo pone de manifiesto otro experimento. Si a una persona hipnotizada se le pide que cruce el cuarto, y en su camino ponemos una silla, pero le decimos que no hay tal silla, no alucinará la no existencia de la silla. Simplemente pasará a un lado de ella. Se comporta como si no la viera, aunque, por supuesto, sí la vio, puesto que le dio la vuelta. En este caso es interesante observar que si a sujetos no hipnotizados se les pide que simulen hipnosis en esta situación particular, se irán a estrellar contra la silla,[8] pues tratan de ser congruentes con la errónea opinión de que la hipnosis cambia *realmente* las percepciones.

7. Este ejemplo se lo debo a Martin Orne.

8. Martin Orne, a quien se debe este ejemplo ingeniosamente sencillo, ha hecho el trabajo básico de comparar sujetos hipnotizados con sujetos de control a los que se ha pedido simular el estado hipnótico.

De aquí la importancia del concepto de *lógica de trance* que ha sido acuñado para denotar esta diferencia.[9] Esto es simplemente la respuesta fácil a contradicciones lógicas absurdas. Pero realmente no hay lógica de ninguna clase, ni simplemente un fenómeno de trance. Es más bien lo que yo preferiría adornar llamándolo *aceptación paralógica de una realidad mediatizada verbalmente*. Es paralógica porque las reglas de la lógica (que según recordamos son un patrón o norma externa de verdad, no la forma en que opera la mente) son puestas de lado para obrar de acuerdo con aseveraciones sobre la realidad que concretamente no son verdaderas. Se trata de un tipo de conducta que aparece por doquier en la condición humana, desde las letanías religiosas contemporáneas hasta las variadas supersticiones de las sociedades tribales. Pero es particularmente acentuado y muy característico del estado mental de la hipnosis.

Es una aceptación o sumisión paralógica que un sujeto camine alrededor de una silla que se le ha dicho que no está allí, en vez de estrellarse contra ella (aceptación lógica), y que no haya nada ilógico en sus actos. Es aceptación paralógica cuando un sujeto dice en inglés que no sabe inglés y que no haya nada fuera de lugar en lo que dice. Si nuestro sujeto alemán hubiera estado simulando hipnosis, habría mostrado obediencia lógica hablando únicamente en el poco alemán que pudiera recordar, o quedándose callado.

Se presenta la aceptación paralógica cuando un sujeto puede aceptar que la misma persona puede estar en dos partes al mismo tiempo. Si a un hipnotizado se le dice que la persona X es la persona Y, obra consecuentemente. Pero si entonces la verdadera persona Y entra al cuarto, al sujeto le parece perfectamente aceptable que ambas sean la persona Y. Esto es muy similar a la sumisión paralógica que se encuentra hoy día en la esquizofrenia, que es otro vestigio de la mente bicameral. En una misma sala de hospital, puede haber dos pacientes que crean que son la misma persona importante o divina sin que sientan nada ilógico en ello.[10] Yo sugiero que una aceptación paralógica similar se evidenció en la era bicameral propiamente dicha: trataron a los inmóviles ídolos como seres vivientes que comían, aceptaron que el mismo dios estuviera en varias partes al mismo tiempo, o en las múltiples efigies de ojos enjoyados del mismo dios-rey que se hallan lado a lado en las pirámides. Como si fuera un hombre bicameral, el sujeto hipnotizado no encuentra peculiaridades o incongruencias en su conducta. No puede "ver" contradicciones porque no puede introspeccionarse de un modo totalmente consciente.

9. Martin Orne, "The Nature of Hypnosis: Artifact and Essence".
10. Una descripción amplia de un ejemplo se encuentra en Milton Rokeach, *The Three Christs of Ypsilanti* (Nueva York: Knopf, 1960).

Tal como vimos que ocurría en la mente bicameral, así también en el trance disminuye el sentido del tiempo; esto es particularmente evidente en la amnesia poshipnótica. Nosotros, en nuestro estado normal, usamos la sucesión espacializada de tiempo consciente como un sustrato de sucesiones de memorias. Cuando se nos pregunta qué hemos hecho desde el desayuno, por lo común narratizamos una sucesión de hechos a los que podemos llamar "rotulados por el tiempo". Pero el sujeto que se encuentra en trance hipnótico, como el enfermo esquizofrénico o el hombre bicameral, no tiene ese esquema del tiempo en el cual los hechos puedan ser "rotulados por el tiempo". Falta el antes y el después del tiempo espacializado. Tales acontecimientos, tal como pueden ser recordados de un trance por un sujeto en amnesia poshipnótica, son fragmentos vagos y aislados, que estimulan al yo, más que el tiempo espacializado como sucede en el recuerdo normal. Los sujetos amnésicos a lo más podrán decir: "Enlacé las manos y me senté en una silla", sin dar detalles o secuencia, en un modo que me recuerda a Hammurabi o a Aquiles.[11] El sujeto contemporáneo hipnótico tiene algo que es significativamente diferente: es el hecho de que a sugerencia del operador se pueden hacer volver al sujeto las memorias secuenciales narratizadas, lo cual muestra que ha habido cierto tipo de procesamiento paralelo por parte de la conciencia y fuera del trance.

Todos estos hechos dan al trance hipnótico una complejidad fascinante. ¡El procesamiento paralelo! Mientras el sujeto hace y dice una cosa, su cerebro está procesando su situación cuando menos en dos diferentes formas, una más amplia que la otra. Esta conclusión se puede demostrar de un modo aún más dramático por medio de un descubrimiento al que se ha bautizado con el nombre de "el observador escondido". Un sujeto hipnotizado, al que se le sugiere que no sentirá nada si mete la mano durante un minuto en un cubo de agua helada (experiencia dolorosa pero inofensiva), no mostrará incomodidad alguna y dirá que no sintió nada; pero si previamente se le ha sugerido que cuando y sólo cuando el operador le toque el hombro, dirá en otra voz qué fue lo que sintió en verdad, eso es precisamente lo que sucede. Al ser tocado, el sujeto expresará en otra voz, por lo general baja y gutural, lo que en realidad sintió, y dará rienda suelta a su desagrado, pero cuando el operador le quite la mano volverá inmediatamente a su voz ordinaria y al estado de anestesia.[12]

Esta prueba nos lleva a una noción de hipnosis rechazada en otro tiempo, conocida con el nombre de disociación, y que emergió de los estudios sobre la

---

11. Agradezco a John Kihlstrom sus comentarios sobre estos puntos. El marcado contraste entre el lenguaje de los amnésicos y el de los que recuerdan es de su estudio, que pronto verá la luz.
12. Ernest Hilgard, "A Neodissociation Interpretation of Pain Reduction in Hypnosis", *Psychological Review*, 1973, 80:396-411. Quiero hacer constar aquí mi reconocimiento a Ernest Hilgard por haber leído con atención y espíritu crítico los capítulos precedentes. Sus alentadores comentarios fueron de gran ayuda.

personalidad múltiple realizados a comienzos de nuestro siglo.[13] La idea es que en la hipnosis la totalidad de la mente o reactividad está siendo separada en corrientes concurrentes que pueden funcionar independientemente una de la otra. Lo que esto significa para la teoría de la conciencia y su origen que describimos en el primer libro no es cosa que se perciba de inmediato. Pero el caso es que este proceso disociado nos hace recordar la organización bicameral de la mente misma, así como el tipo de solución no consciente del problema que expusimos en I.

Quizá el aspecto de la hipnosis menos estudiado sea la naturaleza diferente del trance entre personas que nunca vieron o supieron gran cosa de la hipnosis. Evidentemente, por lo general en nuestros días el trance es un estado pasivo y de sugestibilidad. Pero algunos sujetos realmente se ponen a dormir. Otros están siempre parcialmente conscientes y sin embargo son peculiarmente sugestionables pero, ¿quién puede diferenciar entre actuar o representar, y la realidad? Otros tiemblan con tal fuerza que es preciso "despertarlos". Etcétera.

Un estudio reciente sugiere que estas diferencias individuales se deben a diferencias en la creencia o en el imperativo cognoscitivo colectivo del individuo. A los sujetos se les pidió que describieran por escrito lo que sucede en la hipnosis. Luego se les hipnotizó y los resultados se compararon con sus descripciones. Uno "despertó" del trance cada vez que se le pedía que realizara algo para lo cual tenía que ver. Una buena lectura posterior de su papel mostró que había escrito: "Es preciso que los ojos estén cerrados para estar en trance hipnótico." A otro sólo se le pudo hipnotizar en un segundo intento. Había escrito: "A la mayoría de la gente es imposible hipnotizarla al primer intento." Y otro más — mujer — no pudo hacer nada bajo la hipnosis si estaba de pie. Escribió: "El sujeto debe estar reclinado o sentado."[14] Y cuanto más se hable de la hipnosis, incluso en estas páginas, más uniforme se tornará el imperativo cognoscitivo, y por tanto el trance.

El hipnotista como autorización

Y ahora, en cuarto lugar, un tipo muy particular de autorización arcaica que también determina, en parte, la distinta naturaleza del trance. Porque aquí la autorización es el operador mismo en vez de que lo sea un dios alucinado o poseedor.

13. En este campo, los clásicos son Pierre Janet, *The Major Symptoms of Hysteria*, 1907 (2a. ed., Nueva York: Holt, 1920) y Morton Prince, *The Unconscious* (Nueva York: Macmillan, 1914). Un análisis excelente se encuentra en el trabajo de Ernest Hilgard, "Dissociation Revisited", en M. Henle, J. Jaynes J. J. Sullivan, eds., *Historical Conceptions of Psychology* (Nueva York: Springer, 1973).

14. T. R. Sarbin, "Contribution to Role-Taking Theory: I. Hypnotic Behavior", *Psychology Review*, 1943, 57:255-270.

Para el sujeto es una figura indudable de autoridad. Y si no lo es, el sujeto será menos hipnotizable, o requerirá una inducción mucho más larga o una creencia inicial mucho mayor en el fenómeno (un imperativo cognoscitivo más fuerte). La mayoría de los que estudian esta cuestión sostienen que debe establecerse un tipo especial de relación de confianza entre el sujeto y el operador.[15] Una comprobación común de la susceptibilidad a la hipnosis es colocarse de pie detrás del prospecto y pedirle que caiga voluntariamente para ver qué se siente "dejarse caer". Si el sujeto da un paso atrás para romper su caída, ello indicará que una parte de él no tiene confianza en que será asido, casi invariablemente será un mal sujeto hipnótico para ese operador en particular.[16]

Esta confianza explica la diferencia entre hipnosis en la clínica y en el laboratorio. Los fenómenos hipnóticos que se encuentran dentro del medio de la psiquiatría suelen ser más profundos, porque, creo, el psiquiatra es una imagen más parecida, más cercana a un dios (para el paciente) que un investigador para su sujeto. Y una explicación similar se puede dar para conocer en qué edad es más fácil la hipnosis. La susceptibilidad al hipnotismo llega a su máximo entre los ocho y los diez años.[17] Los niños ven a los adultos con un sentimiento mucho mayor de omnipotencia y de omnisciencia adultas, lo cual hace que se acreciente la potencialidad del operador con objeto de satisfacer el cuarto elemento del paradigma. Cuanto más "parecido a un dios" resulte ser el operador para el sujeto, con mayor facilidad será activado el paradigma bicameral.

Testimonio en favor de la teoría bicameral de la hipnosis

Si es verdad que la relación del sujeto con el operador en la hipnosis es un vestigio de una anterior relación con una voz bicameral, surgen en seguida varios interrogantes. Si el modelo neurológico esbozado en I.5 apunta en la dirección

15. Aun el propio Clark Hull, un conductista estridente, el primero en realizar experimentos en hipnosis verdaderamente controlados, que se burlaba de los datos introspectivos, se vio obligado a ver en la hipnosis una "sugestión de prestigio", quizá con "un cambio cuantitativo hacia arriba que tal vez sea resultado del procedimiento hipnótico", *Hypnosis and Suggestibility: An Experimental Approach* (Nueva York: Appleton-Century-Crofts. 1933), p. 392.

16. Véase Ernest Hilgard, *Hypnotic Susceptibility* (Nueva York: Harcourt, Brace and World, 1965), p. 101. Los investigadores de la glosolalia, vistos en III.2, observan que la persona que tenga el "don de lenguas" debe tener una confianza similar en el carisma de su jefe. En cuanto disminuye esta confianza, mengua también el fenómeno. Sería cosa sencilla, usando grabaciones en casettes de procedimientos de inducción hipnótica, manipular la variable de prestigio y demostrar así, realmente, la importancia de este factor en la hipnosis.

17. Tomado de los datos de Theodore X. Barber y D. S. Calverley, "Hypnotic-Like Suggestibility in Children and Adults", *Journal of Abnormal and Social Psychology*, 1963, 66:589-597. Estoy trabajando en una obra en que me ocuparé del desarrollo de la conciencia en los niños, e indicaré que esta edad de mayor susceptibilidad hipnótica ocurre justo después del cabal desarrollo de la conciencia.

correcta, entonces podemos esperar la existencia de algún tipo de fenómeno de lateralidad en la hipnosis. Nuestra teoría predice que en los EEG de un sujeto en hipnosis, estará aumentada la relación de actividad cerebral en el hemisferio derecho respecto del izquierdo, si bien esto se oscurece un poco por el hecho de que en cierta medida es el hemisferio izquierdo el que debe entender al operador. Pero cuando menos debemos esperar una participación proporcionalmente mayor del hemisferio derecho que en la conciencia ordinaria.

De momento, no tenemos un concepto claro ni siquiera de un EEG usual bajo hipnosis, así de conflictivos son los resultados obtenidos por los investigadores. Sin embargo, hay otras líneas de pruebas, aunque por desgracia son más correlacionales e indirectas. Helas aquí:

• A los individuos se les puede categorizar por el grado mayor o menor en que usan el hemisferio derecho o el izquierdo en relación con los demás. Un modo bastante sencillo de averiguarlo es ver de frente a una persona y hacerle preguntas y ver cómo mueve los ojos cuando piensa las respuestas. (Al igual que en I.5, hablamos únicamente de la gente que no es zurda.) Si es hacia la derecha, estará usando relativamente más su hemisferio izquierdo, y si es a la izquierda, será el derecho, puesto que la activación de los campos oculares frontales de cada hemisferio vuelve los ojos hacia el lado contralateral. Recientemente se ha informado que la gente que al responder preguntas frente a frente, vuelve los ojos a su izquierda, y que por tanto está usando su hemisferio derecho más que la mayoría de los demás, es mucho más susceptible a la hipnosis.[18] Esto puede ser interpretado como indicio de que la hipnosis puede ocupar al hemisferio derecho en formas muy especiales, que la persona que es hipnotizada con más facilidad es aquella que puede "oír a" y "confiar en" el hemisferio derecho más que otras.

• Como vimos en I.5, el hemisferio derecho, del cual hemos presumido que ha sido la fuente de alucinaciones divinas en anteriores milenios, es considerado actualmente como el más creador, espacial y responsable de imágenes vívidas. Varios estudios recientes han puesto en claro que los individuos que tienen estas características más acentuadas que los demás son más susceptibles a la hipnosis.[19] Estos resultados van muy de acuerdo con la hipótesis de que la hipnosis es una confianza o entrega a las categorías del hemisferio derecho, del mismo modo que el hombre bicameral confiaba en, o se entregaba a su guía divina.

18. R. C. Gur y R. E. Gur, "Handedness, Sex, and Eyedness as Moderating Variables in the Relation between Hypnotic Susceptibility and Functional Brain Assymetry", *Journal of Abnormal Psychology*, 1974, 83:635-643.

19. Josephine R. Hilgard, *Personality and Hypnosis* (Chicago: University of Chicago Press, 1970). cap. 7. Los datos en que están basados los tres párrafos siguientes provienen también de su importante obra, Caps. 5, 8 y 14 respectivamente.

• Si consideramos válido decir que la hipnosis es un vestigio de la mente bicameral, podríamos también esperar que quienes sean más susceptibles a la hipnosis serán también más susceptibles a otras facetas del paradigma bicameral general. Por lo que hace a la participación religiosa, esto parece ser cierto. Las personas que han ido regularmente a la iglesia desde su niñez son más susceptibles a la hipnosis, en tanto que aquellas que han sido menos religiosas tienden a ser menos susceptibles. Al menos algunos estudiosos de la hipnosis que conozco buscan a sus sujetos en escuelas superiores de teología, porque han hallado que estos estudiantes son más susceptibles.

• Del fenómeno de compañías imaginarias en la niñez me ocuparé con más amplitud en una obra posterior, pero también puede ser visto como otro vestigio de la mente bicameral. Al menos la mitad de los que entrevisté recordaron claramente que oír hablar a sus compañeros fue una experiencia de la misma calidad que oír la pregunta como yo la formulé. Alucinación verdadera. La incidencia de compañías imaginarias ocurre principalmente entre los tres y los siete años, justo antes de lo que yo llamaría el desarrollo pleno de la conciencia en los niños. Mi pensar sobre esta cuestión es que la estructura neurológica del paradigma bicameral general se ejercita (para usar una metáfora) mediante alguna predisposición innata o ambiental a tener compañías imaginarias. Si es correcta la hipótesis sostenida en este capítulo, podríamos esperar que tales personas fueran más susceptibles al influjo de este paradigma años después — como en la hipnosis. Y lo son. Quienes en la niñez tuvieron compañeros imaginarios son más fáciles de hipnotizar que quienes no los tuvieron. Este es otro ejemplo en que la posibilidad de hipnosis está correlacionada con otro vestigio de la mente bicameral.

• Si podemos considerar que el castigo en la niñez es un modo de generar una mayor relación con la autoridad, entonces dar entrenamiento o capacitación mayor a algunas de las relaciones neurológicas que en un tiempo fueron la mente bicameral podrá tal vez aumentar la susceptibilidad hipnótica. Y así es. Estudios cuidadosos muestran que quienes en su niñez fueron castigados con severidad o que provienen de un hogar disciplinado son más fácilmente hipnotizables, en tanto que quienes fueron poco o nada castigados son menos susceptibles a la hipnosis.

Los resultados de laboratorio no pasan de ser sugestivos, amén de que hay modos muy diferentes de interpretarlos, por cuyo motivo refiero al lector a los informes originales. Juntos, empero, dan fuerza a la hipótesis de que la hipnosis es en parte un vestigio de una mentalidad preconsciente. Viendo los fenómenos de la hipnosis contra el amplio fondo histórico de la especie humana, adquieren ciertos contornos que no tendrían de otro modo. Pero si de la conciencia tenemos un concepto biológico muy definido y creemos que su origen se remonta a la evolución de los sistemas nerviosos de los mamíferos, no veo cómo se puede entender el fenómeno de la hipnosis, ni siquiera la parte más pequeña de él. En cambio, si nos damos cuenta cabal y comprendemos que la conciencia es un fenómeno aprendido culturalmente, equilibrado sobre los desaparecidos vestigios de una mentalidad primitiva, entonces veremos que la conciencia, en parte, puede ser culturalmente no aprendida o interrumpida. Algunas características aprendidas, como el "yo" análogo pueden ser utilizadas, si se presenta el imperativo cultural apropiado, por un factor iniciador diferente, uno de los cuales es lo que llamamos hipnosis. La razón de que este factor iniciador diferente opere al unísono con los otros factores de la conciencia en disminución de la inducción y del trance, es que en cierta forma aprovecha un paradigma de una mentalidad más antigua que la conciencia subjetiva.

Objeción: ¿existe en verdad la hipnosis?

Para concluir, me referiré brevemente a algunas interpretaciones alternas probables. Actualmente no hay tantas teorías de hipnosis como puntos de vista, cada uno correcto dentro de sus límites. Un punto de vista dice que imaginar, y concentrarse en lo que sugiere el hipnotizador y la tendencia de ese imaginar a conformarse con la acción, son cosas muy importantes.[20] Lo son. Otro afirma que lo que cuenta es la condición de monomotivación.[21] Evidentemente, esto es una descripción. Otro más sostiene que el fenómeno básico es la aptitud para representar diferentes papeles, la índole "como-si" de la mayoría de las actuaciones hipnóticas.[22] Obviamente, esto es cierto. Otra opinión destaca, correctamente, la disociación.[23] Una más afirma que la hipnosis es una regresión a una relación de tipo infantil con uno de los padres.[24] E indudablemente esto ocurre cada vez que asoma un vestigio de la mente bicameral, dado que la propia mente bicameral está basada en tal experiencia admonitoria.

Pero la principal controversia teórica — inacabable, y la más importante para nosotros aquí — es si la hipnosis realmente es o no algo diferente a lo que ocurre

20. Magda Arnold, "On the Mechanism of Suggestion and Hypnosis", *Journal of Abnormal and Social Psychology*, 1946, 41:107-128.
21. Robert White, "A Preface to the Theory of Hypnotism", *Journal of Abnormal and Social Psychology*, 1941, 16:477-505.
22. T. R. Sarbin, "Contributions to Role-Taking Theory". Y véase también su trabajo más reciente hecho con Milton Anderson, "Role-Theoretical Analysis of Hypnotic Behavior", en J. E. Gordon.
23. Ernest Hilgard, "A Neodissociation Interpretation".
24. Una de las dos interpretaciones psicoanalíticas de la hipnosis. Véase, por ejemplo, Merton M. Gili y Margaret Brenman, *Hypnosis and Related States* (Nueva York: International Universities Press, 1959). A la otra, que la hipnosis es una relación de amor entre el operador y el sujeto, ya nadie la toma en serio.

diariamente en el estado normal. Porque si esta tesis es definitiva, resulta totalmente errónea la interpretación que ofrezco en este capítulo de una mentalidad diferente. Si la hipnosis no existe en absoluto, no puede ser vestigio de nada. Este modo de pensar afirma que todas las manifestaciones de la hipnosis se pueden explicar como simples exageraciones de fenómenos normales. Vamos a examinarlas:

Por lo que hace a la clase de obediencia al operador, todos nosotros hacemos lo mismo, sin pensarlo, en situaciones *en que debemos obedecer*, como con nuestro maestro, un policía de tránsito o quizá la persona que dirige un baile en que hay cambio de parejas.

Respecto a fenómenos tales como la sordera sugerida, todos hemos pasado por la experiencia de "escuchar" atentamente a una persona y quedarnos sin oír palabra. Lo mismo ocurre con la madre que duerme en medio de una tormenta de truenos y que sin embargo oye el llanto de su bebé y se despierta con él; es el mismo mecanismo del sujeto hipnotizado que sólo oye la voz del hipnotista y que está dormido a todo lo demás.

Y en cuanto a la amnesia inducida que tanto asombra a los observadores, ¿quién puede recordar lo que estaba pensando hace cinco minutos? Debe uno sugerirse una guía o estrucción para recordar. Y esto lo puede hacer o dejar de hacer el operador actual, anulando o realzando el parafrando de inmersión, de modo que el sujeto recuerde o deje de recordar.

Por lo que toca a la parálisis sugerida bajo hipnosis, ¿quién no ha tenido una animada plática con un amigo, durante un paseo a pie, hasta que, a medida que se absorben las dos partes más y más en el tema caminan más despacio hasta que por fin se detienen por completo? La atención concentrada ha significado detener el movimiento.

En relación con la anestesia hipnótica, ese notabilísimo fenómeno hipnótico, ¿quién no ha visto a un niño lastimado a quien distrae un juguete a tal grado que deja de llorar y pronto olvida su dolor? ¿O víctimas de accidentes que sangran por sus heridas, y que no sienten? Es muy posible que la acupuntura sea un fenómeno relacionado con esto.

Y por lo que hace al "observador oculto", este tipo de procesamiento paralelo ocurre en todo momento. En la conversación ordinaria, al oír a nuestro interlocutor planeamos al mismo tiempo que vamos a contestarle. Los actores hacen esto constantemente, pues siempre actúan como sus propios observadores ocultos; en contra de lo que aconseja Stanislavski, quieren estar siempre en condiciones de criticar sus actuaciones. Otros ejemplos del pensar no consciente ofrecido en I.1 o mi descripción de ir conduciendo un auto mientras se conversa, con que se inició I.4 son situaciones similares.

En cuanto al triunfo sorprendente de la sugestión poshipnótica, a veces todos nosotros decidimos reaccionar ante un acontecimiento de cierto modo y así lo hacemos, olvidándonos de nuestra anterior razón. En realidad no es diferente de la "sugestión prehipnótica", como en la supuesta parálisis de la mano dominante de unas páginas atrás. La estructuración de nuestro imperativo cognoscitivo colectivo puede determinar nuestras reacciones en formas muy específicas.

Y lo mismo más o menos respecto a otras hazañas notables realizadas bajo la hipnosis; todo es exageración de fenómenos diarios. La hipnosis, reza el argumento, sólo parece ser diferente. La conducta de trance no es otra cosa que simple concentración, como en el "caso del profesor distraído". Un buen número de experimentos recientes han tenido como objeto demostrar que todos los fenómenos hipnóticos se pueden reproducir en individuos en vigilia mediante la simple sugestión.[25]

Mi respuesta, y también la de otros autores, es que eso no es explicar la hipnosis. Es desecharla. Aun cuando todos los fenómenos de la hipnosis se puedan reproducir en la vida diaria (yo creo que esto no es posible), la hipnosis puede seguir siendo definida por medio de distintos procedimientos, distintas susceptibilidades que se correlacionan con otras experiencias así como con otros vestigios de la mente bicameral y por enormes diferencias en la facilidad con que pueden reproducirse fenómenos hipnóticos con y sin inducción hipnótica. En cualquier especulación sobre posibles cambios futuros en nuestra mentalidad, esta última diferencia es importantísima. Por esta razón empecé este capítulo en la forma en que lo hice. Si se nos pide conducirnos como animales, como niños de cinco años, no sentir dolor cuando se nos pincha, ser ciegos al color, catalépticos, o mostrar nistagmus o remolinos imaginados del campo visual,[26] o decir que el vinagre sabe a champaña, todo esto se puede hacer, pero con mucha más dificultad cuando estamos en nuestro estado normal de conciencia que cuando estamos bajo la hipnosis. Realizar tales suertes sin el apoyo de un operador exige esfuerzos grotescos de persuasión y cargas enormes de concentración. La conciencia plena del estado de vigilia se ve como un inmenso yermo de estrecheces perturbadoras que hay que cruzar, cosa en verdad difícil, para poder alcanzar un control tan inmediato. Vea por la ventana y esfuércese por ser ciego a los colores rojo y verde a grado tal

25. Theodore X. Barber es el investigador más sobresaliente e incansable que sostiene esta tesis. Para él, la "hipnosis" no existe como estado diferente del de vigilia, y, por tanto, la palabra debía entrecomillarse siempre. Entre sus muchos trabajos, consúltese "Experimental Analysis of 'Hypnotic' Behavior: Review of Recent Empirical Findings", *Journal of Abnormal Psychology*, 1965, 70:132-154.

26. J. P. Brady y E. Levitt, "Nystagmus as a Criterion of Hypnotically Induced Visual Hallucinations", *Science*, 1964, 146:85-86. Sin embargo, no estoy de acuerdo con la opinión de los autores de que esto demuestre la existencia de verdaderas alucinaciones.

que esos colores los vea usted como tintes de gris.[27] Se puede hacer hasta cierto punto, pero es mucho más fácil bajo hipnosis. O póngase de pie y actúe como ave, batiendo los brazos y emitiendo extraños chillidos, todo ello, durante los próximos quince minutos, algo muy fácil bajo hipnosis. Pero ningún lector de la última frase lo hará si está solo. Esos sentimientos agobiadores de locura o tontería y los "por qué he de hacerlo" y los "esto es absurdo" se acumulan cual tiranos celosos como un dios de tales actos; para alcanzar tal grado de obediencia necesitamos el permiso de un grupo, la autorización de un imperativo colectivo así como la orden de un operador... O de un dios. O bien, ponga las manos sobre la mesa que tiene enfrente y haga que una de ellas se ponga más roja: tal vez pueda hacerlo, pero lo hará con más facilidad si está bajo hipnosis. O bien alce ambas manos durante quince minutos sin sentir malestar; bajo hipnosis, es una tarea de lo más simple.

¿Qué es, entonces, lo que aporta la hipnosis que nos da esta extraordinaria capacidad, que nos permite hacer cosas que sólo mediante grandes esfuerzos podemos hacer en nuestro estado ordinario? ¿O es "nosotros" quien las hace?, porque en verdad, en la hipnosis parece que alguien estuviera haciendo cosas a través de nosotros. Y, ¿por qué es esto así? Y, ¿por qué esto es más fácil? ¿Es que debemos perder nuestros egos conscientes para alcanzar tal control, que entonces ya no puede estar *con nosotros*?

Y en otro nivel, ¿por qué razón en nuestras vidas diarias no podemos ponernos por arriba de nosotros mismos para autorizarnos a ser lo que realmente queremos ser? Si bajo hipnosis podemos ser cambiados en cuanto a identidad y acción, ¿por qué no podemos hacerlo en y por nosotros mismos de modo tal que la conducta fluya de la decisión con una vinculación o dependencia tan absoluta, que cualquier cosa que sea lo que está dentro de nosotros y que llamamos *voluntad* se yerga como amo y capitán sobre la acción con una mano tan soberana como la del operador sobre el sujeto?

Aquí la respuesta se encuentra parcialmente en las limitaciones de nuestra conciencia aprendida en este milenio. Necesitamos que venga en nuestra ayuda algún vestigio de nuestra antigua mente bicameral, algún método anterior de control. Al adquirir la conciencia, renunciamos a aquellos métodos de control de la conducta más absolutos y más sencillos que caracterizaron a la mente bicameral.

27. Los sujetos normales a los que se pidió que respondieran a la prueba Ishihara de ceguera al color, tratando de no ver el color rojo y luego tratando de no ver el verde, leyeron algunas de las tarjetas Ishihara del modo en que era de esperar que las leyeran individuos con ceguera a los colores rojo o verde. Esto lo demostraron Theodore X. Barber y D. C. Deeley, "Experimental Evidence for a Theory of Hypnotic Behavior: I. 'Hypnotic Color-Blindness' without 'Hypnosis'", *International Journal of Clinical and Experimental Hypnosis*, 1961, 9:79-86. Pero bajo hipnosis es más fácil obtener esta ceguera al color, como se ve en Milton Erickson, "The Induction of Color Blindness by a Technique of Hypnotic Suggestion", *Journal of General Psychology*, 1999, 20:61-89.

Vivimos en el seno de una zumbadora nube de porqués y para qués, de las metas y razonamientos de nuestras narratizaciones y de los muchos posibles caminos de nuestros "egos" análogos. Y es este girar constante de posibilidades lo que nos es necesario para que evitemos una conducta demasiado impulsiva. El "yo" análogo y la metáfora "me" siempre se encuentran descansando en la confluencia de muchos imperativos cognoscitivos colectivos. Como sabemos demasiado no nos podemos aventurar muy lejos.

Aquellos que merced a lo que los teólogos llaman el "don de la gracia" pueden centrar sus vidas y rodearlas de creencias religiosas, tienen sin duda alguna imperativos cognoscitivos colectivos diferentes. Mediante la oración y sus esperanzas pueden cambiar ellos mismos de un modo muy similar a como ocurre en la sugestión poshipnótica. Es un hecho que la fe, política o religiosa, o simplemente la fe en uno mismo mediante algún imperativo cognoscitivo temprano, puede obrar maravillas. Todo aquel que haya experimentado los sufrimientos de la cárcel o de los campos de detención sabe que la supervivencia tanto mental como física suele estar protegida delicadamente por manos así de intocables.

Pero para el resto de nosotros que debemos abrirnos paso por entre modelos de conciencia y de éticas escépticas, nos es preciso aceptar nuestro menoscabado control. Somos doctos en la autoduda, especialistas en nuestras fallas, genios en la excusa y dejamos para mañana nuestras resoluciones. Y de esta manera nos volvemos duchos en la resolución impotente hasta que la esperanza se acaba y va a morir en lo no intentado.

Esto es lo que ocurre, cuando menos a algunos de nosotros. Y luego, para elevarnos sobre este barullo de sabihondería y podernos cambiar en verdad, necesitamos una autorización que no tenemos.

No sobre cualquiera funciona la hipnosis. Hay muchas razones que lo explican. Pero en un grupo particular que no se presta a la hipnosis se encuentra una razón, una explicación que en parte es neurológica y en parte genética. A mi entender, en estos individuos está organizado un poco diferentemente el paradigma bicameral general de la base neurológica heredada. Se diría que no pueden aceptar con facilidad la autorización externa de un operador porque esa parte del paradigma bicameral está ya ocupada. En efecto, el resto de nosotros los vemos como si ya estuvieran hipnotizados, sobre todo cuando se encuentran hospitalizados, cosa que es bastante común entre ellos. Algunos teóricos han especulado que esa es precisamente su condición: un estado constante de autohipnosis. Creo, no obstante, que esta posición es un grave abuso de la palabra hipnosis, y que la conducta de los esquizofrénicos, como los llamamos, debería ser contemplada de otro modo, que es lo que haremos en el capítulo siguiente.

CAPÍTULO 5

La esquizofrenia

Casi todos nosotros, en algún momento de nuestras vidas nos deslizamos espontáneamente hacia algo que se aproxima a la mente bicameral real. Para algunos se trata solamente de unos cuantos episodios de privación de pensamiento o de oír voces. Mas para otros, que tienen sistemas superactivos de dopamina o que tienen poca cantidad de la enzima que descompone con facilidad los productos bioquímicos del estrés prolongado y los vuelve sustancias excretables, es una experiencia mucho más deprimente, si es que cabe llamarla experiencia. Oímos voces cuya importancia es impelente, que nos critican y nos dicen qué debemos hacer. Al mismo tiempo, parece que perdemos los linderos de nosotros mismos. El tiempo se desmorona. Actuamos sin saber lo que hacemos. Nuestro espacio mental empieza a disiparse. Sentimos pánico, pero es un pánico que no nos sucede a nosotros. No hay nosotros. No es que no tengamos adónde dirigirnos; es que no tenemos "dónde". Y en ese "no dónde", somos como autómatas, que no saben qué hacer, que somos manipulados por otros o por nuestras voces, de modos extraños y pavorosos en un lugar que acabamos por reconocer como hospital y con un diagnóstico que se nos dice es de esquizofrenia. En realidad, hemos vuelto a la mente bicameral.

Tal es un modo simplificadísimo, exagerado y fantasioso de presentar una hipótesis que ha sido obvia en porciones anteriores de este ensayo, pues ha sido evidente que las opiniones presentadas aquí sugieren un nuevo concepto de esa enfermedad mental tan común y resistente, la esquizofrenia. Esta hipótesis es que, al igual que los fenómenos estudiados en los capítulos precedentes, la esquizofrenia, al menos en parte, es un vestigio de bicameralidad, una vuelta parcial a la mente bicameral. El presente capítulo es un análisis de esa posibilidad.

Los testimonios históricos

Empecemos echando un vistazo, muy superficial, a la historia más antigua de esta enfermedad. Si nuestra hipótesis es correcta, primero que nada no encontraremos ninguna prueba de individuos segregados por estar locos antes de la desaparición de la mente bicameral. Y esto es verdad, nunca hubo tal segregación, aunque el apoyo a nuestra tesis es muy débil porque los testimonios son muy indirectos. Pero ni en las esculturas, ni en la literatura, murales u otras producciones de las grandes civilizaciones bicamerales, no hay ninguna ilustración o mención de un tipo de conducta que señalara a un individuo como diferente de los demás del modo en que lo haría la locura. Imbecilidad sí, pero no locura.[1] Por ejemplo, en la *Ilíada* no hay el menor vestigio de locura.[2] Estoy recalcando que son individuos *puestos aparte* de otros, por estar enfermos, porque, conforme a nuestra teoría, podemos decir que antes del segundo milenio a.C., *todo el mundo* era esquizofrénico.

En segundo lugar, debemos esperar conforme a la hipótesis anterior que cuando la locura es mencionada por vez primera ya en el período consciente, se hace referencia a ella en términos definidamente bicamerales. Y esto sí refuerza mucho nuestro caso. En *Fedro*, Platón llama a la locura "un don divino y la fuente de las bendiciones más grandes otorgadas a los hombres".[3] Y este pasaje preludia uno de los más bellos y elevados pasajes de todos los *Diálogos* en el cual se distinguen cuatro tipos de locura: la profética debida a Apolo, la ritual debida a Dionisio, la poética "de quienes son poseídos por las musas, que apoderándose del alma, delicada y virgen, inspiran en ella frenesí, despiertan la lírica y otras cadencias", y, finalmente, la locura erótica debida a Eros y Afrodita. Aun la palabra para designar profético, *mantike*, y la palabra para enfermo psicótico, *manike*, eran para el joven Platón la misma palabra, pues para él la letra *t* "era solamente una inserción moderna y sin gusto".[4] Lo que estoy queriendo demostrar aquí es que no hay duda alguna de la muy antigua asociación de formas de lo que llamamos esquizofrenia con los fenómenos que hemos llamado bicamerales.

Esta correspondencia se pone también de manifiesto en otra antigua palabra griega para designar locura, *paronoia*, la cual, viene de *para* + *nous*; significa literalmente que tiene otra mente además de la propia, y describe tanto el estado

1. La palabra hebrea *halal*, que se traduce mejor como tonto en el sentido de idiota, es la palabra que se halla en I Samuel, 13, y que a veces se dice que es la primera referencia a la esquizofrenia.
2. E. R. Dodds sugiere que algunos pasajes de la *Odisea* se refieren a la locura, pero, para mí, su razonamiento no es convincente. Y cuando concluye que en tiempos de Homero, y "probablemente desde mucho antes" fue cosa común un concepto de enfermedad mental, tal afirmación carece por completo de fundamento. Véase E. R. Dodds, *The Greeks and the Irrational* (Berkeley: University of California Press, 1968), p. 67.
3. *Fedro*, 244A.
4. *Ibid.*, 244C.

alucinatorio de la esquizofrenia como lo que hemos descrito y llamado mente bicameral. Esto, por supuesto, no tiene nada que ver con el uso moderno y etimológicamente incorrecto de esta palabra, con su significado completamente diferente de delirios de persecución, que se originó en el siglo XIX. Paranoia, como palabra general antigua para designar locura, perduró junto con los otros vestigios de la bicameralidad descritos en el capítulo anterior, y después murió en el aspecto lingüístico junto con esos vestigios más o menos por el siglo II d.C.

Pero aun en tiempos del propio Platón, tiempos de guerra, de hambre y de peste, las cuatro divinas locuras fueron derivando gradualmente hacia el reino de la poesía del hombre sabio y de la superstición del hombre común. Ahora ya destaca el aspecto de enfermedad de la esquizofrenia. En diálogos posteriores, el ya maduro Platón se torna más escéptico, y al hablar de lo que llamamos esquizofrenia dice que es un sueño perpetuo en el cual algunos hombres creen "que son dioses, y otros que pueden volar",[5] en cuyos casos la familia de los así afligidos debe tenerlos en su casa so pena de una multa.[6]

Ahora se debe ocultar a los locos. Aun en las farsas exageradas de Aristófanes, se les apedrea para mantenerlos a distancia.

Así pues, lo que hoy llamamos esquizofrenia empieza en la historia humana como una relación con lo divino, y es solamente alrededor del 400 a.C. cuando empieza a ser vista como la enfermedad incapacitadora que es en la actualidad. Esta evolución, este cambio, es difícil de entender fuera de la teoría que sostenemos en esta obra de que se produjo un cambio en la mentalidad.

Dificultades del problema

Antes de ocuparme de sus síntomas contemporáneos considerados desde el mismo punto de vista, quisiera hacer algunas observaciones preliminares de una índole completamente general. Como sabe todo aquel que ha trabajado en la literatura sobre el tema, hoy día hay un panorama de polémica, no muy claro, sobre lo que es la esquizofrenia, sobre si es una sola enfermedad o son varias, o la vía final común de múltiples etiologías, sobre si existen dos pautas básicas llamadas diversamente esquizofrenia procesal y reactiva, o aguda y crónica, o de inicio rápido o lento. La razón de este desacuerdo y de su propia vaguedad es que la investigación en esta área es un enredijo obstinado de problemas de control. ¿Cómo podremos estudiar la esquizofrenia y al mismo tiempo eliminar los efectos de la hospitalización, de las drogas, de la terapia anterior, de las expectaciones culturales de diversas

5. *Teeteto*, 158.
6. *Leyes*, 934.

reacciones aprendidas ante experiencias extrañas, o de diferencias para obtener datos exactos sobre las crisis situacionales de pacientes que, debido al trauma de la hospitalización, hallan aterrorizante el comunicarse con los demás?

No entra en mis fines trazar un camino por entre estas dificultades para llegar a una posición definida. Más bien buscaré darles la vuelta mediante algunas simplicidades sobre las cuales hay un acuerdo general. Estas son: que existe un síndrome que puede ser llamado esquizofrenia, que cuando menos en el estado florido es fácilmente reconocido en la clínica, y que se encuentra en todas las sociedades civilizadas del orbe.[7] Por otra parte, por lo que hace al contenido de este capítulo, no importa gran cosa que hable o no de todos los pacientes con este diagnóstico.[8] No hablo de la enfermedad cuando aparece ni de su desarrollo después de la hospitalización. Mi tesis es un poco menor, y dice que *algunos de los síntomas fundamentales, más característicos y más comúnmente observados de la esquizofrenia florida y no tratada son singularmente congruentes con la descripción que he dado, en páginas anteriores, de la mente bicameral.*

Estos síntomas son, primordialmente, la presencia de alucinaciones auditivas como se describieron en I.4 y el deterioro de la conciencia, tal como se definió en I.2, concretamente la pérdida del "yo" análogo, el desgaste o erosión del espacio mental y la incapacidad de narratizar. Veamos en seguida estos síntomas.

Las alucinaciones

Las alucinaciones, otra vez. Y lo que diré aquí es un agregado de lo que dije antes.

Si nos circunscribimos a los esquizofrénicos floridos y no tratados, podemos afirmar que las alucinaciones están ausentes únicamente en casos muy contados. Por lo general predominan, apiñándose persistente y atropelladamente, haciendo que el paciente se sienta confuso, en particular cuando están cambiando rápidamente. En casos muy agudos, las alucinaciones visuales acompañan a las voces. Pero en los casos más comunes, el paciente oye voces, una o muchas, un santo o un demonio, una banda de forajidos bajo su ventana que lo quieren atrapar, quemar o decapitar. Ahí lo esperan, amenazan con entrar por las paredes, trepar y esconderse debajo de la cama o arriba de él, en los ventiladores. Y luego vienen

7. "The Experiential World Inventory", ideado por H. Osmond y A. El. Miligi en el Instituto Neuropsiquiátrico de Princeton, se ha aplicado a esquizofrénicos de diferentes países y culturas y ha dado resultados similares.

8. Ni tampoco *únicamente* de tales pacientes. En psiquiatría hay la tendencia cada vez mayor a distinguir categorías de diagnóstico por las drogas que les son específicas; las esquizofrenias por las fenotiazinas y la maniacodepresiva por el litio. De ser esto correcto, resultará que muchos pacientes a los que se diagnosticó esquizofrenia paranoide, en realidad son maniacodepresivos, pues sólo responden al litio. En la fase maníaca, casi la mitad de estos pacientes tienen alucinaciones.

otras voces que quieren ayudarlo. A veces, Dios es un protector, otras, uno de los perseguidores. Ante las voces perseguidoras, el paciente puede huir, defenderse o atacar. Cuando las alucinaciones son tranquilizadoras y de ayuda, el paciente las oirá con atención, disfrutará de ellas como si estuviera en una fiesta y hasta sollozará al oír las voces del cielo. Algunos pacientes experimentarán toda suerte de experiencias alucinadas estando debajo de las sábanas, en sus propias camas, mientras que otros andarán por el cuarto, hablarán fuerte o suavemente con sus voces y harán toda suerte de ademanes y movimientos incomprensibles. Aún durante su conversación o su lectura, los pacientes están contestando en voz baja a sus alucinaciones o musitando apartes a sus voces, con intervalos muy breves, de pocos segundos.

Ahora bien, uno de los aspectos más interesantes e importantes de todo esto con respecto al paralelo con la mente bicameral, es lo siguiente: en general, las alucinaciones auditivas no caen ni en el grado más pequeño bajo el control del individuo, pero en cambio son extremadamente susceptibles a la más inocua sugestión del conjunto total de circunstancias sociales del cual es parte el individuo. En otras palabras, estos síntomas esquizofrénicos son influidos por el imperativo cognoscitivo colectivo justamente como en el caso de la hipnosis.

Esto lo demuestra con toda claridad un estudio reciente.[9] A cuarenta y cinco pacientes varones alucinados se les dividió en tres grupos. A un grupo se le colocó en sus cinturones una cajita con una palanca que al ser oprimida producía una descarga eléctrica. Se les dijo que se aplicaran la corriente cada vez que empezaran a oír voces. El segundo grupo usó también cajas similares, y se le dieron las mismas instrucciones, con la diferencia de que al oprimir la palanca no recibían ninguna descarga eléctrica. A un tercer grupo se le dieron entrevistas y evaluación similares, pero no cajas. Por cierto que las cajas contenían contadores que registraban el número de veces que se oprimía la palanca; la frecuencia fluctuó entre 19 y 2 362 veces a lo largo de la quincena que duró el experimento. Pero lo importante es que a los tres grupos se les insinuó la esperanza de que disminuiría la frecuencia de las alucinaciones.

Por supuesto, se predijo con base en la teoría del aprendizaje que sólo el grupo que recibía las descargas eléctricas mejoraría. Pero qué pena por la teoría del aprendizaje, pues en los tres grupos disminuyó considerablemente el número de voces. En algunos casos se esfumaron por completo. Y en este terreno ningún

9. Arthur H. Weingaertner, "Self-administered aversive stimulation with hallucinating hospitalized schizophrenics", *Journal of Consulting and Clinical Psychology*, 1971, 36:422-429.

grupo quedó arriba de ningún otro, lo cual muestra a las claras el gran papel de la expectativa y de la fe en este aspecto de la organización mental.

Cabe una observación relacionada: que las alucinaciones dependen de las enseñanzas y expectativas de la niñez, tal como hemos postulado que ocurrió en los tiempos bicamerales. En las culturas contemporáneas en que es parte de la educación de los niños una relación personal con Dios, excesiva y ortodoxa, los individuos que caen en la esquizofrenia tienden a oír más alucinaciones religiosas estrictas que los demás.

En la isla inglesa de Tórtola de las Indias Occidentales, se enseña a los niños que literalmente Dios gobierna cada detalle de sus vidas. En amenazas y castigos se invoca el nombre de la deidad. La principal actividad social es ir a la iglesia. Cuando los naturales de esta isla requieren tratamiento psiquiátrico, el que sea, invariablemente describen experiencias de oír mandatos de Dios y Jesús, sensaciones de arder en el infierno o alucinaciones de oraciones y cantos de himnos en voz alta, o a veces una extraña combinación de temas de oración y profanos.[10]

Cuando las alucinaciones auditivas de la esquizofrenia carecen de bases religiosas particulares, no por eso dejan de seguir jugando esencialmente el mismo papel que he sugerido fue propio de la mente bicameral, o sea, el de iniciar y guiar la conducta del paciente. Ocasionalmente a las voces se les reconoce como autoridades, incluso dentro del hospital. Una mujer oía voces casi siempre beneficiosas que ella creyó que eran creadas por el Servicio de Salubridad Pública para de ese modo proporcionar psicoterapia. ¡Ojalá la psicoterapia se pudiera administrar con tal facilidad! La aconsejaban constantemente, y le decían, entre otras cosas, que no le dijera al psiquiatra que oía voces. La aconsejaban sobre cómo pronunciar bien, le daban consejos sobre costura y cocina. Según las describió, "Cuando hago un pastel, la voz se impacienta conmigo. Yo procuro planear todo por mí misma. Ahora mismo me estoy haciendo un delantal y aquí la tengo tratando de decirme qué debo hacer".[11]

Algunos investigadores psiquiátricos, particularmente los especializados en psicoanálisis, intentan deducir por las asociaciones que usa el paciente que en todos los casos las voces se pueden "atribuir a personas que en otro tiempo tuvieron importancia en las vidas de los pacientes, muy en particular sus padres".[12] Se supone que si se reconociera a estos personajes producirían ansiedad, por cuya

10. Edwin A. Weinstein, "Aspects of Hallucinations", *Hallucinations*, L. J. West, ed. (Nueva York: Grune and Straton, 1962), pp. 233-238.
11. A. H. Modell, "Hallucinations in schizophrenic patients and their relation to psychic structure", en West, pp. 166-173; la cita es de la página 169.
12. Modell, en West, p. 168.

razón, inconscientemente, los pacientes los disfrazan y deforman. ¿Por qué ha de ser esto así? Es mucho más lógico pensar que son las experiencias del paciente con sus padres (u otras autoridades amadas) las que se convierten en el meollo alrededor del cual se estructura la voz alucinada, tal como sugerí que fue el caso de los dioses en la era bicameral.

Con esto no quiero decir que los padres no figuren en las alucinaciones. Con frecuencia entran en ellas, sobre todo en los pacientes más jóvenes. Pero, por lo demás, las voces-figuras de la esquizofrenia no son de padres disfrazados; son figuras de autoridad creadas por el sistema nervioso del paciente conforme a su experiencia admonitoria y sus expectativas culturales. Por supuesto, sus padres son una porción importante de esa experiencia admonitoria.

Uno de los problemas más interesantes de las alucinaciones es su relación con el pensamiento consciente. Si la esquizofrenia es parcialmente un regreso a la mente bicameral, y si ésta es antitética a la conciencia ordinaria (que no en todos los casos debe ser), cabría esperar que las alucinaciones resultaran ser el sustituto de los "pensamientos."

Al menos en algunos pacientes, es así como aparecen por vez primera las alucinaciones. En ocasiones, las voces parecen empezar como pensamientos que luego se transforman en vagos susurros, que se van volviendo voces más fuertes y más autoritarias. En otros casos, los pacientes sienten el comienzo de las voces "como si sus pensamientos se estuvieran dividiendo". En los casos benignos, es posible que las voces queden bajo el control de la atención consciente, tal como ocurre con los "pensamientos". Como lo describió un paciente no delirante:

> He estado aquí en esta sala de hospital dos años y medio, y casi todos los días y cada hora del día oigo voces cerca de mí; a veces provienen del viento, a veces de pisadas, a veces del entrechocar de los platos, a veces del susurro de los árboles o de las ruedas de trenes y vehículos que pasan. Sólo oigo las voces si les pongo atención, pero las oigo. Las voces son palabras que me cuentan una u otra cosa, como si no fueran pensamientos que tengo en la cabeza, sino que estuvieran narrando cosas pasadas... pero sólo cuando pienso en ellas. Todo el día se la pasan contándome mi historia, sin omitir detalle.[13]

Es frecuente que las alucinaciones tengan acceso a más recuerdos y conocimientos que el propio paciente, tal como ocurrió con los dioses de la antigüedad. No es raro que en ciertas etapas o estados de su enfermedad los pacientes se quejen de que las voces expresan sus pensamientos antes aún de que ellos tengan oportunidad de pensar en ellos. A este proceso de que nuestros pensamientos se

13. Gustav Storring, *Mental Pathology* (Berlin: Swan Sonnenschein, 1907), p. 27.

anticipen y expresen en alta voz a uno mismo se le conoce con el nombre (en la literatura clínica) de *Gedankenlautwerden* y se aproxima mucho a la mente bicameral. Algunos dicen incluso que nunca tienen la oportunidad de pensar por sí mismos; siempre piensan por ellos y *se les da* el pensamiento. Cuando quieren leer, las voces leen por delante de ellos. Cuando tratan de hablar, oyen sus pensamientos hablados o dichos antes que ellos. Otro enfermo le dijo a su médico que

> Pensar le duele, porque no puede pensar por sí mismo. En cuanto empieza a pensar todos sus pensamientos le son dictados. Está esforzándose por cambiar su tren de pensamiento, pero aquí también su pensar es hecho en su lugar... Comúnmente, en la iglesia oye una voz que canta, que se anticipa a lo que el coro canta... Si en la calle ve, digamos, un anuncio, la voz le lee lo que hay escrito en él... Si a lo lejos ve a un conocido, la voz le dice, "Mira, ahí va fulano", por lo general antes de que empiece a pensar en la persona. Otras veces, aunque no tiene la menor intención de fijarse en los transeúntes, la voz lo obliga a prestarles atención por los comentarios que hace sobre ellos.[14]

Lo que nos importa considerar, en el síndrome de muchos esquizofrénicos, es el lugar muy central y único de estas alucinaciones auditivas. ¿Por qué están ahí presentes? ¿Y por qué "oír voces" es algo universal en todas las culturas, a menos que haya una estructura del cerebro que usualmente está reprimida y que es activada por la tensión o fuerza de esta enfermedad?

Por otra parte, ¿por qué todas estas alucinaciones esquizofrénicas suelen tener una autoridad dramática, particularmente religiosa? Encuentro que la única tesis que proporciona al menos una hipótesis aceptable sobre esta cuestión es la de la mente bicameral; que la estructura neurológica a la que se pueden achacar estas alucinaciones está vinculada neurológicamente con sustratos de sentimientos religiosos, y que esto es así porque la fuente de la religión y de los dioses mismos se encuentra en la mente bicameral.

Las alucinaciones religiosas son más comunes en los llamados estados crepusculares, que en muchos pacientes son un equivalente del soñar despierto, que pueden durar unos minutos o unos cuantos años; por lo general, duran unos seis meses. Invariablemente van acompañados por visiones religiosas, fanfarronear o adoptar posturas afectadas, exceso de ceremonia y veneración o adoración; el paciente puede vivir con alucinaciones justamente como en el estado bicameral, con la diferencia de que el propio medio puede ser alucinado desdibujándose el medio del hospital. Tal vez el paciente se halle en contacto con los santos del cielo, o reconozca a los médicos y enfermeras que lo rodean como lo que son en la realidad,

14. *Ibid.*, p. 30.

pero creyendo que van a resultar ángeles o dioses disfrazados. Incluso puede gritar de alegría por estar hablando directamente con los habitantes del cielo, se persignará continuamente mientras habla con las voces divinas, o quizá con las estrellas a las que llamará en plena noche.

Es cosa común que los paranoides, después de un largo lapso de problemas sufridos al mismo tiempo que tratan de llevarse bien con la gente, empiecen a padecer el aspecto esquizofrénico de su enfermedad con una experiencia religiosa alucinada en la cual un ángel, Cristo o Dios hablan bicameralmente con el paciente, y le muestran el nuevo camino.[15] Todo esto lo convence de su propia relación especial con las potencias del universo, y entonces, la autorreferencia patológica de todo lo que ocurre a su alrededor entra a formar parte de ideas engañosas que pueden durar años y años sin que el paciente sea capaz de hablar de ellas, de discutirlas.

El famoso caso de Schreber, el brillante jurista alemán que vivió a fines del siglo XIX, es particularmente ilustrativo de la tendencia a las alucinaciones religiosas.[16] Su propio relato retrospectivo, extremadamente pulido, de sus alucinaciones mientras tuvo esquizofrenia, es muy notable desde el punto de vista de su similitud con las relaciones de los hombres de la antigüedad con sus dioses. Su enfermedad empezó con un grave acceso de angustia durante el cual alucinó una cuarteadura en las paredes de su casa. Así las cosas, una noche, repentinamente las grietas se volvieron voces a las que inmediatamente reconoció como comunicaciones divinas y "que desde entonces me han hablado sin cesar". Las voces fueron "continuas durante siete años, excepto durante el sueño, y persistieron incontenibles aun en casos en que estuviera hablando con otras personas".[17] Veía rayos de luz que como "delgados filamentos llegaban cerca de mi cabeza desde algún lejano punto del horizonte... o del Sol o de alguna otra lejana estrella, pero que no llegaban hacia mí en línea recta, sino describiendo una especie de círculo o parábola".[18] Éstos eran los portadores de las voces divinas y podían adoptar la forma física de los propios dioses.

Conforme progresó la enfermedad, resulta de particular interés ver cómo las voces divinas se organizaron a sí mismas en una jerarquía de dioses superiores e inferiores, tal como es de suponerse que ocurrió en los tiempos bicamerales. Y luego, bajando por los rayos que venían de los dioses, parecía que las voces querían

15. Eugen Bleuler, *Dementia Praecox of The Group of Schizophrenias*, trad. Joseph Zinkin (Nueva York: International University Press, 1950), p. 229.
16. D. P. Schreber, *Memoirs of My Nervous Illness*, trad. y ed. I. MacAlpine y R. A. Hunter (Londres: Dawson, 1955).
17. *Ibid.*, p. 225.
18. *Ibid.*, pp. 227-228.

"ahogarme y finalmente dejarme sin razón". Estaban "asesinando su alma" y progresivamente lo "acobardaban", es decir, le estaban quitando su propia iniciativa o desgastando su "yo" análogo. Más avanzada la enfermedad, durante períodos de mayor conciencia, narratizó esto y lo convirtió en el delirio de ser convertido orgánicamente en mujer. A mi juicio, Freud dio demasiada importancia a esta narratización particular en su famoso análisis de estas memorias, pues convirtió toda la enfermedad en el resultado de una homosexualidad reprimida que iba brotando del inconsciente.[19] El hecho es que esta interpretación, aunque relacionada probablemente con la etiología original del estrés que inició la enfermedad, no es muy válida para explicar la totalidad del caso.

Ahora bien, ¿podríamos tener la temeridad de establecer un paralelismo entre estos fenómenos de enfermedad mental y la organización de los dioses en la antigüedad? El que Schreber haya tenido también voces-visiones de "hombrecillos" nos hace pensar en las figurillas halladas en muchas civilizaciones antiguas. Y el hecho de que, según se iba recuperando lentamente, el *tempo* del habla de sus dioses decreciera y luego degenerara en un silbido poco distinguible[20] nos trae a la memoria como los ídolos produjeron sonidos a los incas después de la Conquista.

Un paralelismo igualmente sugerente es el hecho de que el Sol, como la luz más brillante del mundo, adquiere una significación particular en muchos pacientes no tratados, tal como ocurría en las teocracias de las civilizaciones bicamerales. Por ejemplo Schreber, después de oír a su "Dios superior (Ormuz)" por un tiempo, finalmente lo vio como "el Sol... rodeado de un mar plateado de rayos..."[21] Y un paciente más cercano a nuestra época escribió:

> El Sol acabó por producirme un efecto extraordinario. Parecía estar cargado con todos los poderes; no nada más para simbolizar a Dios, sino para serlo realmente. Frases como: "Luz del Mundo", "El Sol de la Rectitud que Jamás se Pone", etc., recorrían mi cabeza incesantemente, y la sola vista del Sol era suficiente para intensificar grandemente esta excitación maníaca, bajo la cual yo trabajaba y me esforzaba. Fui obligado a dirigirme al Sol como a un dios personal, y a crear de ahí un ritual de adoración al Sol.[22]

De ningún modo estoy sugiriendo aquí que hay una adoración innata al Sol o dioses innatos en el sistema nervioso, que son liberados durante la reorganización mental que ocurre en la psicosis. Las razones que explican que las alucinaciones adopten una forma *particular* se encuentran en parte en la naturaleza física del

19. Sigmund Freud, "Psycho-analytic notes on an autobiographical account of a case of paranoia", en *Complete Psychological Works*, vol. 12, trad. y comp. James Strachey (Londres: Hogarth Press, 1958).
20. Schreber, pp. 226, 332.
21. *Ibid.*, p. 269.
22. J. Custance, Wisdom, *Madness and Folly* (Nueva York: Pellegrini and Cudahy, 1952), p. 18.

mundo, pero más especialmente en la educación y en la familiaridad con dioses y con la historia religiosa.

Pero sí quiero sugerir

(1) que en el cerebro hay estructuras ápticas que explican la existencia misma de estas alucinaciones;

(2) que estas estructuras se desarrollan en las sociedades civilizadas de modo tal que determinan la autoridad y la calidad religiosa general de esas voces alucinadas, y que quizá las organizan en jerarquías;

(3) que los paradigmas que se hallan detrás de estas estructuras ápticas evolucionaron en el seno del cerebro por medio de selección humana y natural durante el proceso civilizador primordial de la especie humana; y

(4) que en muchos casos de esquizofrenia son liberados de su inhibición normal por una bioquímica anormal y quedan particularizados en la experiencia.

Todavía falta mucho por decir sobre estos fenómenos muy reales de alucinación en la esquizofrenia. Es un campo que necesita mucha más investigación. ¡Cómo nos gustaría conocer la historia detallada de las alucinaciones y cómo se relaciona con la historia de la enfermedad del paciente! De esto sabemos muy poco. También nos gustaría conocer cómo se relacionan las experiencias alucinatorias particulares con la educación o ambiente del individuo. ¿Por qué algunos pacientes tienen voces benévolas, en tanto que otros las tienen tan implacablemente perseguidoras que huyen o se defienden o atacan a alguien o a algo, en un esfuerzo por ponerles fin? ¿Y por qué otros más tienen voces tan extáticamente religiosas que el paciente las disfruta como una fiesta? ¿Y cuáles son las características del lenguaje de las voces? ¿Usan la misma sintaxis y léxico que el paciente en su habla? ¿O son más modeladas o casi versificadas, como cabría esperar por lo dicho en III.3? Todos estos son problemas que se pueden resolver empíricamente. Cuando se resuelvan nos darán, sin duda, una interiorización más grande de los comienzos bicamerales de la civilización.

La erosión del "yo" análogo

¡Qué importancia tan trascendental, la de este análogo que tenemos de nosotros mismos en nuestro metaforizado espacio mental, la mismísima cosa con que narratizamos soluciones a problemas de acción personal y con la cual vemos por dónde vamos y quiénes somos! Y cuando en la esquizofrenia empieza a menguar, y el espacio en que existe se va desplomando, ¡qué experiencia tan aterradora debe ser!

Los pacientes esquizofrénicos floridos (florido se refiere a ciertos procesos patológicos diseminados y ricos en síntomas) tienen todos ellos estos síntomas en mayor o menor grado:

> Cuando estoy enfermo pierdo el sentido de donde estoy. Creo que "yo" me puedo sentar en la silla, y sin embargo mi cuerpo se mueve locamente y da saltos de un metro enfrente de mí.
>
> Es cosa muy difícil conversar con otras personas porque no puedo estar seguro de si los demás me están hablando realmente y si yo, también realmente, les estoy contestando.[23]
>
> Gradualmente, cada vez menos puedo distinguir cuánto de mí mismo está en mí, y cuánto está ya en otros. Soy un conglomerado, una monstruosidad, modelada de nueva cuenta cada día.[24]
>
> Mi aptitud para pensar y decidir y mi voluntad para obrar están desmembradas. Finalmente, están esparcidas, diseminadas en el punto en que se mezclan con todas las demás partes del día y juzgan lo que han dejado atrás. En vez de desear hacer cosas, las cosas son hechas por algo que parece mecánico y aterrorizador... el sentimiento que debía morar en el interior de una persona está fuera anhelado regresar y sin embargo se llevó el poder para hacerlo.[25]

Muchas son las formas en que, pacientes que pueden hacerlo, describen cómo ocurre esta pérdida del ego. Algún paciente se sentará por horas y horas sin interrupción "para hallar a sus pensamientos perdidos". Otro sentirá como que "se muere". Como ya vimos, Schreber habló del "asesinato del alma". Un paciente muy inteligente necesitará horas de esfuerzo arduo "para hallar su propio ego, por unos breves momentos". O el yo siente que está siendo absorbido por todo lo que lo rodea, por fuerzas cósmicas, por potencias del mal o del bien, o por el mismísimo Dios. En verdad, la palabra esquizofrenia fue ideada por Bleuler para destacar esta experiencia central como la marca identificadora de la esquizofrenia. Es el sentimiento de "perder nuestra mente", del yo "descomponiéndose en sus partes" hasta que deja de existir o parece desconectado de la acción o de la vida; de esto resultan muchos de los síntomas descriptivos más obvios, tales como la "falta de afecto" o abulia.

---

23. Ambas citas son de pacientes del doctor C. C. Pfeiffer del Brain-Bio Center de Princeton, Nueva Jersey, donde la esquizofrenia se considera como varias enfermedades tratables primordialmente mediante nutrientes cerebrales.
24. Storch, citado por H. Werner, *Comparative Psychology of Mental Development* (Nueva York: International Universities Press, 1957), p. 467.
25. De E. Meyer y L. Covi, "The experience of depersonalization: A written report by a patient", *Psychiatry*, 1960, 23:215-217.

Otra forma en que se deja ver esta erosión del "yo" análogo es la incapacidad relativa de los esquizofrénicos para dibujar una persona. Evidentemente, es una suposición no muy firme decir que cuando dibujamos una persona en un papel, ese dibujo depende de una metáfora intacta del yo que hemos llamado el "yo" análogo. Pero este resultado ha sido tan congruente que se ha convertido en lo que llamamos ahora "Prueba de Dibujar Una Persona" (*Draw-A-Person Test, DAP*), que hoy se hace en forma rutinaria como indicador de la esquizofrenia.[26] No a todos los pacientes esquizofrénicos se les dificultan esos dibujos. Pero cuando la prueba funciona es un diagnóstico excelente. Los pacientes dejan fuera partes anatómicas obvias como las manos o los ojos; usan líneas borrosas o no conectadas; la sexualidad suele ser indiferenciada: la figura en sí con frecuencia está deformada y confusa.

Sin embargo, la generalización de que esta incapacidad para dibujar una persona es un reflejo de la erosión del "yo" análogo debe tomarse con ciertas precauciones. Se ha hallado que las personas de edad muestran a veces estos mismos dibujos fragmentados y primitivos como ocurre con estos esquizofrénicos; también debe observarse que hay mucha incongruencia entre este resultado y la hipótesis que estamos examinando en este capítulo. En algún capítulo precedente dijimos que el "yo" análogo vino a la vida hacia el fin del segundo milenio a.C. Si la capacidad para dibujar una persona depende de que el dibujante tenga un "yo" análogo, entonces cabría suponer que antes de este tiempo no habría dibujos coherentes de seres humanos. Y evidentemente, no es este el caso. No cabe duda de que hay modos de explicar esta discrepancia, pero por el momento me limitaré a señalar esta anomalía.

Antes de abandonar este estudio de la erosión del "yo" análogo quiero referirme a la enorme ansiedad que en nuestra propia cultura la acompaña, y al esfuerzo a veces venturoso, a veces infructuoso, por detener este aterrador desvanecimiento de esa importantísima parte de nuestros egos interiores, el centro casi sacramental de la decisión consciente. En realidad, gran parte de la conducta que no tiene nada que ver con alguna reversión a una mente bicameral puede ser interpretada más bien como un esfuerzo por combatir esta pérdida del "yo" análogo.

A veces, por ejemplo, se presenta lo que se ha llamado el síntoma de "yo soy". El paciente, que trata de conservar cierto dominio sobre su conducta, se repite una y otra vez a sí mismo "yo soy", o "yo soy el que está presente en todo", o "yo soy la

26. En L. W. Jones y C. B. Thomas, "Studies of figure drawings", *Psychiatric Quarterly Supplement*, 1961, 35:212-216, se da cuenta de los primeros años de investigación con el DAP.

mente, no el cuerpo". Algún otro paciente usará palabras sueltas como "vigor" o "vida" para tratar de anclarse contra la disolución de su conciencia.[27]

La disolución del espacio mental

Los esquizofrénicos no solamente empiezan por perder su "yo" sino también su espacio mental, el parafrando puro que tenemos del mundo y de sus objetos que al introspeccionarnos nos parece como un espacio. Pero al paciente le parece que es como perder sus pensamientos, o como "privación del pensamiento", frase esta que induce reconocimiento inmediato en el esquizofrénico. El efecto de esto está tan ligado con la erosión del "yo" análogo que resulta inseparable de ella. Los pacientes no pueden pensar con facilidad viéndose en los sitios en que están y por tanto no pueden usar información para prepararse por anticipado respecto a las cosas que les pueden ocurrir.

Esto se puede ver experimentalmente en estudios de reacción tiempo. Todos los esquizofrénicos, del tipo que sean, tienen una capacidad mucho menor que la gente normalmente consciente cuando quieren responder a estímulos que se les ofrecen o presentan a intervalos de duración variable. Como el esquizofrénico carece de un "yo" análogo y de un espacio mental cabales en cuyo seno pueda representarse a sí mismo haciendo algo, no puede tampoco "prepararse" para responder, y, una vez que ha respondido, no puede variar la respuesta conforme lo va requiriendo el trabajo o la tarea.[28] Así, un paciente que ha estado separando bloques a partir de su forma no puede empezar a separarlos por color cuando se le dice que los clasifique con base en un elemento diferente.

Igualmente, la pérdida del "yo" análogo y de su espacio mental da por resultado la pérdida de las conductas *como-si*. Como no puede imaginar las cosas del modo común, tampoco puede actuar (teatralmente), o participar en acciones de fingimiento, o hablar de acontecimientos fingidos. Por ejemplo, no puede fingir que bebe agua en un vaso que no la tiene. Y si se le pregunta qué haría si fuera médico, replicaría que no es médico. O si a un paciente soltero se le preguntara qué haría si estuviera casado, respondería que no está casado. Esto muestra su dificultad con la conducta "como-si" de la hipnosis, según lo vimos al término del capítulo anterior.

Otra forma en que se manifiesta la disolución del espacio mental es en la desorientación existente con relación al tiempo, que es tan común en los esquizofrénicos. Sólo podemos tener conciencia del tiempo si lo disponemos en una

27. Carney Landis, *Varieties of Psychopathological Experience* (Nueva York: Holt, Rinehart and Winston, 1964).
28. Se trata de una interpretación de una teoría muy extendida de David Shakow, "Segmental Set", *Archives of General Psychiatry*, 1962, 6:1-17.

sucesión espacial, por cuya razón la disminución que sufren los esquizofrénicos del espacio mental, dificulta o imposibilita que la tengan. Por ejemplo, los pacientes se pueden quejar de que "el tiempo se ha detenido", o de que todo parece ir "más despacio" o "estar en suspenso", o más simplemente, que tienen "problemas con el tiempo". Como lo recordó un paciente una vez que se restableció:

> Durante mucho tiempo ningún día me pareció como día, ni ninguna noche como noche. Pero esto, en particular, no tiene forma en mi memoria. Solía determinar el tiempo por mis comidas, pero como creía que nos servían varias series o grupos de comidas en cada día real — más o menos cinco o seis desayunos, comidas, tés y cenas cada doce horas — el sistema no era de gran ayuda.[29]

Según lo que se ve, esto podría parecer incongruente con la hipótesis de que la esquizofrenia es una vuelta parcial a la mente bicameral. Porque no hay duda de que el hombre bicameral distinguía las horas del día y las estaciones del año. Pero este conocimiento, esta diferenciación, era, creo, una cosa muy diferente a la narratización en un tiempo sucesivo espacialmente que nosotros, los que estamos conscientes, hacemos de continuo. El hombre bicameral tenía un conocimiento conductual, que respondía a los estímulos de levantarse y acostarse, de plantar y cosechar, estímulos o señales tan importantes que fueron adorados, como en Stonehenge, y que probablemente fueron alucinogénicos en sí. Para alguien que procediera de una cultura en que la atención a tales estímulos hubiera sido sustituida por un sentido del tiempo diferente, la pérdida de esta sucesión espacial dejaría al paciente sumido en un mundo que, relativamente, no tiene tiempo. Resulta interesante destacar en este terreno que, cuando a sujetos normales hipnotizados se les sugiere que el tiempo no existe, se produce en ellos una reacción esquizofrénica.[30]

La falla de la narratización

Por la erosión del "yo" análogo y de su espacio mental, se vuelve imposible la narratización. Es como si todo lo que fuera narratizado en el estado normal se despedazara y formara asociaciones subordinadas tal vez a algo general, pero no relacionadas a ningún propósito o meta conceptual unificadora, como ocurre en la narratización normal. No se pueden dar razones lógicas para explicar conductas, amén de que las respuestas verbales a preguntas no se originan en ningún espacio

29. M. Harrison, *Spinners Lake* (Londres: Lane, 1941), p. 32.
30. Bernard S. Aaronson; "Hypnosis, responsibility, and the boundaries of self", *American Journal of Clinical Hypnosis*, 1967, 9: 229-246.

mental interior, sino en asociaciones sencillas o en las circunstancias externas de una conversación. Ya no puede suceder que una persona se pueda explicar a sí misma, lo cual en la era bicameral fue una clara función de los dioses.

Con la pérdida del "yo" análogo, de su espacio mental y de la capacidad para narratizar, la conducta o responde a directivas alucinadas o se continúa como hábito. El resto del yo se siente como un autómata que recibe órdenes de fuera, como si alguien moviera el organismo de un lado para otro. Aún sin recibir órdenes alucinadas, el paciente puede tener la sensación de estar recibiendo órdenes de un modo tal que deba obedecerlas. Quizá dé la mano normalmente a una visita, pero al preguntársele sobre este acto, contestará: "Yo no lo hice, la mano lo hace sola." También el paciente puede tener la sensación de que alguien está moviendo su lengua y haciéndolo hablar, sobre todo en la coprolalia, en que palabras escatológicas u obscenas toman el lugar de otras. Aun en los estados iniciales de la esquizofrenia, el paciente siente recuerdos, música o emociones, agradables o desagradables, que al parecer le son forzados por una fuente ajena, y sobre los cuales, por tanto, "él" no tiene ningún dominio. Este síntoma y su diagnóstico son muy comunes. Y con frecuencia estas influencias extrañas se convierten en alucinaciones completas de las que nos ocupamos anteriormente.

Según Bleuler, "los sentimientos conscientes rara vez acompañan a los automatismos que son manifestaciones psíquicas arrancadas de la personalidad. Los pacientes pueden bailar y reír sin sentirse contentos; pueden asesinar sin odiar; eliminarse sin estar decepcionados de la vida... los pacientes se dan cuenta de que no son sus propios amos".[31]

Muchos pacientes no se oponen a que ocurran tales automatismos. Otros, que aún conservan la aptitud para narratizar marginalmente, inventan recursos protectores contra este control exterior de sus actos. Creo que así es el negativismo, aun en los neuróticos. Por ejemplo, un paciente de Bleuler, que era obligado internamente a cantar, se las arregló para conseguir un trocito de madera que se encajaba en la boca para impedirle que cantara. En el momento actual no sabemos aún si estos automatismos y mandatos internos son siempre el resultado de voces articuladas que dirigen al paciente y a sus acciones como podría sugerir una vuelta a la mente bicameral. Sería imposible determinar esto con certeza, dado que el fragmento desprendido de la personalidad que sigue reaccionando al médico puede haber suprimido los mandatos bicamerales que "oyen" otras partes del sistema nervioso.

En muchos pacientes esto se presenta como el síntoma llamado Automatismo de Mando. El paciente obedece todas y cada una de las sugerencias y mandatos

31. Bleuler, p. 204.

que le llegan del exterior. No es capaz de desobedecer órdenes perentorias, por muy negativistas que sean. Estas órdenes deben versar sobre actividades simples y no se pueden aplicar a tareas largas y complicadas. La bien conocida flexibilidad de los catatónicos cae muy bien bajo este rubro; en realidad, el paciente obedece al médico al quedarse en cualquier posición en que esté. Aunque, evidentemente, no todos estos fenómenos son característicos de lo que hemos llamado la mente bicameral, el principio en que se basan sí lo es. Una interesante hipótesis diría que estos pacientes con Automatismo de Mando son aquellos en que las alucinaciones auditivas han desaparecido, y que la voz externa del médico está tomando su lugar.

El síntoma conocido con el nombre de ecolalia va muy de acuerdo con esta hipótesis. Cuando no hay alucinaciones, el paciente repite el habla, las exclamaciones o las expresiones de los demás. Pero cuando hay alucinaciones, esto se vuelve la ecolalia alucinatoria, en la cual el paciente debe repetir en voz alta todo lo que le digan sus voces, en vez de lo que oiga en el medio que lo rodea. Creo que la ecolalia alucinatoria es, en esencia, la misma organización mental que hemos visto en los profetas del Antiguo Testamento, así como en los *aoidoi* de los poemas homéricos.

Perturbación del límite de la imagen corporal

Es posible también que la erosión del "yo" análogo y de su espacio mental produzca lo que se llama Pérdida del Límite en los estudios de Rorschach sobre esquizofrenia. Se trata de una puntuación o tanteo para determinar la proporción de imágenes de los manchones de tinta que tienen límites o bordes mal definidos, borrosos, o que, simplemente, no los tienen. Desde nuestro punto de vista, lo más interesante es que esta medida está fuertemente correlacionada con la presencia de experiencias alucinatorias vívidas. Un paciente con una fuerte Pérdida del Límite con frecuencia hace su descripción como un sentimiento de desintegración.

> Cuando me estoy fundiendo no tengo manos, me pongo bajo el marco de una puerta para que no me caiga nada encima. Todo huye de mí. Ahí en el marco de la puerta puedo recoger las partes de mi cuerpo. Es como si me arrojaran algo a mi interior, que me estallara en pedazos. ¿Por qué me divido en varias piezas? Siento que no tengo equilibrio, que mi personalidad se está fundiendo, que mi ego desaparece y que he dejado de existir. Todo tira de mí... Lo único que puede mantener juntas a las piezas es la piel. No hay conexión entre las diversas partes de mi organismo... [32]

32. P. Schilder, *The Image and Appearance of the Human Body* (Londres: Kegan Paul, Trench, Trubner, and Co., 1935), p. 159.

En un estudio sobre Pérdida del Límite se hizo la prueba de Rorschach a 80 pacientes esquizofrénicos. Las puntuaciones por definición o exactitud de límites fueron reveladoramente más bajas que en el grupo de los normales y los neuróticos comparados en cuanto a edad y situación socioeconómica. Por lo común, tales pacientes habrían visto en las manchas de tinta cuerpos mutilados, humanos o de animales.[33] Esto refleja la descomposición del ego análogo, o de la imagen metafórica que de nosotros mismos tenemos en el estado de conciencia. En otro estudio de 604 pacientes realizado en el Worcester State Hospital, se halló específicamente que la Pérdida del Límite, incluso, debemos suponer, la pérdida del "yo" análogo, es un factor en el desarrollo de las alucinaciones. Los pacientes que tuvieron más alucinaciones fueron aquellos que tuvieron más problemas en el establecimiento o fijación "de límites entre el yo y el mundo".[34]

Siguiendo la misma línea de pensamiento, diremos que es frecuente que los pacientes con esquizofrenia crónica no se puedan identificar a sí mismos en una fotografía, y hasta se pueden identificar erróneamente, sea que vean retratos suyos individuales o en grupo.

Las ventajas de la esquizofrenia

Un subtítulo curioso, extraño, ¿pues cómo podemos decir que tenga ventajas una enfermedad tan terrible? Es que estoy hablando de ventajas desde el punto de vista de la historia de la humanidad. Salta a la vista que hay una base genética heredada en cuanto a la bioquímica que está en la base de esta reacción tan radicalmente distinta del estrés. Y una pregunta que cabe hacernos respecto a tal disposición genética con relación a algo ocurrido tan tempranamente en nuestros años reproductivos es: ¿qué ventaja biológica tuvo en un tiempo? ¿Por qué y para qué, en la jerga de los evolucionistas, fue escogida? ¿Y en qué periodo tan, tan remoto puesto que esta disposición genética se halla presente en todo el mundo?

La respuesta, por supuesto, es una de las cuestiones que he sostenido con tanta frecuencia a lo largo de esta obra. La ventaja selectiva de tales genes fue la mente bicameral evolucionada por medio de la selección natural y humana, a lo largo de milenios y partiendo de nuestras civilizaciones primeras. Los genes implicados, sea que causen lo que para el hombre consciente es una deficiencia enzimática u otra, son los genes que se hallaban en el trasfondo de los profetas y de los "hijos de *nabiim*" y del hombre bicameral anterior a ellos.

33. S. Fisher y S. E. Cleveland, "The Role of Body Image in Psychosomatic Symptom Choice", *Psychological Monographs*, 1955, 69, núm. 17, todo el número 402.
34. L. Phillips y M. S. Rabinovitch, *Journal of Abnormal and Social Psychology*, 1958, 57:181.

Otra ventaja de la esquizofrenia, quizá evolucionaria, es la no fatigabilidad. Aunque es cierto que unos cuantos esquizofrénicos se quejan de fatiga generalizada, sobre todo en las primeras fases de la enfermedad, la mayoría de los pacientes no se quejan de fatiga. En general parecen cansarse menos que las personas normales y son capaces de enormes hazañas de resistencia. No se cansan aun cuando sus exámenes duren muchas horas. Se mueven de un lado para otro, día y noche, y no muestran signo alguno de cansancio. Los catatónicos pueden sostener una postura durante días, y una persona normal no la resistiría arriba de unos minutos. Esto hace pensar en que gran parte del cansancio es un producto de la mente consciente subjetiva, y que el hombre bicameral, el que construyó las pirámides de Egipto, los zigurats de Sumeria o los gigantescos templos de Teotihuacan con sólo su trabajo, se desempeñó con mucha más soltura que el hombre consciente y autorreflexivo.

Otra cosa en que los esquizofrénicos se desempeñan "mejor" que el resto de nosotros — aunque, ciertamente no es ninguna ventaja en nuestro mundo abstractamente complicado — es en la percepción sensorial simple. Están mucho más alertas a los estímulos visuales, como cabría esperar en personas que no tienen que forzar o hacer pasar tales estímulos a través del amortiguador de la conciencia. Esto se refleja en su habilidad para bloquear ondas alfa EEG con más rapidez que las personas normales en caso de estímulos abruptos y para reconocer escenas visuales proyectadas mejor que la gente ordinaria.[35] Puede decirse que los esquizofrénicos están sumergidos en datos sensoriales. Incapaces de narratizar o de conciliar, ven casi todos los árboles pero nunca el bosque. Parece que tienen una participación más inmediata y absoluta con su medio físico, una mayor presencia en el mundo; esta interpretación podría explicar el hecho de que si a los esquizofrénicos se les ponen lentes de prisma que deforman la percepción visual, aprenden a ajustarse a ellos con más facilidad que el resto de nosotros, porque ellos no deben sobrecompensar tanto.[36]

Neurología de la esquizofrenia

Si en verdad la esquizofrenia es una vuelta parcial a la mente bicameral, y si nuestros análisis precedentes han tenido algún valor, entonces debemos hallar

35. Véase R. L. Cromwell y J. M. Held. "Alpha blocking latency and reaction time in schizophrenics and normals", Perceptual and Motor Skills, 1969, 29:195-201; E. Ebner y B. Ritzler, "Perceptual recognition in chronic and acute schizophrenics", *Journal of Consulting and Clinical Psychology*, 1969, 33: 200-206.

36. Véase E. Ebner, V. Broekma y B. Ritzler, "Adaptation to awkward visual proprioceptive input in normals and schizophrenics", *Archives of General Psychiatry*, 1971, 24:367-371.

algún tipo de cambios neurológicos que vayan de conformidad con el modelo neurológico sugerido en I.5. En ese lugar propuse que las voces alucinadas de la mente bicameral eran amalgamas de experiencias admonitorias almacenadas que de algún modo se organizaban en el lóbulo temporal derecho y eran enviadas o pasaban al hemisferio izquierdo o dominante cruzando las comisuras anteriores o tal vez el *corpus callosum.*

Además, he sugerido que el advenimiento de la conciencia necesitó que se inhibieran estas alucinaciones auditivas que se originaban en la corteza temporal derecha. Pero está muy lejos de ser claro lo que esto significa precisamente en un sentido neuroanatómico. Sabemos ya que en el cerebro hay áreas específicas que son inhibidoras de otras, que en términos muy generales, el cerebro está *siempre* sumido en una especie de tensión compleja (o equilibrio) entre excitación e inhibición, y también que la inhibición se puede producir de muchos modos. Uno de ellos es producir inhibición en una área de un hemisferio produciendo excitación en una área del otro. Por ejemplo, los campos visuales frontales se inhiben mutuamente, con la consecuencia de que la estimulación del campo visual frontal en un hemisferio inhibe al otro.[37] Y podríamos suponer que algunas de las fibras del *corpus callosum* que conectan los campos visuales frontales son inhibitorias por sí, o si no, que excitan centros inhibitorios situados en el otro hemisferio. En la conducta, esto significa que la visión en una dirección está programada como el vector resultante de la excitación opuesta de los dos campos visuales frontales.[38] Y es de presumir que esta mutua inhibición de los hemisferios obre también en otras funciones bilaterales.

Pero sería temeridad generalizar esta inhibición recíproca a funciones unilaterales asimétricas. ¿Podemos suponer, por ejemplo, que algunos procesos mentales del hemisferio izquierdo hacen pareja mediante inhibición recíproca con alguna función diferente del derecho, de modo que algunos de los llamados procesos mentales superiores podrían ser resultado de la oposición de los dos hemisferios?

Sea como fuere, el primer paso para atribuir alguna credibilidad a estas tesis sobre la relación de la esquizofrenia con la mente bicameral y su modelo neurológico, será buscar en los esquizofrénicos algún tipo de lateralidad. ¿Es que estos enfermos tienen diferente actividad en el hemisferio derecho que el resto de nosotros?

37. A. S. F. Laylon y C. S. Sherrington, "Observation on the excitable cortex of chimpanzees, orangutan, and gorilla", *Quarterly Journal of Experimental Physiology*, 1917, 11:135.

38. Esta construcción es de Marcel Kinsbourne en "The control of attention by interaction between the cerebral hemispheres", *Fourth International Symposium on Attention and Performance*, Boulder, Colorado, agosto de 1971.

Apenas empieza la investigación respecto a esta hipótesis, pero los estudios que siguen, recién efectuados, sin duda son muy sugerentes:

• En la mayoría de nosotros, el EEG total en un largo lapso muestra una actividad ligeramente superior en el hemisferio izquierdo dominante que en el derecho. Pero lo inverso tiende a presentarse en los esquizofrénicos: una actividad hasta cierto punto superior en el derecho.[39]

• Esta mayor actividad del hemisferio derecho en la esquizofrenia es mucho más pronunciada después de varios minutos de privación sensorial, la misma condición que causa alucinaciones en personas normales.

• Si arreglamos nuestro aparato de EEG de modo que nos diga qué hemisferio es más activo cada pocos segundos, hallaremos que en la mayoría de nosotros esta medida oscila entre los dos hemisferios más o menos cada minuto. Pero en los esquizofrénicos medidos hasta hoy, la oscilación ocurre cada cuatro minutos, un lapso asombroso por lo largo. Esto puede explicar en parte el "grupo o conjunto segmental" al que me referí anteriormente, de que los esquizofrénicos tienden a "pegarse" a un hemisferio o al otro y que no pueden pasar de un modo de procesamiento de información al otro con la misma presteza que todos nosotros. De aquí su confusión y su habla y conducta a menudo ilógicas en su interacción con nosotros, que cambiamos de uno a otro hemisferio más aprisa.[40]

• Es probable que la explicación de esta oscilación o paso más lento de los esquizofrénicos sea anatómica. Una serie de autopsias hechas en esquizofrénicos de mucho tiempo atrás mostró, cosa sorprendente, que el *corpus callosum* que conecta ambos hemisferios es como un milímetro más grueso que el de los cerebros normales. Se trata de un resultado estadísticamente confiable. Esa diferencia puede indicar que en los esquizofrénicos hay una mayor inhibición mutua de los hemisferios.[41] En este estudio no se midieron las comisuras anteriores.

• De ser cierta nuestra teoría, cualquier disfunción de la corteza temporal izquierda debida a enfermedad, alteraciones circulatorias o cambios en su neuroquímica inducidos por el estrés, debería liberar a la corteza temporal derecha de su control inhibidor normal. Cuando la epilepsia del lóbulo temporal se debe a una lesión del lóbulo temporal izquierdo (o de ambos, el derecho y el izquierdo), lo cual (presumiblemente) libera al derecho de su función normal inhibidora,

39. Arthur Sugarman, L. Goldstein, G. Marjerrison y N. Stoltyfus, "Recent Research in EEC Amplitude Analysis", *Diseases of the Nervous System*, 1973, 34: 162-181.

40. Éste es el trabajo preliminar sobre unos cuantos temas de Leonide E. Goldstein, "Time Domain Analysis of the EEG: the Integrated Method", Rutgers Medical School, preimpresión, 1975. Le agradezco haber analizado conmigo estas sugerencias.

41. Randall Rosenthal y L. B. Bigelow, "Quantitative Brain Measurements in Chronic Schizophrenia", *British Journal of Psychiatry*, 1972, 121:259-264.

todo un 90 por ciento de los pacientes desarrolla esquizofrenia paranoide con alucinaciones auditivas masivas. Cuando la lesión está circunscrita al lóbulo temporal derecho, menos del 10 por ciento presenta esos síntomas. En la práctica, este último grupo tiende a desarrollar una psicosis maniacodepresiva.[42]

Es preciso confirmar y explorar más a fondo estos resultados. Pero en su conjunto indican sin duda y por vez primera efectos significativos de lateralidad en la esquizofrenia. La dirección de estos efectos puede ser interpretada como prueba parcial de que la esquizofrenia quizá esté relacionada con una organización primitiva del cerebro humano, la que he llamado mente bicameral.

En conclusión

La esquizofrenia es uno de nuestros problemas de investigación que tienen más prominencia moral por la agonía, el dolor que causa no nada más en quienes ataca sino en quienes los aman. En años recientes se ha producido afortunadamente una mejoría vigorosa y acelerada en cuanto a la forma en que se trata el mal. Pero esto se ha realizado no bajo las banderas de teorías nuevas y a veces llamativas, como la mía, sino más bien, conforme a aspectos prácticos de una terapia que busca efectos inmediatos.

En la práctica, las teorías de la esquizofrenia — que son legión — se han eliminado en su mayor parte a sí mismas, por la sencilla razón de que con demasiada frecuencia han sido los caballitos de batalla de perspectivas y puntos de vista que compiten entre sí. Cada disciplina considera que los resultados de las otras son secundarios en lo que respecta a los factores de su propia área. El investigador socioambiental ve en la esquizofrenia el producto de un medio lleno de tiranteces. Por su parte, el bioquímico insiste en que el ambiente de tensión produce tal efecto debido a la bioquímica anormal del paciente. Los que hablan en términos de procesamiento de la información dicen que un déficit en esta área desemboca directamente en defensas de estrés y contraestrés. El psicólogo de los mecanismos de defensa mira el defectuoso procesamiento de la información como una retirada auto motivada del contacto con la realidad. El genetista saca interpretaciones de tipo hereditario con base en datos de la historia de la familia, en tanto que otros, con base en esos mismos datos, presentan interpretaciones sobre la influencia esquizofrénica de los padres. Y así sucesivamente. Como dijo un crítico, "Como en el tiovivo, cada quien escoge su caballo. Uno puede creer que su caballo va a la

42. P. Flor-Henry, "Schizophrenic-like Reactions and Affective Psychoses Associated with Temporal Lobe Epilepsy: Etiological Factors", *American Journal of Psychiatry*, 1969, 126: 400-404.

cabeza. Y entonces al terminar el paseíllo, nos bajamos y nos damos cuenta de que nuestro caballo no fue a ninguna parte".[43]

Pero aun así, estoy atreviéndome a agregar un renglón más a lista tan larga. Me he sentido obligado a ello, cuando menos porque debía complementar y aclarar las sugerencias e hipótesis de las primeras partes de este libro. Porque la esquizofrenia, sea una enfermedad o muchas, en su estado o etapa florida se define prácticamente por ciertas características de las que dijimos anteriormente que eran las características sobresalientes de la mente bicameral. La presencia de alucinaciones auditivas, su calidad, con frecuencia religiosa y siempre autoritaria, la disolución del ego o del "yo" análogo y del espacio mental en cuyo seno pudo narratizar en un tiempo qué hacer y dónde se hallaba en tiempo y acción, todo esto son las grandes semejanzas.

Pero también hay sus diferencias. Por mucha verdad que haya en esta hipótesis, lo cierto es que la recaída es sólo parcial. Los conocimientos que constituyen la conciencia subjetiva son tan poderosos que nunca se suprimen por completo. De ahí el terror y la furia, la agonía y la desesperación. La ansiedad concomitante a un cambio tan cataclísmico, la disonancia con la estructura habitual de las relaciones interpersonales y la falta de respaldo y definición culturales de las voces, lo cual hace de ellas guías inapropiadas para el diario vivir, la necesidad de defenderse contra una represa rota de estímulos sensoriales ambientales que inunda y barre con todo lo que halla delante, todo ello produce una retirada social que es muy diferente de la conducta del individuo *absolutamente* social de las sociedades bicamerales. El hombre consciente usa continuamente su introspección para "encontrarse" y determinar dónde está, en cuanto a sus metas y situación. Y sin esta fuente de seguridad, privado de narratización, conviviendo con alucinaciones que quienes lo rodean consideran inaceptables y niegan como irreales, el esquizofrénico florido se halla en un mundo opuesto al de los trabajadores que eran propiedad del dios Marduk o de los ídolos de Ur.

El esquizofrénico moderno es un individuo que busca esa cultura. Por lo general retiene una parte de la conciencia subjetiva que batalla contra esta organización mental más primitiva, que se esfuerza por establecer algún control en medio de una organización mental en la cual el control está a cargo de la alucinación. En efecto, es una mente desnuda ante su medio, que sirve a dioses en un mundo sin dioses.

43. R. L. Cromwell, "Strategies for Studying Schizophrenic Behavior" (ejemplar de prepublicación), p. 6.

CAPÍTULO 6

Los augurios de la ciencia

En estos pocos y heterogéneos capítulos del libro III he tratado de explicar lo mejor que me ha sido posible cómo ciertos rasgos de nuestro mundo reciente, en particular las instituciones sociales de oráculos y religiones y los fenómenos psicológicos de posesión, hipnosis y esquizofrenia, así como algunas manifestaciones artísticas tales como la poesía y la música, como todo esto se puede interpretar *en parte* como vestigios, como residuos de una organización anterior de la naturaleza humana. En ningún sentido se pueden considerar como un catálogo completo de las proyecciones posibles actuales salidas de nuestra mentalidad pasada. Simplemente son algunas de las más obvias. Y el estudio de su interacción con la conciencia en desarrollo que continuamente las sitiaba nos permite una comprensión que de otra manera no tendríamos.

En este capítulo, el último, quiero volver a la ciencia misma y señalar que también ella, e incluso todo mi ensayo, se pueden ver como una respuesta a la desaparición de la mente bicameral. Porque ¿cuál es la índole de esta bendición de certeza que la ciencia busca tan tesoneramente en su incansable batallar con la naturaleza? ¿Por qué hemos de querer que el universo se nos manifieste con claridad? ¿Qué nos importa? ¿Por qué?

Indudablemente, una parte del impulso de la ciencia no es más que curiosidad, conocer lo desconocido mirar lo antes no visto. Todos somos niños que viven en lo desconocido. No nos deleitamos en las revelaciones del microscopio electrónico o en los *quarks* o en la gravedad negativa de los agujeros negros que hay entre las estrellas como reacción a la pérdida de una mentalidad anterior. La tecnología es una segunda fuerza aún más sostenedora del ritual científico, que lleva hacia adelante su base científica, por entre la historia de la humanidad, movida por su propio e incontrolable impulso, cada vez más vigoroso. Y es probable que una escondida estructura áptica que controle la caza y el deseo de circunscribir los problemas, agregue sus efluvios motivacionales a la búsqueda de la verdad.

Pero por encima y más allá de estas y otras causas de la ciencia ha estado algo más universal, algo que no se menciona, que no se expresa en esta época de especialización. Es algo sobre el entender la totalidad de la existencia, la realidad definidora esencial de las cosas, el universo entero y el lugar del hombre en él. Es un andar a tientas entre las estrellas en busca de respuestas finales, es un vagabundeo entre lo infinitesimal en busca de lo infinitamente general, una peregrinación más y más profunda en lo desconocido. Es una dirección cuyos lejanos comienzos entre las brumas de la historia puede verse claramente en la búsqueda de directivas perdidas en la desaparición, en el desvanecimiento de la mente bicameral.

Es una búsqueda que es obvia en la literatura de presagios de Asiria, donde, como vimos en II.4, empezó la ciencia. Es también obvia apenas medio milenio después cuando Pitágoras buscaba en Grecia las perdidas invariantes de la vida en una teología de números divinos y de sus relaciones, con lo cual empezó la ciencia de las matemáticas. Y así a lo largo de dos milenios, hasta que, con una motivación no diferente, Galileo llama a las matemáticas el lenguaje de Dios, o Pascal y Leibniz, haciéndose eco de él, dicen que oyen a Dios en la imponente rectitud de las matemáticas.

A veces pensamos, e incluso nos gusta pensar, que los dos logros más grandes que han influido sobre la humanidad, la religión y la ciencia, han sido siempre enemigos históricos, que nos han seducido en direcciones opuestas. Pero este esfuerzo en busca de la identidad especial es abiertamente falso. No fue la religión, sino la Iglesia y la ciencia las que fueron hostiles entre sí. Y fue rivalidad, no contraposición. Ambas resultaron ser religiosas. Eran como dos gigantes peleando por lo mismo. Ambas proclamaban ser el único camino hacia la revelación divina.

Fue una contienda que por primera vez quedó totalmente de manifiesto a finales del Renacimiento, en particular con el encarcelamiento de Galileo en 1633. La razón declarada y superficial fue que sus publicaciones no habían sido selladas previamente con la aprobación del papa. Pero la verdadera razón fue, estoy cierto, no una cosa tan trivial. Los escritos en cuestión no eran otra cosa que la teoría heliocéntrica copernicana del sistema solar que un siglo antes había publicado un clérigo sin ningún escándalo. La verdadera división fue más honda, y a mi juicio sólo puede ser comprendida como parte de la urgencia que se halla tras el anhelo humano de certidumbres divinas. El verdadero abismo era el que se abría entre la autoridad política de la Iglesia católica y la autoridad individual de la experiencia. Y la verdadera cuestión fue si debíamos hallar nuestra autorización perdida por medio de una sucesión apostólica proveniente de antiguos profetas que oían voces divinas, o hurgando ahora mismo entre los cielos de nuestra propia experiencia en el mundo objetivo sin ninguna intercesión sacerdotal. Como todos sabemos, esto último llegó a ser el protestantismo con su aspecto racionalista, lo que hemos venido a llamar la Revolución Científica.

Para entender correctamente la Revolución Científica debemos tener siempre presente que su más poderoso impulso fue su indeclinable, su incansable búsqueda de la divinidad oculta. En este sentido, es una descendiente directa de la desaparición de la mente bicameral. Tomemos un ejemplo obvio: a fines del siglo XVII, son tres protestantes ingleses, teólogos aficionados y fervientes devotos los tres, los constructores, los autores de los fundamentos de la física, de la psicología y de la biología: el paranoico Isaac Newton escribiendo la palabra de Dios en las grandes leyes universales de la gravitación celestial; el encorvado y escrupuloso John Locke descubriendo a su Ser Más Sabio en las riquezas y opulencia de la experiencia que conoce; y el peripatético John Ray, eclesiástico desaseado y sin púlpito que gozosamente hallaba la Palabra de su Creador en la perfección de la traza de la vida animal y vegetal. Sin este impulso religioso, la ciencia habría sido pura tecnología, cojeando entre necesidades económicas.

El siglo siguiente conoce las complicaciones del racionalismo de la Ilustración, de cuya fuerza principal me ocuparé dentro de un momento. Pero a la gran sombra de la Ilustración, la ciencia siguió vinculada a este empeño de la búsqueda de la paternidad divina. Su exposición más explícita fue lo que se llamó deísmo o, en Alemania, *Vernunftreligion*. Arrojó por la ventana la "Palabra" de la Iglesia, despreció a sus sacerdotes, se mofó de altares y sacramentos y con gran entusiasmo predicó la búsqueda y alcance de Dios por medio de la razón y la ciencia. ¡El universo todo es una epifanía! Dios está aquí mismo en la Naturaleza bajo las estrellas, para que le hablemos y lo oigamos brillantemente en toda la grandeza de la razón, no tras las pantallas de la ignorancia ni entre los sombríos bisbiseos de ministros ensotanados.

Pero ni siquiera entre estos deístas científicos hubo un acuerdo universal. Para algunos, como Reimarus, que odió a los apóstoles, el moderno fundador de la ciencia de la conducta animal, los impulsos animales o *triebe* no eran otra cosa que los pensamientos de Dios y su perfecta variedad su mismísima mente. Para otros, como el físico Maupertuis, a Dios le importaba muy poco esta variedad de fenómenos que no significaba nada; vivió únicamente en el seno de abstracciones puras, dentro de las grandes leyes generales de la Naturaleza que la razón humana, con la ayuda de las matemáticas, podría discernir detrás de tan grande variedad.[1] Indudablemente, los empecinados científicos materialistas de nuestros

1. En mi trabajo escrito con William Woodward me ocupo más a fondo de esta cuestión; se titula

días se sentirán incómodos al saber que la ciencia, en cuestiones tan divergentes y variadas, hace apenas dos siglos fue una empresa religiosa que compartía los mismos anhelos de los antiguos salmos, el empeño por ver otra vez "frente a frente" a *Elohim.*

Este drama, este inmenso argumento que ha estado actuando la humanidad a lo largo de los últimos cuatro mil años, se ve con claridad cuando adoptamos el amplio punto de vista de la tendencia intelectual central de la historia del mundo. En el segundo milenio a.C., dejamos de oír las voces de los dioses. Un milenio después, aquellos que seguían oyendo voces, nuestros oráculos y profetas, también desaparecieron. En el primer milenio d.C., mediante sus dichos y testimonios conservados en textos sagrados, obedecimos a nuestras perdidas divinidades. Y un milenio después, estos escritos pierden su autoridad. La Revolución Científica nos quita la vista de los antiguos dichos y nos la pone en la Naturaleza, para que en ella descubramos la autorización perdida. A lo largo de estos cuatro milenios buscamos la profanidad lenta e inexorable de nuestra especie. Y al parecer, en la última parte del segundo milenio d.C., este proceso se completa. Es la Gran Ironía de la Humanidad que, en nuestra empresa más noble y de más altos vuelos en este planeta nuestro, que es la búsqueda de autorización, en nuestra lectura o interpretación del lenguaje de Dios en la Naturaleza, hayamos leído con tanta claridad que estábamos muy equivocados.

Esta secularización de la ciencia, que ahora es un hecho innegable, tiene sus raíces en la Ilustración francesa a la que ya he aludido. Pero fue en Alemania donde en 1842 adquirió fuerza y viveza en un famoso manifiesto de cuatro fisiólogos, brillantes y jóvenes. Lo firmaron al estilo de los piratas, con su propia sangre. Hastiados del idealismo hegeliano y de sus seudorreligiosas interpretaciones de los problemas de la materia, airadamente resolvieron que en su actividad científica no considerarían otras fuerzas que las fisicoquímicas comunes. Ninguna entidad espiritual. Ninguna substancia divina. Ninguna fuerza vital. Tal fue la declaración de materialismo científico más coherente y estremecedora hecha hasta entonces. Y de grandísima influencia.

Cinco años después, un miembro del grupo, el famoso físico y psicólogo Hermann von Helmholtz, proclamó su Principio de la Conservación de la Energía. Joule había dicho más benévolamente que "los Grandes Agentes de la Naturaleza son indestructibles", que mar, sol, carbón, trueno, calor y viento son

---

"In the Shadow of the Enlightenment", *Journal of the History of the Behavioral Sciences*, 1974, 10:3-15, 144-159.

una eterna energía. Pero Helmholtz abjuró del sentimentalismo de lo romántico. Su enfoque matemático del principio hizo fríamente hincapié donde ha estado desde entonces: en nuestro mundo cerrado de transformaciones de energía no hay fuerzas externas. En las estrellas no hay rincón para que more ningún dios, ni grieta en este universo cerrado de materia para que por allí se cuele alguna influencia divina. No hay ninguna.

Todo esto pudo haber quedado relegado con todo respeto simplemente como un dogma de trabajo de la Ciencia, de no haber sido por una profanación aún más aplastante del concepto de lo sagrado en los asuntos humanos que vino inmediatamente después. Fue particularmente cruda porque vino de las mismísimas filas de la ciencia motivada religiosamente. En Inglaterra, desde el siglo XVII, el estudio de lo que era llamado "historia natural" era la alegría consoladora de descubrir en la naturaleza las perfecciones de un Creador benevolente. ¡Qué mayor devastación pudo haber caído sobre estas tiernas motivaciones y consolaciones que los anuncios gemelos por parte de dos de su propio medio, Darwin y Wallace, los dos naturalistas aficionados, de que era la evolución, no una inteligencia divina, la que había creado toda la naturaleza! Esto también había sido dicho de un modo más benigno por otros, tales como el abuelo del propio Darwin, Erasmus Darwin, o Lamarck, o Robert Chambers, o incluso en las exaltaciones de un Emerson o un Geothe. Pero el nuevo acento era deslumbrantemente fuerte e ingrato. La fría Casualidad, el Azar No-calculador, haciendo que algunos más aptos sobrevivieran mejor en esta lucha por la vida, y por ello que se reprodujeran más y mejor, había esculpido, generación tras generación, ciegamente, incluso cruelmente, esta especie humana sacándola de la materia, de la simple materia. Al unirse con el materialismo alemán, tal como estaba en el desconsideradamente demoledor Huxley, como vimos en la Introducción de este libro, la teoría de la evolución por selección natural vino a ser el sepulcral toque de difuntos de toda esa ennoblecedora tradición del hombre como la creación intencionada de la Grandeza Mayestática, de Elohim, que va de regreso a las profundidades inconscientes de la Era Bicameral. Dijo en pocas palabras que de afuera no hay ninguna autorización. Así pues, allí no hay nada. De nosotros mismos debe provenir lo que debemos hacer. El rey de Eynán puede dejar de ver fijamente al monte Hermón; por fin, el rey muerto puede morir. Nosotros, la frágil especie humana al fin de este segundo milenio d.C., debemos llegar a ser nuestra propia autorización. Y he aquí que al término de este segundo milenio y a punto de entrar en el tercero, nos hallamos rodeados por este problema. El nuevo milenio tendrá que ocuparse de él, quizá despacio, quizá aprisa, quizá introduciendo más adelante algunos cambios en nuestra mentalidad.

La erosión del punto de vista religioso del hombre ocurrida en estos últimos años del segundo milenio sigue siendo parte de la desaparición de la mente bicameral. Lentamente produce profundos cambios en todos los pliegues y campos del vivir. En la competencia por entrar a formar parte de los cuerpos religiosos de hoy día, son las antiguas posiciones ortodoxas, ritualmente más cercanas a la larga sucesión apostólica que penetra en el pasado bicameral, las que han sufrido o menguado más por la lógica de la conciencia. Los cambios introducidos en la Iglesia católica después del Concilio Vaticano II se puede considerar que forman parte de esta larga retirada de lo sagrado que siguió a la aparición de la conciencia en la especie humana. La descomposición o declinación de los imperativos cognoscitivos colectivos religiosos ante las presiones de la ciencia racionalista, que provocó una revisión tras otra de los conceptos teológicos tradicionales, no puede sostener ya el significado metafórico que respalda al rito. Los ritos son metáforas conductuales, creencia en acción, adivinación anticipada, pensamiento extrapsíquico. Los ritos son artificios mnemotécnicos de la gran narratización que es el corazón mismo de la vida de la Iglesia. Y cuando son transferidos hacia cultos de espontaneidad y despojados de su elevada seriedad, cuando se practican sin ser sentidos y se razonan con objetividad irresponsable, se pierde el contacto con el centro y empiezan los alocados giros. El resultado en esta era de las comunicaciones ha sido mundial: la liturgia libertada fue a dar a lo casual, el pavor reverencial se volvió pertinencia y se desvaneció esa definición histórica que daba al hombre su identidad y le decía qué era y qué debía ser.

Estas pobres contemporizaciones, iniciadas a menudo por los propios miembros del clero,[2] sólo alientan y dan fuerza a la gran marejada histórica que deben contener. Va en disminución nuestra condescendencia paralógica con la realidad templada, suavizada verbalmente: en nuestro camino, nos estrellamos con sillas, no las rodeamos; guardaremos silencio en vez de decir que no entendemos nuestro lenguaje; insistiremos en la ubicación simple. Es la gran tragedia divina o la comedia profana según que debamos ser limpiados del pasado o empujados hacia el futuro.

Lo que sucede en esta disolución moderna de la autorización eclesiástica nos recuerda un poco lo ocurrido hace ya tiempo después de la disolución de la mente bicameral misma. Por todo el mundo contemporáneo hay sustitutos, otros

2. Los teólogos perciben perfectamente este problema. Para interiorizarse de sus opiniones, podría uno empezar con Harvey Cox, *The Secular City*, seguir con *Natural Symbols*, de Mary Douglas, continuar con "Ghetto of Desert Liturgy in a Cultural Dilemma", de Charles Davis, en *Worship and Secularization*, ed. Wiebe (Vos, Holland: Bussum, 1970), pp. 10-27. y rematar esta serie con James Hitchcock, *The Recovery of the Sacred* (Nueva York: Seabury Press, 1974).

métodos de autorización. Algunos son residuos de métodos antiguos: la popularidad de las religiones de posesión en la América del Sur, donde otrora la Iglesia fue muy fuerte; el absolutismo religioso extremo, cuyo ego está basado en "el Espíritu", que no es otra cosa que el ascenso de Pablo sobre Jesús; un auge alarmante en la aceptación sería de la astrología, que es una herencia directa del periodo del derrumbamiento de la mente bicameral en el Cercano Oriente; o la adivinación modesta del *I Ching*, también herencia directa del periodo inmediatamente posterior a su descomposición en China. Hay también gigantescos éxitos comerciales y a veces psicológicos de varios procedimientos de meditación, de grupos de refinamiento de la sensibilidad, control mental y prácticas de encuentro de grupos. Otros credos parecen más bien escapes de un nuevo cansancio de descreimiento, aunque también tienen como característica esta búsqueda de autorización: fe en varias seudociencias, como en la cienciología, o en platillos voladores que nos traen autoridad de otras partes del universo, o que nos dicen que hubo un tiempo en que los dioses vinieron a visitarnos; o la tenaz y confusa fascinación con la percepción extrasensorial como supuesta demostración del marco espiritual de nuestras vidas del cual nos puede venir alguna autorización; o el uso de drogas psicotrópicas como medio de entrar en contacto con realidades más hondas, como fue común en la mayoría de las civilizaciones americanas cuando ocurrió el derrumbe de su mente bicameral. Así como destacamos en III.2 que el colapso de los oráculos institucionalizados desembocó en cultos menores de posesión inducida, así el desvanecimiento de las religiones institucionales está llevando a estas religiones de todo tipo más privadas y menores. Es de suponer que este proceso histórico aumentará en lo que resta de este siglo.

Tampoco podemos decir que la sociedad moderna esté exenta de problemas similares, porque el mundo intelectual moderno padece las mismas necesidades y es cosa común que dentro de su ámbito mayor esté sujeto a las mismas presiones casi religiosas, aunque ligeramente disfrazadas. Estos cientismos, como los llamaré, son conjuntos de ideas científicas que se aglutinan y casi por sorpresa se vuelven credos de fe, mitologías científicas que llenan el terrible vacío que dejó el divorcio de la ciencia y de la religión ocurrido en nuestros días.[3] Difieren de la ciencia clásica y de sus debates comunes por la forma en que evocan o buscan la misma respuesta de las religiones que tratan de sustituir. Además, comparten con las religiones muchas de sus características más obvias: un esplendor racional que explica todo, un líder o sucesión de líderes carismáticos que son muy visibles pero

3. George Steiner en sus muy claras conferencias Massey de 1974 las llamó "mitologías" y ahonda más sobre el tema. He tomado algunas de sus expresiones.

que están por encima de la crítica, una serie de textos canónicos que en parte están fuera del campo usual del criticismo científico, ciertas actitudes de conceptos y rituales de interpretación y una exigencia de una entrega total. A cambio, sus feligreses reciben lo que en otros tiempos las religiones dieron con largueza: un concepto del mundo, una jerarquía de importancias y un lugar de augurios donde se puede encontrar qué hacer y qué pensar, en resumen, una explicación total del hombre. Y esta totalidad se obtiene no explicando todo, sino mediante un encastillamiento, un encajonamiento de su actividad, una restricción de la atención severa y absoluta, de modo que lo que no se explica no es posible que se vea.

Uno de los primeros de estos cientismos fue el materialismo que acabo de mencionar. La emoción aturdió a los científicos de mediados del siglo XIX debido al trascendental descubrimiento de que la nutrición podía cambiar los cuerpos y las mentes de los hombres. Fue así como se inició el movimiento llamado Materialismo Médico, que se identificó con el ideal de aliviar la pobreza y el dolor y que adoptó algunas de las formas y todo el fervor de las religiones que se desmoronaban a su alrededor. Conquistó a los espíritus más inquietantes de su generación, y su programa nos suena remotamente familiar: educación, no rezos; nutrición, no comunión; medicina, no amor, y política, no sermones.

Remotamente familiar decimos, porque el Materialismo Médico, todavía influido por Hegel, maduró en Marx y Engels, se volvió el materialismo dialéctico y se apropió de más modalidades eclesiásticas de las gastadas fes que lo rodeaban. Su creencia central, entonces como ahora, es la lucha de clases, una especie de adivinación que da una explicación total del pasado y que pre-decide qué hacer en todas las situaciones y problemas de la vida. Y aunque el etnicismo, el nacionalismo y el sindicalismo, esas marcas de identidad colectiva del hombre moderno han mostrado desde hace mucho el carácter mítico de la lucha de clases, el marxismo sigue reuniendo hoy día ejércitos de millones para erigir los Estados más autoritarios que el mundo ha conocido.

En el campo de las ciencias médicas, el cientismo más prominente ha sido, creo, el psicoanálisis. Su superstición central es la sexualidad reprimida en la infancia. El puñado de casos tempranos de histeria que se pueden atribuir a esa creencia se convierten en los metafores por medio de los cuales se entiende toda la personalidad y el arte, toda la cultura y sus malestares. Y también, al igual que el marxismo, exige entrega total, procedimientos de iniciación, una relación de veneración a sus textos canónicos, y a cambio da la misma ayuda en la decisión y la dirección de la vida que hace unos cuantos siglos fueron de la competencia de la religión.

Y, tomando un ejemplo más cercano a mi propia tradición, agregaré el conductismo. Tiene su lugar de predicción central en un puñado de experimentos con ratas y palomas, y los convierte en los metafores de toda la conducta y de toda la historia. También da a sus partidarios el talismán del control mediante contingencias de reforzamiento, por cuyo medio deberán enfrentar su mundo y entender sus caprichos. Y aun cuando el radical ambientalismo en que se funda, la creencia en un organismo *tabula rasa* que mediante el reforzamiento puede hacerse como uno quiera, se ha puesto en duda desde hace tiempo, considerando la estructuración áptica evolucionada biológicamente de cada organismo, estos principios todavía atraen partidarios que esperan la creación de una nueva sociedad basada en un control de esta naturaleza.

Ciertamente, estos cientismos sobre el hombre empezaron con algo que es cierto. Es verdad que la nutrición mejora la salud y la mente. La lucha de clases, tal como Marx la estudió en la Francia de Luis Napoleón, fue un hecho. El alivio de síntomas de histeria en unos cuantos pacientes mediante el análisis de recuerdos sexuales probablemente sucedió. Y animales hambrientos u hombres ansiosos aprenderán sin duda respuestas instrumentales para conseguir comida o aprobación. Estos son hechos. Pero también es un hecho la forma del hígado de un animal sacrificado, y los Ascendientes y Medioscielos de los astrólogos, o la forma del aceite en el agua. Los hechos, empero, se vuelven supersticiones cuando se aplican al mundo como representativos de todo el mundo. Después de *todo*, una superstición es sólo un metafor que crece silvestremente y que además sirve a la necesidad de conocer.

Como las entrañas de los animales o el vuelo de las aves, estas supersticiones científicas llegan a ser los sitios rituales conservados en donde podemos leer el pasado y el futuro del hombre y oír las respuestas que pueden autorizar nuestros actos.

Así pues, la ciencia, pese a toda su fanfarria de hechos, no es distinta de algunos brotes desacreditados de seudorreligiones. En este periodo de transición que la aleja de sus bases religiosas, la ciencia suele compartir con los mapas celestes de la astrología, o con un centenar de irracionalismos la misma nostalgia por la Respuesta Final, la Verdad Única, la Causa Única. Entre las frustraciones y sudores de los laboratorios siente las mismas tentaciones de enjambrarse en sectas, como lo hicieron los refugiados jabiros, y marchar entre los secos Sinaís de hechos chamuscados en busca de algún significado rico y prometedor, lleno de verdad y exaltación. Y todo esto, también mi metáfora, es parte de este periodo de transición que vino después del derrumbe de la mente bicameral.

Y este ensayo no es ninguna excepción.

Cosa curiosa, ninguno de estos movimientos contemporáneos nos dice nada sobre lo que será de nosotros en cuanto se hayan igualado los desniveles de nuestra nutrición, o haya ocurrido "el marchitamiento y desaparición del Estado", o nuestras libidos hayan sido encauzadas apropiadamente, o se haya puesto orden en el caos de los reforzamientos. En vez de esto, aluden hacia atrás, nos dicen lo que estuvo mal, insinúan alguna catástrofe cósmica, algún entorpecimiento primordial de nuestro potencial. Creo que otra característica más de la forma religiosa de que se han apropiado estos movimientos en medio del vacío causado por la retirada de la certeza eclesiástica, es la supuesta caída del hombre.

Esta tesis extraña y a mi juicio espuria de una inocencia perdida, se inicia precisamente en el derrumbe de la mente bicameral como la primera gran narratización consciente de la humanidad. Es el canto de los salmos asirios, el lamento de los himnos hebreos, el mito del Edén, la caída, la pérdida fundamental del favor divino que es la fuente y la premisa inicial de las grandes religiones del mundo. Yo interpreto esta hipotética caída del hombre como el primer tanteo de hombres apenas concientizados por narratizar lo que les estaba pasando, a saber, la pérdida de las voces y seguridades divinas en un caos de directivas humanas y de aislamientos egoístas.

Este tema de la certeza y del esplendor perdidos lo vemos no solamente en todas las religiones a lo largo de la historia, sino que reaparece una y otra vez aun en la historia intelectual no religiosa. Ahí está, desde la teoría de la reminiscencia de los *Diálogos* de Platón, de que todo lo nuevo no es más que una evocación de un mundo mejor perdido, hasta la queja de Rousseau sobre la corrupción del hombre natural por los artificios de la civilización. También lo encontramos en los cientismos modernos que he mencionado: en la suposición de Marx de una perdida "infancia social de la humanidad en la cual la humanidad se desenvuelve en su completa belleza", enunciada con gran claridad en sus primeros escritos, una inocencia que el dinero corrompió, un paraíso que hay que recobrar. O en el acento freudiano sobre el profundo arraigo de la neurosis en la civilización y de los terribles actos y deseos primordiales en nuestros pasados tanto raciales como individuales; y por inferencia, una inocencia previa, un poco borrosa, a la cual regresamos por el camino del psicoanálisis. O en el conductismo, aunque no tan diferenciadamente, en la fe no fundada de un modo cabal de que lo que hay que controlar y ordenar son los reforzamientos caóticos del desarrollo y del proceso social, para hacer que el hombre regrese a un ideal no especificado, antes de que estos malos reforzamientos hayan torcido su buena naturaleza.

Por todo ello, creo que estos y otros muchos movimientos de nuestros tiempos están relacionados, en la vasta perspectiva de nuestras civilizaciones, con la pérdida de una anterior organización de la naturaleza humana. No son más que esfuerzos, intentos por regresar a lo que ya no está ahí, como los poetas que quieren volver a sus inexistentes musas, y como tales son características de estos milenios de transición en que estamos sumergidos, que nos ha tocado vivir.

No quiero decir que el pensador individual, el lector de esta página o su autor, o Galileo o Marx, seamos seres tan abyectos que abriguemos algún deseo articulado y consciente de alcanzar los absolutos de los dioses, o de regresar a una inocencia de preconciencia. Estos términos no tienen significado cuando se aplican a vidas individuales y se ponen fuera del amplio contexto de la historia. Sólo cuando formamos generaciones con nuestras personas y siglos con nuestras horas, el diseño resulta claro.

Como simples individuos estamos a merced de nuestros imperativos colectivos. Dentro de las formas desdibujadas de nuestra cultura, vemos nuestros quehaceres diarios, nuestros jardines y políticas y a nuestros hijos. Nuestra cultura es nuestra historia. En nuestros esfuerzos por comunicarnos con los demás, o simplemente por persuadirlos o interesarlos, nos desplazamos en medio de modelos culturales entre cuyas diferencias podemos escoger, pero de cuya totalidad no podemos escapar. En este sentido, es bajo las formas de despertar interés, de provocar esperanza o atención o apreciación o alabanza hacia nosotros o hacia nuestras ideas, que nuestras comunicaciones se adaptan a la forma de estas pautas históricas, de estos surcos de la persuasión que aun en el acto mismo de la comunicación son parte inherente de lo que es comunicado. Y este ensayo no es la excepción.

De ninguna manera. Empezó con lo que pareció ser dentro de mis narratizaciones personales mi elección individual de un problema con el cual he tenido una profunda relación durante la mayor parte de mi vida: el problema de la naturaleza y origen de toda esta invisible patria de evocaciones incorpóreas y de ensueños irrepresentables, de este cosmos interno que es más yo mismo que cualquier cosa que pueda ver en el espejo. Pero ¿fue este impulso por descubrir la fuente de la conciencia lo que me pareció que era? El concepto de verdad es una mira que se nos da culturalmente, una parte de la nostalgia generalizada que busca una antigua certidumbre. El concepto mismo de una estabilidad universal, de una eterna firmeza de principio que *está ahí afuera*, que puede ser buscada por el mundo como los caballeros del rey Arturo buscaron el Grial, es, en la morfología de la historia, un resultado, una consecuencia directa de la búsqueda de los dioses que se perdieron en los primeros dos milenios que siguieron al derrumbe de la mente bicameral. Lo que en ese entonces fue un augurio en busca de dirección de la acción por entre las ruinas de una mentalidad arcaica, hoy es la búsqueda inocente de la verdad, que da la certidumbre entre mitologías de hechos.

Julian Jaynes nació en West Newton, Massachusetts, en 1920. Asistió a la Universidad de Harvard y recibió el grado de bachiller de la Universidad McGill. El Dr. Jaynes impartió conferencias en el departamento de psicología de la Universidad de Yale de 1966 a 1990. Publicó artículos extensamente, enfocándose, durante los inicios de la carrera, en el estudio del comportamiento animal. Él luego redireccionó el alcance de su pensamiento y energía al estudio de la conciencia humana, culminando en su revolucionario y único libro, El Origen de la Conciencia en la ruptura de la Mente Bicameral, que fue nominada para el Premio Nacional del Libro en 1978. Este libro es considerado por muchos, ser el más significativo y controversial del siglo XX. El Dr. Jaynes sufrió un ataque cerebro vascular el 21 de Noviembre de 1997.

Para obtener más información sobre la teoría de Julian Jaynes, visite Julian Jaynes Society en julianjaynes.org.